THONON
ÉVIAN-LES-BAINS

ET

LE CHABLAIS MODERNE

ÉTUDE HISTORIQUE

DEPUIS LA RÉVOLUTION JUSQU'A NOS JOURS

PAR L.-E. PICCARD

Vice-Président de l'Académie Chablaisienne
et Membre de plusieurs Sociétés savantes.

—∞≫8:∘∘—

Majores vestros et posteros cogitate.
C. TACITE, Agricola, XXXII.

ANNEMASSE
IMPRIMERIE-LIBRAIRIE J. CHAMBET
—
1889

Imprimatur :

Annecii, die 27ᵃ Junii 1889.

De Quincy, *Vicar. general.*

Préface

Écrire l'histoire du Chablais moderne, c'est parcourir successivement les destinées des habitants de cette contrée, avec tous les incidents matériels et moraux qui marquèrent cette époque ; c'est passer en revue les phases de la Révolution, du premier Empire, de la Restauration, du second Empire.... C'est vivre de la vie du peuple chablaisien pendant toute cette durée, ressentir ses impressions, suivre les spéculations de son esprit et les aspirations de son cœur, passer par ses joies et ses douleurs, par ses défaillances et ses triomphes.

Or, où prendre, pour ainsi dire, sur le fait, ces divers actes de la vie d'un peuple, sinon dans ses titres de famille, c'est-à-dire dans ses archives publiques et privées ?

Le lecteur verra que nous avons puisé aux sources inédites les plus sûres. Les principales, sont les registres consulaires de Thonon et d'Evian-les-Bains, et les délibérations des diverses sociétés et corporations modernes et contemporaines. Nous ne les citons que rarement, parcequ'il faudrait le faire à chaque ligne.

Il existait déjà de nombreuses pages de notre histoire moderne, éparses dans les Mémoires des Sociétés savantes de la Savoie, et dans les travaux des Dessaix, des Foras, des Costa, des Folliet, des Saint-Genis, des chanoines Mercier et Fleury, qui, pour la plupart, ont été, en outre, pour nous, d'obligeants correspondants. Nous en avons usé largement. A tous notre reconnaissance.

Et aujourd'hui, voilà l'histoire du Chablais moderne terminée.

Enfant du pays, c'est à mon Pays que je dédie ce nouvel ouvrage, me permettant d'espérer qu'il recevra un accueil aussi favorable que celui fait à son aîné : L'Histoire de Thonon et du Chablais.

L.-E. PICCARD.

Vers onze heures de la nuit, ils descendirent aux prisons, armés, les uns de fusils...,
Page 24

France révolutionnaire, par Ch. d'Héricault.

CHAPITRE PREMIER

Hier et Aujourd'hui.

> ... O Léman ..
> Puissé-je, comme hier, couché sur le pré sombre
> Où des grands châtaigniers d'Evian penche l'ombre
> Regarder sur ton sein la voile du pêcheur !
> *Ressouvenir du lac Leman,* LAMARTINE.

SOMMAIRE : Le Chablais moderne. Son rivage féerique. — Salut à Thonon ! Salut à Evian ! — Les Preux de la Patrie. — Thonon, Evian et le Chablais avant 1789...

Après l'antiquité et le moyen âge, voici le Chablais moderne. Voici ce rivage enchanteur, dont la dentelle complaisamment épandue sous vos yeux, vous offrira, à chaque pli déroulé, une tour sombre ou étincelante, un donjon démantelé ou un chalet doré.

De l'autre côté du lac, Genève et Lausanne n'ont pas abaissé leur drapeau devant le flot révolutionnaire. Ici, le pêcheur de Nernier, d'Yvoire, de Thonon, d'Evian et de Meillerie, qui a gardé sa vieille foi, s'en va, effleurant les falaises, contournant chaque baie, transporter au péril de sa vie les expulsés du jour sur la rive hospitalière de la Suisse.

Là haut, vers les montagnes, des Cornettes de Bise, aux Voirons, se dressent, ici, une chapelle, là, une ruine mélancolique, environnée de sentiers où les chèvres font merveille. Ce sont les anciens camps retranchés de la réaction un moment triomphante.

Mais abaissons le regard, et, salut à Thonon, salut à Evian.

Salut à Evian, pittoresquement assise au bord de l'onde sur la pente inclinée de la colline, et qui montre, avec intérêt, ses tours, ses restes de murailles, et son clocher antique témoignant de son importance militaire, aux temps guerroyeurs du moyen âge.

Aujourd'hui, station thermale importante, elle a oublié moyen âge et révolutions, pour étendre de splendides quais sur le bord de ce lac où plongent ses pieds. Toute bruissante de mouvement et d'agitation, elle a perdu ses chevaleresques barons, dont les castels fameux, aux solitudes impressionnantes, abritent ses bains et ses nobles étrangers accourus des cinq parties du monde.

Salut à Thonon, la métropole du Chablais ! Cité allobrogique jadis toute noire, aujourd'hui toute blanche ; cité aux parcs immenses, aux ombrages touffus, ville verdoyante que l'on voit escaladant un mamelon, dévalant partout sur ses flancs, du côté de Tully, de Rives et de Montjoux, allant au loin se confondre avec l'esplanade de Crêtes, avec les côteaux fleuris d'Allinges, et avec la plaine luxuriante du Bas-Chablais ; Ville aux eaux curatives de la Versoie, dominée par la douce figure de son apôtre saint François de Sales.

Pendant la période moderne, l'une et l'autre comme le Chablais et la Savoie toute entière, ont enfanté des preux, des héros, qui portèrent haut et ferme l'étendard de la patrie, des Alpes à l'océan, de l'Espagne au Kremlin, de l'Egypte à Waterloo.

Les Dessaix, les de Foras, les Chastel, les de Sonnaz, les Dupas, les Costa, les de Maugny... et bien d'autres sont sortis de là.

Mais il faudrait nommer toutes les familles, car quand sonna l'heure des grandes luttes de ce siècle, le Chablais se fit soldat, et sur les champs de bataille de la Révolution et de l'Empire, comme dans les plaines de l'Alsace ou de la Lombardie, tout Savoyard sut glorieusement vaincre ou mourir.

Voilà le Chablais d'aujourd'hui ; qu'était-il avant les temps modernes ? Nous l'avons dit ailleurs (1). Mais on ne se lasse de le répéter et de l'entendre, tant est douce à l'enfant, la voix qui lui parle de la patrie, sa mère.

§ I

Anciennement habité par les Allobroges, le Chablais devint florissant sous la domination romaine et fit partie de la Gaule Narbonnaise, puis de la Viennoise.

Les Burgondes, barbares venus du nord de la Vistule, établis depuis quarante ans sur la rive gauche du Rhin, l'envahirent en 413, et divisèrent le territoire qu'ils occupèrent en districts ou *pagi*. Le Chablais actuel devint le *district d'Allinges* (Pagus Allingiensis).

Il s'étendait, sur la rive méridionale du lac, depuis Douvaine jusqu'à Saint-Gingolph ; il était séparé du Faucigny par les montagnes qui suivent la rive droite de la Menoge (2).

---

(1) *Histoire de Thonon et du Chablais*. Volume in-8° de 600 pages. 1882.
(2) Le nom de *Chablais* vient d'un petit canton qui existait autrefois à l'extrémité du lac, sous le nom de *Penn-Loch Caput lacense*, ou Tête du Lac, en vieux roman, *Capo-lay, Cabo-lay*, ou Chablais. Le comté de la Tête du Lac fait aujourd'hui partie du canton de Vaud.

Aussi rencontrerez-vous au sein de nos villages alpestres de nombreuses coutumes germaniques, et le type de la race bourguignonne dans les habitants des hautes vallées, qui ont, en général, une taille élevée, les yeux bleus et les cheveux blonds. En 534, le premier royaume de Bourgogne passa sous la domination des Francs, et fit partie du royaume de Bourgogne Transjurane depuis 888 jusqu'en 1032, époque de la mort de Rodolphe III, le dernier de ses rois.

Au milieu des complications de sa succession, apparaît dans l'histoire un général de l'Empire, Humbert-aux-Blanches-Mains, qui triomphe par les armes, et reçoit, en 1034, l'investiture du Chablais et de la terre de Saint-Maurice en Vallais (1).

A la mort du comte Thomas (1233), Aymon, le second de ses fils, obtint en apanage cette province, soit le pays compris entre le Grand-Saint-Bernard, le lac Léman, la Veveyse et l'Arve.

Au mois de février 1238, l'empereur Frédéric II fut reçu, avec beaucoup de pompe, à Turin, par Aimé IV. Aussi, érigea-t-il en duché, en sa faveur, le Chablais et le val d'Aoste.

Amé, premier duc de Chablais, régna de 1233 à 1253.

Boniface, son fils, monta sur le trône, tandis que Pierre, autre fils de Thomas, surnommé le second Petit-Charlemagne, se rendait maître de la plupart des seigneuries du pays de Vaud et du Chablais.

Dès lors, les historiens, pour distinguer ces agrandissements successifs, désignèrent sous le nom de

---

(1) *Histoire de Thonon et du Chablais*, p. 42. Il épousa Anchilie, fille du comte du Valais, et augmenta ainsi les possessions humbertines de cette contrée. (Voir: *Il conte Humberto I...*, par le baron Carutti de Cantogno. Rome, 1884).

Chablais Primitif le Bas-Valais actuel, et, sous le nom de *Nouveau Chablais* la partie correspondant à l'arrondissement de Thonon. Ils appelèrent *Chablais Vaudois* les possessions enclavées aujourd'hui dans le canton de Vaud, et *Petit Chablais* le territoire compris entre Vevey et Chillon.

Au quatorzième siècle, le versant des Alpes était divisé en six baillages. Celui du Chablais comprenait les Chatellenies d'Allinges, Thonon, Yvoire, Evian, Féternes, Saint-Maurice, Saxon, Entremont, Conthey, Tour de Vevey, Châtel-Saint-Denis, Payerne, Morat, Versoix, Genève et Chillon. Le Bailli gouvernait lui-même cette dernière forteresse.

En 1475, le Haut-Valais fit la guerre à la Maison de Savoie, et s'empara de la plus grande partie du Chablais primitif, soit Bas-Valais, qu'il déclara à jamais réuni à l'Eglise de Sion (31 décembre 1476). Les hostilités reprirent, l'année suivante, et les Valaisans s'avancèrent dans le Chablais savoyard. Nos petites villes payèrent une rançon : Evian fut imposé 300 florins d'or et Thonon 800.

Le traité du 31 décembre 1477 arracha définitivement Saint-Maurice au Chablais, en lui laissant, toutefois, les mandements de Monthey, de Vouvry, et autres territoires occupés du côté de Genève.

En 1536, François Ier envahit tout à coup la Savoie, tandis que les Bernois s'emparaient du pays de Vaud, de Gex et de la partie occidentale du Chablais savoyard jusqu'à la Dranse. Cette année fut malheureuse : les monastères de la contrée, tels que les abbayes de Filly, du Lieu, de Bellerive, les prieurés de Thonon, de Ripailles, de Douvaine, de Draillans, la Chartreuse de Vallon, l'Hermitage des Voirons, disparurent avec les châteaux-forts des nobles fidèles au duc, sous les coups des novateurs.

Mais les hautes vallées s'armèrent à l'appel d'un moine de l'abbaye d'Aulps : les montagnards, comme des titans chrétiens, entassèrent au défilé de la Vernaz des rochers pour s'en faire des remparts contre le protestantisme, qui vint échouer, au pied de ces formidables redoutes... L'armée réformée y fut écrasée aux derniers jours d'août 1536.

Après cette victoire, les Eviannais et les communes du pays de Gavot (ou d'Evian) envoyèrent chacune un député à Saint-Maurice, pour traiter de l'annexion temporaire de leur pays au Valais. Respect de l'antique foi, des franchises et louables coutumes. etc., telles furent les bases de ce traité signé quelques jours plus tard par les parties respectives.

Ainsi, tandis que Thonon devenait le chef-lieu d'un baillage bernois comprenant le Chablais occidental, Evian et Monthey devinrent le siège de deux gouvernements organisés pour l'administration des communes du Haut-Chablais.

La vaillante épée d'Emmanuel-Philibert, le vainqueur des Français à Saint-Quentin, rendit à la Savoie les seigneuries de Thonon, de Gex, de Ternier et le pays de Gavot, à l'exception du gouvernement de Montey et du pays de Vaud (1564-1569). Mais la paix ne fut pas de longue durée, et, par deux fois Sancy reparut en Chablais à la tête de 12,000 Suisses. Henri IV (1600) et Louis XIII (1630) promenèrent encore sur nos contrées leurs drapeaux triomphants. Pendant cette époque de désastres, Charles-Emmanuel confiait à saint François de Sales la mission de ramener le Chablais protestant au giron de l'Eglise romaine. Son apostolat commença en 1594 et finit en 1598 par le rétablissement complet du catholicisme.

Victor-Amédée II vit encore ses Etats envahis par la France en 1690 ; le Chablais fut frappé d'une contribution de guerre de 79,496 francs. Les exactions, les meurtres et les vols devinrent si fréquents, que Thonon et Evian se cotisèrent plusieurs fois pour offrir des sommes d'argent au gouverneur militaire des Allinges, afin de mettre un terme aux exigences de la soldatesque.

Les fiers soldats de Louis XIV vinrent encore établir leurs quartiers à Thonon et Evian en 1702.

Depuis le traité d'Utrecth (1713), la Savoie subit encore à diverses reprises, des invasions et des occupations étrangères.

En 1792, le Chablais devint français et fit d'abord partie du département du *Mont-Blanc*, et ensuite de celui du *Léman*, dont Genève était le chef-lieu.

C'est ici que commence notre étude historique ; mais esquissons auparavant à grands traits le passé des deux villes principales de la contrée, de Thonon et d'Evian.

§ II

THONON

Thonon, installé sur une hauteur au centre du golfe charmant formé par les deux promontoires de Montjoux et de la Fleschère semble avoir été appelé, de tout temps, à commander le Léman savoyard (1).

Ses environs, Ripailles, les Allinges, la Forêt de

---

(1) Prière de ne pas confondre, comme l'ont fait quelques voyageurs, le village de Rives, qui est le village des *Lazaroni* de Thonon, avec la ville de Thonon, dont on ne voit qu'une minime partie depuis le lac. Rives est situé près du port, la ville, sur le plateau qui le domine.

Lonnaz, ne sont pas moins beaux à contempler que leurs souvenirs historiques ne sont intéressants à étudier.

Thonon, d'abord station lacustre, puis successivement station romaine et burgonde, ainsi que l'attestent les antiquités et monuments de tous les âges, déposés dans son précieux musée, Thonon, dis-je, avec son ancienne bourgeoisie, ses monuments monastiques, son quartier noble de la rue Vallon, réalise assez bien, dans son orgueil patriotique de capitale du Chablais, cette devise inscrite dans ses armoiries au fronton de son clocher : *Constantia Contenta, Ville heureuse dans sa constance ; Ville fière d'elle-même.*

Elle a son histoire, l'une des plus intéressantes de la contrée.

Traversée par les voies des maîtres du monde, elle eut ses thermes gallo-romains au pied des Allinges, aux sources alcalines de la Versoie. Ces fiers conquérants couvrirent le rivage chablaisien de leurs maisons de plaisance. Ces sites, où le luxe de la ville s'unissait aux charmes de la campagne, ces arbres séculaires, ce murmure des eaux étaient bien faits pour amortir les haines politiques qui déchirèrent la République romaine et plus tard l'empire. Mais bientôt les invasions passèrent sur le pays, comme la herse aux dents de fer, en étouffant ce progrès momentané.

Un prieuré de Bénédictins avait consacré à saint Hippolyte l'église paroissiale actuelle, dont la crypte remonte, au moins, au dixième siècle. Ses chapiteaux bas et à palmettes, soutenus par des colonnes rondes et basses elles-mêmes, en font l'un des monuments les plus intéressants de l'époque romane en Savoie.

En 1252, Amédée IV fit don, à son frère Boniface, archevêque de Cantorbéry, du château de notre cité, qui protégeait une chapelle et deux monastères. Mais au treizième siècle, les luttes des comtes de Savoie contre le dauphin de Viennois et le comte de Genevois nécessitèrent de nouveaux moyens de défense, entre autres la construction d'un château-fort, que l'on croit être la forteresse qui joua un si grand rôle dans les guerres du seizième siècle. Elle était redoutable, car chacun l'a prise et reprise. Une jolie place, animée par une magnifique fontaine publique, la Place-Château, remplace les tourelles et donjons disparus au dix-septième siècle à la suite des guerres de religion. L'étranger peut s'y accouder sur le parapet de la terrasse, à l'ombre des tilleuls, d'où il jouit d'un très beau point point de vue sur le lac.

Il s'est passé des choses bien extraordinaires dans ce castel fameux ; je ne vous en raconterai qu'une : le duc Louis, à l'âge de 31 ans, avait épousé Anne de Lusignan, fille de J. de Lusignan, roi de Chypre, et de Charlotte de Bourbon. C'était un de ces princes faibles et timorés, qui supportent plus volontiers le joug d'une multitude de favoris que le fardeau du pouvoir. D'un caractère froid, sans expansion, minutieux, plein de scrupules et d'idées puériles, il était d'un abord désagréable et peu capable de bien gouverner. Anne de Chypre, au contraire, montrait beaucoup de vivacité, d'esprit et de grâce. Elle était admirablement belle, si belle que les historiens du temps prétendent qu'aucune princesse ne pouvait lui être comparée.

Au moral, elle cachait un caractère altier, orgueilleux. Elle aimait la louange, mais préférait la flatterie, possédait l'instinct de tout ce qui est beau, la passion de l'imprévu. Sèche, nerveuse, versatile, ses caprices variaient à chaque instant du jour. A peine arrivée au pouvoir, elle s'entoure de Cypriotes, chasse de leurs places les seigneurs de la cour de Savoie, et les remplace par des Grecs. Le trésor est en même temps dilapidé par de folles prodigalités ; bals, tournois, fêtes et festins se succèdent continuellement. Les jeunes seigneurs de la Savoie, se piquant d'émulation pour faire concurrence aux étrangers, abandonnent leurs manoirs, et viennent dissiper leur fortune sous les yeux de leur souveraine. On les vit alors, comme dit un auteur, « porter sur leurs épaules les prés et les moulins de leurs pères ». Dans cet essaim de jeunes gentilhommes, Anne en distingua trois, qu'elle admit avec empressement auprès d'elle, comme favoris : le premier, Jean de Compey, fils du sire de Thorens, était beau, âgé de trente ans environ, riche et sorti de l'une des premières familles de Genevois. Elle le nomma chambellan de Savoie et grand-bailli. Les deux autres : Jacques de Valpergues, comte de Mazin, grand-chancelier de Savoie, et Jean de Varax marquis de Saint-Sorlin, chevalier de Saint-Jean de Jérusalem, maître d'hôtel de la duchesse, partagèrent ses grâces et ses faveurs. Le second devint maréchal de Savoie. Le duc adorait sa femme et ne savait qu'obéir, Dans son amour aveugle, il lui laissait conduire les affaires à sa guise, et disposer comme elle l'entendait des grandes charges de la couronne.

La jalousie, la haine, l'intrigue envahirent la cour. On conspira dans l'ombre. Jacques de Valpergues et Jean de Varax devaient disparaître. L'héritier présomptif de la couronne, Amédée, quitta subitement Thonon pour aller gémir, en Bresse, sur ces désordres. Philippe, cinquième fils de la duchesse, âgé de 24 ans (appelé Monsieur sans Terre, parce que seul de ses quatre frères, il n'avait pas d'apanage), se mit à la tête de la conspiration, composée d'une multitude de seigneurs.

L'un des plus ardents était un Chablaisien : Philibert de Compey, seigneur de Draillant et de la Chapelle, cousin du favori Jean de Compey. Son château, d'où partit le terrible complot, est situé à l'est de Thonon, au delà de la Dranse, sur la route d'Evian (1). On convint de se réunir dans les premiers jours d'octobre 1462, au village de Thollon, au pied de la Memise et de la dent d'Oche.

Les principaux seigneurs s'y rendirent en effet ; d'un côté, le prince, chef de la conspiration, ordonnait à un de ses complices de venir à Thonon avec quelques archers ; ce dernier devait s'introduire dans le château ducal, sous prétexte de remettre, de sa part, des lettres au duc, son père, et d'en attendre la réponse. Au jour fixé, les conjurés et leur petite troupe quittent Thollon, accourent au château de la Chapelle, où Philibert de Compey les attendait à la tête de trente hommes d'armes déterminés, venus de Genève, sur les ordres du prince rebelle. Compey, homme de courage et d'action, est chargé, avec Varembon, d'enlever le chancelier Jacques de Valpergues ; ils viennent tous deux à la tombée de la nuit s'embusquer aux portes de Thonon. Là ils espèrent accomplir leur audacieuse entreprise ; mais ils comprennent bientôt qu'avant d'arriver à leur victime, il faut violer l'asile le plus sacré, la demeure de leur souverain. Un moment, arrêtés par la voix de la conscience ou par la crainte de l'insuccès, ils s'enhardissent à la vue du chef de la rébellion et des autres conjurés qui les rejoignent pendant la nuit, et pénètrent tous ensemble, à quatre heures du matin, dans le château. Le fils rebelle a fait rouler les portes sur leurs gonds, en déclison nom de *Philippe Monsieur sans Terre*. Malgré une résistance désespérée, de Valpergues et de Saint-Sorlin sont arrêtés dans la chambre même où ils assis-

(1) Il appartient aujourd'hui au baron de Blonay.

taient à la messe, en compagnie du général de Seyssel.

Tout cela n'avait pu s'accomplir sans grand tapage. Aussi le bailli de Vaud, envoyé par le duc, vint-il sommer le prince Philippe de se rendre auprès de son père (1462). Philippe obéit, mais il ordonna de conduire le chancelier hors du château. « Dépêchez le maréchal, » dit-il à voix basse en passant devant l'un des conjurés. Son ordre eut son effet ; car de Saint-Sorlin fut immédiatement poignardé. Louis était près de la duchesse, alitée depuis trois mois, quand parut Philippe Monsieur. Sa colère éclata terrible, furieuse ; il ne voulut écouter ni les observations ni les excuses de son fils : « Si j'eusse une arme sous la main, rugit-il, je te tuerais ! »

Anne demanda d'une voix altérée ce qu'était devenu le maréchal de Saint-Sorlin. « Je l'ignore, Madame, répondit le prince, mais ce que j'ai fait, je l'ai fait pour l'honneur de notre maison. »

Valpergues, conduit au château de Morges, vit son procès s'instruire rapidement par devant le procureur de Vaud ; accusé d'avoir trahi les intérêts de la Savoie et de son souverain au profit du perfide roi de France, il souffrit quatre fois la torture, s'avoua coupable, et entendit la sentence de la noyade prononcée contre lui.

Un beau soir, deux seigneurs, Jacques de Challant et Pierre de Chissé, vinrent dans sa prison, le prirent par le bras et le conduisirent au rivage Léman, où se balançaient deux barques. Il dut monter sur l'une d'elles, accompagné du prêtre et du sergent de justice ; ses exécuteurs le suivirent dans la seconde. Arrivé au milieu du lac, il est dépouillé de ses vêtements, garroté, puis précipité dans les flots, qui, seize ans auparavant, avaient servi de tombeau à son prédécesseur Bolomier.

A l'invasion de Sancy (1589), Thonon, sans murailles ni fossés, ne put s'opposer à son entrée. Le château seul offrit de la résistance. L'ennemi dépêcha aussitôt à Genève un courrier demandant de l'artillerie pour le siège. Elle arriva par le lac ; la tranchée fut ouverte sur la fin d'avril 1589. Un traître, Leclerc, de Thonon, dont la maison touchait à la forteresse, livra aux assiégeants le passage des souterrains (1)

Les comtes Philippe et Amé de Savoie octroyèrent à Thonon des lettres de franchises et de libertés en 1268 et 1301. Leurs successeurs, Edouard, Aymon, Amédée VII, Amédée VIII, etc., les augmentèrent et confirmèrent tour à tour. Parmi les institutions de ces âges reculés, signalons-en une fort goûtée des populations : l'établissement du tir au papegai, et le concours aux prix francs, qui occasionnèrent de curieuses rivalités entre les chevaliers de l'arquebuse de Thonon et Evian.

Le duc Amédée IX, le Bienheureux, naquit à Thonon, le 1er février 1435.

Amédée VIII fonda, le 13 mars 1429, l'église de St-Sébastien, où de l'ancien collège actuel, qu'il confia à des chanoines réguliers de Saint-Augustin. Son architecture svelte et élégante a été mutilée au dix-septième siècle, et ses légères colonnettes, ses nervures, etc., ont été transformées par l'addition de mortier en ignobles pilastres carrés.

Il ouvrit la même année la rue Vallon, agrandit et fortifia la ville, de 1429 à 1434. Charles-Emmanuel la fit encore clore de murs en 1598.

---

(1) Le Sénat de Savoie condamna Leclerc à être pendu. Son jugement porte que son cadavre soit ensuite écartelé par quatre chevaux, et que la maison dont l'ennemi s'est servi pour attaquer le château soit rasée de fond en comble. L'endroit où était cette maison est aujourd'hui un jardin qui longe le chemin conduisant au hameau de Rive. La tradition l'appelle encore « champ du sel. »

La peste ravagea le pays en 1348, 1578, 1579, 1640. A cette dernière époque, les Juifs, accusés d'empoisonner les fontaines, subirent dans leur quartier un siège dans toutes les règles.

On sait quel intérêt notre siècle attache aux questions de l'instruction publique, de l'industrie, de l'ouvrier, et aux autres problèmes sociaux. Or, dès la fin du seizième siècle, Thonon, par l'initiative d'un homme d'un savoir extraordinaire, de saint François de Sales, devint le centre d'une œuvre qui éclipsa d'avance tout ce que les siècles postérieurs ont produit, dans le bassin du Léman, en faveur de ces grands intérêts.

Je veux parler de l'*Université chablaisienne* de Thonon, trop imparfaitement connue sous le nom de Sainte-Maison et fondée le 13 novembre 1599 (1). Elle embrassait : 1° Une faculté de théologie, composée d'un préfet et de sept prêtres, dont le prolongement comprenait la section des prédicateurs incorporés à l'établissement sous le nom de missionnaires apostoliques ; 2° l'enseignement primaire et secondaire, ainsi que deux facultés de droit et de médecine, dont dépendaient les pharmaciens de la province ; 3° la section des arts et métiers, à laquelle se rattachaient des papeteries, une imprimerie, des filatures, des pharmacies, des fabriques de fer, où travaillaient des mécaniciens, serruriers, armuriers, etc.

Parmi les instituts religieux établis avant la Révolution, signalons : *les Barnabites*, chargés de l'enseignement du collège en 1615 ; leur établissement sert aujourd'hui de caserne ; *les Capucins*, dont une station fut constituée sur les restes du palais ducal en 1602 ; *les Visitandines*, arrivées d'Annecy, puis

---

(1) Voyez monographie de l'*Université chablaisienne de Thonon*, par L.-E. Piccard, 1882. Chez Jordan, libraire, à Thonon, et Mugnier, libraire, à Evian.

d'Evian en 1627 ; *les Minimes*, dont la maison fut fondée le 26 avril 1636, par Albert de Genève, marquis de Lullin et gouverneur du Chablais ; cet édifice est le plus beau monument du dix-septième siècle dans nos contrées ; c'est aujourd'hui l'*Hôtel-Dieu* ; *les Annonciades*, réfugiées à Thonon en 1637, par suite des guerres de la Franche-Comté ; leur maison transformée abrite aujourd'hui le collège des Marianites ; *les Ursulines* qui esquissèrent en 1637 le faubourg de ce nom par les imposantes constructions qui renferment aujourd'hui le pensionnat des Frères de la Doctrine chrétienne.

§ III

ÉVIAN

Evian, l'ancienne métropole du pays de Gavot, est la seconde ville du Chablais. Assise dans la contrée la plus délicieuse et la plus enchantée que l'on puisse imaginer, elle tire son nom et sa célébrité de ses eaux minérales, et s'élève en amphithéâtre comme pour se mirer dans la limpidité de son lac.

Située sur la route romaine reliant l'Alpe Pennine à Genève, elle fut certainement connue des maîtres du monde, qui recherchaient, comme on le sait, avec un soin jaloux les stations thermales, dans toute l'étendue de leur vaste empire.

Son nom *Evian* (du celtique *Eva, Eau*), nous dit assez que son origine se perd dans la nuit des temps ; les Romains le traduisirent par *Aquianum*. Selon le chroniqueur Prévost, châtelain d'Evian, cette ville s'agrandit, sous Valentinien, qui y établit un gouverneur pour rendre la justice. Dès le treizième siècle, elle possède son château, ses tours, dont plusieurs subsistent encore, ses murs et ses fossés. Pierre le Petit-Charlemagne éleva ou releva ses fortifications en y construisant, selon Prévost, en 1237, « une forteresse et château à quatre grandes tours ». Mais les guerres qui désolèrent le pays à diverses époques, et surtout les luttes sans cesse renaissantes des comtes de Savoie contre les dauphins de Viennois et les comtes de Genevois, nécessitèrent d'importants travaux de défense qu'exécutèrent les comtes Amédée V et Amédée VI.

Un faubourg, du nom de la Thouvière, formant paroisse, se détachait de la ville, dont il était séparé par portes et murs ; de là des rivalités qui ont survécu à la féodalité et au moyen âge.

Le comte Pierre, surnommé le second Charlemagne donna à Evian son code municipal, en 1265, en la déclarant franche et libre. Elle obtint alors le droit de *navage*, soit de transporter seule les marchandises par le lac. Le comte Philippe (1279), Amédée V (1298), Edouard (1324), Bonne de Bourbon (1352), les Valaisans (1540), etc., etc., récompensèrent tour à tour la fidélité des Eviannais en confirmant ou en augmentant leurs antiques franchises ou privilèges.

En 1536, lors de l'occupation du Bas-Chablais par les Bernois, les habitants du pays de Gavot appelèrent les Valaisans, qui firent d'Evian le chef-lieu de trois districts qu'ils y établirent. Il fut rendu au duc Emmanuel-Philibert en 1569, par la voie des traités. Mais le Juge mage de Thonon, par les dispositions souveraines, dut, dans la suite, tenir ses audiences deux fois par semaine dans la seconde capitale du Chablais, et prêter serment, entre les mains des syndics, de respecter ses franchises municipales.

Bientôt s'ouvrit l'époque des grands désastres.

Sancy entre en Chablais et s'empare de Thonon. La ville d'Évian est investie, tant par terre que par eau, le dimanche 10 février 1591. Sept compagnies d'infanterie la défendaient, y compris celle du bourg même, que commandait le seigneur de Bonnevaux.

Le 12 février, le canon battait la grange du sieur de Verhons, adossée aux remparts de la Thouvière-Dessus. Le siège fut poussé avec vigueur pendant cinq jours, au bout desquels, les sieurs G. de Guitry et F. de Sancy sommèrent les Eviannais de se rendre dans trois jours au roi de France, sous peine d'être passés au fil de l'épée. De Bonvillars attendait les renforts espagnols, cantonnés dans la vallée d'Aulps, renforts que lui avait promis le baron d'Hermance. Malheureusement, ils refusèrent de marcher à l'ennemi. Le mardi 19 mars, sur les deux heures de l'après-midi, les assiégeants s'emparèrent du faubourg de la Thouvière, puis de la ville, où ils rencontrèrent peu de résistance ; car à ce moment la garnison se réfugiait au château avec les principaux bourgeois.

On se battit, on se défendit avec ardeur, les cinq jours suivants, quoique, dit Prévost, « la place ne fût aucunement tenable ».

Tandis que s'opèrent ces prodiges de valeur, les canons sont braqués contre la forteresse prêts à vomir la destruction au premier signal.

A cette vue, Bonvillars rend la place par composition, et sort, les larmes aux yeux, de ces pans de murs qu'il n'a pu défendre.

Tous les soldats, avait-il été stipulé, seront conduits avec armes et bagages au fort des Allinges, où flotte encore l'étendard de la patrie, toutefois, tout bourgeois, militaire ou non, demeurera à la merci du vainqueur.

— 18 —

Cette dernière clause indisposa le syndic noble de Blonay, qui, assisté de ses concitoyens, faillit, dit la chronique, *faire passer le pas à Bonvillars*.

Mais déjà les huguenots entraient secrètement dans le château, réclamant deux mille écus d'or pour la rançon des bourgeois.

On délégua le seigneur de Bonnevaux afin de négocier un emprunt en Valais, tandis que vingt-deux prisonniers les plus apparents se voyaient transportés à Genève au *logis de la Couronne* où ils demeurèrent trois semaines et demie.

La rançon payée, ils revinrent contempler leurs foyers et leurs maisons ruinées, désertes et ensanglantées.

Durant six semaines encore, les troupes ennemies promenèrent sur la ville et sur les environs le pillage et l'incendie ; bétail, vivres, meubles, églises, cloches, rien ne fut épargné.

Enfin elles se retirèrent, en ayant soin de ruiner le château et d'abattre les murs aboutissant à la porte d'Allinges.

« La désolation était telle, dit Prévost, que sans l'aide et le secours divin, tout serait mort de misère. »

Evian renfermait, avant 1792, un couvent de religieuses de Ste-Claire, chassées d'Orbe par la Réforme, un autre de Visitandines, transféré à Thonon en 1627, et un monastère des Frères mineurs de l'observance, fondé en 1535. Le premier, nous le verrons bientôt, s'est relevé après une interruption de 84 ans, à l'entrée de la ville, et les deux derniers ont été remplacés par deux établissements utiles et florissants : le collège, qui réunit plus de 200 élèves, et le pensionnat des dames de Saint-Joseph, qui se consacrent à l'éducation des jeunes personnes. On y accourt de toutes les parties de l'Europe, et l'instruction n'y laisse rien à désirer.

Il y a dans la ville trois anciens châteaux : le château de Blonay, devenu casino d'Evian, la tour Fonbonne, transformée en hôtel, et le manoir de Gribaldi, qui sert de caserne de gendarmerie.

Vespasien de Gribaldi naquit à Evian, d'une famille originaire de Chieri en Piémont. Il devint archevêque de Vienne en Dauphiné, et mourut à la Thouvière en 1608. C'est encore le lieu de naissance de Christophe Millet, littérateur distingué du seizième siècle, du baron Louis de Blonay, vice-roi de Sardaigne en 1731.

On croit, aujourd'hui, que les eaux d'Amphion et d'Evian, appelées indistinctement Eaux d'Evian au dix-septième siècle, ont été recherchées et appréciées de toute antiquité. Les princes de la maison de Savoie venaient déjà à Amphion en 1724, 1725, etc.

Mais la réputation des eaux alcalines de la ville même, telles que la source Cachat et autres, date surtout de notre siècle, quoique, déjà en 1622, Prévost parlât dans sa *Chronique d'Evian de « ces fort bonnes eaux, de ces douces, belles et amples fontaines d'Evian, sortant et ruisselant de tous les endroits, au grand contentement et soulagement de tous. »*

L'air d'Evian est pur et bienfaisant. On y jouit d'un bien-être incomparable, loin du fracas des villes, au milieu des magiques beautés de ce petit coin de terre du Chablais. Les magnificences de ce sol enchanteur sont de celles qui saisissent l'imagination et passionnent le cœur. Quand on a vu Evian, on le quitte avec regret, on le revoit avec plaisir.

Ses armoiries présentent un gros poisson en dévorant un petit ; dans ce bas monde, ce sera toujours un peu comme cela ; mais Evian voulait dire par là aux bourgades du bords du Léman, qu'elle saurait toujours avoir raison de ses ennemis.

CHAPITRE II

Emeute en Chablais et sa réunion à la France
(1790-1793)

> Pour ce je n'y veulx mettre ni oster, oublier
> ni corrompre ni abréger l'histoire en rien.
> FROISSARD. Chroniques, Liv. I, Chap. I.

SOMMAIRE : Causes de la Révolution en Chablais. — Voltaire et Rousseau à Thonon et Evian. — Les privilèges et les abus. — Dessaix à Paris. — Insurrection à Thonon. Le Tocsin. — La répression. Les émeutiers s'enfuient à Versoix. — Terreur et inutiles démarches à Turin de MM. Dessaix, de Foras, Dubouloz. — Nouvelles incartades des révoltés qui refusent de se soumettre. — Leur débarquement à Hermance et leur condamnation à mort. — Le Tocsin de la Savoie. — Le Club et la Légion des Allobroges. — Réunion de la Savoie à la France. — Montesquiou à Thonon et les officiers chablaisiens. — —Divers décrets. — Les inventaires et les maisons religieuses. — Les députés de 1793. — Etat des esprits. — Le Chablais soldat. — Organisation du district de Thonon. — Les Clubs.

Aux Etats généraux de 1789, on avait proclamé comme des principes et des droits, des aspirations généreuses qui devaient bientôt tourner à la perversion et à la tyrannie.

Depuis un demi siècle, le philosophisme, résultat nécessaire du protestantisme, avait revendiqué la liberté illimitée de penser et d'écrire. Le despotisme de Louis XIV, les scandales de Louis XV avaient engendré de véritables abus. Louis XVI se trouva trop faible pour remédier au mal ; il devait être la plus pure victime de la Révolution.

Mais, laissant les causes éloignées, signalons plusieurs causes locales qui ont fait recevoir, avec faveur, le mouvement insurrectionnel de 1789.

Voltaire, de sa retraite de Fernex, avait eu le talent d'égayer les salons de Thonon, d'Evian, et du Chablais, aux dépens de la religion et des institutions chrétiennes. C'était l'écrivain séduisant du XVIIIe siècle.

D'autre part, Rousseau, sur les bords de notre lac, sapait les fondements de la société par les théories audacieuses de son *Emile* et de son *Contrat social*.

Ces deux auteurs célèbres, par leurs relations dans nos cités, avaient trouvé le moyen de corrompre l'esprit et le cœur d'une partie de la classe lettrée de notre population (1).

Les campagnes demeuraient, il est vrai, religieuses et pacifiques. Mais certaines institutions, certains usages justes dans leur principe, avaient dégénéré en de véritables abus (2).

On ne souffrait qu'avec peine les dîmes, les terriers, les privilèges devenus complètement impopulaires.

Une longue paix avait introduit le relâchement dans les maisons religieuses du Chablais : la noblesse, énervée par les doctrines malsaines et par la prospérité, ne connaissait plus la guerre et donnait quelques-uns

---

(1) Victor Gerbaix de Sonnaz, avocat au Sénat de Savoie, poète à ses heures, et plusieurs autres membres de la noblesse et de l'aristocratie, étaient devenus des amis du patriarche de Fernex (Voir chapitre XV). Rousseau avait surtout pénétré dans la bourgeoisie. Ses ouvrages figuraient dans la plupart des bibliothèques de famille.
(2) *Pièces justificatives*, n° 5.

de ses noms (1) aux loges maçonniques. C'était l'époque des chants de la liberté, des exaltations juvéniles, où l'on croyait, comme de Maistre, pouvoir être en même temps, *pénitent bleu* et *carbonaro!*

Le pauvre peuple était accablé par les emprunts faits à la Caisse des affranchissements ; d'ailleurs, une partie des anciennes charges subsistait encore (2).

On avait perdu mémoire des bienfaits du passé pour ne voir que les maux du présent. Ajoutez à cela l'attrait naturel de la nouveauté, la déchéance de Louis XVI, la proclamation de la République en France, et vous comprendrez que toutes ces causes, comme des matières inflammables, n'attendaient qu'une étincelle pour allumer l'incendie.

Thonon et Evian possédaient une foule de jeunes gens, imbus des idées nouvelles, que l'ombre d'une injustice révoltait. Artistes, littérateurs enthousiastes, plusieurs, entre autres, Joseph Dessaix, qui fut plus tard général, s'inscrivirent dans les rangs des premiers volontaires de la garde nationale parisienne et assistèrent à la prise de la Bastille (14 juillet 1789).

Le 19 octobre 1790, Dessaix était de retour à Thonon. Deux brochures : *le Réveil de la Savoie* et *le Premier Cri de la Savoie vers la liberté*, avaient produit, dans nos murs, une exaltation difficile à décrire. On s'assemble dans les cafés, on écoute, on pérore avec enthousiasme, et les esprits s'échauffent.

Un soir, c'était le 2 juin 1791, un jeune homme, Joseph Charles, se mit à chanter un refrain séditieux, le *Ça ira*, dans la rue, au milieu des attroupements.

---

(1) Charte de fondation de la Franc-Maçonnerie à Thonon, et règlement de l'an 5807 *(sic)*. *Pièc. justific.*, n° 4.
(2) Voyez *Hist. de Thonon et du Chablais*, t. I, p. 289, et *Pièc. justific.* n° 5.

La police l'arrêta et le fit écrouer dans les prisons de la ville.

Ce fait monta les têtes au lieu de les calmer, et, dans la nuit du 7 au 8, plusieurs compagnons, entre autres, le docteur Joseph Dessaix, Souviran, Michaud Cl.-M. Deruaz, Bron, Ticon, Paget, Bétemps, Pariat, etc., au nombre d'environ cinquante, se réunirent au Canal, dans un jardin situé à proximité de l'hôpital actuel.

Vers onze heures de la nuit, ils descendirent aux prisons, armés, les uns de fusils, les autres de pistolets, de sabres, d'épées ou de bâtons. Ils se firent ouvrir par ruse (1) et forcèrent, le pistolet à la gorge, le malheureux concierge de délivrer Charles qu'ils fêtèrent comme un héros. Le lendemain, ils dévalisèrent un armurier de la ville, se réunirent sur la place de Crête (2), descendirent la Grand'Rue, bravèrent la patrouille, menaçant de faire feu si elle approchait.

Bientôt le tocsin sonne l'alarme, les rebelles profèrent de terribles menaces contre Spectable Rivolat, lieutenant juge-mage du Chablais ; l'émeute paraît victorieuse.

Le cri : *Aux armes !* retentit dans la ville et la la campagne, mais la ville et la campagne demeurèrent également sourdes à cet appel. Les insurgés épouvantés, s'enfuirent alors à Nernier, traversèrent le lac, et se réfugièrent à Versoix. Le coup était bien manqué.

Le lieutenant juge-mage Rivollat, en même temps

---

(1) Sous prétexte qu'ils amenaient un contrebandier *(Vie de Dessaix*, par J. Dessaix et Folliet, note n° 4).

(2) Esplanade très étendue, plantée d'arbres au délicieux ombrage, faisant aujourd'hui partie du nouveau quartier de la gare. C'est un ravissant belvédère d'où l'on domine la ville, la plaine et le lac. On y arrive par le boulevard de ceinture de la gare, et par les routes nationales de Genève, d'Annecy et de Grenoble.

premier syndic et juge de police, commença aussitôt une information sur cette affaire, quoique plusieurs de ces gens fussent ses parents.

La répression arrivait, un détachement de dragons accourt, et la ville est mise en état de siège....

Cependant, là-bas, au-delà du lac, à Versoix, dans ce lieu si bien fait pour la jeunesse et la paix, la Révolution semblait y attirer ses haines contre l'autorité légitime, en secouant le funèbre étendard de l'insurrection. C'était une menace et une invitation que cette jeunesse enthousiasmée au milieu de son exil.

On le comprit. Aussi pour prévenir de funestes représailles, les habitants de Thonon se rendirent-ils en foule à une convocation de la commune pour « protester, disent les registres du temps, de leur inviolable attachement envers leur bien-aimé souverain, et appeler la clémence royale sur la tête des jeunes égarés. » Six cents signatures couvrent cette adresse que l'on porte aux nobles syndics et au conseil de la ville de Thonon. Ceux-ci décident aussitôt d'envoyer une députation au roi. On consulte, par les fenêtres, la population massée sur la place, au sujet de la nomination des délégués. Tous les suffrages se portent sur l'avocat Dessaix Claude-Louis-Victor, frère aîné du proto-médecin Dessaix et sur le comte de Foras, lieutenant-colonel des armées du roi et major au régiment de Maurienne.

Le conseil de la ville les chargea, dans sa séance du 10 juin, « de porter incessamment aux pieds du trône, les vifs regrets et la consternation du public et du conseil, ainsi que leur protestation d'inviolable fidélité ; d'implorer en outre la continuation de ses grâces pour la ville et la province et sa clémence pour les malheureux qui se sont égarés. »

Les députés étaient partis le 11 juin. Le 12, le général Perron, gouverneur du duché, résidant à Chambéry, les reçut bien, mais, il leur déclara qu'ils ne devaient pas espérer le pardon des rebelles. Une chose parut le surprendre, c'est que ces jeunes gens appartenant aux premières familles de la ville, n'eussent pas été arrêtés par les fonctionnaires ou leurs parents dans leur téméraire entreprise, après la violation des prisons. Si le roi fait grâce ajouta-t-il, il est de mon devoir de me retirer. Les commencements n'étaient pas rassurants.

Les députés thononais quittèrent Chambéry le même jour (12 juin), couchèrent le soir à la Chambre, le lendemain, à la Novalaise, et furent reçus, le jour suivant, par le ministre, commandeur Graneri, séant à Turin. Il leur conseilla, en attendant l'audience royale, d'engager les insugés de Versoix à faire leur soumission et à se livrer à la discrétion du gouverneur de Savoie 1).

L'avocat Dessaix et le lieutenant-colonel, comte de Foras, s'empressèrent de transmettre cet avis à Thonon.

De son côté, la police piémontaise ne perdait pas de temps. Dans la nuit du 24 au 25 juin, le capitaine de la Roccaz, à la tête de quelques soldats, poursuivait Frézier et le docteur Dessaix qui tombèrent dans une embuscade, à laquelle ils échappèrent miraculeusement en essuyant le feu de l'ennemi. Un autre jour, Dessaix faillit encore être arrêté à Genève.

La municipalité de Thonon, estimant que le conseil du ministre était le meilleur parti à prendre, délégua l'avocat Jean-Michel Dubouloz, conseiller, et l'avocat Claude-François Naz pour déterminer les insurgés à

---

(1) Tous ces détails sont consignés aux registres de la municipalité où nous les avons vérifiés.

faire leur soumission au gouverneur de Savoie. Inutile démarche, vains efforts ! Ils refusèrent fièrement cet acte d'obéissance qui revêtait, à leurs yeux, un certain caractère de capitulation ou de lâcheté, et donnèrent à entendre qu'ils rentreraient bientôt dans leurs foyers par la force des armes françaises. MM. de Foras et Dessaix n'étaient pas plus heureux dans leur mission à Turin. Le roi leur répondit : « Que s'il le pouvait, ces jeunes gens égarés rentreraient aussitôt dans leur patrie, mais qu'il fallait que la procédure eût son cours et qu'aussitôt après les informations, il évoquerait la cause à lui, et que ces jeunes gens ne seraient soumis à aucune peine qui pût flétrir les familles. »

Une nouvelle insulte à l'autorité, de la part des rebelles, vint singulièrement aggraver la situation. Le 3 juillet, au matin, douze d'entre eux, traversent le lac, descendent à Hermance et marchent sur Douvaine, armés et tambour en tête, afin d'y saluer, à leur passage, MM. de Foras et Dessaix rentrant à Thonon, après leur voyage de Turin.

Ils arrivèrent trop tard et regagnèrent Versoix en toute hâte. Cette incartade prit dans les esprits de formidables proportions. On parla d'abord de quatre mille Français s'avançant sur Thonon à la suite des réfugiés. M. L'Epine, résident de Sardaigne à Genève, en annonçait dix mille. Le sénateur Rolf de Marigny, qui procédait, dès le commencement de juillet, à l'instruction du procès dans notre ville, apprenait à son tour une prétendue campagne des insurgés dans les vallées du Haut-Chablais.... Il n'en était rien ; les esprits s'affolaient. Des courriers, partis en toute hâte, revinrent, annonçant que la plaine et la montagne jouissaient de la paix la plus profonde. Cependant, le gouvernement, peu rassuré, renforça la garnison de Thonon de quarante-six hommes.

La municipalité se trouvait dans la consternation. A cette vue, le proto-médecin Dessaix part pour Versoix, représente à son fils et à ses collègues la terrible responsabilité qu'ils assument, et toute la petite troupe se dirige sur Paris à pied et tambour en tête.

L'enquête était poussée avec fureur et la procédure marchait activement. Le commandeur Graneri avertit, le 23 juillet, le conseil de ville de la volonté du monarque que les coupables fussent jugés selon la rigueur des lois. Enfin, la sentence fut prononcée par le Sénat de Savoie le 7 septembre 1791 (1).

Elle condamne : 1° Joseph Dessaix, médecin ; Placide Souviran, procureur, et C.-M. Frézier, ci-devant garde du corps, à être pendus en effigie, et à la confiscation de leurs biens ; 2° Claude-Marie Deruaz, notaire, F.-P. Michaud, Claude Dessaix, François Bétemps, François Ticon, François Bron, François Deruaz, J.-B. Paget et Michel Pariat à passer sous l'échafaud, aux galères perpétuelles et à la confiscation. 3° Alexandre Cucuat à vingt-cinq ans de galères, Louis Plainchamp, à dix ans, et Perrière à deux ans.

Tous les insurgés, à part François Deruaz et Perrière, qui furent incarcérés, avaient eu soin de passer la frontière (2).

L'arrêt fut exécuté et les condamnés furent pendus en

---

(1) Les pièces de ce procès remises plus tard à l'un des condamnés, le citoyen Bétemps, officier dans la Légion allobroge, furent, dit-on, brûlées sur la place publique, à Thonon. Il nous en reste l'arrêt de condamnation inséré dans le *Tocsin de la Savoie*. (*Hist. du général Dessaix*, par Dessaix-Folliet, p. 41, 42.

(2) François Deruaz fut mis en liberté le 23 septembre 1792, le lendemain de l'entrée de l'armée française en Savoie.

Le proto-médecin Dessaix, cité à la barre du Sénat de Savoie pour avoir à rendre compte de la conduite de son fils, trouva moyen de n'arriver à Chambéry que le jour où les Français y rentraient par une autre porte. Le Sénat ne lui avait fixé ni le jour ni l'heure.

effigie sur la place de la Halle. Le juge-mage avait été aussi pendu la veille de la même manière pour avoir acheté lui-même les mannequins destinés à figurer les suppliciés, et, les avocats et procureurs refusèrent de plaider devant lui. Il jugea à propos de quitter Thonon pour quelque temps.

L'effet de cette exécution fut déplorable. Plusieurs jeunes gens, entre autres François et Aimé Dessaix, rejoignirent les insurgés à Paris.

Ils rédigèrent tous ensemble, sur l'émeute de Thonon, une brochure de quarante-deux pages qu'ils intitulèrent : *Le Tocsin de la Savoye*. Malgré toutes les mesures de l'autorité, plus de vingt mille exemplaires furent distribués, dit-on, en Chablais.

Ils formèrent en même temps, avec d'autres proscrits, une société que l'on appela successivement *La Propagande des Alpes*, *le Club des Patriotes étrangers* et *le Club des Allobroges*. De là, une propagande active des nouveaux principes, en Savoie ; de là aussi l'idée de former une légion guerrière composée de Savoyards, de Piémontais et de Suisses, sous le nom de *Légion des Allobroges*.

L'Assemblée nationale en décréta la création, le 8 août 1792, pour la défense de la frontière des Alpes. Le 10, un détachement allobroge marchait sur les Tuileries, sous les ordres du capitaine Dessaix : son quartier général était à Grenoble. Le roi sarde avait échelonné quinze mille hommes du Mont-Cenis à Evian. Les derniers travaux, près de Chapareillan, allaient être terminés, quand, dans la nuit du 22 septembre, le général français Montesquiou franchit nos frontières sans déclaration de guerre. Nos troupes se replièrent sur les Alpes sans faire aucune résistance. Les envahisseurs arrivèrent le 24, à Chambéry, où ils reçurent un accueil enthousiaste d'une partie de la population.

Pour colorer cette violation du droit des gens, le gouvernement français fit entendre le mot de représailles, déclarant que la Savoie avait proscrit les *amis de la liberté* et donné asile *aux émigrés*.

Sur les pas des armées de la Convention marchaient toujours de redoutables commissaires devant lesquels tout le monde tremblait, car ils jouissaient du droit de vie et de mort sur les vaincus.

Les premiers arrivés en Savoie furent : Dubois-Crancé, Lacombe, Saint-Michel et Gasparin, auxquels on adjoignit bientôt l'apostat Philibert Simon (1).

Ils publièrent, le 6 octobre 1792, un appel aux citoyens, portant convocation d'une constituante pour déterminer le sort politique de notre pays. Chaque commune devait envoyer un député, le 21, à Chambéry, afin de porter son vœu à l'assemblée générale.

Vingt-quatre commissaires se répandirent aussitôt dans nos montagnes, organisèrent des clubs dans les villes et prêchèrent, avec de nombreux adeptes, la réunion de la Savoie à la France (2).

Le Club de Thonon, ouvert dès les premiers jours, envoya dans toutes les directions des émissaires pour y préparer des élections favorables aux idées révolutionnaires (3).

Elles se firent, en effet, dans le sens que l'on désirait, le 14, le 15 et le 16 octobre 1792. « Ces jours-là, dit M. Dessaix, la Savoie assista à un spectacle inaccoutumé : les habitants des villes et des campagnes se levèrent tous à la fois, au son de la cloche, et se réunirent dans l'église paroissiale. Le pasteur assiste à

---

(1) C'était un prêtre, né à Rumilly, en 1755, ex-vicaire du Grand-Bornand.
(2) Dessaix J. *Histoire de la réunion de la Savoie à la France*, p. 13.
(3) Voir entre autres les registres paroissiaux d'Orcier, d'Allinges, etc.

l'imposante assemblée (1). Chacun se demande ce que
veulent ces hommes à la voix desquels les masses
s'agitent. L'un d'eux (des commissaires jacobins),
prend la parole, « il appelle les campagnards frères et
amis ; il leur apporte la liberté, et, à la lecture des

(1) Voici les noms des députés des diverses communes du Chablais :
Thonon, Dessaix Claude-Louis-Victor ; F.-M. Duperier ; Claude Naz. *Perrigny*, Chappet Rodolphe ; *Orcier*, Détraz Joseph ; *Armoy-Lyaud*, Duboulez Thomas ; *Margencel*, Duchêne A., Duchêne Maurice ; *Draillant*, Frezier Joseph ; *Belleraux*, Favrat Jean-P., Joseph Rey, F.-L. Favrat ; *Vailly*, Frezier Jean-Marie ; *Reyvroz*, Frezier Jean-Marie ; *Lullin*, Frezier Joseph-Marie, Pierre Ducetoux, Cl. Frossard ; *Mégerette*, Grivaz François-Marie, Gellon J.-F.; *Allinges*, Lochon Joseph, Mugnier, Perroud Joseph ; *Anthy*, Perroud Gaspard, Lochon Claude, Frezier J.-M. ; *Bernex*, Peillex P.-E. ; *Vacheresse*, Tupin Cl.-A., homme de loi ; *Cervens*, Vignet Pierre-L.-Joseph, J.-M. Bétemps ; *Les Habères*, Pommel Philippe, Bastard, Duret Pierre ; *Saxel*, Mouchet Claude ; *Douvaine*, Guyot Bernard, J. Génoud, Georges Bordannez ; *Bons*, Cl. Frezier, Duperier Cl.-M., Décompoix ; *Loisin*, Pelloux Jacques, Goutty, Gallay Jean ; *Yvoire*, Rosset G., J. Quiblier, Vuarnet ; *Machilly*, Vacheran Fabien, Roulin, P. Prinborge ; *Brens*, Vacheran Fabien, Roulin, P. Prinborge ; *Ballaison*, Violland Jean-François, Grenier, Vincent.
Saint-Didier, Gentil Guillaume-Joseph, Dégenève, Vacheran Fabien ; *Excenevex*, Arpin J.-Baptiste ; *Brenthonne*, Bel Etienne ; *Massongy*, Bétemps Jean-Marie ; *Veigy*, Chastel François ; *Sciez*, Charmot Jacques, Jacques Moynat ; *Nernier*, Favre Jean-Baptiste ; *Chens-Cusy*, Fichard Henry, Jacques Decorsens, Fichard J.-M. ; *Filly et Charanex*, Charmot Jacques, Jacques Moynat ; *Saint-Cergues*, Girod Jean-François, Claude Dombre, Henry Darthaz ; *Evian*, Blanc Claude, homme de loi ; *Vinzier*, Blanc Claude, homme de loi, Joseph Blonnay, Claude-Joseph Baud ; *Féterne*, Blanc Claude, homme de loi, Joseph Blonnay, Claude-Joseph Baud ; *La Forclaz*, Gallay Jean-Claude ; *La Vernaz*, François Vulliez, Garin François, Cursat Nicolas ; *Publier*, Blanc Claude, homme de loi, Joseph Blonnay, Claude-Joseph Baud ; *Neuvecelle*, Blanc Claude, homme de loi, F.-M. Seuvay, André Jacquier ; *Saint-Paul*, Michoux François ; *Saint-Gingolph*, Charmot Pierre ; *Larringe*, Carrier Philibert ; *Thollon*, Cachat Jean-Pierre ; *Lugrin*, Maitre André, François Pouly, Hyacinthe Chambaz ; *Novel*, Sache Joseph ; *Abondance*, Folliet P.-M., P.-J. Blanc, J.-P. Sallavuard ; *La Chapelle*, Bron Athanase, Claude Maxi, J. Déportes ; *Châtel*, Maxi. Ch.-M. Bron, A. Tupin ; *Chevenoz*, Bron Athanase, Tupin, Claude Blanc, homme de loi ; *Bonneraux*, Tupin Amédée, Lollioz Favre ; *Le Biot*, Bouvet Jacques, prêtre : République indépendante ; *Saint-Jean d'Aulps*, Buttet J.-F.-M., Pierre Premat; *Montriond*, Michaud Antoine ; *Morzine*, Grivel-Delilaz Jacques, Jacques Pralet, Laurind.

droits de l'homme, les yeux s'ouvrent quelque peu à la lumière et la foule enthousiaste délibère sous l'invocation de l'Etre suprême ».

Tandis que soixante communes du Chablais se prononçaient pour l'incorporation à la France, une seule, celle du Biot, représentée par l'abbé Bouvet Jacques, dit l'oncle Jacques, demanda *une république indépendante.*

C'était agir en sage et habile mandataire, car la dynastie de Savoie n'avait été évincée que par la force, et la masse de la population lui restait attachée (1).

Plusieurs communes du Genevois se déclarèrent aussi pour l'autonomie de notre pays (2).

Enfin, nos représentants furent convoqués, le 23 octobre, à Chambéry, dans la cathédrale, pour y prêter le serment de fidélité à la nation, et jurer « de maintenir la paix et l'égalité ou de mourir en les défendant ». La réunion à la France était donc consommée. Elle devait être ratifiée par la Convention nationale, le 27 novembre suivant, jour où l'on proclama la Savoie quatre-vingt-quatrième département de la République française, sous la désignation du *Mont-Blanc.*

Le 13 octobre 1792, la municipalité de Thonon demandait au général Montesquiou la première compagnie de la Légion allobroge, comme garnison de la ville.

Ce vœu fut exaucé, et, quelques jours après, Dessaix faisait son entrée dans la capitale du Chablais.

Bientôt, le général Montesquiou lui-même, le suivait avec son état-major. Ce fut, à Thonon, une fête

---

(1) Cardinal Billet : *Mémoires pour servir à l'histoire ecclésiastique du diocèse de Chambéry,* p. 49.
(2) Chanoine Mercier : *Souvenirs historiques d'Annecy,* p. 452.

dont les détails sont consignés aux registres de la ville. On lui offrit un banquet sur la place de la Halle. Les habitants considéraient avec étonnement plusieurs de leurs concitoyens déjà arrivés aux premiers rangs : Les quatre frères Dessaix, les deux Chastel, les deux Souviran, Bétemps, Frézier, Chappuis, etc., etc. Après le banquet, on planta un arbre de la liberté au lieu même où les proscrits avaient été exécutés en effigie (1).

Le 2 décembre suivant, eut lieu une réunion populaire à la maison de ville ; les syndics en rédigèrent le procès-verbal où on lit les lignes suivantes :

« Le citoyen Joseph Dessaix, capitaine de la première compagnie de la Légion franche allobroge, est aussi monté à la tribune et a fait lecture des articles insérés dans les feuilles publiques appelées : *Gazette nationale* ou *Moniteur universel*, numéro 328, et le *Républicain universel*, numéro 14, relatifs aux demandes des députés des Allobroges, auprès de la Convention nationale des Français, à Paris, et des discussions qui y ont eu lieu au sujet de la réunion à la République française demandée par les Allobroges, articles d'après lesquels cette réunion a été acceptée pour le bonheur de la nation des Allobroges, nouvelle qui a pénétré de joie toute l'assemblée séante. » (2).

Pendant ce temps, la députation savoisienne qui, comme constituante, avait fixé le sort politique de notre pays, se déclarait *Assemblée nationale* des Allobroges et s'arrogeait un mandat législatif que personne ne lui donnait. C'était le 23 octobre 1792.

---

(1) *Vie du général Dessaix*, p. 52, par Dessaix-Folliet. Jamais aucun des condamnés n'inquiéta les témoins qui avaient déposé contre eux. Ce fut alors que l'on brûla la procédure de cette affaire.
(2) Archives de la Mairie de Thonon.

Le 25, elle nommait son comité des finances et rendait, le 26, un décret d'organisation provisoire des municipalités en autorisant les clubs « *à veiller sur les intérêts de la patrie, à dénoncer les machinations qui pourraient se tramer contre la chose publique, contre les personnes et les propriétés.* »

C'était ouvrir la porte aux dénonciations et aux vexations les plus odieuses (1).

Le même jour, tous les biens du clergé tant régulier que séculier, furent confisqués, tels que biens de cures, d'évêchés, de chapitres, de séminaires, de monastères, ainsi que ceux des émigrés absents dès le 1er août précédent. « Ce fut, dit le cardinal Billet, une capture de 20 à 30 millions », que les plus ardents révolutionnaires acquirent en assignats et à très bas prix, tandis que les consciences honnêtes s'abstenaient de ce vol légalisé.

Le 27 octobre, l'Assemblée des Allobroges proclama l'abolition des titres de noblesse, des privilèges, des distinctions et des droits féodaux.

Enfin le 29, elle prononça sa dissolution, sous *les auspices de la liberté et de l'égalité* en laissant à une administration provisoire, tirée de son sein, le soin de gérer les affaires.

Vingt-un membres la composaient. Chaque province possédait trois commissaires ; ceux nommés par le Chablais furent : Bétemps, Blanc et Violland.

On députa pour porter à Paris la demande d'incorporation de la Savoie à la France : Doppet, de Chambéry, Favre, d'Annecy, Dessaix, de Thonon, et Villars, de Carouge. Sept rédacteurs formulèrent l'adresse suivante à la Convention :

---

(1) Cardinal Billiet, *Mémoires*, p. 33.

« Législateurs !

« Le soleil bienfaisant de la liberté vient enfin, par ses douces influences, de dissiper les nuages épais de la tyrannie et du despotisme qui infectaient notre atmosphère. Nos tyrans, aussi lâches qu'ils ont été cruels, n'ont pas soutenu l'aspect redoutable du drapeau tricolore : ils ont fui et pour jamais ont délivré de leur odieuse présence une terre trop longtemps abreuvée des maux émanés d'un sceptre de fer. Les Savoisiens, pénétrés de la reconnaissance la plus vive, prient l'auguste Assemblée d'en recevoir les témoignages.

« Nos hommages, législateurs, ne sont pas dictés par ces organes de l'ancien régime : ce sont des hommes libres qui vous les présentent et qui sentent toute la dignité de leur nouvelle existence. Il n'est que trop vrai que nous fûmes esclaves, mais le sang de nos tyrans effacera les traces de nos fers ; nos cœurs, depuis longtemps forcés de réprimer leurs élans patriotiques, se livrent maintenant à toute l'étendue de notre bonheur. Fiers de notre liberté, notre vie, pour la conserver, nous paraît un faible sacrifice, et le citoyen, expirant pour la patrie, regrettera de ne pouvoir renaître pour lui donner encore un dernier soupir. Législateurs, si, défenseurs sacrés des droits de l'homme, vous nous avez tendu une main généreuse pour nous tirer de l'abîme où nous étions plongés ; si, créateurs de notre liberté, vous avez anéanti nos tyrans, si, enfin, vous nous avez rendu à la dignité d'hommes libres, vous avez vous-même prononcé, entre la République française et la nation savoisienne, union et fraternité ; vous nous avez laissés les maîtres de nous donner des lois ; nous avons agi. La nation savoisienne, après avoir déclaré la déchéance de Victor-Amédée et de sa postérité, la proscription des têtes couronnées, s'est déclarée libre et souveraine. C'est du sein de cette assemblée qu'est émis le vœu d'être réuni à la République française ; non par une simple alliance, mais par une union indissoluble, en formant partie intégrante de l'empire français. »

« Législateurs, ce n'est point une assemblée d'esclaves tremblants à l'aspect des fers qu'ils viennent de quitter, qui vous supplient de la prendre sous votre protection, c'est un souverain admirateur de votre gloire, demandant à en faire réfléchir sur lui quelques rayons (1). »

La commission provisoire des Allobroges s'empressa de faire exécuter le décret relatif à la confiscation des biens ecclésiastiques. Elle désigna, le 30 octobre, les commissaires qui devaient procéder à l'inventaire de ces divers biens.

Nous avons les noms de ceux qui vinrent à Thonon, à Evian et en Chablais. Ce furent : Pour la Sainte-Maison de Thonon, les citoyens Plagnat et Charles ; pour les Barnabites, les citoyens Duperier et Violland ; pour les Visitandines, les citoyens Bétemps et Popon ; pour les Chartreux de Ripailles, les citoyens Bailly et Michaud (2) ; pour les Ursulines, les Annonciades, les Capucins, les citoyens Souviran, Duperier, Michaud etc., etc., etc...; pour les Barnabites de Saint-Jean d'Aulps, les citoyens Antonioz et Cayen ; pour les Clarisses d'Evian, les citoyens Blonay et Baud ; pour les Cordeliers de la même ville, les citoyens Sauvet et Burdet (3).

(1) Archives de la Mairie de Thonon.
(2) Les Chartreux de Ripailles firent partir par le lac une cassette contenant leur argent et quelques objets précieux, sous la surveillance d'un de leurs Pères. Le batelier, que l'on croyait fidèle, descendit le Père près de Vevey, relança la nacelle en arrière d'un coup de rame, et disparut sur les flots (Card. Billiet, p. 39).
(3) Un Jacques Ducret, né à Thonon, en 1743, prêtre et pro-

Ces deux dernières communautés religieuses ressentirent une profonde désolation en voyant ces préparatifs d'un pillage officiel.

Leurs prévisions ne devaient pas être trompées ; le 2 novembre, la commission des Allobroges autorisa les municipalités à réunir, dans la Chartreuse du Reposoir, les Chartreux de Ripaille et ceux de Pommiers (1).

On attendait toujours avec impatience, à Thonon, le résultat de la députation savoisienne à la Convention. Le 3 décembre, on apprit, à Chambéry, que l'incorporation de la Savoie à la République française avait été définitivement prononcée. Quatre commissaires nous arrivèrent chargés d'organiser le nouveau département du Mont-Blanc. C'étaient les citoyens Philibert Simon, prêtre apostat, natif de Rumilly, Grégoire, Hérault de Séchelles et Jagot.

En 1793, Thonon et le Chablais n'eurent pas à s'applaudir de leur nouvelle nationalité. Les excès révolutionnaires se multiplièrent à Paris, et Louis XVI montait, le 21 janvier, sur l'échafaud. La nouvelle de ce régicide jeta la consternation dans la ville et la campagne.

Le 15 décembre 1792 et au mois de février 1793, le Mont-Blanc était appelé à envoyer ses dix représentants à la Convention nationale.

Les dix députés, élus le 17 février 1793, à Chambéry, par les électeurs du deuxième degré, furent : Dubouloz d'Armoy, avocat à Thonon ; François Gentil, de Saint-Didier, avocat à Carouge ; Carelli de Bassy,

---

fesseur de théologie au collège de Chambéry, accepta de faire l'inventaire des ornements et vases sacrés de la cathédrale de cette ville (p. 43, *Ibid.*).

(1) *Ibid.* p. 41.

ci-devant comte de Cevins, ex-substitut procureur général ; Anthelme Marin, avocat à Chambéry ; le docteur Marcoz, de Saint-Jean-de-Maurienne ; Michel Guméry, avocat à Moûtiers ; Jacques-Antoine Balmain, Jacques-Marie Dumas, et J.-F. Genin, avocats à Chambéry.

Au premier bruit de l'invasion, les émigrés français, réfugiés en Chablais, s'étaient empressés de passer en Suisse ou en Italie. Les autorités sardes avaient fait place à des fonctionnaires choisis sous l'influence française des Allobroges.

Des troupes républicaines occupaient Thonon, on avait terminé les inventaires précurseurs de la spoliation des églises et couvents de Thonon et d'Evian, un club, sous le nom de *Société populaire de Thonon*, s'ouvrait au public dans la chapelle de l'ancien collège des Barnabites (1). Les conseils municipaux supprimés par un décret de l'Assemblée des Allobroges allaient faire place à des municipalités nouvelles, qui protestèrent en grand nombre ne vouloir se prêter à aucun acte antireligieux (2).

Hélas ! les autorités locales ne devaient plus être

---

(1) *Pièc. justific.*, n° 1 et 2

(2) Voir les registres municipaux du Biot, St-Jean-d'Aulps, Abondance. Un exemple : Le 28 novembre 1792, la municipalité de Reyvroz se constitua. Furent nommés J.-P. Collomd, maire ; G-M. Dunand, procureur de la commune, etc. etc.
Tous les élus prêtèrent serment debout, chapeau bas, et en levant la main, d'être fidèles à la nation à la liberté et à l'égalité, de mourir en les défendant, *sous condition que la nation ne fera rien de contraire à la religion catholique, apostolique et romaine*, dans laquelle, protestent-ils, « *nous voulons vivre et mourir* ». Le 6 janvier 1793, en exécution de la proclamation de la Convention nationale, formation d'une seconde municipalité communale. Après avoir prêté le serment ci-dessus, « *sous la condition que la religion catholique, apostolique et romaine restera dans son entier à observer et qu'on n'obligera ses ministres à aucun serment, qu'à celui qu'ils ont prêté entre les mains de leur évêque*, sont nommés : maire, J.-P. Colloud ; procureur de la commune ; G.-M. Dunand...
(Arch. du presbytère de Reyvroz. Mss. Mercier).

que les dociles instruments des clubs et des représentants de la Convention. Jamais, sous l'ancien régime, despotisme pareil n'avait pesé sur notre pays. La garde nationale, de 18 à 60 ans, était organisée dans toutes les communes. Il y eut bien des larmes et du sang dans ces tristes jours où le Chablais se fit soldat.

Evian qui, aux premiers jours de l'invasion, n'avait marchandé ni son enthousiasme, ni ses fils à la cause révolutionnaire (1), laissa bientôt éclater son mécontentement. Le 14 messidor an II, son Conseil général dénonce aux autorités constituées les dévastations sans nombre des maraudeurs et de la troupe (2). Le bureau municipal eut beau réclamer, on lui répondit en exigeant la levée de vingt et un chevaux et de deux chariots, en conformité du décret du 18 germinal précédent (16 floréal an II). Son Conseil municipal n'eut guère de consolation que celle d'éviter le casernement de nouvelles troupes qui furent cantonnées sur la frontière. On transporta leurs effets, par le lac, à Meillerie (3). La Société populaire, destinée à réchauffer l'enthousiasme républicain, préparait des fêtes à cet effet.

Mais avant d'entrer dans le détail des luttes chablaisiennes contre la Révolution, voyons quelle fut l'organisation administrative qui régit la Savoie et l'ancienne province du Chablais pendant l'époque révolutionnaire. Elle était composée de trente-six membres pour le département ; de douze pour le district. Ces administrateurs se divisaient en deux

(1) *Les Volontaires de la Savoie*, par André Folliet, p. 162, 163, 166, 204, 207, 317, 318, 334.
(2) Registre des délibérations de la ville d'Evian. Le couvent des sœurs Clarisses venait d'être converti en caserne.
(3) *Ibid.*

parties, représentant à peu près le pouvoir exécutif et le pouvoir législatif.

Les trente-six membres, nommés pour l'administration départementale, choisissaient parmi eux huit membres qu'on nommait *Directoire du département*. Ils réglaient les affaires à peu près comme le ferait un préfet actuel. Les vingt-huit autres se nommaient *Conseil du département*, et se réunissaient annuellement, pour arrêter le travail et le budget de l'année et contrôler l'administration de leurs collègues. Un personnage, nommé aussi par les électeurs, un procureur général syndic, ayant voix consultative, était chargé des détails de l'exécution.

Appliquons les mêmes règles au district de Thonon. Notons seulement que le directoire du district se compose de quatre membres et que le *procureur général syndic* devient *procureur syndic*. A la municipalité, il sera simplement *procureur* de la commune.

Dans l'organisation de la municipalité, il faut distinguer le corps municipal et le Conseil général de la commune, et diviser le corps municipal en deux parties : le bureau et le Conseil municipal. Le nombre des conseillers, ou plutôt des *officiers municipaux*, variait selon la population. Il était de trois pour les communes de moins de trois cents âmes, de six jusqu'à trois mille, de neuf jusqu'à dix mille, etc. Le maire était toujours compris dans ce nombre. Outre ces officiers, on élisait un nombre double de personnages, appelés *notables*. Comment ces trois divisions fonctionnaient-elles ? Le *bureau*, qui se composait toujours du tiers du nombre des officiers municipaux (le maire le composait seul, quand il n'y en avait que trois), était chargé de tout ce qui constitue simple régie. Le *Conseil* s'assemblait pour les affaires plus importantes. Enfin les causes graves étaient soumises au *Conseil général* de la commune, qui se composait des officiers municipaux et des notables réunis. Un décret du 27 juillet 1792 avait ordonné la publicité des séances de tous les corps administratifs. C'était les rendre esclaves de la populace, qui avait une part importante de l'administration par ses sociétés populaires, vulgairement appelées Clubs.

« Le peuple français, l'Assemblée, les clubs, voilà les trois membres de la trinité révolutionnaire, et ces trois ne font qu'un », disait-on au Club de Thonon, en 1792.

Le 2 décembre 1789, avait paru l'article de la constitution consacrant, pour tous les citoyens, le droit de s'assembler paisiblement et sans armes. Un décret permit aux soldats d'assister aux séances des clubs.

Ces sociétés s'arrogeaient alors le droit, qu'essaya en vain de leur enlever la Constituante, de citer les magistrats à leur barre, de porter des décrets et décisions sur les affaires politiques.

Le Club de Thonon ne vécut pas toujours en bonne harmonie avec le Conseil général de la commune et les fonctionnaires (1). On voulut même le supprimer. Mais, le 13 juillet 1793, défense fut faite aux autorités de troubler les sociétés populaires ; le 25 du même mois, parut un décret contre ceux qui voudraient les dissoudre ou les empêcher de s'assembler. Le 22 août suivant, les jacobins demandaient la peine de mort contre les *trouble-clubs*. Le 30 octobre, on est obligé de prohiber les sociétés de femmes tant elles devinrent ignobles. Mais les femmes de Thonon, imbues des idées nouvelles, ne se firent pas faute d'assister aux séances du Club jacobin de la localité.

Le grand travail des sociétés de ce genre fut de

---

(1) Arch. municipales de Thonon.

harceler la Convention pour qu'on augmentât la liste des suspects, qu'on en débarrassât la République, « afin de mettre les sans-culottes à même de jouir de leurs biens ». Après le 9 thermidor an II, tout ce qui restait d'honnête et de sensé en France s'éleva contre elles.

CHAPITRE III

Luttes chablaisiennes contre la Révolution
(1793).

Investigo patrum memoriam... et ipsi docebunt te
JOB, VIII. v. 8 et 10.

SOMMAIRE : La Constitution civile du clergé. — M. de Thiollaz. — Le clergé du Chablais et le serment. — L'émigration et les Apôtres. — Election de Panisset. Ses débuts. — Réaction thononaise. — Le terrorisme. — Les Volontaires du Mont-Blanc. — Insurrection des vallées d'Abondance et d'Aulps. — Le jacobin Maxit. — La garde de la Fiogère. — Espoir et déceptions. — Le Club de Thonon. — La lutte de Reyvroz et le terroriste Blanche. — Contribution de guerre. — Enquête sur les contre-révolutionnaires de la vallée d'Abondance.

Les choses marchaient rapidement. Le 8 février 1793, les quatre commissaires de la Convention, publiaient une espèce de *Constitution civile*, reproduction de celle de France. Elle érigeait, en Savoie, un seul diocèse à la place des quatre existants, ordonnait la nomination de l'évêque et des curés par le vote populaire (1), et décrétait que tous les prêtres employés au culte devaient, dans huit jours, prêter le serment

(1) Celle de l'évêque devait être faite par les électeurs du département, et celle des curés par les électeurs de la commune.

de maintenir la paix et l'égalité ou de mourir en les défendant. Le refus du serment emportait le bannissement et la déportation. On n'admettait d'exception que pour les infirmes et les sexagénaires constatés qui devaient être réunis et surveillés dans une maison commune. C'était le signal de la persécution.

La publication de ce document produisit une profonde consternation en Chablais, à Thonon surtout, où le clergé était entouré d'estime et d'affection (1).

Ce renversement du culte catholique enleva toute illusion sur la pensée de la Révolution.

Aussi, le 13 février, M. de Thiollaz, prévôt et grand-vicaire, rédigea-t-il une déclaration nette et énergique, par laquelle il traçait au clergé la direction à suivre pendant ces mauvais jours.

Tous les prêtres ne comprirent pas, au premier moment, le sens du serment qu'on leur demandait.

---

(1) Voici l'état du clergé de la ville à la Révolution :
Prêtres de la Sainte-Maison : Dichat, abbé, d'Entrives ; Margel Thomas, curé ; Fernex Félix ; Chastel Michel, Coudurier Martin ; Dessaix Jean-Louis ; Carlin Joseph ; Quisard Pierre-Joseph ; Richard Jean ; Quisard Jean-Claude ; Demotz de la Salle François-Joseph ; Rey Pierre-Joseph, diacre (Monseigneur Rey.)

Religieux Barnabites : Favre ; Latat ; Mouthon Amédée, de Burdignin : Mudrid Jacques, du Biot ; Guichardi Jean, d'Aoste ; Deleschaux, procureur de l'Ordre ; Michaud Louis-Albert ; Thoire ; Tillier ; Lacroix Georges-Amédée ; Squirabol Charles.

Capucins : Bidal ; Pallais ; (P. Hélie) ; Dunoyer Benoit ; Gérard ; Fantin ; Fernex Henri ; *frères-lais :* Bouchex ; Portier ; Décorzens.

Minimes : Au nombre de sept ; ils étaient tous partis le 23 septembre 1792, pour le Piémont leur patrie.

Chartreux de Ripaille : Mélos François ; Buisson ; Guy Antoine ; Delisle Michel ; Boissonnet ; l'attitude de ces Pères généralement bonne laisse pourtant à désirer.

Prêtres professeurs au collège : Duperrier Jean-François ; Forel Claude-Charles ; Goy Michel ; Carreaux Pierre ; Viollat Jean-Baptiste. Ces trois derniers prêtèrent le premier serment.

Autres prêtres : Colonna, aumônier de la Visitation ; Pinget Etienne, aumônier des Ursulines ; Fériaz Joseph, aumônier des Annonciades ; Daviet Amboise (sans désignation d'emploi.)

Quelques-uns, surpris par les brusques sommations des officiers municipaux, crurent pouvoir le prêter, sans trop forfaire à l'honneur. D'autres le firent par ignorance, plusieurs par faiblesse.

Sur les deux cents prêtres et religieux du Chablais, il est glorieux, pour la religion, de pouvoir proclamer hautement que la grande généralité fut digne de l'apôtre de cette contrée, de saint François de Sales.

Le clergé de Thonon, tant séculier que régulier, comptait cinquante-deux membres : Quinze prêtèrent le premier serment, et trois le serment d'Albite, comme nous le verrons plus tard. Il y eut, parmi les Capucins et les Barnabites, de tristes faiblesses. D'autres prêtres furent encore plus coupables : ceux qui parvinrent aux plus honteuses apostasies après s'être jetés dans le tourbillon révolutionnaire.

Dès la fin de mars 1793, le Chablais ne possédait plus que quelques rares prêtres assermentés, dont le peuple ne voulait pas, tandis qu'il courait avec confiance aux apôtres cachés dans nos vallées, et que la Révolution avait trouvés supérieurs à toutes les menaces. Les premiers, se voyant fourvoyés, crurent devoir s'interdire toute fonction du culte. Inutiles efforts !!! Un arrêté du 28 mars 1793, déclarait suspect quiconque refusait son ministère (1).

(1) Le 1er mars 1793, M. Vulliez, curé de Reyvroz, paraît devant la municipalité de cette localité, et déclare, *que sa conscience ne lui permettant pas de prêter le serment prescrit par le commissaire de la Convention nationale le 8 février dernier*, il veut se retirer en Valais. Sa déclaration est enregistrée, et on lui délivre un excellent passeport. Il émigra à l'âge de cinquante ans, le 5 mars suivant. Rd Collomb Marie, du Bulle, retiré dans sa maison paternelle, qui refusa le serment, obtint aussi un passeport ; mais le 6 mars, la municipalité l'ayant prié de remplir à Reyvroz les fonctions curiales, il accepta pour des motifs et sous des réserves louables. Le 7 avril, on lui accordait 50 livres sur le revenu des ascencements nationaux soit des biens de la cure (Mss. Mercier. Archives de la cure de Reyvroz.)

Des siècles d'économie et de générosité sacerdotales étaient parvenus à créer, au diocèse de Genève, différentes œuvres d'un grand intérêt religieux : la *Bourse des pauvres clercs*, pour les invalides du clergé ; celle des *Missions pastorales* ; celle des *Nouveaux convertis et des Pauvres écoliers*.

La nation se les adjugea.

Puis, élargissant le cercle de ces usurpations, le 5 avril 1793, elle déclara supprimées toutes les corporations, confréries, jurandes, etc..., et autres associations de religion et de bienfaisance. On en voulait surtout à leurs biens qui furent séquestrés et dilapidés.

C'était une maigre proie, on en préparait une plus riche.

Une partie de la noblesse et de la bourgeoisie chablaisienne, fermement attachée à sa foi religieuse et politique, s'était réfugiée à l'étranger (1). On lui appliqua bientôt le décret sur les biens des émigrés, en les séquestrant au profit de la nation.

Le peuple, attaché en général à ses anciens maîtres, se souleva maintes fois pour les défendre.

La comtesse de Maugny venait d'être écrouée dans les prisons de Thonon avec beaucoup d'autres nobles. Cette nouvelle produisit un grand émoi dans les environs. Deux jours après son arrestation, les paysans de Maugny, de Draillant et d'Orcier descendirent en masse à la ville, forcèrent le représentant de la République à la mettre en liberté et la ramenèrent triomphalement à Maugny. C'est là un de ces traits qui font honneur à une contrée.

La proclamation du 8 février désigna Annecy comme

---

(1) *Relevé des Émigrés du département du Mont-Blanc* (Mss. de ma bibliothèque.)

siège de l'évêque constitutionnel schismatique du *Mont-Blanc*. Le corps électoral fut convoqué dans la cathédrale de Chambéry. Un des représentants de la Convention le menaça de le mettre sous la bouche de deux pièces de canon braqués à la porte du lieu saint, « si les électeurs raisonnaient ! » (1).

François-Thérèse Panisset, professeur au collège royal de Chambéry, obtint la majorité des suffrages, et devint *évêque constitutionnel* du Mont-Blanc. Ce n'était un prêtre ni impie, ni révolutionnaire, mais orgueilleux et sans jugement. Le 14 août 1793, en usurpant, en intrus, le diocèse de saint François de Sales, il proclama, parmi ses vicaires généraux, Ducret Jacques, de Thonon. Le Chablais eut, en effet, ses apostats, mais en nombre infime. Parmi ses enfants, les uns trouvèrent, en Piémont, une généreuse hospitalité (2), d'autres, plus généreux, ne craignirent ni les privations ni la mort, et se dévouèrent avec une sublime générosité au service des âmes.

Il fallait des saints pour s'opposer à la dépravation et aux scandales de la rue. Dieu nous donna des martyrs. L'impiété portait ses excès aux dernières limites : Ordre était venu à Thonon, le 10 avril 1793,

---

(1) Mercier. Souvenirs historiques d'Annecy, p. 467
(2) Duperrier J. F. de Thonon, professeur de rhétorique se réfugia à Chieri, dans la congrégation de Saint-Philippe, avec Reymond J.-F., curé de Bellevaux ; Gaspard Monnet, curé de Vacheresse, alla à Vigone ; Quisard, prêtre de la Sainte-Maison, à Casal ; Pierre Artique, vicaire à Sciez, à Corio ; François Veuillet, de Thonon, le chartreux Reveyron, son concitoyen, et Etienne Pinget, aumônier du couvent des Ursulines, vécurent à la chartreuse de Rivoli ; P.-François Margel, de Thonon, demeura longtemps au couvent de Saint-François d'Avigliano, comme Jacques Gallay, curé de Publier, chez les RR. PP. Carmes de Venosta. Léandre Carron, de Thonon, habita à Somma-Riva, dans un monastère, et Rey, curé de Draillant, à Novarre. D'autres avaient passé en Suisse...

de célébrer une fête civique, célébrée, d'ailleurs, dans la France entière (1). Les communes environnantes devaient y prendre part ; mais cette invitation fut partout accueillie avec froideur. Cependant, malgré l'impiété du jour, les registres de notre ville rendent encore témoignage à la foi du peuple thononais : Le 8 juin 1793, Michaud, le curé intrus de la cité, obtint de la municipalité quatre chantres d'église, auxquels elle alloue 780 francs.

Le 10 août suivant, fête de la Fédération, la garde fait bénir son drapeau.

Le 6 octobre, le Conseil et le peuple exigent, d'un commun accord, la cessation de tout travail manuel, les jours de dimanches et de fêtes. Les affiches couvrent nos murs pour rappeler ce devoir (1).

On était toujours en 1793. L'Europe se liguait contre nous, la guerre, en permanence, exigeait des levées incessantes. Le clergé était proscrit et les chaires muettes ; ici, là, quelques rares prêtres, demeurés fidèles, se trouvaient incapables de suffire à tous les besoins. Les décrets succédaient sinistrement aux décrets sur la création de huit milliards d'assignats, sur l'établissement du tribunal révolutionnaire, sur le comité du salut public, sur l'impôt progressif, sur les suspects, sur la proscription du clergé et les réquisitions militaires.

Nos populations, terrorisées et exaspérées, apprirent bientôt que le roi de Sardaigne, encore maître des sommets des Alpes, se disposait à rentrer en Savoie à la tête d'une armée austro-sarde. Le duc de Chablais surveillait déjà le Haut-Faucigny. Dans l'ouest, Toulon, Marseille, Bordeaux s'agitaient et la

(1) Voir : chapitres IV et V.
(2) Registres de la municipalité de Thonon (Arch. de l'Hôtel-de-Ville).

nouvelle s'en répandit. Une sourde fermentation se produisit au sein de nos populations ; le recrutement des volontaires du Mont-Blanc fit éclater l'incendie. Au mois de mai (1793), les citoyens Bétemps et Anthoinoz, de Thonon, furent délégués, en Chablais, par les députés de la Convention, pour compléter ce bataillon, par l'appel, sous les drapeaux, des garçons ou veufs sans enfants, de 18 à 40 ans. La plus grande partie de nos communes refusèrent d'obéir (1).

Aussi, le 5 juin suivant, l'administration du district se plaint-elle amèrement du peu de patriotisme et des désertions quotidiennes de ces volontaires qui émigraient en Valais. Ils allaient s'enrôler sous les drapeaux du roi de Sardaigne qui conservait les sommités et les principaux passages des Alpes.

La tyrannie arrivait à son comble. Le 10 mai 1793, l'administration du district de Thonon avait adressé aux municipalités du pays l'ordre de réprimer et de châtier les pèlerinages en Suisse (2), et, le 23, celui de rechercher les brochures émanées de la superstition et du fanatisme.

Le bruit s'étant répandu qu'une armée austro-sarde devait arriver incessamment, le moment parut favorable. L'insurrection commença dans la vallée de Thônes, dans les hautes vallées de la Maurienne, de

---

(1) Reyvroz, par exemple, devait en fournir quatre. Le 7 mai 1793, les garçons et les veufs sont convoqués ; tous manquent à l'appel, sauf quatre, dont deux sont trop courts. Auguste Collomb déclare, il était l'un des valides : 1° Que rien ne peut être décidé sans la participation des sujets éligibles ; 2° Sans la nomination préalable du prêtre qui doit servir d'aumônier, et qu'après qu'on aura permis à la commune de se servir du prêtre qu'on avait ci-devant (Mss. Mercier. Archives de Reyvroz.)

(2) Pèlerinage de Notre-Dame-des-Ermites et de St-Maurice en Valais (Arch. de la municipalité de Thonon.) Défense fut faite aussi de se servir de salpêtre dans les réjouissances publiques, telles que naissances, mariages.

la Tarentaise, du Faucigny et se continua chez nous.

Les deux compagnies des volontaires des Basses-Alpes, qui occupaient la vallée d'Abondance, durent rejoindre le corps d'armée qui faisait le siège de Lyon. Ce fut un soulagement pour les habitants ; quelques jeunes gens se donnèrent le tort, à leur départ, de précipiter, des hauteurs de Bellegarde, des blocs sur la route par où s'en allaient ces soldats de la République.

La vallée d'Aulps prit les armes à son tour et secoua le joug de la République. On se crut délivré de la Révolution ; les arbres de la liberté furent abattus et les insignes qui les ornaient livrés aux flammes.

Le tocsin appela aux armes tous les habitants valides des montagnes pour aller rejoindre le corps des Piémontais qui s'était établi à Cluses. Un grand nombre de volontaires accoururent aussitôt; des quêtes devaient les défrayer.

On traduisit, à Cluses, soit comme ôtage, soit comme patriote vendu à la France, l'Allobroge François Folliet, devenu juge de paix d'Abondance ; l'ancien Conseil remplaça la municipalité nommée par les commissaires de la République ; le notaire Folliet, ancien châtelain, reprit l'écharpe de syndic, au nom du roi sarde, à la place du maire J.-P. Sallavuard.

Tout cela se passa sous l'égide de cent cinquante soldats piémontais, accourus de Cluses, pour prendre possession de la vallée d'Abondance. Une garde fut postée à la Fiogère et sur d'autres points pouvant donner accès aux Français. Le commandant du poste de Morgin pour le Valais vint lui-même organiser et exercer ces volontaires. Il avait promis des armes si on venait à en manquer. Outre les gardiens de ces nouvelles Thermopyles, une trentaine de jeunes gens avaient rejoint le corps de Piémontais qui, de Cluses, se disposait à marcher sur Annecy et Carouge.

Pendant cette échauffourée, le citoyen Carlin Maxit (1) et le jeune Barnabé Folliet, chauds partisans de la France, s'étaient hâtés de se mettre en lieu sûr. L'illusion ne dura pas longtemps dans les vallées d'Abondance et d'Aulps. En septembre 1793, après la soumission de Lyon, le corps piémontais, cantonné dans le Haut-Faucigny, essuyait une défaite à Miribel, près de Sallanches, et toute espérance s'évanouit. Les volontaires, enrôlés à Cluses, regagnèrent leurs foyers et s'empressèrent de mettre la frontière entre eux et leurs vainqueurs. A leur tour, les défenseurs du passage de la Fiogère ne songèrent plus à résister. Les Piémontais, après l'échec de Miribel, avaient conservé les sommets des Alpes prêts à toute circonstance. Un piquet de ces soldats s'était réfugié à Abondance.

Le commandant français, l'ayant appris, voulut les cerner. Il lança donc quatre cents hommes sur Abondance, et un nombre égal de Français dirigés sur Saint-Jean d'Aulps, devaient contourner la montagne de Chaufloria et longer les frontières valaisannes. Ce plan paraît avoir échoué.

Les représentants du peuple près l'armée des Alpes venaient de rendre un arrêt par lequel « attendu que les prêtres fanatiques avaient distribué des armes pour s'en servir contre la République, et qu'il est dangereux

---

(1) Ce jeune patriote était devenu la terreur d'Abondance. Secrétaire de Châtel, et régisseur des biens nationaux de la vallée, il fit vendre, en cette qualité, le mobilier de Rd Favre, curé de Châtel, et s'attira l'aversion universelle. Ce dernier, ainsi que le recteur de la Chapelle et les vicaires de la vallée, s'étaient réfugiés en Valais, d'où ils venaient clandestinement pourvoir au salut des âmes. Ils demeurèrent fermes en face de Rd Tappaz, curé d'Abondance, qui avait voulu justifier, jusqu'à un certain point, à Abondance, la constitution civile du clergé dans un sermon de Noël 1792.

d'en laisser entre les mains d'individus fanatisés et égarés, ordonnent le désarmement en vingt-quatre heures sous peine d'être traités comme traîtres et rebelles à la patrie. »

Le désarmement commença, en effet (1). Le coup était manqué. Par surcroît de malheur, d'écrasantes contributions de guerre vinrent achever la ruine de nos communes fidèles.

Hélas ! la Vendée se soumettait après une lutte héroïque, et Robespierre obtenait du Comité du Salut public la création du tribunal révolutionnaire.

La Terreur inaugurait son règne. Voici le document déposé aux archives de l'Hôtel-de-Ville de Thonon, et qui semble l'avoir ouvert dans nos vallées et dans le département du Mont-Blanc tout entier :

« 18 de l'an II de la République française (18 octobre 1793).

« Guerre aux fanatiques, aux égoïstes, aux accapareurs, aux prêtres réfractaires, aux agioteurs, aux modérantistes, aux royalistes, en un mot à tous les contre-révolutionnaires.

« La hache de la loi est levée sur leurs têtes ; la guillotine, ce fléau salutaire des aristocrates et des ennemis de la liberté, va délivrer la société des monstres qui l'infectent. Tremblez, infâmes ! les sans-culottes vous observent, la loi vous condamne, la guillotine vous attend.

« Citoyens, la vigilance la plus active vous est recommandée ; la plus légère condescendance, la

---

(1) Le 16 novembre 1793, le commissaire Naz était à Reyvroz, pour dresser l'inventaire des armes qui furent confiées à la municipalité pour être descendues à Thonon. Christophe Cayen, d'Evian, exaspéra les habitants de Marin et Publier en déployant, dans cette opération et dans la destruction des ornements de leurs églises, un zèle de terroriste. Il devait payer cher, plus tard, son ostracisme de sans-culotte.

moindre insouciance serait pour vous un crime. Les guerres intestines souillent le sol de la liberté ; éteignons-les dans le sang impur des ennemis de la chose publique ; qu'ils soient livrés à la vengeance des hommes libres ; que leur exemple terrible apprenne à tous les citoyens que la mort frappera incessamment tous ceux qui ne veulent pas la République ; provoquons sur leur tête le couteau national ; leur sang criminel cimentera la liberté, affermira l'égalité, consolidera la République et épargnera celui des patriotes, etc. »

Cette pièce est close par un appel aux mesures les plus rigoureuses. Un bataillon révolutionnaire allait se former et *la fonction de bourreau* était mise au concours.

Le Club des jacobins (dit *Société populaire de Thonon)* venait d'être dissout. On l'avait accusé de renfermer des *faux-frères*, des *adulateurs des rois*, des *fédéralistes* et des *castes privilégiées*. (Séance du 10 octobre 1793) (1).

Huit citoyens furent chargés de l'épuration avec plein pouvoir de statuer sur l'admission ou sur le rejet des anciens membres (2) ; ils devaient aussi élaborer un nouveau règlement qui convint à « *une société dont la profession de foi était de foudroyer les tyrans, de découvrir et de terrasser les égoïstes*

---

(1) Délibération de la Société populaire de Thonon.
(2) Parmi ces huit citoyens figurent : Plagnat, homme de loi; Lacroix, cadet ; Coriaz, aîné ; Frézier, greffier, etc... Les nouveaux diplômes portaient l'inscription suivante : *Société des Amis de la République une, indivisible et démocratique (Ibid).* Le 17 octobre, l'un d'eux fut nommé président ; Charles, homme de loi; vice-président; Lacroix, cadet, et Longet fils, secrétaires. Le *Comité de surveillance*, pris en grande partie dans son sein, comprenait : Frézier, greffier; Michaud Albert, ex-barnabite ; Bron, deuxième commandant de la garde nationale; Charles, etc., etc. (29 octobre 1793.)

et les modérés, de déjouer les malveillants et les ennemis de la chose publique, etc. »

Cependant, la montagne n'avait pas encore complètement désarmé, et ce n'est que le 13 octobre, que le citoyen Athanase Bron, l'un des commissaires du club dans les vallées, vient triomphalement annoncer à ses collègues qu'il n'y a plus de satellites du despote de Turin, que l'ordre règne, que les arbres de la liberté se relèvent et que l'on descend les cloches, en conformité du décret de la Convention nationale.

La lutte avait été vive et les représailles commencèrent aussitôt. Un grenadier, natif de Gex, du nom de Thinault, tombé aux mains des braves montagnards, monte à la tribune pour raconter sa captivité. L'un de ses compagnons d'armes a trouvé la mort dans un combat à Reyvroz. Il demande que l'on informe contre le meurtrier et réclame la confiscation de ses biens au profit de la veuve du défunt (1) (13 octobre).

Il était, paraît-il, de l'école de ce président de la commission militaire près de l'armée de l'Ouest qui écrivait : On tue tout ce qui se trouve sur la rive gauche de la Loire ; *on donne les terres aux braves défenseurs de la patrie, parce que ces terres sont très bonnes....*

La Terreur plana terrible, en effet, sur ces hautes vallées. On voulut sévir contre l'insurrection royaliste d'Abondance et d'Aulps.

Comme la plupart des communes de cette dernière vallée, Reyvroz s'était abstenu de prendre part à la

---

(1) Il reçoit le baiser fraternel du président, comme consolation, et refuse une collecte qu'on lui offre... (Séance du 13 octobre 1793.) C'était le cérémonial reçu, mais le président ne donnait ordinairement que l'accolade. Ainsi en fut-il le 20 octobre, où Dumas, représentant du peuple, Verdelin, général de l'armée de Faucigny, Sarret et Saignette, adjudants-généraux, parurent au sein du Club (Délibération du Club.)

fête de la Fédération, le 10 août 1793, en prétextant le temps des moissons ; le 17, son Conseil général avait répondu que sa garde nationale, forte de 105 miliciens ne pouvait marcher sur la frontière, vu son utilité pour la défense du territoire et des propriétés.

Ce n'était là qu'un prétexte ; Reyvroz, comme les communes voisines, avait acclamé les Piémontais et s'était soulevé à leur appel. Mais il se trouva un traître parmi ses enfants : Joseph Blanche, d'Outre-Brevon. C'était le seul patriote terroriste de la localité. Des enquêtes sévères furent prescrites par l'administration du district de Thonon. Le commissaire du Conseil général d'administration du district alla procéder, dans la vallée d'Abondance, à de longues informations contre les individus coupables de délits d'incivisme et de contre-révolution. D'autres en prenaient de semblables dans la vallée d'Aulps.

Blanche valut à Reyvroz, par ces dénonciations, un détachement de soldats républicains, que l'on renouvelait chaque quinzaine, pour prévenir les suites de la corruption, et l'incarcération de dix de ses principaux notables qui gémirent pendant six mois sous les verrous. Il devait finir misérablement, comme nous le le verrons bientôt. En attendant, il portait, à Sallanches, le 10 germinal (31 mars 1794), auprès du citoyen Gaillard, la somme de 709 livres, amende dont la rébellion de Reyvroz venait d'être punie (1).

---

(1) (Mss. Mercier. Arch. de Reyvroz.) Il avait remplacé, comme agent national, G.-M. Dunand, que le Conseil général de Reyvroz, s'efforçait en vain de tirer des cachots de Thonon, le 19 pluviose (11 février 1794.) Celui-ci s'étant évadé, un inventaire minutieux de son mobilier fut fait le 11 avril 1794, par Christophe Cayen (le même qui fut tué près de la Dranse.) On trouva chez lui des terriers et titres féodaux que l'on emporta. C'étaient ceux des affranchissements. Quant à l'inventaire, ou état des immeubles, il ne fut pas possible de le dresser, attendu que le cadastre était resté chez le citoyen Frézier. La Terreur

Dans la vallée d'Abondance, les informations avaient commencé à la Chapelle, le 2 janvier 1794, pour finir le 9 du même mois, à Abondance même.

Les déposants cités devant le commissaire chargé des vengeances de la Convention furent au nombre de trente-trois ; quelques-uns étaient étrangers. Patriotes ou non, ils avaient tout à craindre : les rigueurs du pouvoir, s'ils écoutaient l'indulgence, et la justice sarde, s'ils étaient sévères. Les témoins de l'enquête furent : les citoyens F.-M. Folliet, juge de paix et naguère Allobroge, son fils, Barnabé, T. Cayen, receveur des douanes à Châtel, et quelques soldats de la 2me compagnie du 4me bataillon des volontaires des Basses-Alpes. Le citoyen Carlin Maxit remplit les fonctions de secrétaire. Malgré le critique des circonstances, la modération présida à l'ensemble des dépositions : La Terreur n'eut qu'un châtiment pour ses ennemis, la guillotine. Les principaux inculpés des trois paroisses de la vallée furent : André Genoud ; Voisin Pierre, dit Boudemoz ; Bullaz François, fils d'André ; Desportes Maurice, dit Bayard ; Vulliod

---

empirait toujours. Joseph Blanche ne pouvant dominer le mouvement réactionnaire fit monter à Reyvroz un détachement de 12 hommes (3 floréal) ; mais la municipalité délibère que ces frais n'incomberont point à la commune. L'agent national, qui se sent soutenu, n'entend pas céder et la municipalité est conduite à la maison d'arrêt ; mais le 30 floréal, ayant été élargie après avoir payé 75 livres au Comité, elle est réintégrée dans ses fonctions et relevée de ses frais, par la commune. Joseph Blanche, profita de la détention de la municipalité pour déployer un zèle que rien ne paraissait plus gêner. Le 14 floréal il fit chercher la grande cloche que l'on trouva enterrée près de la charrière. Le 18 floréal, les notables découvrirent dans le cimetière, 72 livres de laiton, consistant en monture d'un lustre, garniture de huit chandeliers ; et le lendemain, Joseph Coulin trouve sous une planche de la sacristie deux pyxides, un calice en fer, dont Joseph Blanche prend note. Le 28 avril 1794, Aug. Collomb est emprisonné à Thonon pour avoir caché les registres. Ainsi en était-il dans toutes les communes possédant quelques fervents adeptes des idées nouvelles.

Maurice, notable destitué ; la femme Andréa Crépy, née Garin ; Choupaz Maurice ; Borret, commandant du poste valaisan de Morgins ; Labarre Claude, du Biot, porteur des dépêches sardes ; Blanc Joseph ; Resca, douanier à Châtel ; les frères Grillet André et Laurent, dits Mugnier ; Roulet Maurice ; Barthélemi Vanid, dit Crémagny, secrétaire de Châtel, destitué ; Favre Thomas ; Manuel Brottaz ; Perroud Antoine ; les frères Danelli ; Berthoud, dit l'Ecolier ; son frère, dit Maquignon ; Dépotex André ; Girard Jean-Pierre ; Rey André ; Favre André, dit Mathy, officier municipal, destitué ; Girard Gabriel ; le notaire Folliet, ancien châtelain ; le chirurgien Blanc ; Berthet Jean-Claude, ex-soldat du régiment de Courten ; Mercier Claude ; Trosset, dit Maigre ; Gallay François ; le fils Déportes ; Maxit, dit Jorand ; les sœurs Favre, nées Joudon (1).

Après la déposition de trente-deux témoins, vient, en dernier lieu, Carlin Maxit. Cayen le remplaça comme secrétaire. Il accusa : 1° Maurice Roullet, de s'être opposé à l'assemblée primaire de Châtel, à la réunion du Chablais à la République française ; 2° Borret, commandant de Morgins, en Valais, d'avoir proposé à la municipalité de mettre les habitants sous les armes, pour faire la garde au poste de la Fiogère, etc. ; François, fils d'André Brellaz, de s'être réjoui du renversement de l'arbre de la liberté et d'avoir proféré des propos anti-français ; 4° Claude Labarre, natif du Biot, d'avoir colporté, deux fois, sur la fin du mois d'août, les ordres et proclamations de Gallay, commissaire du roi sarde ; 5° Maurice Choupaz, officier municipal de la commune, d'avoir parlé contre

---

(1) Je résume ici l'*Abbaye et la vallée d'Abondance,* par le chanoine Mercier, pages 290-299.

la Révolution ; 6° Maurice Déportes, dit Bayard, et Maurice Vuillod, notable, d'avoir excité les habitants à prendre les armes pour le roi sarde, en faisant une quête pour les volontaires de la vallée ; 7° André Genoud, d'avoir proposé une adresse contre le serment civique des prêtres et menacé de mettre à mort tous les Français ; 8° Andréa Crépy, d'avoir parlé contre la République et donné asile à un prêtre chez elle ; 9° Les frères André et Jean Danelli, d'avoir accompagné, armés de fusils, Gallay et ses satellites, quand ceux-ci coupèrent l'arbre de la liberté ; 10° Le dit Jean Danelli, André Rey, Antoine Favre, dit Mathy, et Favre Thomas, d'avoir excité le peuple contre la République, lors de l'assemblée primaire de la commune ; 11° Jean-Claude Berthet, de Richebourg, hameau d'Abondance, d'avoir requis avec menace la municipalité d'envoyer chaque jour un certain nombre d'habitants au poste de la Fiogère ; 12° Barthélemy David, secrétaire de Châtel, d'avoir accordé un certificat de civisme à Maurice Roullet. Les plus compromis de ces inculpés avaient passé la frontière. Ils ne rentrèrent qu'après la chute de Robespierre, en juillet 1794. Quelques-uns cependant gémissaient dans les prisons de Thonon. D'après les documents que nous possédons, aucun ne paya de sa tête sa participation à l'insurrection d'août et de septembre 1793.

Le commissaire Joseph-Marie Vaudaux visait surtout à ce succès, en s'appliquant à faire charger les absents et les émigrés que la Convention ne pouvait atteindre. A part de rares exceptions, la plupart de nos républicains chablaisiens en étaient là. Sous des dehors révolutionnaires, ils cachaient un esprit chrétien que l'on voit paraître à chaque instant (1). Les

(1) Voir chap. XI du présent volume.

plus fougueux membres du Club recélaient des prêtres dans leurs demeures de Thonon, et affectaient, devant les commissaires de la Convention, pour ne pas être soupçonnés de *modérantisme*, des airs de jacobins qui prêtent à rire. Toutes les mesures violentes furent dictées ou imposées par des étrangers. Nous aurons occasion de le constater maintes fois dans le cours de notre récit.

Républicains, par la force des armes françaises, des évènements et des circonstances, ils pensaient que le grand art du moment était de régner sur la Révolution et « de l'étouffer doucement en l'embrassant », et que la contredire de front « c'était s'exposer à la ranimer et à se perdre du même coup » (1). Ils espéraient ainsi prévenir ses excès dans notre pays. Hélas ! que de fois ils devaient être débordés.

---

(1) *Correspondance diplomatique du comte Joseph de Maistre*, t. I, p. 379. Paris. Michel Lévy. 1860.

CHAPITRE IV

La Misère et les Fêtes de 1793-1794.

... Peragro loca nullius ante trita solo .,.
LUCRET. De rerum naturâ. Libr. IV, v. 1 et seq.

SOMMAIRE : Réquisitions et misères (1793) — L'ex-barnabite Michaud. — Changement du nom des rues de Thonon. — Suspects et guillotine. — La propagande révolutionnaire en Chablais. — Fête de la prise de la Bastille et tyrannie de Gucher. — Le Bataillon révolutionnaire de Thonon, les Allobroges et les Volontaires du Mont-Blanc. — Dessaix, colonel, au siège de Toulon, et de Foras. — Fête à Thonon. — Les boulangers et les assignats. — Mort aux chiens. — Misère et famine. Les postes frontières de Morzine et de Montriond. — La déesse Raison. Discours subversifs. — L'église des Barnabites. — Spoliations. — Saint-Paul, Vinzier et la montagne. Saint-Gingolph, Meillerie et leurs forêts. — Douvaine et le Bas-Chablais. — Les réverbères aux frais des riches. — Gucher et les conscrits d'Evian.

Dans l'hiver de 1793, la misère était grande, comme nous l'avons dit, et l'argent se cachait. Pour y remédier, l'administration du district, par arrêté du 26 frimaire (17 décembre), créa l'établissement d'un grenier de ressources. Chaque commune devait apporter, à chaque marché, une quantité désignée de denrées, laquelle était consignée au commissaire du grenier qui les payait au prix du maximum fixé. Il ne fut aucun genre de vexations ou de spoliations dont on ne harassât les populations. Tout était en réquisition : ouvriers grilleurs, mineurs, cordonniers, tisserands, blé, beurre, chevaux, porcs, laines, draps, couvertures... En dédommagement, on avait le *maximum*, la loi des suspects, la levée des réquisitionnaires et les fêtes de la déesse Raison. Le *maximum*, c'était l'interdiction, pour le commerçant, de vendre à plus de 5 % de bénéfice, les marchandises comptées et surveillées. Le 19 septembre 1793, une nouvelle loi spécifia les objets soumis au maximum avec les prix obligatoires. Elle fut publiée à Evian et Thonon dans le cours de l'année (1). Comestibles, combustibles, matières premières, étoffes, laines, etc., étaient frappés par cette loi. Les marchands se ruinaient, mais il fallait rester marchand quand même.

Le *maximum* arrêta subitement les conditions de la demande, par suite la production, c'est-à-dire, le travail de l'ouvrier en même temps que les tentatives des producteurs.

Dès le mois d'octobre 1793, le mal de la réquisition s'était fait sentir. Les cultivateurs n'avaient ni chevaux, ni bras, pour le labour, les jeunes gens étaient levés, et on ne trouvait de domestiques d'aucun sexe. Les réfractaires ne servaient pas plus à l'agriculture que les conscrits envoyés aux frontières. Un grand nombre de cultivateurs avaient émigré. Les calculs les plus modérés établissent que la terre rendait, en France, des deux tiers aux quatre cinquièmes moins

---

(1) A Evian, le 28 brumaire an II (19 novembre 1793.) Délibérations municipales d'Evian-les-Bains.

qu'avant 1789. Aux premiers jours de l'invasion de la Savoie, il n'était pas de caresses qu'on ne fit à l'homme des champs, pas de moyens qu'on ne prit pour le séduire. Toute la rhétorique du jour tournait autour de la charrue et du chaume de la campagne. Mais bientôt un grand nombre de ces paysans quittèrent les champs pour chercher fortune ailleurs ; les autres, dégrisés, harcelés, retrouvèrent vite la dure réalité du lendemain.

La Terreur, en balayant les Barnabites de Thonon, prêtres et instituteurs, avait amené nécessairement à Thonon, à Evian, comme partout, l'ignorance la plus profonde. Le citoyen Michaud Albert, ex-barnabite, s'en plaignait amèrement au sein du club, le 17 octobre 1793, et demandait aux administrateurs le rétablissement des instituteurs de la jeunesse (1).

Nous avons sous les yeux le registre des délibérations de la Société populaire, soit du Club de Thonon. Ses procès-verbaux sont les organes les plus autorisés de l'histoire de la Révolution en Chablais. Nous allons donc les résumer fidèlement en priant le lecteur de se transporter dans l'église des Barnabites, lieu ordinaire des séances du Club et de ses fêtes. C'était le foyer de la Révolution dans notre pays.

Le 24 octobre et les jours suivants (1793), un membre proposait de substituer, aux noms des rues existants, des noms *analogues à notre glorieuse régénération !* Il est vrai qu'il fut violemment interrompu dans cette même motion, le 31, par des grenadiers de Gex, en détachement dans nos murs (2).

---

(1) Délibération du Club. Voyez chapitre XIII : Instruction publique de 1792 à 1888
(2) Ils durent faire des excuses, dans la même séance (Délibération du Club), on avait interdit, le 27 octobre, les applaudissements pour les discours privés.

Le citoyen Bureau, ayant fait, le lendemain, certaines allusions mordantes, en traçant le portrait du *vrai républicain* et des *faux patriotes*, il fut censuré par le président (1ᵉʳ novembre) (1).

La Révolution excella à diviser notre pays en deux portions très distinctes. Les persécuteurs et les persécutés. Quel foyer domestique pour le père de famille dans l'un ou l'autre de ces groupes ?

Le persécuté est en fuite, ou il se cache, ou il tremble, ou il se tait. Quelle autorité a-t-il sur ses enfants, ses domestiques ? Quelle surveillance, quelle éducation, quel soin de ses affaires ?

Le persécuteur, lui, est tout à son devoir révolutionnaire, dans la rue, à la tribune ; il est au pillage, à la poursuite des aristocrates et à la chasse des prêtres. Heureusement que cette seconde catégorie fut peu nombreuse chez nous.

Le 4 novembre, les sans-culottes sont invités à dénoncer les suspects du Chablais au *Comité de surveillance* ; le 6, on demande la guillotine à l'administration départementale ; le 8, une citoyenne, des tribunes, chante un hymne républicain, dont le refrain est répété par tout le chœur des jacobins ; le 12, des gardes nationaux, de Thonon, doivent monter dans la vallée d'Abondance qui ne veut pas de la Révolution. L'abbé Vernaz, fusillé, sur la place Château, le 22 février suivant, était accusé de fanatiser la montagne (2), comme M. Bouvet, la vallée d'Aulps et de Vailly....

Les discours se succédaient, tous plus violents les

---

(1) Le Calendrier républicain fut accepté dès ce jour (1ᵉʳ novembre 1793.)
(2) Voyez plus loin, au chapitre VIII, intitulé : *Les Héros et les Martyrs,* les détails de cette campagne dont la conséquence fut l'emprisonnement de la municipalité de Chevenoz.

uns que les autres, contre la noblesse et le clergé, dont on désirait voler les biens (1). Beaucoup demandent la formation rapide du fameux bataillon révolutionnaire dont les cadres se remplissaient journellement (16 novembre), et l'épuration des autorités et de la société même des jacobins.

Dans plusieurs villes, on arrivait à cette création qui, comme presque tout développement de la Révolution sous la Terreur, cache le bouffon sous l'horrible: on créa la classe des *suspects d'être suspects !* Les trois quarts du pays pouvaient déjà tomber sous le coup de la loi des suspects. Cette seconde invention suffisait à faire enfermer les neuf dixièmes de la population.

On écrit aux citoyens Guyot et Violland, de Douvaine, et Charmot, de Jussy, membres du Club, de donner des preuves de leur *civisme,* en répandant, dans les campagnes, les pures lumières des idées nouvelles (8 novembre 1793).

On célébra, à Thonon, le mercredi 30 brumaire (20 novembre 1793), la fête de la *prise de la Bastille.* Une pierre de ce fameux édifice avait été expédiée de Paris, à nos patriotes, par le citoyen Pallay.

A trois heures de l'après-midi, une salve d'artillerie devait annoncer au peuple, déjà averti, d'ailleurs, par des affiches, du programme de la cérémonie, qu'il eut à se rendre dans la *salle de l'administration.* Les autorités et la Société des jacobins, une fois réunies

(1) Le 14 novembre, un jacobin constate dans ces propriétés des dilapidations énormes de la part des municipalités ignorantes. Aussi, le comité de correspondance est-il chargé de prier la Convention nationale de réimprimer le Code municipal *en gros caractères !!* (Délibérations.) On forma cependant, à Thonon, une bibliothèque publique avec les bibliothèques des monastères et des familles nobles émigrées (6 novembre) 1793, voir : Chapitre XII.

en face du plan ou de la bâtisse féodale, un coup de clochette retentissait, et chacun de s'écrier : La République ou la mort ! Un discours était fait aux assistants par le président de l'administration, et le cortège se rendait au club des Jacobins....

Le citoyen Gucher voulait qu'on arrêtât, comme aristocrates (16 novembre), *toutes les citoyennes qui ne voudraient pas y prendre part* ; mais cet article ne fut pas admis dans la séance du 19, et il déclara vouloir seulement les regarder comme suspectes. La municipalité elle-même refusa d'y assister sous prétexte qu'elle était occupée à améliorer la condition alimentaire du peuple (1). Enfin, les ouvriers et les pauvres murmuraient hautement contre le repos qu'on voulait leur imposer, et le président eût à proclamer qu'il était permis aux indigents de travailler et non aux aristocrates et aux royalistes.

Tandis que chaque jour, des volontaires entraient dans le bataillon révolutionnaire de notre ville, pour parader devant leurs concitoyens, on arrêtait de forcer les déserteurs à rejoindre leurs drapeaux (21 novembre 1793). L'enthousiasme de 1789 s'était bien refroidi dans notre région (2).

Il en était autrement dans la Légion des Allo-

---

(1) Elle se fit représenter par quatre de ses membres.
(2) Quelques citoyens firent des dons patriotiques d'une certaine valeur, par exemple, les citoyens Amand, Joseph Daviet, Bérard... Il fallait absolument donner des preuves d'attachement à la Révolution pour ne pas être porté sur la liste des suspects. On réclama encore [15 décembre], le changement du nom des rues et le numérotage des maisons. Le 17 décembre le Club arrêta : 1° de désarmer les communes indiquées par les représentants du peuple, et de faire réparer les armes au chef-lieu du district, où elles seraient déposées ; 2° de réclamer du Directoire les fusils prêtés qui seraient remis aux citoyens de la première réquisition ; 3° d'inviter la municipalité à nommer un instituteur propre à exercer cette jeunesse aux exercices militaires [Délibérations du club].

broges et des Volontaires du Mont-Blanc, qui s'illustraient dans la campagne du midi de la France. Les Espagnols avaient envahi le Roussillon, l'armée des Pyrénées-Orientales était refoulée, la Légion des Allobroges devait la renforcer au plus vite, mais les évènements du midi et de Lyon lui donnèrent une autre direction. Les Girondins envoyés en exil ou à la mort (31 mai, 2 juin 1793), et la victoire haineuse des Jacobins avaient excité l'indignation générale dans le sud-est de la France; le fédéralisme du midi en fut la suite. Il fallut donc combattre des Français. Le 13 juillet, le 9 août, Dessaix se distinguait aux côtés de Bonaparte qui eut son premier fait d'armes le 26 juillet (1).

Le 17 août, Dessaix fut nommé colonel de la Légion allobroge, en remplacement du savoyard Doppet, devenu général, et envoyé contre Lyon (2). Les deux chefs de bataillon furent encore deux enfants du Chablais : Placide Souviran, de Thonon, qui commandait sept compagnies de chasseurs, et Dupas, d'Évian, qui avait sept compagnies de carabiniers.

Ils firent des prodiges de valeur au siège de Toulon où Dessaix reçut une balle en pleine poitrine, et refusa, pour rester à la tête de ses braves, le grade de général

---

(1) Dans une brochure qu'il écrivit en juillet 1793, Bonaparte loue beaucoup cette *excellente troupe légère des Allobroges*. On croit qu'il commandait en second la compagnie d'artillerie de la Légion des Allobroges. D'un côté, en effet, il est établi qu'il fit la campagne dans la colonne Carteaux [à laquelle était incorporée cette légion], comme lieutenant d'artillerie, et, d'autre part, d'après les documents connus jusqu'à ce jour, Carteaux n'a pas eu sous ses ordres plus d'une compagnie d'artillerie. Or, dit M. Dessaix-Folliet, l'effectif de la légion comprenait précisément une compagnie de cette arme.

(2) Né à Chambéry, en mars 1753, Doppet François, d'abord médecin, devint lieutenant-colonel à la formation de la Légion des Allobroges. Il assista au siège de Toulon comme général de brigade, et à celui de Lyon comme général en chef.

de brigade que lui offraient le général Dugommier et les représentants de la Convention, Daliceti et Gasparin (décembre 1793). Aussi, le 11 décembre, le citoyen Martin, chirurgien-major du 5° bataillon de Rhône-et-Loire, annonce-t-il en plein Club de Thonon, qu'à la prise de Toulon, un lieutenant volontaire de ce département, enveloppé par l'ennemi, a fait prisonnier l'officier d'un détachement plus nombreux que le sien. La veille, (10 décembre), les citoyens Bron et Sylvestre étaient chargés de présenter le programme d'une fête civique, à l'occasion de la victoire de nos troupes *sur les rebelles* (1).

Deux Allobroges avaient fait prisonnier le général anglais O'Hera. Tandis que le colonel Dessaix et son frère François entrainaient les assiégeants par leur courage et les conduisaient à la victoire, le colonel de Foras, le même qui était allé à Turin, plaider la cause des émeutiers du Chablais, se battait bravement à la tête d'un régiment piémontais qui défendait la ville assiégée (décembre 1793).

Les succès de la campagne du midi et du siège de Toulon dépendirent non seulement du génie de Bonaparte, mais aussi de la valeur des Allobroges et des Volontaires du Mont-Blanc. Si la prise de Lyon fut le fait des montagnards de l'Auvergne, la soumission du midi doit être attribuée à l'énergie des montagnards de la Savoie. Il est regrettable que tant de valeur n'ait pas été au service d'une meilleure cause.

Des rangs des Allobroges sortirent les généraux Dessaix, Dupas, Chastel, Doppet, les deux Forestiers, Curial, Pacthod, Decoux, Guillet, Songeon, Montfalcon et les colonels Favre, Bochaton, Balleydier, Duplan,

(1) Délibérations du Club de Thonon.

Pillet, etc., les lieutenants-colonels de Bon, Folliet, Royer, etc. (1).

Après la prise de Toulon, la Légion des Allobroges rejoignit, à Perpignan, l'armée des Pyrénées-Orientales (15 mars 1794) ; Elle était arrivée au dernier degré de délabrement et de misère ; les désertions étaient à craindre et les officiers chablaisiens s'efforçaient de remonter le moral de leurs troupes.

Hélas ! la misère ne régnait pas seulement à l'armée, elle sévissait aussi à Thonon et dans nos campagnes.

L'argent se cachait et les assignats n'avaient pas la confiance des négociants. Aussi les boulangers de Thonon ne donnaient-ils des provisions de pain qu'à ceux qui payaient en numéraire.

Les jacobins firent entendre des menaces terribles contre eux dans leur séance du 17 octobre 1793 (2). On recourut à des souscriptions volontaires le 24 novembre suivant ; les hommes de cœur avaient disparu pour faire place à de futurs acquéreurs de biens nationaux.

Enfin, pour remédier à cette triste situation, le citoyen Plagnat, procureur syndic, proposa d'occire tous les chiens des villes et tous ceux des campagnes non indispensables à la garde « *par ce motif que ces animaux dévoraient une quantité considérable de blé !!* » (26 novembre).

Un arrêté des représentants du peuple, réunis à Lyon, de *ces autocrates qui enchérissaient encore sur les lois déjà si draconniennes de la Terreur*, prohibait tout pain blanc, ou de boulanger, dans les départements de l'Ain, du Jura, du Rhône-et-Loire et

---

(1) *Le général Dessaix* par Dessaix-Folliet, p. 68.
(2) Délibérations de la Société populaire de Thonon.

Mont-Blanc (1ᵉʳ décembre). En vain, nomma-t-on, le 17 décembre 1793, des commissaires chargés d'approvisionner le marché de tous les objets nécessaires. En vain, la Convention nationale esseya-t-elle de rappeler la confiance en tirant une certaine quantité de de monnaie de billon (1) à répartir dans les différents départements. Thonon réclamait déjà sa part le 12 janvier 1794. C'était un verre d'eau jeté sur un incendie. On recourut encore aux impositions extraordinaires décorées du nom de dons patriotiques (2).

Le 26 du même mois, les postes frontières de Morzine et de Montriond, ayant été dégarnis de troupes, la Société populaire de notre ville s'en indigne, vu la facilité qui s'en suit pour *la sortie des denrées* et pour les communications des habitants avec les émigrés (3). Mais il fallait du pain à tout prix. Aussi, le citoyen Chevrillon, agent du conseil exécutif et membre de la société des Jacobins sans-culottes de Modane, reçut-il une véritable ovation de la part du club le 4 février suivant. Il s'était engagé à fournir tous les grains nécessaires à l'alimentaton du département, et des troupes qui l'occuperaient jusqu'à la récolte suivante (4).

(1) Le 8 décembre 1793, un membre du Club voulait « que la nation achetât les marchandises des horlogers du district, pour en faire un fond pendant six mois, temps plus que suffisant pour réduire nos voisins à l'impossibilité de pouvoir par leur agiotage *discréditer la monnaie de la République !* » Le 26 novembre précédent, un commissaire député réclamait la suppression de la poudre et de la pommade dans le département. On souscrivait en même temps pour une descente en Angleterre (Délibération du Club.)

(2) Le 13 décembre 1793, sur l'observation du citoyen Lacroix cadet, le citoyen Quisard, de Massongy, est publiquement censuré par le Club jacobin pour avoir fait un don modique, en égard à ses facultés. Le même jour, comme les jours et mois suivants, plusieurs citoyens sont délégués pour procurer, par la voie administrative, les approvisionnements du marché. *(Ibid.).*

(3) *Ibid.*
(4) *Ibid.*

Il est mandé, le 10, pour donner des explications sur les moyens d'arrêter la disette. Il répond que les mesures sont prises et qu'il n'y a pas lieu de s'alarmer. Néanmoins, le club délégua trois commissaires, Dumont, Favrat et Lassalle, pour s'assurer de ces bonnes dispositions.

Hélas ! les belles promessses ne remplaçaient pas les largesses de nos maisons religieuses disparues. Leurs biens, devenus domaines nationaux, devaient, selon un arrêté, porté à Lyon par les représentants du peuple, fournir à l'alimentation de la force armée (1).

Les greniers publics étaient à peu près vides, et l'on dût prendre des mesures énergiques pour la distribution du peu que l'on possédait (2), mais, en revanche, la Révolution donnait des fêtes. Et, il fallait, les larmes aux yeux, prendre part à ces divertissements, sous peine d'être déclaré suspect.

Cette mesure démontre, chez les administrateurs de l'époque, la crainte d'être seuls à célébrer leurs fêtes. Leur isolement leur paraissait, en effet, dans toute sa nudité, à la vue de la répulsion universelle dont ils étaient l'objet (3).

---

(1) *Ibid.*

(2) *Ibid.* On eut mille peine à trouver des hommes qui prissent la charge de receveurs des impositions extraordinaires à Thonon (1794). *(Ibid.).* Le 31 décembre 1793, le citoyen Anthoinoz, l'un des commissaires nommés pour distribuer des secours aux indigents, déclarait, au sein du Club de Thonon, que plus de deux cents familles étaient plongées dans la misère et réclamaient des aumônes. *(Ibid.).* Pour les soulager, le citoyen Michaud Guérin offrait du vin, en don patriotique et ne livrait que du *vinaigre moisi (sic)*, et, cependant, il était garde-magasin des fourrages. Le citoyen Popon recevait de Frézier, juge de paix, cent vingt francs qu'il avait soin de garder. Le trésorier de la société les lui réclamait encore le 13 janvier 1794. *(Ibid.).*

(3) Le Club ne s'organisait que difficilement! Il était composé en grande partie d'étrangers à Thonon. Plusieurs membres se retirèrent à la vue des tendances impies de ses chefs. On fût

On voit, dans la révolution qui nous occupe, deux époques bien distinctes. 1793 voulait encore un simulacre de religion schismatique fondé sur la constitution civile du clergé (1) ; 1794 décréta, en plein jour, l'abolition de tout culte. On ne voulut reconnaître que celui de la *Déesse Raison*. Tous les chefs-lieux de district durent successivement célébrer la fête de cette divinité d'un nouveau genre.

Déjà le 7 décembre 1793, le citoyen Bret parlait, à la tribune du Club jacobin, de *l'inconséquence de la hiérarchie sacerdotale, de la manière de tromper le peuple, en lui faisant croire à une hiérarchie, dans le ciel, d'anges, d'archanges, de chérubins, de séraphins, etc.* Il n'existe pas, dans la primitive Eglise, « des clercs tonsurés diacres. » Il ne doit y avoir aucun intermédiaire entre le Créateur et la créature. En conséquence, l'inauguration du culte de la *Déesse Raison*, dans son temple, fut résolu pour le premier décadi de nivose suivant. Le citoyen Gucher invita, sauf l'agrément de la municipalité, les membres de la Société à s'armer des instruments nécessaires au déplacement de l'autel existant dans la salle des délibérations, soit dans l'église des Barnabites. Il voulait l'anéantissement de tous les signes extérieurs du culte et à la place un autel à la patrie. Comme les fonds manquaient, une souscription du 26 décembre vint couvrir les premiers frais.

Le 29 du même mois, plusieurs habitants offrent

---

obligé de porter des amendes contre les absences devenues trop nombreuses. [Délibérations du 6 janvier 1794.] Voyez *Piéc. justific.* n° 2.

(1) Le 24 octobre 1793, le Club de Thonon arrêtait qu'à la la clôture de ses séances serait faite la prière de l'abbé Castellier, prêtre constitutionnel, desservant la paroisse de Pougueux, près de Saint-Germain-en-Laye [Seine-et-Oise.] Voyez cette curieuse pièce aux documents, à la fin du volume, n° 1.

des dons patriotiques, soit aumônes à distribuer le lendemain, jour de la fête de la Raison, aux nombreux indigents de la ville.

On porta donc triomphalement, dans nos rues, une femme représentant la déesse Raison. Les autorités, en grande tenue, l'accompagnaient, la garde nationale ouvrait la marche : On alla la déposer sur un trône élevé au milieu de l'église des Barnabites (1), où elle reçut les plus pompeux discours.

Le culte de la Raison, avec ses fêtes décadiennes, eut surtout pour apôtres les prêtres jureurs. Ils gagnaient ainsi la pension que leur faisait la Convention. Pendant ce temps, le bon peuple se précipitait vers l'arbre de la liberté et, après avoir « collé ses lèvres sur l'écorce, au milieu des transports de joie », il revenait dans le temple de la Raison « pour y déposer ses sentiments philosophiques ! »

La Terreur imposa ces fêtes de la Raison à toute la France. Les mères devaient y amener leurs enfants, et les maîtres, leurs élèves. La plus cruelle position était pour les honnêtes filles dont la mère était suspecte, le père emprisonné, et qui, pour attirer l'indulgence des tyranneaux du lieu, consentaient à jouer le rôle de déesse de la Raison.

La prise de la Bastille, la chûte des trônes et des autels avaient aussi leurs fêtes.

La prise de Toulon fut, en Chablais, l'occasion d'une grande réjouissance, à laquelle tout citoyen dût prendre part (2).

---

(1) Délibération du Club [2 nivôse an II, soit 31 décembre 1793]. Nous avons déjà décrit la fête qui eût lieu à Evian à la même époque.

(2) Le citoyen Lassalle donnait, le 16 janvier 1794, au sein du Club, le plan de cette fête : « Le bataillon de l'Espérance et

Le Club fit part, dans une adresse à la Convention nationale, du 31 décembre 1793, *des transports de la joie publique qui éclataient de toutes parts,* au milieu des sanglots de la misère et de la persécution (1).

« Ayez des fêtes, s'était écrié Robespierre, c'est le plus doux lien de la fraternité, le plus puissant moyen de régénération. » Elles devaient tenir lieu de prédication religieuse. On connait les principales. Celles qui avaient un caractère purement patriotique et guerrier eurent un grand succès. Mais quand l'enthousiasme des premiers jours se fut refroidi et que le peuple se dégoûta des Brutus du jour, le comité de Salut public se fâcha. Il déclara que « ces productions bizarres, que ces chants rauques et ces mascarades…. avaient avili les fêtes nationales. » On se lança alors dans un mysticisme philosophique, qui enfanta des fêtes ennuyeuses et ridicules. On y brûlait des mannequins représentant des *monstres désolants,* l'*Egoïsme* et la *Fausse simplicité,* avec force discours contre la tyrannie et la superstition.

Grégoire nous donne le résumé des fêtes révolutionnaires: « La postérité, dit-il, ignorera une partie des horreurs qui s'y commettaient, car il est des faits que la plume n'ose retracer. »

Le véritable chant national des prêtres sans-culottes

---

les citoyennes de cette ville, dit-il en feront les agréments. Un citoyen, qui veut rester inconnu, a offert un drapeau pour le bataillon de l'Espérance, et les citoyennes veulent en offrir un autre, qui servira de point de ralliement et sera le symbole de leur union, concorde et fraternité. Les citoyens Bureau, Martin et Albert Michaud sont nommés pour s'adjoindre aux commissaires de la municipalité dans le but de faire régner l'ordre le jour de cette fête, » qui eût lieu le 30 nivôse (Séance du 16 janvier 1794).

(1) *Ibid.* Le Club de Chambéry communiquait à celui de Thonon le procès-verbal de sa fête, le 2 janvier 1794. (*Ibid.*).

fut le *Ça ira ;* vulgaire et menaçant, grossier et furieux. C'était l'expression du lyrisme jacobin.

La pente était trop glissante, le char public, lancé à fond de train, ne pouvait être retenu, et cependant le caractère placide de notre population chablaisienne, soupirait après le calme et l'apaisement.

Ainsi, un discours, subversif au premier chef, contre la religion, avait été prononcé par un citoyen. Un clubiste, membre du comité révolutionnaire, fit connaître un arrêté pris la veille par le dit comité, portant qu'un patriote prendrait la parole, dans la prochaine séance, pour combattre la doctrine exposée, dont le but était d'anéantir *la liberté du culte,* ce qu'il trouvait contraire à la *Déclaration des Droits de l'Homme.*

Ceci se passait le 21 novembre 1793.

Les meneurs tremblèrent devant cette rude franchise, et il fut arrêté que, dorénavant, il serait interdit de parler de religion à la tribune (1). On avait compté sans les ordres impérieux de la Convention nationale et de ses terribles représentants.

Le 3 décembre suivant, le citoyen Gucher, commissaire député du département, s'étonne que l'on n'ait pas encore fait disparaître de la salle des séances (de l'église des Barnabites), l'autel et les emblèmes de la religion catholique (2).

Le même jour, le citoyen Bret, commissaire de police militaire, parle des réformes à faire dans les céré-

---

(1) *Ibid.*
(2) *Ibid.* Comme les habitants des campagnes du Chablais résistaient à ce courant d'idées, Gucher leur donna une conférence au Club (1er décembre), sur les *Droits de l'homme.* Le procès-verbal dit qu'ils y vinrent en foule et qu'il y fut vivement applaudi. Chaque séance avait son discours, fait par un citoyen, sur une matière semblable.

monies du baptême et des funérailles. Il propose, qu'au pied de l'arbre de la liberté, les parrains et marraines jurent d'élever et d'instruire leurs filleuls, de manière à ce qu'ils soient, un jour, un rempart de cette République naissante.

Quant aux funérailles, il veut une oraison funèbre, de la plus exacte vérité, qu'il s'agisse d'un défenseur de la liberté ou d'un aristocrate (1).

La Terreur empirait toujours, nous en avons une preuve dans le document suivant que l'on dirait volontiers sorti de la plume du déiste Rousseau : « L'administration du district de Thonon, considérant que le luxe qui règne dans les vases et autres objets dédiés au culte, en maintenant la superstition et le fanatisme, a retardé le développement de la raison ; que c'est insulter à la Divinité que de lui consacrer des objets de faste, tandis que Dieu ne demande que la simplicité de nos cœurs, arrête que tous les calices, patènes, ostensoirs, statues.... et vaisselles, meubles d'or et d'argent, existant dans les églises de l'arrondissement, seront apportés dans le chef-lieu de district dans la huitaine » (2).

Voilà bien la spoliation impie et sacrilège. Ce décret est daté du 3 décembre 1793.

Les richesses des églises et des monastères, en argenterie, vases sacrés et ustensiles précieux étaient déjà connues par des inventaires dressés avec soin ; la spoliation fut donc facile.

Le décret du 2 frimaire an II obligea toutes les municipalités à porter au district, dans la huitaine, toutes ces saintes dépouilles, à charge de les faire remplacer

---

(1) *Ibid.*
(2) Signé : Bétemps, vice-président : Plagnat, procureur syndic. Contre-signé : Deleschaux, secrétaire commissaire ; Popon.... *(Arc. de la Mun. de Thonon).*

par des vases d'étain, de verre ou de bois, là où il y avait encore des prêtres (1).

Deux autres décrets : l'un du 6, l'autre du 8 frimaire, ordonnaient de faire disparaître toutes les croix et oratoires ainsi que toutes les armoiries, tourelles, girouettes, et autres signes de la féodalité, comme monuments de superstition et de fanatisme. Simond et Dumas avaient inspiré et imposé ces mesures tyranniques.

Cependant, en dépit de ces décrets successifs, les membres du Club jacobin de Thonon durent encore inviter plusieurs fois la municipalité de détruire les emblèmes religieux de l'église des Barnabites (5 et 6 janvier 1794). Ils firent eux-mêmes et à leurs frais les modifications exigées et les transformations de ce nouveau temple de la Raison (26 janvier) (2).

Plusieurs localités, telles que Saint-Paul, Vinzier, Bernex...., envoyaient, des dons patriotiques pour les défenseurs de la République, mais, en retour, on se plaint amèrement de ce que les communes de la montagne, Lullin, entre autres, aient de si petits arbres de la liberté, quand les forêts sont si proches. Il faut rétablir ces arbres où ils ont disparu et renverser les signes extérieurs du culte ; deux citoyens, Curial, entre autres, sont délégués à cet effet (26 janvier).

Le citoyen Bétemps commissaire, avait parlé, au Biot, aux habitants de la vallée d'Aulps.

---

(1) Cardinal Billet : *Mémoires*, p. 109.
(2) *Ibid.* Ce ne fut que le 6 janvier 1794 que les réparations commencèrent. Le citoyen Longet, entre autres, fut délégué à la municipalité, le 7, afin d'obtenir l'église des Pénitents pour y tenir les séances du Club. Les réunions étaient désertes. On impose une amende triple de celles des autres citoyens aux membres du bureau qui s'abstenaient. Le même jour, Margel George, Bétemps Joseph, Frossard Marie paient chacun 50 sols d'amende.... (7 janvier 1794.)

Cinquante-deux citoyens s'étaient présentés pour pour marcher à la défense de la patrie et le Club de Thonon leur décerne une mention honorable ainsi qu'à leur juge de paix Mudry (2 janvier).

Mais, à la vue des mesures prises contre le clergé, l'enthousiasme fut promptement calmé et pas un seul citoyen ne voulut abandonner ses foyers (26 janvier 1794) (1).

Bientôt même les conscrits refusèrent de rejoindre leurs régiments et l'autorité fut obligé de les faire recueillir par la force armée. Dans les villes importantes, on joignait à cette contrainte quelque supplément théâtral dont la Révolution ne pouvait se passer ; On les mettait sur des charrettes avec cet écriteau : *Lâches déserteurs de la liberté !*

Le directoire du district de Thonon était, à chaque instant, appelé à statuer sur le départ de tout jeunes gens enrôlés dans un moment d'enthousiasme, et qui s'efforçaient ensuite de faire annuler leurs engagements. Ainsi en arriva-t-il pour un jeune Dubouloz, de Thonon, qui dut rejoindre son corps dans les Pyrénées (2) à l'âge de treize ou quatorze ans.

Notre pays payait bien cher sa réunion à la France ; Saint-Gingolph et Meillerie avaient vu leurs bois revendiqués par les représentants du peuple pour des constructions maritimes. Déjà, le 8 décembre 1793, on propose de les exporter après les avoir payé au *prix fixé par le maximum !* Le 26 janvier suivant, nouvelles réclamations !

Un atelier de salpêtre fonctionnait à Thonon ; il fut répondu que tous les bois de Ripailles et autres, mar-

---

(1) *Délibérations du Club.*
(2) Délibérations du directoire de Thonon. Archives départementales de la Haute-Savoie.

qués dans nos montagnes, par les commissaires, seraient fidèlement expédiés.

Et malheur aux communes qui n'envoyaient pas des dons patriotiques ! C'était une cause de suspicion et de tracasseries continuelles. La guillotine, réclamée par les patriotes dès le 6 novembre précédent, devait avoir raison de toutes les résistances (1).

C'est ainsi que les communes d'Habère-Poche, de Douvaine, d'Armoy, du Lyaud, de Draillant, d'Allinges, de la Chapelle, durent s'exécuter, le 6 février 1794, malgré leur profonde répulsion pour le régime régnant. Elles firent déposer au Club un certain nombre de chemises, de bas, de souliers et quelque argent. On avait déclaré au Club, dès le 8 novembre, que la maison d'arrêt de Thonon était prête à recevoir tous les suspects de la ville et des environs.

Le désordre des finances était incroyable. L'impôt, établi au gré de la fantaisie jacobine, était réparti de la façon la plus arbitraire. Tel était taxé à la totalité de son revenu parce que c'était un *tiède* et un *égoïste*; tel ne payait pas d'impôt parce que c'était un *vertueux*. Quels moyens prit-on pour obvier à cette ruine ? Tous les moyens : l'emprunt forcé, les contributions révolutionnaires, l'assignat, les dons patriotiques. Quant on était moralement forcé de donner, cela s'appelait *don patriotique* : on offrait un cavalier jacobin, on fournissait un canon, un garde national,

---

(1) « Sur l'observation d'un membre du Club, tendant à prouver combien l'arrivée de la guillotine sera utile et accélèrera l'esprit républicain de ce district, laquelle, avec le bataillon révolutionnaire, finira d'anéantir *cette horde monstrueuse d'aristocrates et de royalistes* : cette observation ayant été appuyée, il a été arrêté que la Société écrirait une lettre de remerciments à l'administration départementale, pour nous avoir envoyé l'*Ange exterminateur* de tous les fédéralistes et autres ennemis de la République. » Séance du 16e jour du 2e mois de l'an II [6 novembre 1793].

des souliers, des bijoux, tout ce qui pouvait prouver un vif attachement pour la République.

Les discours sur le fanatisme recommençaient dans le nouveau temple de la Raison. Un jour, quelques énergumènes vociféraient contre le clergé (12 janvier 1794), un autre jour, contre les saints et contre tout ce que la population respectait et aimait.

Ils avaient l'autorité et la force. Cependant la municipalité résistait de son mieux.

Dès le 6 décembre 1793, le citoyen Favrat, receveur du district et un homme de loi, lui avaient été délégués par le Club, afin d'obtenir, aux frais des riches, des réverbères dans tous les carrefours de la ville. C'était évidemment une mesure prise contre les prêtres et les nobles (1), comme le déplacement du corps de garde des Minimes, réclamé dès le 27 octobre précédent. Le 13 décembre, le citoyen Joseph Dubouloz renvoie cette question à une séance postérieure tandis qu'Anthoinoz Cadet fait observer que la municipalité ne peut imposer les riches pour un article pareil.

Enfin, le 15, il est déclaré que cela *regarde le district*, et que ceux qui seraient disposés à faire des dons, pour cette illumination (de réverbères), feraient mieux de les appliquer aux frais de voyage d'apôtres que l'on enverrait dans les campagnes pour les éclairer (2).

Les quelques tyranneaux présents comprirent, le lendemain, le sens de ces paroles, en voyant une sentinelle placée par la municipalité à la porte du comité de surveillance.

---

(1) *Ibid.* Il y avait même, à cette époque (6 décembre), scission entre le Comité révolutionnaire de Thonon et le Club ; Dubouloz, Longet, Favrat et Plagnat s'interposèrent pour rétablir la paix. (Délibération du 6 décembre).
(2) On demande, dans la même séance, l'interdiction des danses et bals pendant les séances du Club.

Un membre voulut crier à la violation de la souveraineté nationale ; mais la société se déclara incompétente (15 décembre 1793). Gucher lui-même fut mis en accusation pour avoir traité d'*aristocrates et de fanatiques* des conscrits d'Evian qu'il avait dit ne s'être pas rendus à ses ordres, tandis qu'ils étaient restés à l'attendre de dix heures du matin à deux heures de l'après-midi. Le fougueux commissaire était allé dîner au lieu de remplir sa mission (1). On le détestait, aussi cette dénonciation fut-elle aussitôt transmise au comité de surveillance.

La division et la haine devaient bientôt séparer ces vainqueurs du jour qui étaient montés, la main dans la main, à l'assaut de l'édifice social. Dans la capitale, le sang allait couler à flots et la modération fut réputée un crime. Nos députés se trouvaient déjà compromis, à ce titre, auprès de la Convention nationale dominée par le fougueux jacobin-savoyard Simond, qui devint leur accusateur public. Mais n'anticipons pas sur les évènements et passons rapidement à l'année 1794.

---

(1) Séances des 10 et 11 décembre 1793. *Ibid.*

CHAPITRE V

Le Club de Thonon (Janvier, février, mars 1794).

> O Dieu! leur liberté, c'était un monstre immense.
> *Victor* HUGO. Les Odes, Liv. II

SOMMAIRE : Le Club demande du canon. — Accusations contre les députés savoisiens à la Convention nationale. — Séance orageuse. — Simond, Dubouloz et Gentil. — Arrivée d'Albitte. Nouvelle demande d'armes. — Fête de l'inauguration du Temple de la Raison. — Epuration de la Société. — Les indigents. — Une citoyenne à la tribune du Club. — Destruction des insignes de la féodalité et du fanatisme. — Les stalles de Ripailles et les dix-sept cloches de Thonon. Le serment d'Albite et les jureurs du Chablais. — Divisions du Club et discours du chef de bataillon de *l'Espérance de Thonon*. — Dimanche et décadi. — Les cachots et les détenus. — La statue de la Liberté et la déesse vivante de la Raison. — Elargissement des suspects. — Michaud et l'instruction publique. Fête de l'arbre de la Liberté (10 mars 1794.) Cortège et discours. — Destruction des objets du culte catholique (14 mars.) Discours de Jacques Duret l'Apostat. — Les dénonciateurs du Bas-Chablais et Rd Thorens d'Yvoire.

La transition de 1793 à 1794 devient de plus en plus sensible. Les esprits modérés vont disparaître, les radicaux de l'époque sont au pouvoir, et la Révolution va descendre au sang et à la boue.

Ainsi, dans sa séance du 5 janvier 1794, le Club de Thonon, décide une adresse à la Convention nationale, pour l'inviter à *rester à son poste et à se montrer toujours avec la même énergie qu'elle déploie dans ces moments d'orage* (1).

Il réclame en même temps au moins quatre canons, pour être prêt à tout évènement, et le Conseil général fait des démarches dans ce sens.

Le 14, la municipalité est priée de prendre les moyens nécessaires pour donner, à l'exécution de la loi du maximum, toute l'activité, dont elle est susceptible, même en procédant à des visites domiciliaires ; Charles et Martin sont nommés commissaires à cet effet.

Le Comité de surveillance est accusé de lâcheté. On lui demande le lieu de ses séances, l'heure de ses réunions, etc.......

Mais, voici un autre signe du temps.

Le Club est extraordinairement convoqué le 28 nivôse (17 janvier 1794). Le Président dit : « Egalité ! Liberté ! Au nom de la République, une indivisible et démocratique la séance est ouverte ! » Les assistants répondent par le cris de : *Vive la République*.

Le Président donne alors connaissance d'une lettre de la Société de Chambéry à celle de Thonon. « Notre département, y est-il écrit, se trouve compromis auprès de la Convention nationale. On calomnie nos représentants ! ! Des mandataires perfides de la souveraineté du peuple, des représentants profondément scélérats, des monstres en un mot, y sont désignés

---

(1) *Délibérations du Club.* Une première adresse lui avait été envoyée dans le même sens, le 22 octobre 1793. *Ibid.*

sous les noms de Balmain, Duport, Marin, Grumery, Carrely, Marcoz et Dubouloz.

Sentinelles de la loi, c'est aux jacobins à démolir, dénoncer et poursuivre les coupables.... » (1).

La discussion s'ouvre aussitôt sur le citoyen Dubouloz, député du district, que nos Jacobins avaient félicité, le 27 octobre 1793, de son incorporation à la *Sainte montagne* de la Convention, et de sa sortie du bourbier du marais.

Un clubiste demande que les membres soient individuellement interrogés, sur ses faits et gestes, et sur la confiance dont il jouit (2).

Les citoyens Lacroix, Frézier, Longet, Carron, Berger, Girard, Deleschaux Claude, Margel George, Grillon Joseph, Martin, Margel Claude, Michaud Albert et Michaud Jean-Pierre se prononcèrent en sa faveur.

Mais Charles, Bétemps, Favrat, Bonnefoy, Deleschaux François-Marie, Naz Jacques, Bron François, Cachat, Dubaud Etienne, Bureau, Silvestre, Boisset, Lassale, Bron André, etc., etc... l'accusèrent unanimement de manque d'énergie, de pusillanimité, et surtout du crime impardonnable de siéger parmi *les crapauds du marais* (sic!)

Les assistants donnèrent ensuite leur avis sur

---

(1) *Ibid.*
(2) Jean-Michel Dubouloz était appelé Dubouloz de Trossy (hameau de Lyaud), pour le distinguer des Dubouloz d'Armoy et autres.. et parce que sa famille avait une campagne à Trossy. Il était le frère de deux prêtres ; le chanoine Dubouloz, mort à Thonon quelques mois avant la Révolution, et enterré dans l'église paroissiale, au pied de l'autel du Crucifix ; et le grand-vicaire Dubouloz, dont nous aurons à parler encore. Tous ces Dubouloz étaient de Thonon. La famille était de quatre frères et de quatre sœurs. Le député n'eut que deux filles.

Balmain, Grumery, Marcoz, qu'on déclara traîtres et indignes de confiance, pour avoir fait partie du même groupe politique que Dubouloz. Marin, Carrely et Duport ne furent guère mieux traités, mais à d'autres points de vue (1). Enfin, la Société se proclame montagnarde et ennemie acharnée du Marais.

Les citoyens Bron et Charles furent chargés, le 20 janvier 1794, de copier le procès-verbal de cette séance, et de l'expédier au Club de Chambéry.

Ce dernier en effet, connu sous le nom de *Société populaire de Chambéry*, avait adressé au Club des Jacobins de Paris, de violentes accusations contre les députés du Mont-Blanc. On les dénonçait comme coupables d'incivisme et de modérantisme, et surtout d'intrigue et de cabale, dans les élections qui les avaient portés au pouvoir.

Aussi Simond qui avait été rappelé, à Paris, à la fin de 1793, avec sa concubine Aurore de Bellegarde, les attaqua-t-il, avec violence, à la séance des Jacobins parisiens, du 4 février 1794 : « On croirait difficilement, s'écria-t-il, que d'un département de 600 lieues carrées en surface, et sur lequel reposent les plus hautes montagnes du monde, soient sortis sept oiseaux marécageux qui sont venus croasser à la Convention nationale, défendre les ordures politiques

---

(1) « J'étais à Paris, dit Bétemps, qand *Marin* reçut, le premier, la nouvelle de l'invasion du Mont-Blanc par les Piémontais ; il la communiqua aux autres députés de ce département qui se rendirent de suite au *Comité du Salut public*. Mais alors il feignit d'aller chercher *Carrely* et ils n'y parurent ni l'un ni l'autre. Nos députés y restèrent cependant trois heures ». Quant à Carrely, d'après le citoyen Lassale, il avait affecté de vouer aux flammes ses lettres patentes de noblesse. Enfin, *Duport*, au dire de Dubouloz le cadet, avait envoyé à ses commettants, au mois de juin dernier, un mémoire de sa main, où il développait les principes des divers partis formés au sein de la Convention, il soutenait celui des hommes d'Etat qui était le sien et blasphémait la montagne.

des conspirateurs, l'or et les crimes des égoïstes, les débauches et l'ambition des privilégiés, avec l'air de parler au nom de 450,000 citoyens dont la frugalité, le travail, la bonne foi, sont les passions et la volonté de tous les jours. On croirait difficilement à ce contraste si on ne rappelait que, lors de la tenue du premier corps électoral, des intrigants, des prêtres, des commissaires à terrier, des gentillâtres, des valets du roi sarde, s'emparèrent d'un peuple dont l'ignorance et la confiance faisaient le malheur, en provoquant des nominations stupides et désastreuses, dont les conséquences nous ont parfaitement prouvé les intentions perfides de ceux qui les avaient présidées.

« Des sept députés qu'on nous dénonce, il n'en est pas un qui n'ait été s'asseoir à la Montagne en arrivant à la Convention ; mais successivement lassés des violences qu'ils avaient à se faire pour monter à leur poste, ils ont préféré le beau monde aux vertus républicaines. »

« Nous n'allons plus à la Montagne, ont dit quelques-uns d'entre eux, parce que nous aimons la vie. Eh bien ! vous aimez la vie, lâches sybarites ; hommes des marais, vous aimez la vie, Eh bien ! il fallait aller quelquefois, avant le 31 mai, vous promener dans les ateliers des faubourgs Saint-Jacques et Saint-Antoine, vous y auriez vu deux cent mille bras vigoureux armés chacun d'une pique pour soutenir les droits de l'homme, qui n'auraient pas succombé devant l'éventail d'une femme vaporeuse ou l'épée du gentillâtre de la chambre du roi décapité. On a mal saisi le caratère des vrais patriotes ; les aristocrates les disent durs, inhumains, rien n'est plus faux.

« Il appartient aux émigrés d'égorger les enfants et de brûler le pauvre dans sa chaumière. Je propose à la Société d'arrêter que son comité de correspondance lui donnera l'analyse des faits contre les députés dénoncés. » Adopté.

A Paris, Simond fut un ennemi irréconciliable des Girondins et un défenseur dévoué de Robespierre, puis de Danton. Il assistait assidûment au Club des Jacobins (de Paris), avec trois de ses amis du Mont-Blanc, surtout avec François Gentil, de Saint-Didier, près de Bons en Chablais.

Celui-ci né vers 1760, se trouvait à Carouge quand arriva 1792. « Avant la Révolution, dit-il lui-même dans un compte-rendu à la Convention, ma fortune se réduisait à une femme, deux enfants, quelques vieux bouquins et un petit mobilier.

« Nous vivions tous, au jour le jour, d'un malheureux métier d'avocat consultant que mon père m'avait fait prendre (sans consulter mon goût), ainsi que de quelques secours que nos parents nous faisaient passer de temps à autre. J'exerçais cependant ce métier, parce que l'existence de ma famille et la mienne en dépendaient, et parce que c'était celui qui, à la charrue près, m'assurait plus d'indépendance.

« Dès la Révolution, mes concitoyens m'ont fait maire deux fois de suite, en mon absence et à mon insu. J'occupais encore cette place, lorsque, sans l'avoir désiré, sans l'avoir recherché, j'ai été élu député à la Convention nationale. »

Le député du district de Thonon, Dubouloz Jean-Michel, était aussi avocat. A la chûte des Girondins, les opinions moyennes disparurent rapidement, et, une scission s'opéra bien vite dans la députation du Mont-Blanc. Trois de nos représentants, Dumas, Genin et Gentil siégèrent, à la *Montagne*, avec leur ami Simond, tandis que les sept autres, effrayés des violences du jour, se ralliaient aux députés modérés de la Plaine, et s'abstenaient même de paraître aux séances. La terreur régnait, et l'oubli s'imposait.

Dubouloz avait d'ailleurs eu l'adresse de se faire recevoir, dès les premiers temps de son mandat, dans le *comité des transports* (1), et comme modéré vivant en dehors des luttes parlementaires, il avait encouru l'animosité de Simond et de Gentil.

Mais, les dénonciations de Simond n'eurent aucune suite, car il était plus menacé lui-même que ses collègues. Le transfert du chef-lieu de district de Bonneville à Cluses lui suscita, en Faucigny, de terribles ennemis qui l'accusaient, d'avoir reçu pour cela, des montres en or à répétition, de la fabrique de Cluses.

Il adressa au Club de Thonon, le 28 janvier 1794, un discours qu'il venait de prononcer, sur les crimes de la nation anglaise (2). Mais, la chûte de Danton mit bientôt un terme à sa carrière de fougueux jacobin. Il fut conduit à l'échafaud, le 13 avril 1794, sous la prévention « d'avoir voulu remettre le fils Capet aux mains de Danton chargé de le proclamer roi. »

Quelques jours auparavant (17 mars), Gentil qui n'était pas un orateur, parcourait les bancs de la Con-

---

(1) En 1793, il avait publié : *Rapport et projet de décret, présenté au nom du Comité des transports, postes et messageries*. Ces notes et les précédentes sont tirées de la brochure de M. Folliet, intitulée : *Les députés savoisiens aux assemblées législatives de la Révolution*.

(2) Délibération de la Société populaire de Thonon. Le 27, il conseillait aux Jacobins de Paris de rejeter toutes les demandes d'affiliation des sociétés nouvellement fondées. Il se plaignit surtout de l'incivisme de la société populaire du Mont-Blanc « dans le principe composée de frotteurs, ramoneurs et autres braves gens véritablement sans-culottes, mais ensuite envahie par l'aristocratie ». C'était là un mot d'ordre, car sur la proposition du citoyen Seygnot, commissaire des guerres, le Club de Thonon arrêta, le 4 février 1794, qu'on ne recevrait les étrangers dans la Société, qu'après six mois de résidence dans le pays, et sur des preuves irrécusables de leur moralité *(Ibid.)*

vention, ayant des pistolets dans ses poches, et disait à ses collègues en défendant son ami : « Laisserons-nous égorger les meilleurs patriotes en les livrant aux fureurs de Robespierre? » Mais, il ne trouva pas d'écho, et rentra dès lors dans l'obscurité et l'isolement.

Simond eut chez nous un successeur de sinistre mémoire : Albite né à Dieppe en 1760. Il s'était d'abord destiné au bareau. Élu député et membre de la Convention, ses instincts mauvais et cruels le portèrent à réclamer la guerre contre les riches, et la peine de mort contre tous les émigrés pris sur le territoire de la République.

Homme sanguinaire, il affectionnait la guillotine, et, vota la mort de Louis XVI « sans sursis et sans appel. »

Arrivé dans notre département en janvier 1794, avec les pouvoirs illimités de la dictature, il y a gardé le titre de *démolisseur de clochers*; c'est ce qui l'a peut-être, rendu le plus odieux aux habitants du Chablais.

Nous le verrons bientôt forcer la main de notre administration locale, et la pousser aux mesures extrêmes.

Il y avait d'ailleurs déjà au Club à Thonon, bien des hommes pervers, prêts à tout faire. Le 30 janvier 1794, quelques personnes de cette trempe, invitaient la municipalité et toutes les autorités instituées à fermer leurs bureaux, et à se rendre aux séances de la Société tous les décadis et jours de courrier (1).

---

(1) Le lendemain 31 janvier, le Club procède au renouvellement de son bureau, et nomme André Charles président, Coudurier et Bron Paul, premiers secrétaires, Claude Margel et Dessaix Victor, seconds secrétaires, et membres Deleschaux François, Girard et Bétemps (Délibérations du Club.)

On y lisait les lettres des députés de la Convention (1), le récit des exécutions sommaires de la capitale, le *Petit Chansonnier des Armées* de la République Française ; on discutait sur les abus du cours des assignats sur les réformes à introduire dans les manufactures de laine (2) etc.....

Cependant, Thonon et le Chablais étaient loin de partager leurs sentiments. On avait beau menacer de la déportation et de la peine de mort quiconque recélait des émigrés ou des prêtres fidèles. Ces menaces n'empêchaient pas les habitants de la campagne et même de la ville de leur donner l'hospitalité, ainsi que nous le verrons dans le chapitre suivant.

Le citoyen Salomon, s'efforça de démontrer, le 4 février 1794, la nécessité de posséder dans le département, plusieurs petites pièces de campagne, vulgairement appelées *Vys de Mulets*, et l'on arrêta d'en demander soixante à la Convention Nationale (3).

Le citoyen Chevillon constate, le même jour, que les prisons sont devenues trop étroites pour contenir les détenus et les suspects, et qu'ils n'ont pas l'alimentation prescrite par les lois. Les citoyens Sylvestre et Bureau sont désignés pour y porter remède.

On essaie de gagner les communes voisines à la cause révolutionnaire en souscrivant pour les incendiés d'Anty (6 novembre 1793), de Marin (6 février

---

(1) A la suite du 4 février 1794, on lit une lettre du député Grérat *Ibid.*

(2) Séance du 16 pluviose au 4 février 1794 *(Ibid.).*

(3) Cette demande partit de Thonon le 6 février, en même temps qu'une nouvelle adresse à la Convention. Cette société ne pouvait s'entendre sur son propre règlement. Il ne fut adopté que le 5 février 1794. *Ibid.*

1794), en proposant l'endiguement de la Dranse (10 décembre 1793), et, en convoquant aux séances du Club les habitants influents tels que Jean-François Violland, Bernard Guyot de Douvaine (6 février 1794), Charmot, de Jussy-Sciez, etc... Le zèle de ces patriotes est en même temps stimulé par la lecture des récents arrêtés d'Albite (1).

Mais la population demeurait d'une froideur hostile, en face de ces mesures persécutrices ; on recourut encore aux fêtes afin de jeter un simulacre de joie sur le deuil universel des honnêtes gens.

Les réparations du temple de la Raison (église des Barnabites) se trouvant terminées, il s'agissait de de l'inaugurer solennellement en abandonnant l'église des Pénitents.

Le 20 pluviôse, soit 8 février 1794, les membres de la Société se réunirent dans ce dernier local. Le cortège en sortit bientôt, et se rendit à la *maison gardienne du drapeau des citoyennes* qui furent invitées à prendre part à la fête.

On alla ensuite chercher triomphalement *le bonnet et la pique du Club*, au lieu où ils étaient déposés, et l'assistance entra dans le temple de la Raison.

Le Président Charles prononça un discours dont les conclusions furent que chaque décadi, il y aurait instructions *(sic)*, sur les annales du civisme, sur les lois et sur la déclaration des *Droits de l'homme et du citoyen*.

Mais voici le bouquet de cette ridicule solennité :

La citoyenne porteuse du drapeau se présente au bureau et reçoit l'accolade fraternelle du président : « Les républicaines de Thonon, dit-elle, viennent

---

(1) Lecture en fut faite au Club le 6 février 1794. *Ibid.*

déposer dans le temple de la Raison, désormais leur unique idole, leur drapeau, emblème de leur amour pour la liberté, et de la haine qu'elles vouent aux tyrans et à leur complices ; elles viennent encore au milieu de vous, par mon organe, jurer de maintenir la liberté, l'égalité, l'unité, l'indivisibilité de la République, d'élever leurs enfants dans les principes de la Révolution et de *contribuer autant qu'il est en leur pouvoir, à la destruction des ennemis de la chose publique !* » (1). Voilà une harangue digne des tricoteuses de Marat.

Le chef du bataillon de l'Espérance parut à son tour mais ne parla pas.....

A teneur d'une circulaire d'un jacobin de Paris, il fut ensuite résolu de n'admettre, à l'avenir au sein du Club, que les membres des sociétés affiliées munis d'un diplôme portant leurs noms, prénoms, lieux de naissance, âge, signalement, signatures, profession avant et après la Révolution, date de réception, etc...

C'était l'épuration des modérés faite par la lie de la population. Aussi l'indignation fut-elle générale. La séance du 10 février 1794, n'ayant réuni que dix-sept membres sur cinquante-neuf composant la Société, on entrevit la bévue commise, et l'on arrêta un projet de défense en faveur des autorités du district bassement calomniées. La Société déclara le lendemain (11 février) « que ces administrateurs fidèles à leur serment,
« sont demeurés inébranlables à leur poste, dans les
« moments critiques qu'à éprouvés ce département, et

---

(1) Séance du 8 février 1794 *(Ibid.)* La citoyenne Biffrary faisait hommage le lendemain, 9 février, d'une décoration, en forme de couronne civique, au drapeau des citoyennes. Et dire que pendant ce temps la misère était affreuse et que l'on envoyait une députation aux représentants de la nation pour ravitailler les militaires et le peuple !! (Séance du 9 février 1794) *Ibid.*

« qu'ils ne l'ont quitté que pour marcher à la tête des
« soldats de la liberté, contre les satellites piémontais
« qui avaient souillé le sol de ce district, dans trois
« cantons et qui n'étaient déjà plus qu'à une lieue de
« cette commune. »

La misère donna bientôt un autre courant aux idées du jour. La Convention venait de mettre à la disposition du ministre de l'intérieur un secours de dix millions de livres à répartir dans toutes les communes de la République, en attendant l'organisation des hospices. Le club chargea les citoyens Dessaix Cl.-Louis-Victor, Carron fils, Frézier Louis-François et Bron François, de dresser la liste des indigents de Thonon. Les secours étaient aussi organisés à Evian, où les marchés ne trouvaient plus les provisions nécessaires à l'alimentation publique (1).

Le citoyen ex-curé Dumont (2) déclara, le 13 février, que les abus de la distribution des grains du grenier public avaient cessé, malgré les dénégations de plusieurs membres. Un commissaire devait partir incessamment, pour Lyon afin de faire rapporter l'arrêt du 9 courant, qui attribuait tous les blés des domaines nationaux à l'alimentation de l'armée.

Il ne fallait pas seulement du pain, mais encore des jeux à ces quelques êtres affolés par la fièvre révolutionnaire. Aussi, dans la même séance, le citoyen Garnier, capitaine du premier bataillon de la Drôme, sur les instances de la Société, chante quelques *hymnes patriotiques*. Une citoyenne « monte à la tribune, au milieu des applaudissements, pour l'ac-

---

(1) Délibérat. munic. d'Evian (6 messidor an II.)
(2) Le 11 février, le président du Club donnait lecture d'une lettre dans laquelle ce malheureux déclarait déposer, en don patriotique, quelques ustensiles en argent, du culte catholique dont il était ci-devant ministre.

compagner de sa voix et de ses accents. Les transports sans-culottides *(sic)* de cette citoyenne, l'énergie et l'expression vive et animée de son chant..... n'ont pas peu contribué à exciter la joie et les ris des assistants. » (1).

Le zèle impie d'Albite portait des fruits. Le surlendemain 15 février, le Club invite les habitants à faire hommages, pour le service de la République, de leurs habits de confréries, et la citoyenne Roche à l'impudence de déposer le sien avec dix livres pour les incendiés de Marin (2).

Cependant la masse de la population avait en horreur de tels sacrilèges. Elle n'avait nulle envie de détruire les *marques de féodalité et de fanatisme*, ainsi que l'avait ordonné Albite.

Le Club s'en indigne le 15 février, et délègue Athanase Bron pour solliciter, auprès de la municipalité, l'exécution de ces arrêtés (3). Il demande que le commandant du premier bataillon de la Drôme engage ses volontaires à prêter main-forte, aux sans-culottes de la Société, dans cette ignoble besogne (4).

Le 7 pluviôse an II (26 janvier 1794) Albite avait décrété la démolition des clochers, et la transformation des cloches en canons.

---

(1) On rappelle en même temps que les municipalités doivent secourir les parents des défenseurs de la patrie.

(2) Ces confréries étaient celles du Saint-Sacrement, du Rosaire, de N.-D.-de Compassion.

(3) (Registre des délibérations du Club.) Bron Athanase se charge de présenter à la société les inscriptions civiques et républicaines qui doivent orner l'exterieur et l'intérieur du temple de la Raison.*(Ibid.)*.

(4) Le citoyen Sylvestre donne 50 livres pour les manœuvres de cette expédition *(Ibid.)*. « Dans l'espace d'un an, dit le célèbre Grégoire, la Révolution a failli détruire le produit de plusieurs siècles de civilisation. »

Les municipalités du Chablais durent se préoccuper de ce décret, et dresser leurs devis pour connaître les dépenses qui leur incombaient. On hésita beaucoup, on prit diverses mesures dilatoires... Mais Albite pressait en fou furieux.

A Thonon, un agent spécial, du nom de Girard fut choisi, pour examiner « *parmi les joujoux du fanatisme ou machines religieuses* » (style Albite) ce qui était bon à conserver. Il se rendit à Ripailles, et fit observer que le déplacement des stalles et des boiseries du chœur, serait très-dispendieux et même nuisible aux panneaux, qui perdraient par là même leur valeur.

On résolut donc de les laisser en place, jusqu'à l'arrivée du représentant. Elles échappèrent ainsi au bris général qu'opérèrent les charpentiers Mouthon, Perrin, Dallinges et Ducret. Ceux-ci présentèrent, le 16 ventôse, une note de 100 livres et 10 sols pour 29 journées et demie, consacrées à ce travail de vandale. Il leur fut payé 88 livres 10 sols, et tous les clous estimés à 33 sols les 500 qu'ils retinrent.

Un autre malheureux, s'acharna à détruire les croix dressées aux angles des routes. Il devint un objet d'horreur, on l'appelait *Pierre des Croix*. A son approche les enfants fuyaient et l'honnête homme détournait la tête. En même temps une bande d'exploiteurs impies parcourait les campagnes, saccageant les oratoires, renversant les insignes religieux. La plupart finirent misérablement.

Les cloches de Thonon avaient été descendues de leurs tours, dès les premiers mois de la Révolution. Celles des Barnabites et de l'église paroissiale trouvèrent d'abord grâce, aux yeux des persécuteurs. Mais, bientôt, une nouvelle délibération de la municipalité les envoya rejoindre leurs congénères.

D'après une note présentée au Conseil, le 23 pluviôse, an II, notre ville possédait alors dix-sept cloches et deux timbres, savoir : trois cloches à l'église paroissiale ou de la Ste-Maison, trois aux Barnabites, une aux Capucins, deux aux Minimes (hôpital actuel), une aux Annonciades (chez les RR. PP. Maristes), une aux Ursulines (quartier des Ursules), une à St-Bon, une à Concise, une à Ripailles et deux timbres, une à Vongy, une à Corzent, une à Tully, une à la Maison des Arts. Evian possédait aussi de nombreuses et magnifiques cloches dans ses quatre clochers de l'église paroissiale, de la Thouvière, des Clarisses et des Cordeliers. Sa municipalité ordonna de les descendre le 28 germinal, an II.

Plusieurs furent brisées, pour être envoyées dans les fonderies, d'autres soigneusement gardées devaient reprendre leurs places après la tourmente. Elles chantent encore aujourd'hui la naissance de nos enfants, et pleurent bien souvent le glas funèbre sur le cercueil de leurs ennemis. Albite était de ceux-là. Après cette première victoire, ce misérable voulut avilir le clergé, en obligeant tous les prêtres, catholiques et schismatiques sans distinction, à apostasier, à déclarer, par un serment exécrable, qu'ils renonçaient à leur état, comme à un métier de vil imposteur. Il exigeait d'eux la remise de leurs lettres de prêtrise et la promesse de n'en plus faire aucune fonction, sous les peines les plus graves. 8 pluviôse an II (27 janvier 1794).

On ne croirait pas possible, qu'un prêtre put souscrire à une si honteuse déclaration. Il y en eût cependant quelques-uns. Mais il faut se rappeler que la masse du clergé fidèle gémissait en exil, et qu'il ne restait plus en Chablais que quelques rebuts de couvents ou autres individus flétris par le premier serment. Voici la liste officielle des apostats de notre province ; ils ont signé eux-mêmes leur prévarication dans les registres de la municipalité de Thonon. Le clergé séculier y figure pour la moindre part. Les clouer au pilori de l'Histoire, c'est donner aux futures générations une terrible et salutaire leçon.

1° *Dumont Joseph-Marie*, né à Concise, âgé de 39 ans, prêtre, curé constitutionnel de Douvaine, y abjure et se retire à Thonon. Il apostasia de nouveau le 12 frimaire, an II, et aggrava sa faute le 17 pluviôse. En juillet 1794, il fut requis pour la levée de soixante-dix hommes que notre ville devait fournir, prit les armes et disparut.

2° *Michaud Louis-Albert*, natif de notre paroisse, âgé de 33 ans, ex-barnabite de notre collège, devint d'abord curé constitutionnel de Thonon. Il remit ses lettres de prêtrise et abjura le 20 pluviôse, an II. Nous l'avons vu devenir ensuite clubiste, membre du comité de surveillance et secrétaire de la municipalité. Il prétendit en 1796, à une part dans les 10.020 livres qu'alloua le district de Thonon, aux pensions ecclésiastiques.

3° *Deleschaux François-Marie*, né à Thonon, âgé de 44 ans, encore barnabite de notre collège et procureur de son ordre, abdiqua son état, le 20 août 1793, au bureau de l'administration du district, dont il était secrétaire. Les 17, 20 et 22 pluviôse suivants, il remit ses lettres de prêtrise à la municipalité et aggrava son apostasie.

4° *Violland Jean-François*, ex-capucin du couvent de Sallanches, né à Thonon, âgé de 46 ans, abjura le le 27 germinal, an II, et se rétracta solennellement, le 10 prairial, an III, en présence du Conseil (1).

(1) *Vie de M. Bouvet.* Mercier, p. 179-180.

5° *Porchet André*, né à Neuvecelle, âgé de 63 ans.

6° *Champourry Michel*, de Thonon, âgé de 62 ans, vicaire constitutionnel de notre ville, puis successeur de Michaud. Il abjura les erreurs « dans lesquelles il avait été élevé » le 22 pluviôse, an II.

7° *Bidal Aîné*, curé constitutionnel de Neuvecelle, apostasia encore et se retira à Thonon où il mourut, le 11 messidor, an III.

8° *Fernex Henri*, capucin de notre ville. âgé de 29 ans, curé constitutionnel d'Ugines, renonça à toute fonction sacerdotale, et contracta un mariage civil, qu'il fit convalider en 1803 (1).

9° *Ducret Jacques*, natif de notre commune, professeur de théologie à Chambéry, abjura en 1794, et se rétracta à son lit de mort, le 11 novembre 1802.

10° *Jacquier Joseph*, de Bernex (Chablais), chapelain de la Ste-Chapelle, suivit le même chemin de retour en 1800, après avoir apostasié. Mais il ne fut rendu qu'à la communion laïque (2).

11° 12° Deux chartreux, originaires de Lyon, *André Désallemand* et *Jean-Ange Boissenay* eurent encore ce malheur (3).

Dumont et Michaud péroraient au sein du Club de Thonon au commencement de 1794. Le premier avait été nommé pour présider à la vente des grains du grenier public. Il fut remplacé, le 18 février 1794, par George Margel. Comme on le voit, cette Société devenait, avec le malheur des temps et le cours des évènements, le repaire des pires sujets de la contrée.

---

(1) *Mémoires*. Card. Billiet p. 536.
(2) *Ibid*. p. 379-380.
(3) Aucun prêtre ou religieux, ne s'était encore présenté, le 26 ventôse an II, à la barre de la municipalité d'Évian, pour prêter les serments exigés par les lois de la République. (Délibérat. municip. d'Évian.)

On eut mille peines à lui imposer un règlement pour le maintien de l'ordre (15 février 1794) (1).

A chaque scrutin ouvert pour l'admission de tel ou tel membre, c'était, au dépouillement, une série d'injures et de lâches dénonciations insérées dans les bulletins et jetées à la face des candidats.

Aussi fut-on obligé de recourir aux boules noires et blanches, usitées aujourd'hui dans l'admission ou le rejet d'un sujet au sein d'une société (2).

Le 20 février 1794, le chef du bataillon de l'*Espérance*, de Thonon, un écervelé, y fit entendre les paroles que voici :

« Liberté, égalité, unité, indivisibilité de la République ! *Fraternité ou la mort !!*

---

(1) Voici, cependant, les différents articles qui furent adoptés :
ART. 1er. — Les commissaires qui sont nommés à la fin de chaque séance pour la suivante, afin de maintenir l'ordre, rempliront d'abord leurs fonctions. Ils devront, en outre, s'ils ne peuvent rétablir le silence dans le quartier à eux confié, dénoncer les perturbateurs au président qui les reprendra vertement. Cette censure et le nom de l'étourdi seront affichés, à la porte de la salle, pendant une décade. Les commissaires qui ne rempliront pas leur devoir subiront la même peine ;
ART. 2. — Ces derniers veilleront soigneusement à ce que les escaliers et couloirs ne soient jamais obstrués, afin que les citoyens et citoyennes défilent aussitôt, après leur entrée, du côté du bureau, sans laisser de vide ;
ART. 3. — Les jeunes gens au-dessous de quinze ans prendront place sur la loge (tribune), au-dessus de la porte principale ; un censeur y maintiendra l'ordre et le silence par les moyens ci-dessus adoptés ;
ART. 4. — Des inscriptions seront placées sur les murs de la salle, principalement derrière le président, elles rappelleront au peuple le respect et la décence qu'il se doit à lui-même quand il est *réuni pour délibérer sur son bonheur !!* Signé : André Charles, président ; Paul Bron, Bureau, secrétaires. (Délibérations du Club).
(2) Délibérations du 18 février 1794. Dans cette séance, un commissaire déclare qu'il n'a pu se procurer, à Thonon, avec les sommes provenant des *dons patriotiques*, les effets, bas, souliers, etc., nécessaires aux défenseurs de la patrie. On écrit, à ce sujet, au résident de France à Genève. (*Ibid.*).

« Citoyens ! Président ! Frères et Amis !

« Voici, citoyens, les jeunes sans-culottes de cette
« commune qui viennent pour énoncer leurs disposi-
« tions de soutenir l'unité et l'indivisibilité de la
« République française ; soyez aussi assurés qu'ils
« expireront mille fois plutôt que d'abandonner la
« cause des hommes libres. Ils sauront imiter le
« courage intrépide des braves frères d'armes qui
« se signalent sur nos frontières contre les vils
« despotes coalisés. Ressouvenez-vous que la cause de
« la liberté sera toujours notre point de ralliement ; nous
« jurons donc, dans ce temple de la Raison, de main-
« tenir de toutes nos forces la souveraineté du peuple,
« de ne reconnaître d'autre idole que la liberté, de
« n'avoir d'autre maximes que celle-ci : Ne fais pas
« à un autre ce que tu ne veux pas qui te soit fait !
« Nous jurons encore de nous ensevelir dans les
« ombres de la mort, plutôt que d'abandonner la
« liberté et l'égalité. Je te demande, citoyen prési-
« dent, de vouloir consigner nos serments dans les
« registres de la Société populaire. Haine aux tyrans !
« Amour pour la liberté ! Voilà la devise des jeunes
« sans-culottes du bataillon de l'Espérance de
« Thonon.

« Vive la République ! Vive la Convention ! Vive
« la Montagne ! »

Ce serment fut répété par les frères d'armes de
l'orateur qui reçut du président l'accolade fraternelle (1).

Le même jour, il est arrêté qu'à chaque séance,
lecture sera faite d'un des articles des *Droits de
l'Homme* et de l'*Acte constitutionnel*. Ordre est

---

(1) Délibérations du Club.

donné aux instituteurs et aux parents de les enseigner aux enfants.

On voulait à tout prix s'emparer de la jeunesse. Aussi Michaud Albert, se charge-t-il de cette mission, ainsi que de distribuer aux adolescents, des *bonnets rouges* comme récompense (1).

Le 25 février, un citoyen frère d'armes du 1er bataillon de la Drôme se plaint, à la tribune, du peu d'empressement qu'il a remarqué, à Thonon, dans l'observation des lois. On ferme les boutiques le dimanche, on les ouvre les jours de décadi.... Les discours patriotiques prononcés ces jours-là, à la place de la parole sainte, n'avaient jamais fait fureur. Il demande donc qu'une citoyenne, à chaque décadi, se travestisse en *déesse de la Liberté*, et chante un hymne approprié à cette circonstance.

L'assistance applaudit à cette idée ; il fallait de la lubricité à des gens pareils. Une citoyenne présente fut donc invitée à revêtir sa divinité d'un jour pour le premier décadi.

Au milieu de ces saturnales de l'époque, retentissaient lugubrement, aux prisons, les pleurs et les plaintes des détenus, des suspects endurant la faim, le froid et la misère.

La pitié gagnait les esprits. Le Club s'en aperçut. Il s'empressa de nommer un comité de secours composé des citoyens : Cl.-Louis-Victor Dessaix (2),

---

(1) Les citoyens Guguet et Dufourd déposent 5 livres à cet effet, et le citoyen Bureau se charge d'en faire distribuer à ses frais particuliers.

(2) La famille Dessaix fit preuve, dans ces circonstances, de modération et de générosité. Aussi, depuis le 20 octobre 1793, c'est-à-dire depuis le commencement de la Terreur jusqu'à la chûte de Robespierre, aucun de ses membres ne

Jean-Baptiste Deleschaux, Dumont et Henry. Ils devaient s'entendre avec la municipalité et s'adjoindre quatre citoyennes de bonne volonté (1) (25 février 1794). La solitude se faisait de plus en plus aux séances de la Société. Les absences furent frappées d'une amende d'une *livre de pain*, à distribuer aux indigents, le lendemain, jour de fête civique, à l'occasion de l'*inauguration d'une statue de la Liberté* dans la salle des séances (21 février) (2).

Le 28, les Jacobins de Thonon allaient, en effet, la chercher. A leur entrée dans le temple, *une déesse vivante* chanta un hymne à la Raison, et remit aux sans-culottes une branche de laurier pour *couronner le civisme* de tous ceux qui auraient bien mérité de la patrie.

Le Club et les autorités constituées se rendirent ensuite sur la place de la Réunion. La troupe était sous les armes ; le bataillon de l'*Espérance* et celui des citoyennes marchaient sous leurs drapeaux respectifs. Un officier municipal donna lecture des lois. On fit une halte auprès de l'arbre de la liberté, pour y chanter le couplet : *Amour sacré de la patrie*. Enfin, le cortège reprit le chemin du temple où un citoyen prononça un discours fort applaudi, au milieu de divers hymnes à la Liberté, à la Raison et à la Montagne. Hommes et femmes chantaient à

---

figure dans l'administration ; aucun ne fut nommé par Albite, non plus que par Cassagne en 1795.

(1) Ce fut les citoyennes Catherine Bifrary ; Vignet, née Garnier ; Salomon et une de leurs amies. (Délibérations du 1ᵉʳ mars 1794).

(2) Deux citoyens furent chargés d'en donner le plan. Les citoyens Lacroix et Sylvestre achetaient en même temps à Genève pour 2,000 francs de chaussures à grandes pertes, à cause de l'agiotage genevois (sic) (27 février).

l'envi, c'était du délire et de la démence (1).

Un citoyen, détenu pour avoir travaillé le *décadi*, fut mis en liberté, et l'on introduisit, séance tenante, les commissaires délégués à Commune-Affranchie (Lyon), afin de mettre un terme à la misère. Ils en rapportèrent comme dons patriotiques *les Droits de l'homme* en gros caractères, *la Liberté*, *Marat* et *Le Pelletier* en peinture. Une souscription fut ouverte aussitôt pour les faire encadrer. Le lendemain, 1er mars, le citoyen Lassalle et l'un de ses collègues sont chargés d'inviter la municipalité à donner, chaque décadi, à dix heures du matin, lecture des lois ou d'autres livres instructifs et d'utilité commune. C'était le prône républicain ; à deux heures de l'après-midi, un citoyen prononçait un discours emphatique que tout le monde feignait d'admirer ! (2).

Mais voici qui est plus extraordinaire : Paul Bron et un autre clubiste doivent se rendre auprès des autorités constituées, pour obtenir *l'élargissement provisoire* des ex-prêtres *(sic)* Violland, Champourry, Désallemand, Boissonnet et Bidal, sans néanmoins les soustraire à la surveillance légale. Même démarche pour le citoyen Naz. On ne mit d'abord en liberté que les prêtres sexagénaires.

On le voit, 1794 persécutait, avec la même rigueur, les prêtres catholiques et les prêtres schismatiques. Il résolut ouvertement l'abolition de tout culte, car Violland, Champourry et Bidal avaient prêté le premier serment.

---

(1) Celui qui avait fait les réparations à la salle des séances réclamait 600 francs, on lui en accorda 400. (Délibérations du 28 février).
(2) Philippe Bron s'en chargea, le 28 février, pour le décadi suivant *Ibid.*

Ce n'était pas seulement le règne de la Terreur, mais encore celui de l'athéisme, proclamé par les discours et les hymnes républicains de la déesse Raison.

L'épuration avait déjà fait disparaître de la Société populaire une partie des hommes modérés. Une dernière mesure acheva l'œuvre : Le 1er mars 1794, il fut arrêté que tous les deux mois, les deux membres les plus anciens du comité disparaîtraient pour faire place à d'autres citoyens.

La misère régnait terrible (1), les suspects, tels que Frézier, juge de paix de Vailly, Quisard, de Massongy, etc., protestaient, du fond de leurs cachots, contre les injustes dénonciations dont ils étaient les victimes. Les mémoires justificatifs qu'ils adressaient au Club, les 4 et 6 mars, étaient purement renvoyés au Comité de surveillance.

Une dernière cabale, ou plutôt la logique du mal, renversa l'ancien bureau du Club composé des citoyens Charles, Bron et Bureau. Leurs successeurs furent Bron Athanase, président ; Bron Paul-Philippe, secrétaire.... (4 mars 1794) (2).

Aussi, voyez leur premier acte : Ils proposent, le 6 mars, d'ouvrir les séances par ces mots : *Egalité, Liberté, Fraternité ou la mort ! Reconnaissance aux braves Montagnards ! Honneur aux mânes de Marat, de Le Pelletier et autres martyrs de la Révolution ! par l'imitation de leurs vertus ! La séance est ouverte !!*

---

(1) Les citoyens Grillon et Frossard, délégués auprès du Conseil de ville pour faire délivrer des grains, n'obtiennent aucun résultat de leurs démarches (4 mars 1794) *Ibid.*

(2) *Délibérations du Club.* A la même séance, le citoyen Favrat, qui avait souscrit 100 livres pour la 2e compagnie du 2e bataillon du Mont-Blanc, qui se trouvait sous les murs de Toulon, obtient de les reverser sur les parents des soldats de ce bataillon. *(Ibid.)*

C'est à n'y pas croire et cependant ce mode fut adopté aux cris de : *Vive la République !*

Albert Michaud développe alors un nouveau plan d'enseignement. Les instituteurs et Mlle Buffet, institutrice, demandent des catéchismes républicains. André Charles les obtiendra auprès de l'administration, ainsi que le décret concernant l'instruction publique (1).

Un rapport sera dressé sur les récompenses à accorder aux élèves qui feront le plus de progrès dans la science de la Raison. La municipalité voudra bien déterminer un local, où l'on pourrait instruire la jeunesse pendant la durée des séances (6 mars) (2).

On est très étonné de voir ces aspirations, réalisées en partie de notre temps, se faire jour dès 1794, comme l'article d'un programme dès longtemps préconçu.

La garnison de Thonon se plaignait du mauvais état de la caserne. Le Conseil municipal en est avisé par André Charles et Michaud Guérin (3).

Le 8 mars, ces deux concitoyens constatent, en effet, qu'il n'y a ni marmites, ni râteliers, ni fiches pour les fusils, ni vitres aux croisées. La Révolution avait passé par là. Les prisons étant devenues trop étroites, le Comité de surveillance est chargé de

---

(1) Une commission est composée d'André Charles, de Plagnat et d'Albert Michaud, etc..., pour réunir et coordonner ce que l'on possède sur cette matière et en donner lecture une heure avant l'ouverture des séances (6 mars).

(2) Cet essai de *Club de la jeunesse* n'aboutit pas; on se contenta d'ouvrir un cours burlesque, à une heure de l'après-midi, dans le temple de la Raison (Séance du 8 mars). Les catéchismes républicains furent distribués le 11 mars suivant. (Délibérations).

(3) Encore une cueillette pour les incendiés de Champanges (6 mars).

s'informer des motifs de détention de chaque individu, et de les transmettre à l'administration du district, puis au représentant du peuple. La Terreur était à son comble.

Les séances du Club s'ouvraient ordinairement par la lecture des nouvelles. Le 8 mars, on arrête que le bulletin du premier jour de la 1re décade du 6e mois sera affiché jusqu'à l'arrivée du *Recueil des traits de bravoure des armées françaises*. Les commissaires de police Lassalle, Deleschaux Cl., Bron Paul, Michaud Jean-Pierre, Margel Georges, Benoît Vaissière, etc... et leurs successeurs porteront, à l'avenir, un ruban tricolore au bras gauche, et les membres du bureau, le bonnet de la liberté. Quelle mascarade ! (8 mars).

Le décadi 20 ventôse an II (10 mars 1794), grande fête de la plantation de l'arbre de la liberté. La séance s'ouvre, à trois heures de l'après-midi, par le chant des hymnes révolutionnaires. Le citoyen Lassalle offre, à la Société, un sabre destiné au commandant du bataillon de l'*Espérance*. « Je remets entre tes mains, jeune sans-culotte, lui dit-il, ce sabre dont la Société te fait don. Qu'il soit la terreur de l'aristocratie chancelante; et si tes aînés ne voyaient, contre toute attente, le régime républicain assis sur des bases inébranlables, c'est à toi et à ceux de ton âge que l'Humanité, si longtemps outragée par les despotes, remet le soin de la venger. Fais passer à tous tes collègues l'ardeur dont tu es déjà transporté, d'abattre à tes pieds tous les ennemis de notre bonheur commun, et que ce baiser soit un gage de la confiance que la Société place, dès ce jour dans ton jeune bataillon » (1).

(1) Délibération du Club.

On répondit par des applaudissements, et le jeune chef fit la promesse de se servir de cette arme pour l'anéantissement des tyrans, et l'affranchissement de la République. Lassalle, enthousiasmé, offrit encore une *dragonne* et *un baudrier.*

Aussitôt, les commissaires donnent des ordres et le défilé commence. Le bataillon de l'Espérance ouvre la marche, les autorités suivent, puis les citoyens et les citoyennes, traînant en queue les membres du Club.

Le cortège acclame l'arrivée de l'arbre de la *Liberté*, porté par quelques volontaires du bataillon de l'Espérance, et planté entre deux discours. Un orateur s'efforce de démontrer les bienfaits de la Révolution et les maux incalculables de l'ancien régime. Enfin, Paul-Philippe Bron parle de la nécessité de l'éducation révolutionnaire de la jeunesse.

Le lendemain (11 mars), résolution est prise de donner à cette fête tout l'éclat possible.

La statue représentant la Liberté sera, *par cette espèce de purification, soustraite à la brûlure* (1). D'ailleurs, c'est un ouvrage d'art et on l'enverra au Comité d'administration, qui lui mettra un *manteau républicain.*

La Commission des subsistances et approvisionnements de la République, venait de demander des renseignements sur la nature du sol de chaque région, et sur le parti qu'on pourrait en tirer pour la propagation et l'élevage des bestiaux. On se hâta de lui désigner le citoyen Dubouloz comme un homme très versé dans cette matière. Un objet plus pressant fixait les regards des clubistes.

---

(1) C'était probablement une statue religieuse.

Panisset, l'évêque intrus que nous avons perdu un moment de vue, au milieu des exhibitions malsaines des fêtes révolutionnaires de Thonon, Panisset, dis-je, avait fini, après une certaine résistance, par prêter l'affreux serment d'Albite. Ce dernier, non content d'abolir le sacerdoce, voulut faire disparaître toute trace de religion. Ce fut alors qu'on vit se dresser d'immenses bûchers, où l'on entassait pêle-mêle, autels, confessionnaux, statues, pupitres.... C'étaient des auto-da-fé républicains où la canaille locale dansait à la lueur des flammes. Ainsi en fut-il à Thonon et à Evian.

Le Club de Thonon avait reçu des instructions à ce sujet. Le 11 mars 1794, les citoyens Grillon et Plagnat sont députés auprès de la municipalité, pour avoir un inventaire exact des vases sacrés et autres objets du culte, provenants des différentes communes du Chablais (1).

A la même séance, sur la motion d'un membre, le tridi, du 3e décadi du mois courant, soit 28 ventôse (13 mars), est choisi pour procéder *au brûlement des effigies du culte catholique et de la féodalité* (2). Mais il fit mauvais temps ce jour-là ; on fut donc réduit à lire les traits de bravoure des frères d'armes du Mont-Blanc, enrôlés sous les drapeaux de la République, des avis aux habitants de la campagne, une lettre de la Société populaire d'Ansêves, des décrets et lois de la Convention nationale, enfin divers arrêtés du Salut Public et du représentant du peuple.

La discussion s'ouvrit ensuite sur le décret con-

---

(1) *Ibid.*
(2) On pétitionne en même temps pour rendre à l'humanité souffrante *(sic)* le citoyen Duperrier, officier de santé, dont les fonctions municipales étaient préjudiciables aux malades. (Délibérations du 11 mars).

cernant la fabrication du salpêtre. Prière fut faite au Conseil de ville d'annoncer que tous les citoyens désirant s'adonner à ce travail, eussent à s'adresser à l'administration. L'un d'eux devait être envoyé à l'école de Paris aux frais de la République.

La grosse question du *brûlement des effigies* revint. Le Président fait un appel aux citoyens et citoyennes afin de former des chœurs, adaptés à la circonstance. Tous les absents sont déclarés fanatiques et suspects. Une proclamation devait être adressée à la population ; la municipalité se refusa à cette mesure.

Aussi le lendemain (14 mars 1794), jour de cet abominable sacrilège, le Club s'en indigna. L'appel nominal des absents démontra aux sans-culottes leur isolement dans toute sa nudité. Ils s'empressèrent donc de rapporter l'arrêté de la veille, et de *passer l'éponge de la fraternité sur la suspicion des membres absents (sic)*.

Ce bon mouvement ne dura pas, où plutôt l'exaspération s'en mêla bientôt. D'ailleurs n'avaient-ils pas à leur service la force publique ?

Les citoyens Bron André, Lassale etc..., sont députés auprès de la municipalité, pour exiger la rémission des effigies des *ci-devant saints et saintes* déposés à la chapelle du Collège (1). Il est décidé que la cérémonie aura lieu sur *Crête* et non sur la place de la Réunion.

Après un second appel, sont mis au nombre des suspects: Frézier Louis, Longet, Anthoinoz Eugène, Michaud Guérin, Berger, Chenevier et Girard Jean-Marie (2).

---

(1) Elle était attenante à la salle de la Société *Ibid.*
(2) Cet arrêté fut rapporté le 15 mars. *Ibid.*

Le Président invite alors tous les citoyens et citoyennes présents à prendre, *un des simulacres de la superstition*, pour le porter aux flammes. Au retour un discours devait être prononcé à ce sujet (1).

L'impiété se mêla dans cette fête républicaine, à toutes les bouffonneries les plus atroces. Quelques gredins, mêlés aux soldats de la garnison, s'affublèrent d'aubes, de surplis, de chasubles et de chapes pour simuler une procession. Chacun s'arma d'un objet, qui d'un crucifix, qui d'une statue, celui-ci d'un chandelier d'autel, celui-là d'un tableau, un autre d'un encensoir, et ces forcenés, en montant au bûcher allumé sur la place de *Crête*, chantèrent le *Veni Creator*, le *Dixit*, puis la *Passion*.

Hélas ! Thonon versait des larmes, c'était bien la répétition des insultes du Prétoire et des blasphèmes du Golgotha. Il y eut des raffinements d'impiété, dans les outrages de ces fameux patriotes, au Dieu de leurs pères.

Tout finit par un feu de joie où furent jetés crucifix, ornements sacrés, statues, etc....., et par une farandole accompagnée du refrain : *Dansons la Carmagnole ! Vive le son du canon !*

C'était la reproduction des fêtes de Paris. Voilà où la Révolution, en moins de deux ans, avait entraîné une partie de notre population.

Il y eut, parmi les intrus, des âmes assez basses pour s'associer à ces impiétés. Le misérable Ducret Jacques, vicaire général de Panisset natif de Concise, curé constitutionnel de Douvaine, membre du Club

---

(1) Le Comité d'administration fut chargé de coiffer d'un bonnet l'arbre de la Liberté, planté dans la salle des séances.

de Thonon, s'écriait à Lescheraines à l'époque de la fête de l'apostasie française.

« La fête d'aujourd'hui, fête si longtemps désirée
« par la philosophie éclairée, cette fête si inattendue,
« cette fête à jamais mémorable sera-t-elle enfin ca-
« pable de vous relever de la stupeur où vous avaient
« plongés les menaces d'un Dieu terrible et vengeur ?
« Sous le règne de la Déesse-Raison, cette aimable
« déesse, la conscience de l'homme doit être plus
« tranquille que sous celui du fanatisme. Faites-lui
« donc vos adieux à ce fanatisme abominable, et
« dévouez-vous pour jamais à l'aimable déesse de la
« Raison qu'on présente aujourd'hui enfin à vos admi-
« rations ; elle vous fera jouir en paix des dons de la
« nature. Voyez, ajouta-t-il, comme tout prospère
« sous son influence. Vos campagnes furent-elles
« plus riantes ? Vîtes-vous jamais vos arbres plus
« chargés de fruits, vos champs couverts de plus ri-
« ches moissons ? Nos institutions nouvelles plaisent
« donc à Dieu » (1).

Une grêle désastreuse anéantit la récolte le lendemain, et il dut s'enfuir pour échapper à l'indignation du peuple (2).

Un autre jour il blasphémait le Christ en croix à la fête de la déesse Raison, en insultant à sa puissance. Il fut subitement frappé de cécité. La mémoire de ce châtiment est encore vivante dans la ville d'Aix.

Cette fête républicaine de la destruction des objets du culte eut un triste retentissement dans toute la région.

Les sans-culottes de chaque localité s'empressèrent de détruire ce qui restait des insignes de la foi catho-

---

(1) Fleury, *Hist. de l'Egl. de Genève*, p. 141, t. III.
(2) Card. Billiet. *Mémoires*, p. 69.

lique. A Massongy, les deux seuls partisans des idées nouvelles renversèrent la croix du cimetière pendant la nuit (1).

Un habitant de la paroisse s'en aperçut, il prend son fusil, et se dispose à faire feu, quand une idée surnaturelle l'arrête. « Je vais les envoyer tous deux en enfer ! » se dit-il tristement, et il rentra chez lui les yeux pleins de larmes (2).

A Yvoire, Nernier... la famille Novel devint sinistrement célèbre dans ce genre d'exploits (3).

L'un de ses membres alla dénoncer aux sbires de la Révolution, Rd F. Thorens de la famille Thorens (d'Yvoire), curé de la Thouvière d'Evian, demeuré caché dans la maison paternelle jusqu'à cette époque.

Les gendarmes arrivent pendant la nuit et fouillent l'habitation de la cave au galetas, sans pouvoir le saisir. Ils ont bien trouvé une soutane, un tricorne; mais rien que cela. Les lits sont d'ailleurs tous occupés (4); évidemment ils ont été l'objet d'une mystification.

Ils se disposent donc à reprendre le chemin de Thonon, quand l'accusateur revient à la charge : « Il

---

(1) L'un d'eux, non encore satisfait, alla, le lendemain, briser le crucifix de l'église de Sciez. Mais, à son retour, il eut les jambes brisées par des individus, de cette commune, qui l'attendaient dans un lieu écarté... Son compagnon fut mis au pilori, à Thonon, sur la place du Château, en 1817, pour avoir maltraité l'abbé Latour qui se disposait à passer en Suisse pendant la persécution.
(2) Il fut le père de Révérend Picus, mort curé d'Yvoire, et grand'père du Révérend Père Picus François, fondateur des orphelinats de Nice, Thonon, etc...
(3) On dirait qu'il existe des familles maudites qui n'émergent, au-dessus de la multitude, que par la lâcheté et le crime, dans les temps de calamités publiques. En 1692, un Novel d'Yvoire, accusait déjà le curé d'Anthy, auprès du commandant du fort des Allinges, d'avoir travaillé à secouer le joug de Louis XIV, imposé à nos populations après la bataille de Staffarde (Registres parois. d'Anthy).
(4) Le grand'père de M. Thorens Philippe, aujourd'hui maire

y est, dit-il, il y est ! j'en suis sûr, fouillez la grange et les écuries ! »

Les agents pénètrent donc dans l'écurie des vaches, et se mettent en devoir de percer de leurs épées un amas de litière jetée dans un coin perdu. Un cri douloureux retentit. Le prêtre venait d'être blessé à la jambe. Il fut pris et dirigé sur le chef-lieu du district, au milieu des larmes et des malédictions à l'adresse de son dénonciateur qui finit mal, comme la plupart des persécuteurs de cet époque.

Grâce à ces rares partisans de la Révolution, le canton de Douvaine eut ses fêtes de la déesse Raison, où figura une demoiselle Guyot dont la famille a décliné bien rapidement.

Dans toute la Savoie, couraient, sous des déguisements les plus inattendus, des prêtres saints et hardis.

L'histoire de la Révolution ne sera pas complète tant qu'elle n'aura pas mis en relief, ce côté à la fois caché et brillant de la Société de 1792, ces obscurs et héroïques défenseurs de la civilisation. Ces apôtres défièrent le génie sauvage de la Révolution, malgré la puissance que lui apportaient la délation, la trahison, l'espionnage, la corruption et la terreur. Des milliers d'honnêtes gens partagèrent dans la région des Alpes, au risque de leur fortune et de leur vie, le travail glorieux de ces prêtres indomptables : Combien ont souvent partagé leur prison pour les avoir maintes fois nourri, assisté !

Nos provinces sont encore pleines de leur souvenir;

---

de Thonon (1888), était toujours prêt à laisser le lit qu'il occupait à dessein, avec l'un de ses parents, pour aller remplir celui de l'abbé aussitôt que l'alarme était donnée. Deux membres de sa famille avaient embrassé l'état ecclésiastique.

et c'est surtout d'eux qu'on parlera « sous le chaume bien longtemps. » Presque tous les riches avaient émigré. Ils restaient donc pour le peuple, et pour lui seul. L'histoire garde fièrement leur renommée bénie, et nos aïeules, comme nos très vieux domestiques, ont bercé notre enfance du récit de leurs exploits, où le sublime et le comique se heurtent à chaque pas.

Qui n'a entendu raconter comment ils se cachaient dans les caves, dans les granges, sous les hangars, dans les chaumières abandonnées, dans des souterrains, dans des chambres avec trappes, comme l'Oncle Jacques dans la paroisse du Lyaud? Ils sortaient la nuit, courant les champs, courant les rues, toujours poursuivis et traqués, parfois pris, emprisonnés et fusillés. Que de courage et de hardiesse, que de présence d'esprit et de sang-froid, de gaîté même, il fallut dépenser pour conserver à nos pères la foi catholique restaurée en Chablais par saint François de Sales! N'avons-nous pas raison de garder avec fierté la cachette de nos prêtres. On montrait avec mépris en 1820, le fils du prêtre marié, la fille du Judas qui livrait les prêtres, et que nul enfant d'honnête famille n'eut voulu épouser. Aujourd'hui encore si des malheurs inattendus, épouvantables, frappent certains foyers, si des revers les ruinent et les renversent, entrons dans cette maison, écoutons, nous y entendons les échos lointains du Ça ira, le murmure des vieilles dénonciations.

CHAPITRE VI

La Terreur et le règne d'Albite à Thonon
(Mars, Avril, Mai, Juin 1794)

> Tu me verras parler et pleurer a la fois.
> DANTE, Divine Comédie, Chant XXXIII.

SOMMAIRE : Les dix clochers de Thonon et les quatre clochers d'Evian : leur condamnation. — Le despotisme d'Albite et le comité des Sans-Culottes. — Les pauvres et les riches en présence d'Albite. — Les accusateurs publics. — Anciens titres brûlés. — La politique et les municipalités. — Albite à Thonon. — Epuration des autorités constituées : Municipalités, notables, direction de district, administration, comités, etc... — Complot de famille. — Sort des détenus. — Les décades, les mariages et l'autorité ecclesiastique. — Les Allobroges en Italie et réjouissances à l'occasion de la prise des redoutes du Petit-Saint-Bernard. — Fêtes de 1794 à Thonon et Evian. — Projets. — Pelletier à Thonon.

Nous venons de le voir, Albite s'efforçait de faire disparaître autels, sacerdoce et religion. Les clochers avaient le tort d'agacer singulièrement ses nerfs de révolutionnaire athée.

Or, Thonon en possédait un grand nombre : les

grands clochers de l'église paroissiale de St-Hippolyte, des Barnabites, de la Visitation, des Minimes, sans compter les gracieux clochetons de la Maison des Arts, des Annonciades, (1), des prisons, des Capucins, des Moines de Montjoux (à Rives), et des Ursulines.

Ces clochers et clochetons réunis aux anciennes tourelles de défense de la rue de l'Ecole, de la rue Vallon et de la rue Chante-Coq, donnaient à l'aspect de Thonon, vu du lac, de la plaine ou de la montagne, quelque chose d'élancé et de monumental contrastant singulièrement avec la monotonie actuelle de ces longues lignes de maison toutes ramenées au niveau républicain de 1794.

La municipalité de notre ville eut beau chercher des délais, il fallut s'exécuter, et tous les clochers furent démolis, en totalité ou en partie, pour ne pas blesser le sentiment de l'Egalité (2). Celui de St-Hippolyte ne fut épargné qu'à cause de l'horloge communale qu'il portait à son front séculaire.

Evian possédait quatre clochers : ceux de l'église paroissiale actuelle, de la Thouvière, des Cordeliers et des Clarisses.

Celui de la Thouvière est condamné à disparaître le 3 ventôse, an II (21 février 1794). Quelques jours plus tard (7 mars), le citoyen Gex Pierre s'engage à abattre le clocher de l'église paroissiale et ses quatre tourelles, ainsi que les clochers des Cordeliers et des Clarisses, pour le prix de 730 livres (3). Dès le 15 février précédent

---

(1) Voir la vue de Thonon en 1682, que nous avons donnée au commencement de l'*Histoire de Thonon et du Chablais*, t. I. Celui de la Visitation, de style bysantin, comme celui des Barnabites, occupait la cour actuelle donnant accès dans l'église de la Visitation.
(2) Les acquéreurs de biens nationaux se chargèrent d'achever cette œuvre de vandalisme, là où les flèches seules avaient disparu.
(3) Délibérations municipales d'Evian-les-Bains.

la démolition de la grande tour située près de l'habitation des frères Vulliez, était résolue ; celle de la porte du côté de Thonon fut ajournée (20 avril) (1). Le citoyen Davet J. réclama vainement la conservation des pommeaux de son toit.

Jamais despotisme pareil à celui d'Albite n'avait régné sur Thonon et le Chablais. Les administrations ne sortaient plus des élections libres, comme autrefois, mais du cerveau de ce fameux commissaire.

Il s'éclairait sur les choix qu'il devait faire, des lumières de notre Club jacobin, qui, à son tour, avait soin de s'inspirer des pensées du dictateur. C'était un véritable cercle vicieux.

Le 16 ventôse (6 mars), il avait déjà pris des informations de ce genre, et le 13 mars, nos Jacobins invitent les citoyens et citoyennes à donner leur avis, au sein du comité de surveillance, sur la moralité ou les opinions politiques et sur les croyances religieuses des fonctionnaires de notre ville (2).

Un *comité de vrais sans-culottes*, composé de cinq membres, nous disent les registres du temps, fut alors formé en dehors de toutes les autorités constituées. Il comprit d'abord les citoyens Grillon, Frossard, Baptiste Vaissière, Quinet, François Carron et Royer (14 mars), qui pria, le 18 mars, l'administration, de requérir elle-même des renseignements de toutes les communes du pays (3).

---

(1) *Ibid.*
(2) Le Club demande, à la même séance, des canons *pour la sûreté du district*. Les patriotes de Sallanches réclamaient, vers la même époque, la force armée, pour repousser les esclaves du despote ultramontain. (Délibérations du 18 mars).
(3) Dans la même séance, François Bron, commandant de la garde nationale, est mandé devant ses supérieurs pour justifier de sa conduite (18 mars 1794). Encore un suspect !

On n'accorda plus aucun certificat de civisme, sans que le nom du réclamant n'eût été affiché *au bureau du Club,* et proclamé dans deux séances consécutives (15 mars).

Le même jour, André Bron pérora contre les dangers du fanatisme, et le citoyen Bureau présenta un plan des fêtes civiques, pour remplacer celles des saints et solenniser les glorieuses époques de la Révolution.

Le 20 mars, le citoyen Dessaix, rapporteur du comité de bienfaisance, se plaint de la dureté des citoyens actuels envers les pauvres. Une collecte n'avait produit que 300 francs. C'était un sanglant reproche jeté à la face des hommes du jour. On le comprit ; aussi le citoyen Dubouloz s'écria-t-il que les *Jacobins devaient payer d'exemple,* et il souscrivit 100 francs ; et les citoyens Favrat et Lassale, chacun 50.

Henry Charles et Dupérier se chargèrent de dresser un tableau des indigents. Favrat proposa un moyen radical, celui de citer les noms de tous ceux qui ne donnaient rien. La générosité des patriotes se réveilla à cette occasion, et, le 25 mars, la collecte arrivait au respectable chiffre de 1,900 livres.

Le 16 avril, en présence d'Albite, ce fut bien autre chose ; les personnes riches qui n'avaient rien fait pour la Révolution sont imposées d'office, savoir : Bailly, célibataire, de 4,000 livres, destinées aux besoins de la commune, Vignet aîné, de 2,000 livres, Fournier Michel, de 1,000, Descombes Jean-Baptiste de 200 livres par mois, pour faire des dots à des jeunes filles jusqu'à son mariage (1), qui eut lieu quelque

---

(1) Délibérations du Club.

temps après. Voilà bien le règne de la liberté de 1792.

Au nom de la Fraternité, nos cachots regorgeaient de victimes, qui, pour la plupart, ignoraient les motifs de leur incarcération. Elles demandent à être entendues, le 20 mars 1794 et le Club se montre favorable à cette requête.

Mais, en même temps, les accusateurs publics font planer la terreur partout, et ceux de l'armée des Alpes (1) réclament de nos patriotes des accusations précises contre le citoyen Massier, capitaine au 4me bataillon d'infanterie légère.

Un jacobin se plaint du peu de surveillance du concierge de la maison d'arrêts. Les détenus communiquent avec le dehors. Margel et Longet sont chargés d'y mettre ordre, jusqu'à ce qu'ils soient tranférés au monastère des Annonciades (20 mars). Le trop complaisant gardien fut condamné à être mis sous les verrous; toutefois, le comité *de surveillance* désapprouva cette mesure. On arrêta dès lors, que tous les prisonniers mangeraient à la même table, et, que les pauvres seraient entretenus aux dépens des riches (25 mars) (2).

Pour faire taire la calomnie, cette grande pourvoyeuse des cachots, le citoyen Dubouloz exige que l'on envoie, à la Convention nationale, le récit des fêtes civiques célébrées dans toute l'étendue du district de Thonon (20 mars).

Un décret de cette assemblée ordonnait de réunir

---

(1) *Ibid.* En 1793 (sept. oct.) les deux représentants du peuple, Simond et Dumas, commissaires extraordinaires près les armées des Alpes, réunissant les pouvoirs législatifs et exécutifs, avaient organisé un tribunal révolutionnaire chargé de terroriser le pays.
(2) *Ibid.*

tous les anciens titres et parchemins et de les livrer aux flammes. La municipalité invitera les citoyens à faire, à la patrie, le sacrifice de ces *monuments orgueilleux du passé* (20 mars) (1).

Le 22 mars, une lettre du représentant Dubouloz, annonce « une nouvelle conspiration contre la Liberté, ourdie par des hommes qui en paraissaient les plus zélés défenseurs, et heureusement déjouée par le comité du Salut Public. » Le Père Duchêne étant l'un des complices, il est arrêté que les feuilles de son journal seront brûlées (2).

Les municipalités s'occupaient alors beaucoup de politique. Pas un seul évènement un peu marquant ne se produisait sans que ces assemblées ne voulussent les juger. De là cette correspondance perpétuelle des députés avec leurs électeurs.

Quand Danton et les Girondins succombèrent sous la vengeance de Robespierre, toutes les municipalités importantes s'empressèrent de féliciter Robespierre et ses séides de leur victoire, en attendant le moment d'applaudir à sa chute.

Le 25 mars, un arrêté d'Albite mettait en arrestation les enfants des nobles. Le Club prend soin de leur instruction, et prie deux citoyens de s'occuper de cette question.

Le lendemain, jour de foire (3), séance extraordinaire

---

(1) Catherine Bifrary déposa sur le bureau du Club quantité de chapelets.

(2) Un membre attribue à ce complot la joie des détenus de Thonon, et il demande qu'ils soient surveillés de plus près, et qu'ils n'aient aucun rapport avec les habitants de la ville (22 mars).

(3) Le citoyen Dufour observe que le bétail destiné aux approvisionnements de l'armée périt faute de soins. Les communes de la montagne sont invitées à donner, en dons patriotiques, des fromages pour les soldats de la République (25 mars).

à 9 heures, où Athanase et André Bron lisent des discours irréligieux, en présence de quelques habitants des environs.

Le 7 germinal, an II, (27 mars), une adresse est envoyée à Albite qui arrive bientôt à Thonon. Le 13 avril, il prend place au bureau, aux applaudissements de la société, prononce une harangue sur l'épuration et la réorganisation des autorités constituées, et invite tous les bons citoyens à manifester leurs opinions, sur les individus qu'il se propose de nommer aux fonctions publiques. « Albite, organe de la Convention, et, au nom du peuple français, dit le registre du Club, déploie avec énergie les sentiments d'indignation et de fureur dont seraient animés tous les républicains contre ce district, s'il permettait encore que les vils satellites du despote ultramontain souillassent derechef son territoire ; le fer et le feu, juste vengeance de la lâcheté ou de la trahison de ses habitants, seraient le prix de leurs forfaits.... Mais, ajoute-t-il au nom du peuple français, je jure au département du Mont-Blanc, appui, défense, s'il se montre toujours digne de la liberté, et la République s'anéantira plutôt en entier que de se voir anéantie en l'une de ses parties. »

Le lendemain, (14 avril), il proclame les autorités constituées, en demandant pour le 15, à dix heures du matin, une séance où les nouveaux fonctionnaires prêteront serment en face du peuple.

Beaucoup, entre autres Vernaz, Guyon, Dubouloz et Vaudaux.... voulurent refuser toute charge, en apportant des motifs qui n'en étaient pas. Mais, comme en présence d'Albite, tout le monde, à part quelques espions étrangers, pouvait s'attendre à être prochainement incarcéré, comme la seule différence existant entre les citoyens détenus et l'immense majorité de la population, c'est que les premiers gardaient leur prison et que les autres la promenaient, un accord intervint entre les divers citoyens de la ville. Ils se dévouèrent en acceptant les fonctions qu'allait leur confier Albite, avec l'intention bien arrêtée d'empêcher tout le mal qu'ils pourraient empêcher (1). On ne sera donc pas étonné de voir figurer ici des membres de familles très honorables, qui prirent part à ce complot tramé contre le terrorisme du jour (2). Selon la parole de de Maistre, *ils espéraient étouffer doucement la Révolution en l'embrassant* (3). Voici leurs noms :

Municipalité.

Maire : Vernaz Cl.-Marie.

Agent national.
Guyon Jacques-Fçois.
Officiers municipaux.
Dubouloz Joseph.
Favre Jean-André.
Daviet Claude.
Mudry Sébastien.
Biffrary fils.
Michaud Joseph.
Portay J.-F, chirurgien.
Fernex Joseph.

Notables.

Royer Victor.
Anthoinoz Eugène.
Michaud Cl.-François.
Prévond Joseph.
Perret Charles.
Girard Jean-Marie.
Favrat Jean-Pierre.
Berger François.
Carron père.
Pissot Gaspard.
Bérard Marcelin.
Aubéry Noël.
Chenevier Jean-Bapt.

(1) Archives particulières.
(2) Aussi parvinrent-ils à faire élargir, par Albite même, un certain nombre de détenus. Voilà pourquoi la réaction contre les terroristes n'apporta que peu de changements parmi les autorités ou les fonctionnaires de Thonon (Voir chap. VIII).
(3) *Correspondance*, t. I, p. 379.

Decorzent, chirurgien.
Daviet, tailleur.

Secrétaire.
Arpin père.

Directoire de district.
Bron André.
Vuarin Claude-François.
Bétemps Joseph-Marie.
Deleschaux Jean-Bapt.

Agent national.
Chaumontel Joseph.

Administrateurs.
Vaudaux Joseph-Marie.
Cayen Christophe.
Margel Claude.
Manuel, cordonnier.
Jacquier P., d'Evian.
Muffat Cl., de Carouge.
Longet Joseph-Julien.
Lacroix Cavet.

Secrétaire général.
Bron Paul-Philippe.

Receveur de district.
Favrat Jean-Pierre.

Receveur de la poste.
Chenevier Jean-Bapt.
Comité de surveillance.
Fornier Antoine.
Naz Jacques.
Bureau de conciliation.
Dubouloz Joseph-Bruno.
Dessaix Claude-Louis.
Guyon Jean-François.

Bron Antoine.
Violland Etienne.
Margel Thomas.

Juge de paix.
Frézier Louis-François.

Acesseurs.
Chamot, père.
Anthoinoz Cadet.
Chenevier Jacques.
Roussel, tailleur.

Greffier.
Bétemps Joseph.

Tribunal du district.
Président: Vaissière Benoît.

Juges.
Bron Paul.
Guyon Pierre-Joseph.
Crêpet François.
Naz Aimé.

Commissariat national.
Plagnat François.
Michaud Jean-Pierre.
Charles André.
Frossard J.-M., tailleur.
Grillon J., menuisier.
Coriaz Ainé, chapelier.
Deleschaux Claude.
Favre Joseph, batelier, (de Rive).
Appy, père, cafetier.
Charles Fleury.
Thomasset Guérin, menuisier.

Juges suppléants.
Charmot Nicolas.
Chappuis Jean-Marie.
Anthoinoz, l'aîné.
Brottier, fils de Marie.
Greffier.
Jordan Guérin-Balth.

Juge de paix de la campagne.
Naz Claude.
Greffier.
Frézier Joseph.

Le 15 avril, après la proclamation des autorités, Albite soumet à la discussion des Jacobins, la culpabilité des détenus à la maison d'arrêts. Un citoyen lit leurs noms du haut de la tribune, la discussion s'engage ; on parle à charge et à décharge. Enfin, Albite se lève et prononce en dernier ressort. Voici sa sentence, extraite textuellement des registres des Patriotes : « Les Gaspard-Marie Dunand, agent national de Reyvroz ; François Delasle, agent national du Biot ; Tavernier Anselme, agent national de Morzine ; Jean-Claude Grivaz, maire de Mégevette ; Buttet, maire de Saint-Jean d'Aulps ; Joseph-Marie Frézier, juge de paix du canton de Lullin ; Folliet Claude-Michel, secrétaire de la commune d'Abondance ; Béchevet, de la commune d'Habère, tous considérés comme contre-révolutionnaires, seront traduits par devant les tribunaux compétents.

« Arrête : que les citoyens Pierre Bron, de la commune de Vacheresse, et Petit-Jean, agent national de la même commune, seront mis en liberté à la charge de payer, par forme d'amende, savoir : le premier, la somme de 50 francs, pour être convertie en vin, qui sera distribué aux volontaires des cantonnements de cette commune, et le dernier, trois cents livres qui devront être distribuées aux indigents de Vacheresse.

« Que les citoyens Claude et Amed Jacquemard seront également élargis, à la charge, par le premier, de payer la somme de deux cents livres pour servir de soulagement aux pauvres d'Habère, et le dernier, semblable somme, applicable à une citoyenne indigente de la même commune qui se mariera un jour de décade, laissant à la municipalité du dit lieu le soin du choix de cette citoyenne ou à l'administration du district dans le cas que celle-ci ne reconnaisse pas cette municipalité à la hauteur des principes de la Révolution; imposant encore au dit Jacquemard, pour effacer entièrement la faute dont il s'était rendu coupable en faveur du fanatisme, l'obligation de lire, dans sa commune, pendant trois décades consécutives, au concours du peuple, l'abjuration des ci-devant prêtres.

« Que le citoyen Blanc, greffier du juge de paix du canton d'Abondance, restera en arrestation jusqu'à ce que le district reconnaisse que le fanatisme est détruit, et que la Raison triomphe dans sa commune, et que Joseph Blanc, de la Chapelle, sera maintenu en arrestation (sic !)

« Que les citoyens maire, officiers municipaux et agent national de la commune de Chevênoz seront provisoirement maintenus en arrestation; chargeant l'administration du district de mettre sans délai sous ses yeux un rapport précis et éclairé sur les motifs qui ont déterminé leur détention ; que l'objet qui concerne Henri Demoruel est laissé à la connaissance du tribunal criminel qui en est déjà saisi, et qu'il restera en arrestation jusqu'à ce que celui-ci ait prononcé.

« Que la détention des citoyens Bron et Bugnet sera provisoirement continuée, se réservant de prendre aujourd'hui des renseignements sur leur moralité dans la commune d'Evian.

« Que Quisard, laboureur, sera maintenu en arrestation: Que les citoyens Jean Moynat, de Perrigny, Claude Naz et Claude Biolla, de cette commune, seront mis en liberté, à la charge par le dit Naz de fournir l'équipement complet d'un volontaire, et par Biolla de rester sous la surveillance de la municipalité. Que la citoyenne Dubouloz Miramy restera en arrestation. Que les citoyennes mère et fille Bugnet, Françoise Donche, Rose Charlet, Aubéry, Mareaud femme Chuit, et Anne Charmot, seront mises en liberté; imposant à cette dernière une amende de quatre mille livres qui sera employée partie aux réparations de la salle des séances de cette société, et le surplus pour doter des citoyennes indigentes et vertueuses de cette commune ; les dites Bugnet, mère et fille, Carrier, mère et fille, femme Mareaud, resteront néanmoins sous la surveillance de leurs respectives municipalités. Quant aux autres femmes, elles seront provisoirement maintenues en arrestation.

« Arrête, en outre, que les prévenus dont il s'agit au présent arrêté, seront transférés dans la maison de justice, et, que leurs biens seront mis en séquestre, ainsi que les biens de ceux qui sont reconnus pour suspects, en prélevant sur les fruits des dits biens les moyens de substanter leurs femmes et leurs enfants. »

Albite proclama de nouveau constituées les autorités qui lui prêtèrent serment de fidélité et jurèrent de maintenir la Liberté, l'Egalité, la Fraternité jusqu'à la mort.

La morale publique était descendue si bas, au milieu des fêtes païennes de ces temps malheureux, que l'on fut obligé de chasser de la ville nombre personnes de mauvais lieux (1).

Comment en eut-il été autrement ? Le 29 avril, Louise Duperrier, âgée de dix ans, récite, au sein du Club, les trente-cinq articles de la *Déclaration des Droits de l'homme et du citoyen*. Mention honorable est votée à ses parents. De tels principes devaient produire de tels fruits de dégradation.

Mais c'était là le petit nombre, malgré tous les efforts des représentants des divers districts, le décadi ne fut jamais en grand honneur à Thonon même, où nous avons vu quelques rares patriotes se plaindre de sa profanation. On eut beau multiplier les proclamations et les ordonnances, le dimanche demeura le jour du repos partout et surtout dans les communes éloignées des centres.

Pour donner à leurs assemblées décadaires une apparence un peu religieuse, nous avons vu le Club de Thonon organiser des chants, entonner des hymnes à l'Eternel et à la Raison, après avoir mis de côté la prière de l'abbé Castellier (2). On remplaça bientôt ces chants, comme le révèlent les registres du Club, par la lecture des actes officiels, des traits de bravoure des armées républicaines et surtout de la Légion des Allobroges et des Volontaires du Mont-Blanc. Enfin, les secrétaires y annonçaient les naissances et décès et les maires y célébraient les mariages !

L'autorité ecclésiastique recommanda aux époux de

---

(1) Le 16 avril, avant de partir, Albite fit mettre en liberté Tissier, Mégevand et Milliet, sous la surveillance des autorités constituées. Une demoiselle Dubouloz Miramy, probablement contre-révolutionnaire, fut maintenue en arrestation (14 avril 1794).

(2) *Pièc. justif.* n° 1.

ne s'y présenter qu'après s'être mariés canoniquement. En même temps, les instructions de M. Bigex ordonnaient de rétablir et continuer l'office divin, les dimanches et fêtes, partout où il était possible de le faire. Le missionnaire s'efforçait alors de ranimer et fortifier les fidèles par une instruction adaptée aux circonstances. L'Oncle Jacques, l'abbé Rey excellaient dans ce genre au milieu des populations chablaisiennes.

Les maîtres et maîtresses d'écoles étaient obligés d'apprendre aux enfants *les Droits de l'homme* de J.-J. Rousseau, et le calendrier républicain, avec défense absolue de se servir de l'ancienne terminologie.

Albite ne voulait plus, en effet, de l'ancien monde, ni de l'ancien ordre de choses. Le 21 floréal, an II (10 mai 1794), fut lu, à l'assemblée des Jacobins, son arrêté qui déclarait suspects les avocats et procureurs qui défendaient leurs clients, à prix d'argent, devant les tribunaux. Ces fonctions sacrées de la protection de l'opprimé contre l'oppresseur, y sont taxées de trafic et de commerce immoral. Un citoyen les invita donc à faire hommage à la patrie de leurs patentes devenues vaines et inutiles (1). Voilà bien la mort de la justice.

On restaura alors une vieille institution de l'ancien régime : *le jugement par les pairs*, par les hommes du fief ; on l'intitula : *jury*. On choisit un juré pour en faire un directeur du jury qui fut une sorte de juge d'instruction. Le jury commença à fonctionner en 1792.

L'ordre des avocats disparut : Interdiction de porter ce nom ; défense de former désormais une corporation. Les écoles de droit ne tardèrent pas à être fermées.

(1) Délibérations du Club.

La Convention avait admis que les juges, au criminel surtout, pourraient être choisis indistinctement parmi tous les citoyens !!

Une réaction salutaire s'opérait dans la population. Le 14 mai, le Club demanda la démolition de l'église paroissiale appelée également de Saint-Hippolyte ou de Notre-Dame-de-Compassion. Mais, la municipalité refusa en alléguant qu'il fallait attendre une saison favorable. Ce moyen dilatoire sauva le monument (1).

D'ailleurs, le Club avait alors les yeux fixés sur les soldats du pays qui s'illustraient contre les Espagnols, dans l'armée des Pyrénées-Orientales, sous le commandement du général Dugommier et du colonel Dessaix. Celui-ci écrivait fréquemment à ses compatriotes ; ses lettres arrivant avec le timbre de l'armée, étaient reçues avec joie, elles appartenaient à tout le monde et passaient rapidement de mains en mains, car elles ne renfermaient pas seulement le récit des exploits de la Légion des Allobroges, mais aussi le bulletin sanitaire des parents, des voisins et des amis.

Cette Légion faisait partie de la division Augereau. A Oms, après un combat meurtrier de trois jours, elle fut mise à l'ordre du jour. Cette gloire lui coûta cher : le capitaine Claude Dessaix, frère du colonel ; le chef de bataillon Souviran, de Thonon, le lieutenant Arnaud, de Chambéry, et d'autres jeunes officiers moururent dans cette rencontre. A Saint-Laurent-de-la-Mouga, le colonel Dessaix décida la victoire par sa valeur (22 mai 1794) ; il s'empara ensuite de la ville de Campredon, en Catalogne (7 juin), et mit en déroute, à Belver, 4,000 hommes qui cherchaient à le cerner (29 juin).

---

(1) Délibérations municipales.

Le 26 septembre suivant, il arrêtait la marche des Espagnols par un dernier exploit, et allait avec sa Légion, prendre ses quartiers d'hiver dans la vallée d'Aran où il resta près de dix mois.

« Pour charmer les loisirs de ces pénibles campements, dit M. Dessaix-Folliet, les officiers allobroges s'amusaient à jouer aux dames. Le lieutenant Aimé Dessaix pose des problèmes de coups difficiles qu'il transmet à ses amis du Chablais, et l'on joue ainsi, par correspondance, de Thonon aux Pyrénées. »

Le colonel parcourait le pays dont il dessinait les sites pittoresques.

L'hiver rigoureux de ces hauts lieux rendait les communications difficiles ; on organisa des chasses pour subvenir aux besoins du soldat.

Enfin, le traité de Bâle (20 juillet 1795) mit fin aux hostilités entre la France et l'Espagne. Au mois d'août, la Légion se rendit à Toulouse, pour y prendre trois mois de repos et marcher sur l'Italie.

En avril 1794, un des généraux de la Révolution et de l'empire, Masséna André, né à Nice en 1758, venait d'être appelé au commandement de l'armée des Alpes. Il attaqua simultanément le Piémont, par les deux routes de la Tarentaise et de la Maurienne. Le général Bagdelaune prit d'assaut, le 24 du même mois, les redoutes du Petit-Saint-Bernard, et repoussa, peu après, un retour offensif des Piémontais.

Au Mont-Cenis, les attaques demeuraient sans succès, par suite des avis que donnaient aux Autrichiens les habitants de Lans-le-Bourg et Lans-le-Villard. Le représentant du peuple Gaston ordonna de les transporter en masse au fort Barraux, et, le

14 mai, Masséna força le passage et pénétra, d'une traite jusqu'à Suze.

Les courriers en apportèrent bientôt la nouvelle à Thonon.

Nos patriotes, qui avaient tout à redouter du retour de nos souverains légitimes, et qui suivaient avec anxiété les diverses péripéties de cette lutte, se livrèrent aux excès d'une joie délirante, dans les réjouissances d'une fête qu'ils fixèrent, à cette occasion, au 17 mai 1794 (28 floréal an II) (1).

Le Club était au complet à deux heures de l'après-midi, dans la salle des séances. Le citoyen Duperrier parla du triomphe de la Liberté, et les citoyens et citoyennes firent le tour de la ville en dansant la *Carmagnole*.

Aimé Naz et Victor Michaud avaient invité les boulangers et les bouchers à s'approvisionner abondamment, et, tous les habitants à dresser des tables devant leurs demeures, pour boire à la santé des vainqueurs.

Un souper civique termina cette fameuse journée (2).

Il y eut encore d'autres fêtes qui firent verser des larmes amères aux honnêtes gens.

« On dressait, sur une place publique, dit M. Rollier dans ses mémoires, un autel sur lequel s'élevait le buste de la Liberté. Là, des guerriers venaient jurer de mourir pour la patrie. La commune y paradait sous le nom de sans-culottes. Des femmes et des filles, en costume de bacchantes, dansaient des rondes autour de l'arbre de la Liberté, et des harangues patriotiques en étaient le couronnement. »

(1) Délibérations du Club.
(2) *Ibid.*

Tel était à peu près le programme habituel des fêtes de la Nation. Ecoutons le récit détaillé de celle du Genre humain, célébrée à Thonon, et dans plusieurs autres villes, le 15 juin 1794 : « On avait dressé, à grands frais, sur la place de Crête, une montagne artificielle, plantée de sapins et émaillée de fleurs. Au sommet était un plateau disposé pour y exécuter des danses. Au milieu s'élevait un arbre de la Liberté surmonté d'un énorme bonnet rouge entouré d'oriflammes tricolores. Tout auprès était l'arbre d'Espérance aux branches duquel était suspendu, en forme de flétrissure, le jugement porté par le Sénat contre les premiers fauteurs de l'insurrection en Chablais.

« A l'heure désignée, les Jacobins, rassemblés au Club, se mettent en marche. Le bataillon des Volontaires du bourg et celui de l'Espérance forment la tête du cortège. Viennent ensuite les sans-culottes et quatre jeunes filles représentant les quatre Saisons. La déesse du Printemps était une lingère, couronnée de roses, tenant un grand bouquet de fleurs à la main ; L'Eté portait sur sa tête une couronne d'épis dorés ; L'Automne était ceinte de pampres et de raisins ; Une dame Gothon représentait l'hiver. Couverte de fourrures et d'une pelisse, elle tenait en mains un réchaud plein de charbons embrasés. Après ces quatre déesses, venait un char traîné par quatre bœufs dont quatre sans-culottes, en gants blancs, tenaient les cornes. Sur ce char, orné de fleurs et verdure, trônait une citoyenne appelée la déesse Raison. Venait ensuite une troupe de sans-culottes et le bataillon de la garde nationale fermait la marche.

« Tout ce cortège chantait des hymnes patriotiques entremêlés des cris : A bas les aristocrates ! A bas les tyrans ! »

« Arrivées au pied de la montagne, les cinq déesses en gravirent les contours accompagnées des sans-culottes aux gants blancs, avec lesquels elles exécutèrent des danses sur le plateau du sommet. Ce fut le signal d'une farandole universelle mêlée de cris de joie qui se termina par l'ascension de la déesse Raison, sur l'autel de la Patrie, d'où elle jeta à toute l'assemblée les plus gracieux sourires. »

On jugera des saturnales de cette époque d'après ce qui se passa, à Evian, le 30 nivôse, an II, soit le 19 janvier 1794, à l'occasion d'une fête semblable dont voici le résumé :

Les habitants, convoqués à l'Hôtel-de-Ville, se formèrent en cortège pour se rendre sur la *place d'Allinges*, sur le bord du lac, à deux pas du couvent de Sainte-Claire. En tête, marchaient dix gardes nationaux suivis de la garde nationale et des grenadiers du premier bataillon de Mayenne-et-Loire, marquant fiévreusement le pas au roulement des tambours.

Puis voici la déesse de la Liberté, une demoiselle puante, habillée de blanc, un ruban tricolore en écharpe, une couronne de lauriers sur la tête, une pique à la main; elle s'avance, montée sur un char élevé et entrelacé de guirlandes de verdure. Des dames, vêtues aussi de blanc, avec des rubans tricolores en écharpe, l'environnent de leurs rangs. Enfin, la Société populaire (ou le Club d'Évian) et le Conseil général de la commune escortés des volontaires du Mont-Blanc ferment la marche.

Après un discours civique approprié à la circonstance, et salué par des décharges de mousqueterie, la déesse est portée sur l'autel des religieuses Clarisses. Elle y prend la place du Dieu trois fois saint, et reçoit là les hommages et les adorations impies d'une foule aveugle et insensée. Les hosties consacrées sont foulées aux pieds sur les marches de l'autel ; des chansons horribles et obscènes remplacent la psalmodie sainte et la déesse affublée de vêtements sacerdotaux verse du vin à ses acolytes. La plume se refuse à la description de ces horribles scènes de scandale (1).

Bientôt la bande avinée s'ameute à l'entrée du couvent. Saisies d'épouvante, les pauvres religieuses se rassemblent tremblantes, au réfectoire, au pied du crucifix. La face contre terre, elles supplient Dieu de les secourir. Au dehors, les coups redoublent et bientôt la porte vole en éclats. Un malheureux, frappé plus tard de la justice divine, s'élance dans le monastère. Suivie de ses filles, la révérende Mère Abbesse, Marie-Pacifique Joudon paraît soudain, à la porte du réfectoire. Une croix à la main elle déclare qu'on lui passera sur le corps avant d'arriver à ses sœurs. Ces forcenés reculèrent devant ce mâle courage, et il fut accordé trois jours à ces filles de Sainte-Claire pour quitter cette demeure qui les avaient abritées depuis tant d'années. Pendant ce laps de temps, la Révérende Mère Joudon dut encore paraître à la barre de la municipalité, pour répondre à certains êtres malveillants qui prétendaient qu'elle avait caché plusieurs objets de prix. Elle n'eut pas de peine à renverser ces calomnies. Les Clarisses étaient pauvres, si pauvres que les deux citoyens délégués pour dresser l'inventaire de leurs biens, ne trouvèrent au couvent qu'une misérable somme de 67 francs, quelques meubles et des hardes. Quel héritage pour la Révolution !!!

---

(1) Pour comble d'horreur, un vase plein d'excréments fut placé dans le saint tabernacle. (Mon Dieu pardonnez à ces sacrilèges !) C'était l'œuvre d'un monstre échappé des galères du roi de France *(Relation authentique de ce qui se passa à Evian à la Révolution* (Mss. p. 17).

Elle récitèrent une dernière fois à genoux, sur les tombes de leurs mères un *De profundis*, interrompu par les sanglots, s'embrassèrent et partirent pour l'exil. Leur monastère devint une caserne et leur église un grenier à foin (1).

Le 18 frimaire, an II (8 décembre 1793), la municipalité d'Evian avait décrété la saisie de tous les effets d'or et d'argent des églises de la ville. Le butin fut considérable, si l'on en juge d'après la liste complète des objets envoyés à Thonon (2). Ce fut alors que la municipalité ordonna cette fameuse fête. Les caves de la famille de Blonay étaient ouvertes, et la vente des biens des églises en fit tous les frais.

A l'honneur d'Evian, dit un chroniqueur de l'époque, il est juste de rappeler que les meneurs de ces saturnales hideuses n'appartenaient pas à sa population. A part quelques sujets dégradés et abjects qui prirent part à toutes les scènes de désordre de la Terreur, le reste était un ramassis d'échappés des bagnes et des galères de France. Plusieurs familles éviannaises exposèrent leur vie pour sauver des prêtres de la fureur révolutionnaire (3).

Telles étaient les fêtes républicaines auxquelles les femmes les plus honnêtes se voyaient entraînées. Celles qui refusaient d'y prendre part étaient saisies,

---

(1) Sept d'entre elles reçurent l'hospitalité à Viège en Valais, d'autres rentrèrent dans d'autres monastères ou dans leurs familles. La Révérende Mère Jondon mourut, à Abondance, dans la famille Favre. *Ibid.*

(2) Registres de la Municipalité. Elle comprenait : 15 calices d'or et d'argent ; 6 ostensoirs, tant d'or que d'argent ; 5 pyxides d'argent ; 12 patènes d'or ; 5 lampes d'argent ; 3 encensoirs d'argent ; 6 bénitiers d'argent ; 2 vases d'argent pour les saintes huiles ; 1 clochette d'argent ; les débris d'une croix d'argent ; 2 vases de fleurs ; le tout du poids de 61 livres, 9 onces et demie. *Ibid.*

(3) *Relation de ce qui se passa à Evian*, etc... p. 19.

et condamnées à balayer les rues, sous la surveillance d'argousins de bas étage, qui ne rougissaient pas de joindre à leurs duretés d'atroces violences.

Citons les héroïnes de Thonon qui les subirent le front haut et la joie dans le cœur : M^{elles} Collet, Quinet, Destraz, Vaudaux, Mmes Tissier, Décombes et de Ruphy.

Les fêtes de Marat (13 octobre) et de la Raison (8 février) se signalèrent en France par leur lubricité et leurs exhibitions infâmes.

On se réjouit encore, le 19 messidor, an II (7 juillet 1794), à l'occasion des victoires des armées du Nord, de la Moselle et des Ardennes. Citoyens et citoyennes parcoururent les rues en chantant des airs patriotiques, et en exécutant des farandoles, aux cris de : Vive la Convention ! Honneur aux armées ! (1).

Le 10 août 1795, fête annuelle de ce jour, le citoyen Bétemps, maire, prononce un discours. Le citoyen Duperrier, docteur, célèbre en poésie, les bienfaits de l'Egalité (2), et maudit les vices de l'ancien régime.

Nouveaux hymnes à la patrie, entre autres, celui d'*Amour sacré à la Patrie*, auxquels répond un jeune homme caché dans le feuillage de *l'arbre de la Liberté*, par l'air fameux des *Français* qui rappelle à chacun qu'il a *juré de vivre libre ou de mourir !* Du Club on va danser sur la place de la Réunion (3).

---

(1) Délibérations du Club.
(2) *Ibid.* Cependant, un Jacobin observe le 4 octobre 1794, que l'égalité ne règne pas à Thonon, car il s'y fabrique du pain plus beau que celui porté par la loi, d'après laquelle il ne doit exister qu'une espèce de pain. A la foire de Lullin, les boulangers avaient vendu des miches qui leur furent payées en *numéraire*. Tout cela étant contraire aux lois, on appelle l'attention du Comité de surveillance et de la municipalité sur ces horribles abus !!!
(3) *Ibid.*

Les patriotes voyant la masse de la population s'éloigner d'eux, voulurent, à tout prix, s'emparer de la jeunesse.

Le 26 juillet 1794, ils invitent la municipalité et le comité de surveillance, à contraindre les pères et les mères, d'amener leurs enfants aux séances du décadi, pour y apprendre les lois et les devoirs du républicain.

Le 28 du même mois, les jeunes citoyens et citoyennes, font connaître leur empressement, à graver dans leurs cœurs, les principes sacrés de 1789. Le jeune François Duperrier, enfant de huit ans, en récite les 35 articles et reçoit l'accolade du président (1).

Le 28 août 1794, le conseil, considérant que, malgré les publications faites, nombre de citoyennes portent encore sur elles des signes de fanatisme, tels que croix et crucifix, en renouvelle la défense, et arrête que les citoyens et citoyennes des campagnes en seront avisés par une circulaire (2).

Malgré cette tyrannie et ces excitations perfides, les campagnes demeuraient fidèles à la foi de leurs pères.

Le 8 octobre 1794, le Club est extraordinairement convoqué, à l'occasion de l'arrivée, à Thonon, de trois membres de la Convention nationale, des citoyens Pelletier, Fonchet (du Cher) et Sevestre.

Après les ovations ordinaires, Pelletier occupa le fauteuil de la Présidence et ouvrit la discussion, sur les moyens d'accréditer les assignats dans le district. Les uns demandèrent l'abolition du numéraire et du

---

(1) *Ibid.*
(2) Délibérations municipales.

commerce, d'autres accusèrent les riches d'être la cause de la misère. Enfin, la question fut confiée à une commission de cinq membres (1).

Tyrannie, lubricité, misère et dégradation, tel est le résumé vrai de la chronique scandaleuse du printemps et de l'été de 1794, à Thonon et Evian.

Ces crimes appelaient de puissantes réparations; le sang des martyrs allait couler sur la place Château, pur et vermeil comme celui du Christ. C'est ce que va nous dire le chapitre suivant.

---

(1) *Ibid*. Le Club de Thonon cessa bientôt d'exister. Le 6 fructidor, an III (1795), sur un rapport de Mailhe, paraît un décret qui dissout les sociétés populaires ; le 8 ventôse, an IV, nouveau décret qui les dissout; le 17 pluviôse, an VI, circulaire qui recommande de les surveiller attentivement. Il fallut, dans les grandes villes, le 18 brumaire pour les écraser définitivement.

CHAPITRE VII

Les Martyrs du Chablais
(1794)

> Fior degli eroi.....
> Fleur des héros....
> **TORQUATO TASSO.** *Jérusalem délivrée.*

SOMMAIRE : Appel de l'autorité ecclésiastique. — Les Proscrits de Lausanne. — M. Bouvet, dit l'Oncle Jacques, sa naissance, ses études et son sang-froid. — Traits divers. — Le Pont de rochers sur la Dranse. — Fin du terroriste Blanche de Reyvroz. — Dévouement des montagnards. — L'abbé Vernaz et la municipalité de Chevenoz. Le patriote Chatillon le fait arrêter, etc. — Tavernier s'échappe (février 1794). — Interrogatoire de M. Vernaz, sa condamnation, sa mort. — Consternation de Thonon. — L'injustice de cette sentence. — Fin de Maxit et de Chatillon. — L'abbé Morand, sa jeunesse, son arrestation. — Les héros du Biot. — Sa mort. — Émigration. — Délivrance d'un curé.

Détournons les regards de ce Club de Thonon et de ses inspirations perverses, pour les fixer sur des hommes plus généreux, sur des héros, des martyrs, qui ne craignirent ni les privations, ni la mort pour se dévouer au salut des âmes.

L'autorité ecclésiastique du diocèse, émue par les

dangers que courait la foi des fidèles, venait de faire un pressant appel, à quelques hommes de bonne volonté, prêts à sillonner les paroisses et à donner les derniers sacrements aux mourants. « Marchez de nuit, leur disait le vicaire-général de Thiollaz, peu de messes, pas de bréviaire en route; la charité est par dessus tout ! »

Ces prêtres se présentèrent assez nombreux pour ce noble et périlleux ministère. Thonon et le Chablais eurent leurs intrépides missionnaires. Hommes forts de tempérament et de volonté, habitués à nos riantes plaines et à nos rudes montagnes qui les avaient vus naître, ils ne voyaient qu'une chose au dessus de toutes : sauver leurs concitoyens. En face de nous, Lausanne offrait une généreuse hospitalité aux proscrits de l'époque. Aussi une foule de familles émigrées s'étaient-elles transportées dans cette ville si réputée par son site enchanteur et la tolérance de son gouvernement. Elle devint le siège de l'administration épiscopale; une chapelle y fut ouverte dans une campagne, au *Petit-Bien*. MM. Bigex, de Thiollaz, Saint-Marcel célébraient la messe et administraient les sacrements là ou à l'église d'Assens (1).

Cette précieuse colonie dissipa bien des préjugés protestants sur le catholicisme, par sa simplicité, sa résignation et la pureté de sa conduite. Elle eût le mérite et la gloire d'être attaquée par les vils orateurs de notre Club. Les injures sont quelquefois des éloges. Lausanne n'y prêta aucune attention.

Le Chablais avait l'avantage d'être, de toutes les

---

(1) M. Bigex y baptisait, en 1794, Jeanne-Françoise-Eugénie Foncet, fille d'Eugène Foncet et de Joséphine de la Fleschère, Eléonore de Blonay... D'autres prêtres encore signèrent aux registres des baptêmes.

provinces de la Savoie, celle la plus rapprochée de la Suisse.

Elle fut confiée à un homme d'intelligence, de cœur et d'expérience. Il s'appelait Jacques Bouvet ; le peuple le surnomma *l'Oncle Jacques*. Il était né au Biot, le 29 décembre 1751, de Claude-François Bouvet et de Charlotte Dantand. Après avoir terminé dans sa paroisse natale, ses premières études de latinité, il vint suivre, au collège des RR. PP. Barnabites de Thonon, les cours de belles-lettres, de philosophie et de théologie dogmatique. De là, il partit pour l'université de Turin, prit victorieusement ses examens et fut gradué docteur en théologie et ès-droits (canonique et civil), le 14 juillet 1774.

Rentré en Savoie, il reçut les Ordres de la main de Mgr Biord, qui l'éleva à la prêtrise le 29 mai 1779. D'abord vicaire d'Allinges, il fut ensuite nommé professeur de théologie au collège de Rumilly, sur la demande de la municipalité de cette ville, (1781, 6 février) (1).

La Révolution le surprit au milieu de ses hautes études. Il refusa le premier serment et se vit inscrire sur la liste des déportés ; il prit alors résolument le parti de rester au Biot dans sa famille pour être utile à ses compatriotes.

Il dressa donc un autel dans la partie la plus sombre et la plus retirée de la maison paternelle, dont il pouvait masquer l'entrée à l'aide d'une grande garde-robe. Puis, afin d'éviter toute surprise, il fit creu-

---

(1) Il a laissé, au Grand-Séminaire d'Annecy, cinq volumes manuscrits in-4°, de la plus grande valeur. Ce sont les traités de la *Religion*, des *Vertus théologales*, de l'*Incarnation*, de la *Pénitence*, de l'*Extrême-Onction*, de l'*Ordre*, du *Mariage* et de la *Grâce*. Les autres sont échus à feu M. l'abbé Requet, son neveu. (Mercier. *Vie de M. Bouvet*... p. 8).

ser un souterrain où il pouvait se jeter précipitamment (1).

M. Bouvet était doué d'un sang froid et d'une présence d'esprit rares. Jamais il ne se trouvait surpris ; il improvisait ses rôles avec une habileté incroyable. La Providence lui avait donné un tempérament fort et vigoureux et la tournure d'un bon montagnard. « Sa constitution physique, dit M. Vuarin, lui servait beaucoup dans ses excursions de missionnaire pour échapper aux mouchards révolutionnaires. Il avait adopté un costume, des allures et un nom analogue. Il n'était connu que sous le nom de l'Oncle Jacques. Il empruntait et variait les instruments d'une profession qu'il était capable d'exercer. Ici il portait un peigne de chanvre, là une truelle, ailleurs une besace.

Cependant, malgré tout le secret possible gardé sur son arrivée dans nos montagnes, des soupçons s'élevèrent bien vite sur la présence d'un prêtre dans la paroisse et la garde nationale fut chargée d'y faire les recherches les plus actives. Maintes fois les soldats de la Révolution cernèrent sa demeure, la fouillèrent dans tous les sens, brisant les portes et tout ce qui leur tombait sous la main. Toujours il leur échappa ; Dieu veillait sur son apôtre. Son aplomb impertubable le mettait à la hauteur de toutes les circonstances : « s'il était accompagné de quelques fidèles, dit son biographe (2) et qu'il vint à rencontrer quelque personne inconnue ou suspecte, il changeait adroitement

---

(1) Il remplaça, au Biot, le Père Collet, prieur de l'Abbaye de Saint-Jean-d'Aulps qui, comme religieux, n'avait pas été appelé au serment. L'arrêt porté contre les prêtres réguliers l'obligea à s'éloigner après quelques semaines. Il demeura caché à Thonon, au sein de sa famille, où il garda soigneusement *la clef* saint Guérin qui se conserve encore à Saint-Jean-d'Aulph.

(1) *Vie de M. Bouvet.* Mercier, p. 19-20.

de conversation ; il parlait patois à haute voix ; tantôt il exaltait le bon vin qu'on buvait dans tel cabaret ; tantôt il demandait à son compagnon s'il avait vendu sa vache à la dernière foire. S'il se trouvait avec des femmes en présence d'étrangers douteux, il les querellait comme s'il était leur mari, ou lâchait quelque grosse plaisanterie, comme s'il était un valet de la ferme. S'il portait le saint viatique au malade, il prenait un air préoccupé qui le dispensait de saluer sur son passage. C'est à ce silence que les fidèles reconnaissaient le ministère qu'il remplissait. Se rendant un jour auprès d'un moribond, il trouva la maison gardée par huit soldats ; il contrefit si bien l'idiot, qu'ils le laissèrent entrer sans la moindre défiance.

« Appelé une autre fois auprès d'un malade dont quelques voisins étaient révolutionnaires, il suspendit sur son épaule, au moyen d'un long bâton, un rouet neuf ; ce meuble, son chapeau large et un accoutrement de circonstance, lui ménagèrent une entrée sans encombre : on le prit pour un fabricant de rouets.

« Comment raconter, dans tous ses détails, cette vie apostolique et les dangers qu'il courut pendant cette terrible période ? Assurément, l'habileté de M. Bouvet, si merveilleuse qu'elle fût, ne peut expliquer seule ces inspirations qui le sauvaient ; l'ange du Seigneur veillait sur son fidèle ministre.

« Un jour, l'Oncle Jacques se trouvait à Morzine, pour administrer un malade, portant le viatique caché sur sa poitrine ; il ne pouvait éviter de passer sur la place où les gendarmes jouaient aux quilles. Il arrive comme un désœuvré vers les joueurs, se donne l'air de s'intéresser au jeu, cause tranquillement avec les gendarmes et accepte même de faire une partie. A quelques pas de là, les personnes qui le connaissaient tremblaient pour lui et pour le sacré dépôt dont elles le savaient chargé ; l'apôtre ne perdit pas contenance et, quand il crut qu'on ne faisait plus attention à lui, il s'en alla, comme en flânant administrer son malade.

« Une autre fois, étant entré dans une maison amie il fut aperçu et dénoncé. Aussitôt un agent et quelques patriotes vinrent cerner et fouiller la maison. Il n'était pas possible de s'évader, et il n'y avait pas de temps à perdre. L'Oncle Jacques aperçoit dans un coin une grande hotte vide et se la renverse dessus. Un des visiteurs, d'ailleurs bien intentionné, s'aperçoit de l'embarras des gens de la maison, s'asseoit sur la hotte en fumant sa pipe, pendant que ses camarades mettaient la maison sens dessus dessous. Ne trouvant rien ils s'en allèrent, en pestant contre le dénonciateur qui les avaient joués.

« Dans une autre circonstance, arrivé chez son père, au hameau d'Urine, l'Oncle Jacques se tenait tout à fait caché dans sa chambre. Quelques personnes dignes de confiance étaient seules admises à y entendre la messe. Malgré ces précautions, il fut vendu. Une troupe de soldats arrivèrent inopinément pendant la nuit autour de la maison, et tirèrent quelques coups de fusils sur des fidèles qui attendaient près de là pour se confesser. Ils visitèrent la maison, puis, croyant tenir l'Oncle Jacques, ils tombèrent assez brutalement sur un des frères Bouvet. Celui-ci se laissa faire et fut conduit au chef-lieu où il ne lui fut pas difficile de se faire connaître et libérer. Quand les soldats retournèrent chez le père Bouvet, l'Oncle Jacques avait disparu. En partant furieux, ils s'emparèrent d'une chèvre et d'autres objets. »

En rentrant un jour à la maison il trouva son père assis près du feu avec deux gendarmes. Ils ne se déconcerta pas. « Et ces cochons, lui cria-t-il, comme un maquignon, veux-tu les vendre ? » « Ils sont à l'écurie, répondit celui-ci, vas les voir ! » Le maquignon ne rentra pas. Il volait partout au premier signal de besoin. Il exerçait continuellement le saint ministère, dans la plaine, dans la montagne, dans les villes et les villages, à Thonon même. Il n'était pas jusqu'aux parents des plus fougueux révolutionnaires qu'il n'administra au Biot et ailleurs.

Les jours de dimanche et de fête, il célébrait la messe à minuit au Biot, ensuite à La Vernaz ou à La Forclaz, et enfin à Reyvroz, toujours dans des maisons particulières.

En arrivant dans un village éloigné des postes de militaires, il tirait quelques sons aigus d'un petit sifflet, et, vite chacun se levait et s'apprêtait à la hâte, si c'était avant l'aube, à entendre la sainte messe. Là, il baptisait, prêchait, confessait les fidèles, tandis que de vigoureux jeunes gens montaient la garde à l'entrée du village. Et malheur à qui aurait porté la main sur l'homme de Dieu !

Afin de se ménager plus de moyens d'évasion, il construisit, avec un autre prêtre et quelques montagnards dévoués, un pont, en aval de celui de Bioge, entre Reyvroz et Féternes (1). D'énormes blocs tombés là, des rochers voisins, servirent de piliers, on tailla avec la pique, des pas dans le roc vif de Bramaçay. C'était à donner le vertige, mais la charité avant tout. Que de dangers, que de fatigues, que de privations, que de nuits sans sommeil, que de

---

(1) Leurs noms sont consignées dans les registres paroissiaux de Reyvroz, que M. Bouvet dressa fidèlement dans ces temps de persécution. Il fit de même pour les autres localités qu'il desservait, et enregistrait ainsi les éléments d'une nouvelle société chrétienne.

Maintes fois les soldats de la Révolution cernèrent sa demeure... P. 441

France révolutionnaire, par Ch. d'Héricault.

jours passés loin de toute habitation, sans nourriture, pour ne pas compromettre des sauveurs !

Parmi ces fidèles populations, il rencontra quelques traîtres ; ils furent bien rares. Blanche Joseph, agent national de Reyvroz était de ce nombre. Il avait fait incarcérer le maire et la municipalité de cette commune, démolir son clocher et brûler les autels et confessionnaux de son église. Il épiait l'Oncle Jacques et pouvait obtenir, au moindre signe, un détachement de soldats de l'administration du district.

Il faisait entendre un jour, de terribles menaces, dans une auberge du Biot. Un groupe de buveurs l'observait silencieusement. L'un d'eux se lève, va l'attendre dans un passage obscur et lui brise la nuque avec une barre de fer. D'autres buveurs le prennent et vont à la sourdine le jeter sous le pont du Biot. C'était la nuit tumultueuse d'une foire, personne n'y prit garde. Quand le chien de ce malheureux éveilla l'attention par ses plaintifs aboiements, on ne trouva plus qu'un cadavre. C'était un crime, personne ne l'approuva, mais le résultat fut salutaire.

Le dévouement de ces bons montagnards pour M. Bouvet se manifestait en toute occasion. « J'en ai été moi-même témoin en 1794, dit M. Vuarin ; j'étais à cheval et en costume de l'époque, qui servait en quelque sorte de passeport. Mon apparition donna l'éveil à tous les gens du hameau (du Lyaud). Ils accoururent en assez grand nombre, chacun avec une pierre dans sa poche et formèrent cercle autour de moi. Heureusement que l'Oncle Jacques m'aperçut à travers les vitres de la fenêtre et me reconnut à ma voix : « Soyez tranquilles, leur cria-t-il en patois, c'est un des nôtres. »

« Il riait chaque fois qu'il y pensait et il m'a souvent répété : Sans moi, mon ami, tu étais flambé. Avec son sifflet, il aurait réuni, en peu de temps, tous les habitants des vallées et des montagnes et il en aurait disposé à son gré, tant étaient grandes la vénération et l'affection qu'on lui portait. »

Un autre apôtre venait de répandre son sang pour la foi. Nous touchons à l'époque la plus solennelle de la Révolution ; à l'époque des martyrs, parmi lesquels figure M. Vernaz. L'abbé François Vernaz était né à Chevenoz, canton d'Abondance, le 27 mars 1759. Il étudia la théologie à Thonon et devint prêtre ; il fut nommé vicaire de Fessy. Il en remplissait les fonctions avec zèle quand arriva l'année néfaste de 1792.

Il passa en Valais, comme beaucoup de ses confrères et revint bien souvent à Chevenoz et dans le pays du Chablais-Gavot, pour visiter les malades et leur donner les dernières consolations de la Religion.

Dans cette dernière localité, la municipalité avait été condamnée, le 9 décembre 1793, par le Conseil général du département, à être conduite dans les prisons nationales de Chambéry. Et pourquoi ? Parce qu'elle tolérait des prêtres réfractaires et parce que les habitants s'étaient rassemblés depuis peu, pendant la nuit, pour entendre la messe (1). Il s'agissait évidemment de l'abbé Vernaz.

Un jour, un nommé Chatillon, originaire de Lugrin, habitant à Saint-Paul, patriote forcené, lui disait que sa mère était dangereusement malade et qu'elle désirait voir un prêtre.

On lui représenta le danger auquel il s'exposait en croyant à la parole d'un homme pareil. « N'importe, répondit-il, fallût-il être écartelé, je ne refuserai pas mon ministère à un mourant ! » Il donna à cette ma-

---

(1) *Mémoires*. Cardinal Billiet.

lade tous les soins religieux et ne reçut du fameux révolutionnaire que des remerciements.

Quelques jours plus tard, le 20 février 1794, le courageux missionnaire accompagné de M. Tavernier voulut pénétrer dans la même habitation. Le terroriste regardait le sauf-conduit comme écoulé et il avait pris des mesures au district (1).

Pendant que l'homme de Dieu donnait l'absolution à la mère, le fils dénaturé amenait à la porte deux gendarmes qu'il avait tenus cachés dans un coin de la maison. Le saint prêtre fut saisi et dirigé sur Abondance, chef-lieu de ce canton, placé entre deux gendarmes, et accompagné d'un autre confesseur de Jésus-Christ, de M. l'abbé Tavernier, curé de Bonnevaux.

Arrivés sur le territoire de Chevenoz, au lieu dit Feu-Courbe, pente couverte de bois qui domine la rivière, les deux prêtres s'entendirent du regard pour se jeter sur les gendarmes, les terrasser et se sauver. M. Tavernier, qui était vigoureux, culbuta celui qui était à sa droite et prit la fuite en se précipitant dans le ravin, où il fit une chute de plusieurs mètres de hauteur dans laquelle il se brisa l'épaule ; ce qui ne l'empêcha pas de revenir à Chevenoz en suivant le cours du Foron.

Moins heureux, M. Vernaz ne put triompher de son gardien. Garotté par les deux gendarmes, il fut conduit à Vacheresse. Dans le trajet on ne lui ménagea ni les coups de crosses de fusils, ni les insultes les plus grossières. A son arrivée à Vacheresse, la population toute entière émue s'apprêtait à délivrer le captif, lorsque le citoyen Maxit de la Chapelle d'Abondance,

(2) *Vie de M. Bouvet.* Mercier, p. 173.

vint à passer. Il revenait de Thonon où il se rendait chaque semaine pour y rendre compte de la gestion des biens dits nationaux. S'apercevant du projet des habitant de Vacheresse, il commanda à la garde nationale d'emmener immédiatement M. Vernaz à Thonon, menaçant le chef de le dénoncer, s'il laissait échapper son prisonnier. Ce fut alors qu'il offrit son cheval pour le conduire dans les prisons de la ville ; ce qui eut lieu au grand désappointement des bons habitants de cette vallée. De crainte même qu'il n'y eut personne pour constater l'identité du prêtre, il redescendit le lendemain de grand matin à Thonon pour se poser, avec Chatillon, comme accusateur de M. Vernaz.

La nouvelle de l'arrestation d'un prêtre émut la ville. Une foule nombreuse se précipita au collège des Barnabites où siégeait la commission militaire qui devait le juger. L'interrogatoire eut lieu dans la salle du bas.

« Quel est ton nom et ton prénom ? Quel est le lieu de ta naissance et ta profession ? » Telle fut la première question qui lui fut adressée. « Je m'appelle, répondit-il, François Vernaz, né à Chevenoz et prêtre de Jésus-Christ. »

« As-tu prêté le serment prescrit par la loi ?

« Non ! les lois de l'Eglise et mes supérieurs me le défendaient ! »

On l'engage à le prêter, en lui faisant entendre qu'il est encore temps ; six cents francs et la liberté lui sont offerts, s'il y consent.

« Impossible ! répliqua-t-il avec un sourire ; merci aux personnes qui veulent me conserver la vie, mais je ne puis suivre leur conseil ! »

« As-tu passé la frontière ? » continue le président.

Quelques assistants, un de ses juges même, lui font

signe de déclarer qu'il n'avait pas quitté le territoire de la République.

« Je dois, même au prix de ma vie, dire la vérité, répondit-il lentement. Je me suis réfugié en Valais, d'où j'ai regagné ma paroisse ! »

Les juges échangèrent un triste regard et un morne silence plana sur l'assemblée : il était condamné.

La foule éclatait en sanglots, tandis qu'il élevait vers le ciel les yeux qu'il abaissa tristement sur le tribunal. Le sacrifice de sa vie, Dieu l'avait accepté ; il rentra en prison et continua la récitation de son office. Le reste de la journée fut consacré à la prière ; la nuit eut peine à lui apporter quelques courts instants de sommeil alternés par les litanies des agonisants, car il ne se faisait pas illusion sur son sort. Il demandait à Dieu, par l'intercession de Notre-Dame-de-Compassion de Thonon et de saint François de Sales, l'apôtre du Chablais, la résignation et l'héroïque courage dont avait fait preuve, sur les bords du Léman, aux premiers siècles de la Foi, saint Maurice et ses compagnons d'armes.

N'était-il pas heureux au milieu de ses souffrances ? A ses regard, le ciel allait s'ouvrir ; la Sainte-Vierge, Notre-Seigneur Jésus-Christ le roi des Martyrs, le recevraient bientôt dans leurs bras, toute la cour céleste l'attendait et ses douleurs ne seraient que d'un instant !

Le lendemain, 4 ventôse, vers onze heures, une vague rumeur courait dans la Grand'-Rue, en se rapprochant de la prison. Notre martyr comprit que sa dernière heure allait sonner. Il se jeta à genoux. A peine avait-il renouvelé à Dieu le sacrifice de sa vie que les verrous grincèrent et la lourde porte du cachot roula sur ses gonds donnant entrée à des soldats de la République. Ceux-ci lui annoncèrent brutalement qu'il était condamné à être fusillé, comme prêtre réfractaire, pour n'avoir pas prêté le serment exigé par la loi, et qu'il tombait par conséquent sous le coup de la loi du 18 mars précédent (1).

L'abbé Vernaz joignit les mains en levant les yeux au ciel. Son sacrifice était fait.

Il ne manquait plus que les appâts de l'éternel tentateur de l'homme, pour ajouter à cette figure rayonnante de bonheur, le sublime de la grandeur, l'auréole glorieuse des premiers athlètes de la foi. Ils ne lui furent pas épargnés. On lui offrit encore la vie, la liberté et 600 francs de pension au prix de sa rétractation.

« Non ! répondit-il, avec une sainte indignation, non, j'aime mieux mourir, sortons ! »

Les portes s'ouvrirent aussitôt, en effet, et l'abbé Vernaz, la tête nue, son rosaire à la main, s'avança d'un pas ferme, à travers la population en larmes, vers la place Château, lieu de l'exécution.

C'était à deux pas, il n'y avait qu'à descendre la Grand'Rue de la petite cité.

Le démon voulut tenter un dernier assaut, par ses suppôts, sur le soldat du Christ.

« Rétracte-toi, citoyen, lui disent-ils de toutes parts, rétracte tes paroles et nous te donnons la liberté, la..... »

« C'est inutile, répliqua-t-il vivement, je n'ai qu'une âme et je veux la sauver. »

Puis, apercevant parmi les spectateurs le malheureux

---

(1) Extrait du jugement du jury militaire, composé de : Prieur, président ; Dufour, lieutenant ; Longet, sous-lieutenant ; Charles Mariani, maréchal des logis ; Mossi, caporal et de Constantin, secrétaire. (Cette pièce est aux archives de Chevenoz, dans la vallée d'Abondance.)

Judas, Chatillon qui l'avait livré, le martyr lui tendit la main : « Eh bien, lui cria-t-il, allons, soyons sans rancune !! »

Le traître recula de deux pas, devint pâle et disparut dans la foule des assistants.

Le prêtre était déjà à genoux, attendant la mort, les mains jointes et les yeux au ciel.

« Un homme de bonne volonté pour bander les yeux à ce calotin ? » cria le chef de la garde nationale.

Ce fut en vain, personne ne bougea et le caporal dut remplir lui-même cette odieuse fonction.

Aussitôt, les fusils s'abaissent, quelques coups de feu retentissent et le martyr s'affaisse sur lui-même, inondé de sang. Il tombait en brave, frappé au front et la cervelle avait jailli sur l'un des vieux arbres de la place Château (1). C'était le 22 février 1794.

Thonon fut consterné. La plupart de ses habitants épouvantés quittèrent la ville et se retirèrent à la campagne.

« D'après toutes les lois révolutionnaires publiées jusqu'alors, dit Mgr Billiet (2), M. Vernaz devait être condamné à la déportation seulement. Nous ne savons pas pourquoi le tribunal de Thonon l'a condamné à mort, ni pourquoi il n'a pas laissé au moins vingt-quatre heures entre l'arrestation et la condamnation. »

La déposition des deux terroristes du Haut-Chablais, Maxit et Chatillon et le décret d'Albite du 30 janvier précédent avaient effrayé le tribunal, qui ne suivit,

---

(1) A la tombée de la nuit, de pieuses dames, dont le souvenir est encore vivant à Thonon, Mmes Arpin, Descombes, Cottet et d'autres, allèrent à genoux, comme aux temps des persécutions, recueillir dans un linge blanc, la terre rougie du sang du martyr, qu'elles conservèrent comme une relique. Il n'en fallut pas davantage pour les faire mettre aux arrêts.

(2) *Mémoire*, p. 163.

selon toute apparence, aucune procédure juridique ; car il n'en reste au greffe aucune trace.

Malgré les recherches les plus actives, il m'a été impossible de découvrir le lieu même où repose notre martyr. Une chose est certaine c'est que ses restes précieux sont dans notre cimetière de St-Bon (1).

Aussi éprouve-t-on je ne sais quel frémissement en passant devant cette terre bénie qui renferme les cendres de deux prêtres martyrs et de l'enfant ressuscité par saint François de Sâles.

Peut-être, Thonon verra-t-il un jour, les 300,000 pèlerins qui accoururent dans ses murs, aux temps de l'Apôtre du Chablais, refluer encore dans son sein, pour y acclamer ce prêtre martyr de 1794, comme un nouvel intercesseur dans les cieux !

Les deux prêtrophobes Maxit et Chatillon repassèrent la Dranse et rentrèrent dans leur vallée, chargés de l'exécration publique. Le premier, fils d'un notaire et déjà notaire lui-même, futur héritier de l'une des plus belles fortunes du pays, fit une fin tragique, que chacun regarde comme le châtiment de ses crimes. Patriote fougueux, il avait déjà fait incarcérer sa mère et sa sœur coupables de ne pas partager sa haine de la religion. Son père était menacé du même sort, mais la mort vint arrêter ce fils dénaturé dans la voie du mal.

Après la défaite des Piémontais, le 15 mars 1796, deux officiers savoyards, MM. Biord et Jourdan se

---

(3) Le 6 ventôse, an ii (24 février 1794), disent les registres de la municipalité, il a été accordé un mandat de quatre livres et cinq sous sur les revenus de l'hôpital, au nommé Cùllon enterreur, pour lui et ses collègues, pour l'inhumation d'un prêtre justicié en cette commune, le 4 de mois (22 février). Et c'est tout là !

hâtaient de rejoindre leur drapeau à Turin, en passant par le Valais. Maxit les trouve à la Chapelle d'Abondance, à l'auberge Crépy, où ils étaient entrés pour se reposer. Il les invite, avec instance, à venir chez lui. « Sur leur refus, dit M. Blanc (1), il emporta le
« manteau de l'un d'eux et les força par ce moyen de
« le suivre.

« Ils trouvèrent sa chambre garnie, comme un arsenal
« d'armes chargées, un bon repas et du bon vin qui
« ne leur fut pas épargné, non plus que les outrages
« les plus bas et les plus révoltants. Maxit tenait un
« couteau à la main, comme pour en plonger la lame
« dans le cœur de quelqu'un, en maudissant le roi, et
« ceux qui ont l'âme assez basse pour servir les des-
« potes et assez noire pour porter les armes contre la
« Liberté.

« Finalement, il dit à l'américain qui le servait
« d'aller appeler Crépit Tochet, son élève, qui avait
« le mot d'ordre (chose certaine), de prendre un fusil
« à deux coups bien chargé, pour tuer en arrivant ces
« deux officiers. M. Biord, qui connaissait les senti-
« ments de Tochet, dit à Maxit : Quoi ! Maxit, un
« ancien ami, un compagnon de collège, de qui je ne
« me serais attendu que des services, tu as l'âme d'en
« agir ainsi à mon égard ! Pourquoi ne pas nous
« laisser à l'auberge ?

« Il n'y a rien pour toi ! » répartit Maxit.

« A ce propos, Jourdan pensa *avoir tout pour lui* et
« voyant que le temps pressait, il saisit adroitement
« un des fusils chargés, lui lâcha le coup à la poitrine
« et l'étendit raide mort, après quoi il se retira et

---

(1) Curé d'Abondance, dans une lettre à son frère. (Archives d'Abondance).

« rencontra le dit Tochet à deux pas de la porte. Il
« ne lui aurait pas fait grâce s'il l'eut connu.

« Le dimanche suivant, on fit à la Chapelle grande
« et publique réjouissance pour la reprise de Toulon,
« disait-on, mais personne ne s'y est mépris. Le dit
« Maxit a été inhumé au cimetière par deux valets, le
« sien et celui de son frère, la pipe en bouche. Voilà
« tout le convoi ; on n'avait pas seulement mis un
« drap sur la bière ; on n'a pas tiré un seul coup de
« cloche. Telle fut la fin de ce fameux soutien de la
« Liberté, de ce héros du patriotisme ; elle n'est pas
« digne d'envie, quelque puisse avoir été son plaisir de
« rejoindre son ami Loye, qui l'avait quitté si brus-
« quement (1). »

Son complice Chatillon, qui avait livré M. Vernaz, continua ses exploits contre les prêtres et les soldats réfractaires.

Après la chute de Robespierre, il fut poursuivi à son tour. Il échappa à la justice humaine, mais non à celle de Dieu.

Sa fortune et sa famille disparurent rapidement. La misère vint s'asseoir à son foyer. Il demeura seul jusqu'à l'âge de quatre-vingt-quinze ans, comme un chêne frappé par la foudre. Isolé de tout le monde, ses instincts sanguinaires semblèrent s'éteindre à ses derniers moments quand la religion vint le visiter. Il a été dans la paisible commune de Saint-Paul, au-dessus d'Evian, le premier et le dernier de sa race et il n'y reste de lui qu'une mémoire exécrée et maudite.

La seconde victime de la Révolution en Chablais et

---

(1) Loye était un autre écervelé, natif de la paroisse de Vacheresse, avec qui le dit Maxit était très étroitement lié et qui fut assommé à Vacheresse, tout près du corps de garde pendant l'été de 1794. On ne connut jamais l'auteur de sa mort. (Mss. Blanc.)

dans le diocèse de saint François de Sales, fut l'abbé Joseph-Marie Morand, né au Biot, le 3 juin 1762. Ses parents, catholiques fervents, pauvres, selon le monde, riches selon Dieu, le destinèrent, de bonne heure, au service des autels. Il suivit le cours des études secondaires au collège de Thonon, entra au séminaire d'Annecy, où il se fit remarquer par sa piété extraordinaire et fut ordonné prêtre par Mgr Paget, en décembre 1788.

Nommé vicaire-régent de sa paroisse natale, la Révolution vint le surprendre au milieu de ses humbles fonctions. Il se retira d'abord à Monthey (en Valais) chez son cousin et rentra au bout de deux mois (1). L'un de ses parents de Seytroux (2), Michel de Momon soit Michel Dantaz, lui offrit un asile dans sa maison. Il l'accepta et vint ensuite chez M. Gay qui lui avait ménagé une retraite sûre, au centre d'un tas de bois habilement disposé devant son habitation.

Pendant huit mois, il seconda M. Bouvet dans son ministère en s'exposant à tous les dangers de la vie de missionnaire. Un jour, il descendit au Biot, pour voir sa sœur.

On brisait alors à coups de marteaux la grande cloche que de courageux jeunes gens de la localité avaient inutilement essayé de soustraire aux profanations de la Révolution (3).

---

(1) Son nom figure dans les registres du Biot, du 7 avril 1793 au 7 avril 1794.
(2) Cette localité dépendait alors de la commune du Biot.
(3) Un ardent patriote l'avait fait précipiter du haut de la tour. Ceux-ci profitèrent des ténèbres pour se rendre au cimetière où elle gisait et la placer sur un traîneau destiné à la transporter au pont du Gy. Là une mare profonde remplie d'eau devait la dérober sûrement à tous les regards, et à toutes les investigations. Malheureusement, un kilomètre était à peine parcouru que le véhicule se brisa. Il était une heure

« Oh, mon Dieu ! ! » s'écria-t-il involontairement. Il n'en fallut pas davantage pour le faire reconnaître, malgré son déguisement, par les gendarmes qui se trouvaient à quelques pas. Il fut saisi et aussitôt dirigé vers la prison de Saint-Jean-d'Aulph (1).

A cette nouvelle, les jeunes gens du Biot se rassemblèrent en toute hâte pour délivrer le prêtre,

Hélas, il était trop tard.

Les agents de l'autorité, craignant de voir leur proie leur échapper, s'empressèrent de descendre à Thonon. Les braves habitants de la Vernaz les ennivrèrent afin de favoriser l'évasion du prisonnier, qui se trouva en effet un instant en liberté. Mais, il craignit de compromettre ses sauveurs, et se reconstitua prisonnier entre les mains des gendarmes qui le conduisirent à Thonon.

Là encore, il aurait pu s'échapper de leurs mains, s'il l'eût voulu; des compagnons d'étude avaient tramé un petit complot dans ce sens. Il refusa encore la liberté, en lui préférant la grâce du martyre.

---

du matin. Nos robustes montagnards ne se découragèrent pas ; à l'aide de lattes et de cordes, ils la chargèrent sur leurs épaules et la portèrent à un quart d'heure de distance. Le poids écrasait les plus vigoureux, il fallut renoncer à aller plus loin. Près delà, s'ouvre une large fondrière couverte de broussailles, pratiquée par l'éboulement du Colorin. Ils la roulèrent donc là, auprès du Clos de la Moille, dans d'épais buissons. — Mais le lendemain, tout fût découvert et la municipalité ordonna de la briser et d'en envoyer le métal au district. Le manœuvre chargé de cette besogne revint bientôt se déclarant incapable de rompre cette pièce. On en cherche un autre de meilleure volonté ! Un Renevier de L'Evuy, ancien marguillier de la paroisse, accomplissait cette œuvre de vandalisme quand un spectateur lui jeta ces mots qui traduisaient le deuil public : « Malheureux, tu as tué ta mère ! »

(1) Les uns attribuèrent cette saisie à une parente, Philiberte de Zebellion, qui mourut misérablement trois jours plus tard; d'autres à un français, du nom de Crépet, qui, après s'être fait recevoir confrère du Saint-Sacrement et après avoir affecté hypocritement des dehors religieux aurait dit aux gendarmes de M. Morand : « Oui, c'est bien un calotin. »

Il parut devant ses juges le front haut, comme un vrai soldat du Christ qui ne craint pas la mort, et déclara qu'il avait refusé le serment exigé par les lois et demandé asile à une terre étrangère.

C'en fût assez pour entendre prononcer sur sa tête une sentence de mort. « Ils vont me faire mourir, murmura-t-il en levant les yeux au ciel, mon Dieu, pardonnez-leur comme je leur pardonne ! » Et il se mit à égrener son chapelet.

Vainement essaye-t-on de lui demander une rétractation, il ne daigna pas même répondre. La place Château se couvrit encore de fidèles et de curieux, des coups de feux retentirent............ et un nouveau martyr était monté au ciel.

La garde nationale de Thonon indignée, refusa de prendre les armes pour une lâcheté pareille, et il fallut réquisitionner les volontaires du 1er bataillon de la Drôme pour cette ignoble exécution.

Le deuil et la douleur se lisaient sur tous les visages. La Révolution portait désormais au front l'anathème de l'éxécration publique : elle s'abreuvait de sang. Les citoyens indépendants se hâtèrent de mettre ordre à leurs affaires et de traverser le lac pour échapper à une tyrannie pareille. Le 17 nivôse, 2 janvier 1795, outre les membres du clergé et des ordres religieux, je trouve, parmi les émigrés, les noms suivants qui étaient alors les plus beaux de Thonon : MM. Vignet Louis-Aimé, baron des Etoles, de Seyssel, Duperrier Jacques et sa femme Polyxène Rivollat, Ramel Claude et sa femme, Gaillard, de Brotty François-Gaspard, de Lort, Louis Amable et sa femme Viard, de Sonnaz Joseph, Bernaz Pierre, les trois frères Carron-Quisard, Souviran Jean-Marie, Carron Janus, Boccard Henri, Rivollat Jean-Antoine et

Jaillet, sa femme, Vernaz François, Delavouet Jean-Claude (1).

Aussi les abondantes ressources que l'indigence trouvait, avant la Révolution, dans nos monastères et nos maisons nobles, avaient totalement disparu. Voici une pièce authentique qui atteste l'affreuse misère qui sévissait alors ; c'est le rapport en substance... présenté au citoyen Gauthier, représentant du peuple, le 15 frimaire, an III (5 décembree 1794) : « Telle est la fatalité inséparable du despotisme et du fanatisme que, même après leur anéantissement, ils causent encore des calamités incalculables par les traces de l'inertie et de la misère dans lesquelles ils avaient entretenu la plupart des habitants.

« Il existait, dans cette commune (Thonon), huit maisons religieuses qui, alternativement, faisaient distribuer du pain et de la soupe à tous ceux qui se présentaient à leurs portes ; ce qui avait attiré dans la commune un grand nombre d'individus qui abandonnaient les campagnes pour venir ici consommer des substances qui ne leur coûtaient que la peine de les recevoir et de les digérer. Plusieurs riches émigrés se piquaient aussi de faire des aumônes publiques et générales (les scélérats !) C'est ainsi que les biens de l'Eglise et ceux du riche servaient à paralyser l'industrie et l'agriculture ; c'est ainsi que sous l'apparence de la bienfaisance, ils asservissaient le peuple et perpétuaient des préjugés qui depuis si longtemps flattaient leur ambition et leur orgueil.

« Il existait encore, dans cette commune, une Maison de charité, la Maison des Arts, dont l'institution

---

(1) Tableau général des émigrés du département du Mont-Blanc. (Mss. de ma bibliothèque).

aurait été utile si les revenus administrés par des prêtres et des moines, n'eussent été trop souvent l'apanage de la fainéantise et du libertinage et de quelques maisons privilégiées.

« Il est si vrai que, sous le rapport politique, ces sortes de largesses étaient une source d'abus qu'il résulte, du tableau dressé par la municipalité, qu'il existe, dans cette commune, cent huit chefs de famille avec enfants, sans propriétés quelconques, et qui ont droit à un mandat de cinq cents livres que la nation leur accorde sur les biens des émigrés.

« On ne sent que trop la position critique où la commune se trouve relativement aux subsistances. On ne peut attribuer à la malveillance les cris douloureux dont quantité de familles font retentir la salle de la municipalité.

« Le Conseil général, ouï le rapport ci-dessus, considérant que si l'on n'obtient pas une certaine quantité de blé pour alimenter les malheureux, en en payant le prix, il en résulterait que la position d'homme devenu laborieux serait plus pénible que ne l'était autrefois son état de mendiant, puisqu'il ne pourrait pas vivre du prix de son travail, se procurer un pain, qu'il obtenait pour lors gratis ; arrête: de pétitionner le représentant du peuple, Gauthier, pour qu'il autorise cette municipalité à retirer provisoirement du produit des biens nationnaux, moyennant paiement, la quantité de mille six cents quintaux de blé mélangé pour être converti en pain, qui ne sera distribué qu'à ceux qui vivent au jour le jour. » (1)

Le peuple maudissait ses tyrans en regrettant amèrement son aisance disparue. Il partageait géné-

---

(1) Arch. de la Municipalité de Thonon et *Vie de M. Bouvet* (Mercier).

reusement son dernier morceau de pain avec ses prêtres en fuite qu'il assistait, qu'il défendait, qu'il cachait héroïquement au risque de sa fortune et de sa vie.

A Saint-Gingolph, le curé, réfugié sur la partie de sa paroisse relevant du Valais (1), passe, un jour, le pont de la Morge pour assister, sur la partie française, un moribond qui, lui a-t-on dit, réclame son ministère. Il part sur-le-champ. Mais, à peine a-t-il touché la terre de Savoie que deux gendarmes républicains se précipitent sur lui et le terrassent. A cette vue, la population accourt, renverse les sbires de la Révolution et lui rend la liberté.

Dans le Haut comme dans le Bas-Chablais, à Saint-Gingolph comme à Evian, comme à Douvaine, le peuple de nos campagnes fut indomptable dans la défense de sa foi.

---

(1) La Morge divise ce bourg en deux sections dont l'une dépend du Valais, et l'autre, du canton d'Evian. Sous l'ancien régime, de nombreux Savoyards venaient s'enrôler à Saint-Gingolph, d'où ils se disaient originaires, pour former la garde des rois de France. La position mixte et limitrophe de ce bourg favorisait si bien ces enrôlements, qu'on crut longtemps à Paris que Saint-Gingolph, vu l'importance de ses contingents, était une ville des plus considérables. On aurait donc quelque droit de dire que la vaillance des anciens Suisses provient en grande partie de la valeur savoyarde.

CHAPITRE VIII

La Réaction (1794-1795)

> Multa renascentur quæ jam cecidere, cadent que
> Quæ nunc sunt in honore ...
> *HOR. In : Arte poeticâ.*

SOMMAIRE : Chute de Robespierre (27 juillet 1794), et rappel d'Albite. — Soulagement général. — Arrivée de Gauthier. — Mesures de répression contre les terroristes de Chambéry, d'Annecy et de Thonon. Changement des autorités de Thonon : Administration du district, notables, comité de surveillance, etc. — Mitigation de la persécution. — Fêtes dans le Haut-Chablais. — Rentrée de quelques prêtres. — Le chanoine Dubouloz de Thonon ; ses talents, son zèle. — Les municipalités du Chablais réclament leurs églises. — Conférence des vicaires-généraux. — Le Chablais est divisé en cinq missions (1795). — M. Bouvet à Armoy-Lyaud. — L'association du Saint-Zèle à Thonon. — L'abbé Rey, sa jeunesse à la Sainte-Maison de Thonon. — Trait d'attachement des habitants de Bellevaux. — Les maisons de Thonon fidèles à l'Oncle Jacques. — Traits curieux. — Sa rencontre avec l'ex-barnabite Michaud. — Poursuites au Lyaud, — Enlèvement des cloches déposées sur la place de la Liberté, à Thonon, par les habitants des campagnes.

C'était sous la dictature de Robespierre que venait de couler, sur la place du Château, le sang des martyrs. Le despote avait adopté une sanction efficace de ses décrets : la guillotine. Albite, le terrible commissaire, connaissait trop les cruels instincts du maître pour en priver notre département.

Robespierre, devenu tout-puissant, appela Dieu à son secours. La Convention décréta que l'on reconnaîtrait *l'existence de l'Être suprême et l'immortalité de l'âme*, et qu'une fête serait célébrée, à cet effet, dans toute l'étendue de la République. Mais bientôt, les révolutionnaires eux-mêmes se soulevèrent contre l'omnipotence et la froide cruauté du dictateur. Le 9 thermidor, an II (27 juillet 1794), éclata le mécontentement qui vint terminer son règne sanglant. Le lendemain (28 juillet), il marchait à l'échafaud avec vingt-deux de ses complices, parmi lesquels Simond et Hérault de Séchelles, les premiers commissaires envoyés dans notre pays.

Sa chute, suivie du rappel d'Albite, fut saluée, chez nous, comme une délivrance. Plusieurs villes ouvrirent les portes de leurs prisons et rendirent la liberté aux nobles victimes qui y étaient entassées.

Nos municipalités s'empressèrent de maudire ce qu'elles avaient encensé quelques jours auparavant.

Les clubs devinrent modérés et réclamèrent des mesures de rigueur contre les terroristes de 1793.

Gauthier avait succédé à Albite. Il s'empressa de donner satisfaction à l'opinion publique en destituant un certain nombre de fonctionnaires trop compromis dans les derniers excès de la Révolution.

D'ailleurs, la loi du 5 ventôse, an III, vint bientôt prescrire des mesures de sûreté et de répression contre les hommes de cette catégorie.

Le 17 fructidor, 3 (septembre 1794), il est à Chambéry ; deux citoyens, l'un juge du district au tribunal de cette ville, et l'autre son frère, adjudant à l'armée des Pyrénées-Orientales, sont déclarés

« *partisans de la Terreur, sous laquelle la République a trop longtemps gémi, et qu'ils s'efforcent de rétablir par tous les moyens possibles.* » (1). En conséquence, ordre est donné d'arrêter le premier là où il se trouvera et de saisir ses papiers... Le second devra se rendre dans trois jours, à Chambéry, où il restera en surveillance.

Le 27 fructidor, 13 septembre 1794, Gauthier, « reconnaissant la nécessité de faire quelque change-
« ment dans les autorités constituées de la commune
« de Thonon, pour y assurer l'union entre les bons
« citoyens, éteindre les soupçons et assurer l'exécu-
« tion des lois, arrête :

« ARTICLE 1er. — Le citoyen Jacquier, qui est
« actuellement président de l'administration du dis-
« trict, membre du Directoire du même district
« est nommé aux lieu et place du citoyen Bétemps.
« Le citoyen Guy, agent national de la commune,
« remplira la place vacante dans le Conseil général
« du district, par la nomination du citoyen Jacquier.
« L'Administration de ce district procédera, sans
« délai, à l'élection de son président à la forme de
« la loi.

« ART. 2. — Le tribunal du district aura pour pré-
« sident le citoyen Pierre-Marie Guyon, actuellement
« juge aux lieu et place du citoyen Benoît Vessière,
« lequel entrera dans le Comité de surveillance. Le
« citoyen Deruaz (ou Vernaz), maire de la commune,
« remplira la place du quatrième juge au dit tribunal.
« Le citoyen Dessaix membre du bureau de concilia-

---

(1) *Registre des arrêtés du représentant du peuple Gauthier, envoyé en mission par la Convention dans les départements de l'Isère et du Mont-Blanc. Du 27 fructidor, an II, (13 septembre 1794), au 13 frimaire, an III, (3 décembre 1794).* (Communiqué par M. le comte Amédée de Foras).

« tion, remplacera, au tribunal du district, le citoyen
« Joseph Cresset (ou Creptet), qui sera remplacé au
« Comité de surveillance.

« Art. 3. — Le citoyen Bétemps exercera les
« fonctions de maire (?) de la commune de Thonon ;
« le citoyen Fernex, officier municipal, celles d'agent
« national près la commune de Thonon et il demeu-
« rera remplacé par le citoyen Joseph-Marie Vignet.

« Art. 4. — Le Comité de surveillance, qui doit
« exercer ses fonctions sur toute l'étendue du district,
« sera composé des citoyens Benoît Vessière et
« Crépet, en la forme des articles précédents, d'Aimé
« Coriaz, de Jacques-Anthelme Fournier, de Claude
« Deleschaux, de Joseph Favre, de Jacques Assy (ou
« Appy), de Froissard, tailleur, de Plagniat, de
« Berthlin, d'Evian, de Nisauvel, de Ballaison, et de
« Busson de Thonon.

« Art. 5. — Le citoyen Joseph-Marie Deleschaud
« remplacera, au bureau de conciliation, le citoyen
« Dessaix. L'agent national veillera à l'exécution du
« présent arrêté, le fera imprimer, publier, afficher,
« etc...

« Art. 6. — Après sa publication, *les comités de
« surveillance qui existent dans les autres com-
« munes* (Evian, Douvaine)..., cesseront immédiate-
« ment leurs fonctions » (1).

Le même jour, Gauthier accordait aux membres
du Comité de surveillance, pour leur traitement,
4,598 livres, *produit de la vente du mobilier des
églises !!!*

Comme on le voit, ce n'était pas un remaniement
complet de l'administration.

---

(1) *Ibid*. Ce document semble se ressentir des agitations du moment. Il est d'une écriture tremblante et quasi illisible.

Le 23 brumaire, 13 novembre 1794, le représentant du peuple, « Considérant qu'il résulte du relevé des « registres de la Société populaire d'Annecy, que « quelques membres ont manifesté successivement les « principes des différentes factions qui, jusqu'à ce « jour, ont agité la République ; que, s'emparant de « la force révolutionnaire, ils l'ont employée à l'exé- « cution de mesures réprouvées par la loi ; qu'ils « ont tenté d'avilir la Convention nationale dans la « personne des députés du Mont-Blanc (1) ; qu'ils ont « semé la terreur et comprimé toutes les âmes pour « asseoir plus facilement leur ambition et leur soif « insatiable du pouvoir et de la domination ; que, par « une conduite aussi contraire aux vrais principes « d'une Révolution faite pour le bonheur de tous les « Français, ils ont aliéné à cette Révolution des « esprits faibles et des hommes aigris par tant d'excès. « Considérant que l'intérêt public et l'avantage par- « ticulier exigent qu'elle soit délivrée de l'influence « de ces administrateurs, arrête que Jean Burnod, « Joseph Philippe, Sonjeon cadet, Victor Girod, Fran- « çois Jacquet... *demeurent exclus de la Société popu-* « *laire pendant six mois,* après lesquels il sera loisible « à la Société de les admettre dans son sein, d'après « les preuves qu'ils auront données d'un retour « sincère aux vrais principes et en se conformant au « mode de réception prescrit par le règlement de la « Société. Le présent arrêté sera transcrit sur les « registres de la Société populaire à la diligence de « l'agent national près le district d'Annecy qui sera

---

(1) Nous avons vu cette accusation discutée au sein du Club de Thonon.

« chargé d'en surveiller l'exécution et d'en rendre
« compte. » (1).

Les patriotes frappés protestèrent contre ces précautions sages et modérées, mais la réaction contre la Terreur, était trop prononcée pour qu'il fut donné suite à leurs réclamations. « Cependant, dit Monseigneur Billiet, cet adoucissement a été presque insensible sous le rapport religieux. Les lois n'ont pas été modifiées, la persécution contre les prêtres n'a pas été mitigée, la reconnaissance de l'Être suprême que Robespierre avait fait inscrire sur les monuments publics a même été effacée ; pas une église, en Savoie, n'a été rouverte ; pas un prêtre émigré n'a obtenu la liberté de rentrer. Tous les missionnaires qui étaient pris étaient aussitôt condamnés à la déportation. La Convention nationale a continué de professer l'athéisme et de travailler à faire disparaître toute trace du culte religieux. » (2).

Les montagnards des hautes vallées de la Dranse ne s'étaient jamais séparés de leur apôtre ambulant et, pour ainsi dire, ubiquiste : de M. Bouvet, dit l'Oncle Jacques. Ils célébrèrent la chute de Robespierre par des fêtes enthousiastes.

« Dans celle d'Abondance, on pensa à solenniser la fête de l'Assomption. Le lieu du rendez-vous fut donné à Derbon, montagne commune à Chevenoz et à Bonnevaux. Les chalets nombreux de cette montagne forment un véritable bourg. Un prêtre s'y trouva pour chanter la messe ; l'autel fut installé dans le chalet de la famille Pollien, vis-à-vis de la porte, de manière à être vu du dehors. La messe fut chantée

(1) *Ibid*. Fait à Chambéry.
(2) Cardinal Billiet. *Mémoires*.

par les vieux chantres de Chevenoz, de Bernex, de Vacheresse et de Bonnevaux ; leurs voix se déployèrent en liberté et avec grande joie. La foule des assistants était innombrable. Il s'en rencontrait de toutes les paroisses voisines. » (1).

L'Oncle Jacques, que la Terreur n'avait jamais intimidé s'empressa d'étendre son rayon d'action sur tout le Chablais. D'ailleurs, cette année (1794), un certain nombre de prêtres rentraient dans nos montagnes. Parmi ces pieux auxiliaires figure le chanoine Dubouloz qui nous arrivait de Turin investi des pouvoirs de grand-vicaire. Si Thonon eut la douleur de voir quelques tristes défections dans son clergé d'avant la Révolution, il eut aussi la gloire de fournir, au diocèse de saint François de Sales, l'une des plus grandes figures de cette époque dans Révérend Dubouloz Jacques.

Né à Thonon, le 6 juillet 1746, de l'ancienne et honorable famille Dubouloz (2), il avait obtenu dans toutes ses études de tels succès, qu'on songeât à l'envoyer successivement à Turin et à Rome, où il fut reçu docteur en droit civil et docteur de la Sapience.

Aussi Mgr Biord n'hésita-t-il pas à le nommer, malgré sa jeunesse, chanoine de sa cathédrale, puis, professeur de théologie et préfet du collège. En 1793,

---

(1) Nous devons ces détails à l'extrême obligeance de feu le chanoine Pollien, ancien professeur au collège d'Evian. « La pierre sacrée et les linges de la messe, continue-t-il dans sa lettre, avaient été apportés de Chevenoz. C'est mon propre père, alors âgé de 14 ans, avec sa sœur Anne, qui les passèrent dans une hotte, à travers Vacheresse, par devant le poste de soldats qui y stationnaient. »

(2) La famille Dubouloz de Thonon avait déjà produit avant 1792 : Révérend François-Louis Dubouloz, auteur d'un savant commentaire sur la Genèse, et le célèbre avocat Louis Dubouloz (Voir *Histoire de Thonon et du Chablais*, p. 333).

il suivit Mgr Paget à Turin, et fut l'un des premiers à former le projet de rentrer en Savoie pour y braver le feu de la Révolution.

L'évêque approuva ce généreux dessein et lui conféra le titre de vicaire-général, avec ordre de s'adjoindre M. Bigex, à Lausanne, et de se concerter avec lui pour l'administration du diocèse. Son champ de travail fut vraisemblablement le Chablais, le Faucigny et une partie du Genevois. Avant la Révolution il était accoutumé au bien-être et au confortable de la famille bourgeoise. « Devenu missionnaire, dit M. Vuarin, qui le vit à l'œuvre, il fut véritablement un homme nouveau. Dès le début, il se fit à tout, sans efforts, sans contrainte, comme s'il avait toujours vécu de la sorte. Avant cette époque, il n'avait jamais été dans le cas de voyager à pied. Devenu missionnaire il refusa constamment cheval et voiture, à moins d'une absolue nécessité et uniquement pour accélérer sa marche..... Il gravissait les montagnes les plus escarpées, sans jamais se plaindre de la fatigue. Le lait était sa boisson la plus ordinaire même dans ses repas. Il l'appelait sa boisson délicieuse (1). »

La Convention venait de publier un décret qui permettait l'exercice sinon public, du moins particulier des pratiques religieuses (20 février 1795). Les Jacobins de la Savoie s'agitèrent pour en rendre l'application impossible. La chose était facile, car l'article 6 portait : *que tous les rassemblements devaient être soumis à la surveillance des autorités.*

Trompés par cette *loi*, dite *de l'exercice du culte*, plusieurs municipalités du Chablais réclamèrent l'ou-

---

(1) *Notice édifiante sur quatre confesseurs de la foi,* page 11.

verture de leurs églises et leurs anciens pasteurs. C'est ainsi que le 2 août 1795, de nombreux habitants de Thonon avaient demandé au Conseil de la ville, l'église paroissiale actuelle. Celui-ci acquiesça à cette requête, à la charge, pour les pétitionnaires, de se conformer aux lois. Cette clause évidemment rendait la concession illusoire (1).

La municipalité de Perrignier s'adressait, le 20 novembre de la même année, à M. le vicaire-général Bigex, pour le prier de renvoyer dans la paroisse, l'abbé Peillex, vicaire, qui s'y était distingué, pendant près de dix ans, dans les travaux du ministère pastoral.

Ainsi, d'un côté on semblait porter des lois de tolérance, et les fidèles s'empressaient de rappeler leurs anciens pasteurs ; et d'autre part on traquait ces derniers dès leur apparition.

A cette vue, les grands-vicaires Dubouloz, St-Marcel, Bigex et Besson, se réunirent en conférence, vers le milieu de juillet, à Sécheron, aux portes de Genève. Les délibérations durèrent cinq jours. « A cette date, dit M. Vuarin qui y fut admis malgré son jeune âge, je n'étais que diacre. Je fus touché et ému jusqu'au fond de l'âme, de tout ce que je vis et de tout ce que j'entendis de la part de ces quatre vénérables confesseurs de la foi, en face des tours de St-Pierre et sous le glaive de la persécution, qui n'eut pas manqué de les frapper, s'ils eussent été découverts par la police révolutionnaire.

« Je compterai toujours cette station au nombre des plus beaux jours de ma vie et je n'oublierai jamais les

---

(1) *Arch. de la Mun. de Thonon.* En 1797, 8 juin, même demande même clause.

exemples de vertus sacerdotales dont j'eus la consolation d'être témoin. Sur la fin du cinquième jour, MM. Bigex et Besson montèrent sur un petit bateau pour retourner à Lausanne ; je repris la route de Savoie avec MM. Dubouloz et Saint-Marcel.

« Nous arrivâmes à notre destination sans aucune rencontre fâcheuse, tout en suivant la grande route, semée de personnes de tout état, qui revenaient d'une foire voisine. Nous n'avions pu déterminer M. Dubouloz à prendre une autre direction, quoiqu'il pût être reconnu presque aussi facilement que s'il eut été en costume ecclésiastique. Nous l'accusions de présomption dans la confiance qu'il témoignait dans la promesse du Psalmiste : *Angelis suis Deus mandavit de te, ut custodiant te in omnibus viis tuis.* « Laissez-moi faire, je risque moins que vous, nous répondit-il. »

Les résultats de cette mémorable réunion furent les avis pastoraux et déterminations de Mgr l'évêque, donnés à Turin, le 15 août 1795, pour l'administration des secours spirituels dans son diocèse. Ce règlement, médité devant Dieu et rédigé dans les vues de la foi la plus vive et de la charité la plus compatissante pour le besoin des âmes, est de la plus haute sagesse pour assurer l'observation des saintes règles. »

Il était difficile de croire à la sincérité des déclarations de la loi ; néanmoins, avec l'autorisation de Mgr Paget, plusieurs prêtres vinrent grossir le nombre des missionnaires. Intrépide légion ! Elle eut de rudes combats à soutenir.

La Savoie fut divisée en vingt-deux missions. Chacune avait son chef et plusieurs adjoints. La direction entière du corps des missionnaires fut confiée à MM. Dubouloz et Saint-Marcel, qui furent, à ce moment critique, les aides-de-camps de M. Bigex. Ils recevaient ses ordres par l'intermédiaire des fidèles bateliers de

Rives sous Thonon (1), et les transmettaient ensuite à leurs courageux coopérateurs par des messagers qui parcouraient le pays.

Le Chablais actuel forma cinq archiprêtrés ou missions, où l'héroïsme fut à l'ordre du jour (2).

M. Bouvet avait déjà fait de fréquentes apparitions dans la paroisse d'Armoy, au mois de novembre 1794. Il y fut reçut avec enthousiasme et chacun voulut profiter des secours de son ministère. Les vaillants chrétiens qui lui donnèrent une hospitalité souvent périlleuse, et dont la postérité doit garder mémoire, furent : Planchamp François et Joseph Vulliez, à Armoy, Fillion Joseph, *dit l'Epenix*, Claude Randon et Dubouloz-Monnet François, au Lyaud.

Il célébra d'abord la messe dans une grange de l'avocat Dubouloz Joseph, de Thonon, dans la première de ces deux localités, puis dans une salle de la cure (3). Armoy-Lyaud était donc son quartier général, et l'humble habitation de Fillion *l'Epenix* devint sa maison, son cabinet de travail, sa chapelle, où il confessait et communiait les fidèles, et distri-

---

(1) Un membre de la famille Portier parut à la barre du Club des Jacobins de Thonon sous le poids de cette inculpation. Il fut acquitté.

(2) *Archiprêtré d'Evian et de Saint-Paul*, comprenant 16 paroisses. Chef : Burnat Pierre, curé de Vinzier.
Archiprêtré d'Abondance et de la vallée d'Aulph : 13 paroisses. Chef : Lugrin André, curé du Biot ; adjoint : Blanc Claude-Marie-François, curé de Morzine.
Archiprêtré de Thonon et de la côte du Chablais : 17 paroisses. Chef : M. Rey, prieur de Draillant.
Archiprêtré du Bas-Chablais et de Veigy : 14 paroisses. Chef : Delassale, prêtre de la Ste-Maison ; adjoint : Brunier, curé de Ballaison.
Archiprêtré de Boëge et de Viuz-en-Sallaz. Chef : Bouchet Pierre-Antoine, curé de Viuz ; adjoint : Déperraz Pierre, curé d'Ognon.

(3) Vers la même époque, il la célébrait aussi dans une grange du procureur Carron (de Thonon), près du Lyaud, et à Trossy.

buait les étrennes religieuses, en un mot, où il exerçait son apostolat dans tous ses sublimes devoirs. Là, s'ouvrait aussi cette trappe imperceptible, qui le dérobait subitement aux perquisitions des révolutionnaires.

Le Lyaud, surtout (1), gracieusement assis sur le plateau qui domine Thonon, à quatre kilomètres de la chapelle des Allinges, à l'entrée de l'ombreuse vallée de la *Côte du Chablais,* à deux pas des pentes boisées d'Hermone qui voilent les gorges sauvages de Bellevaux et de Saint-Jean-d'Aulph, le Lyaud, dis-je, se trouvait admirablement situé pour devenir l'axe des travaux de notre apôtre, et lui présenter, en cas de danger, de faciles moyens d'évasion.

Les habitants du reste, lui étaient tous dévoués. Ils avaient ménagé dans les combles de leurs maisons, à peu près toutes contiguës, des communications, de sorte que pendant que les gendarmes en fouillaient une, l'Oncle Jacques enfilait une suite de galetas et disparaissait.

Quand la persécution se calmait, les enfants de Thonon et des environs se rendaient en foule au Lyaud pour s'instruire et y faire leur première communion.

En retour, ceux-ci lui apportaient chacun un œuf à la confession des Quatre-Temps. C'était la pension que l'Oncle Jacques payait à *l'Epenix*. Jamais les

---

(2) L'église paroissiale du Lyaud fut annexée au Chapitre de Saint-Pierre de Genève, par le pape Alexandre VI, le 17 janvier 1494. A la réforme de 1536, les Genevois s'emparèrent de ses biens et les vendirent. Saint François de Sales la réunit à celle d'Armoy au rétablissement des paroisses, en lui laissant l'usage de son église, où les religieux de l'abbaye d'Aulps, venaient de temps en temps, remplir les fonctions du ministère.

sbires ne purent arracher à ces enfants le secret de la retraite de leur cher catéchiste.

L'héroïsme de M. Bouvet se déploya dans la plaine et dans la montagne. Il créa une œuvre de charité sous le nom d'*Association du Saint-Zèle,* composée de jeunes gens, d'hommes faits, de mères de familles, de filles de toute condition, pour venir en aide aux prêtres proscrits et conserver la foi au foyer. Une seule condition était exigée : *se montrer, en toute circonstance, généreusement chrétien !*

Il en convoquait les membres, chaque mois, dans un vieux château, appelé le *Château des Drebines,* près de Tully, sur les bords de la Dranse, ou dans la maison de M. Favrat, à Concise. Au commencement de la séance, chacun prenait les engagements suivants : En faisant le signe de croix sur le front on répétait : « Mon Dieu, je vous serai fidèle jusqu'à la mort ! » Sur la bouche : « Je vous confesserai toujours ! » Sur le cœur : « Je veux vivre et mourir dans votre amour ! »

Un membre se chargeait de visiter, tous les trois mois, les personnes agrégées. Un costume particulier le faisait reconnaître, savoir : chapeau rond, habit bourgeois, culotte, guêtres de peau et un fouet de maquignon en bandoulière.

Avant de se retirer, M. Bouvet nommait les visiteuses des malades et des indigents, qui rappellent les Priscille et les Aquila des premiers siècles de l'Eglise. Plusieurs de leurs noms sont arrivés jusqu'à nous. Citons-les comme des titres de gloire. Ce sont ceux de Mlle Charmot, de Mlle Collet, de Mme Arpin, de Mlles de Saxel et Bétemps. C'était la sainte police des catacombes de Rome.

Un autre confesseur de la foi, exerçait en même temps son zèle dans les montagnes du Haut-Chablais :

L'abbé Pierre-Joseph Rey qui devint plus tard évêque d'Annecy.

Né à Mégevette (Chablais), le 22 avril 1770, d'Etienne Rey et de Joséphine Meynet, il suivit le cours des études secondaires au collège des Barnabites de Thonon, où l'on enseignait, ainsi qu'il a été dit, avec les belles-lettres, la philosophie et la théologie dogmatique (1)

Les prêtres de la Sainte-Maison cherchèrent à l'attirer à eux, et le nommèrent précepteur des enfants de la maîtrise de cet établissement. Il entra au séminaire d'Annecy en 1790 et fut promu au diaconat le 22 septembre 1792. Le lendemain, il arrivait à Thonon, avec le double titre de prédicateur de la Congrégation du collège et de professeur de philosophie, en attendant qu'il eut l'âge requis pour le sacerdoce.

Les évènements se précipitaient. L'abbé Rey refusa le serment à la *Constitution civile du clergé,* passa à Fribourg où il reçut les ordres sacrés de Mgr Lensburg (25 avril 1793) et se retira en Piémont, sur le conseil du vicaire-général Bigex. Celui-ci n'avait pas jugé prudent d'exposer une jeunesse aussi ardente au fort de la mêlée.

Après la réaction de thermidor (27 juillet 1794), il manifesta son désir de rentrer en Chablais et arriva à Lausanne en 1795. Une barque faisait voile pour Evian, il en profita. A peine eut-il touché le sol de la Savoie, nous dit le chanoine Ruffin, qu'il fut reconnu, malgré son déguisement, et son nom fut salué à haute voix au milieu de la foule accourue sur le rivage. C'étaient des amis à qui le bonheur de le revoir avait

---

(1) *Hist. de Thonon et du Chablais.* p. 352.

arraché ce cri dangereux. Comme il pouvait éveiller des soupçons, il se déroba à un empressement qui compromettait l'avenir de son ministère et se rendit, par des sentiers détournés, à Bellevaux où il arriva au milieu de la nuit. On ne peut dire la joie de ses religieux parents, lorsqu'il les pressa dans ses bras. Instruits de son arrivée, les habitants de la paroisse députèrent les principaux d'entre eux auprès de M. Dubouloz, pour être autorisés à le garder comme missionnaire. Mais il arrivait avec cette destination de soutenir la foi des populations du voisinage de Genève ; et la commune de Bons lui avait été assignée comme centre de ses travaux apostoliques. Depuis trois semaines il avait pris possession de son nouveau séjour, lorsque les fidèles de Bellevaux, inconsolables de l'avoir laissé échapper de leurs mains, descendirent pendant la nuit à Bons, en nombre considérable, le surprirent au lit et l'obligèrent à les suivre dans leurs montagnes. Toute résistance était inutile devant ces hommes déterminés. Le succès de cette entreprise, fruit d'un attachement qui allait jusqu'à l'enthousiasme, exaspéra les habitants de Bons ; et si l'autorité ecclésiastique ne fut promptement intervenue, il en serait résulté une collision sanglante entre les deux populations. Ce coup de main qui pouvait être blâmable en lui-même, était trop excusable par ses motifs, en des jours surtout où les prêtres étaient traqués comme des bêtes fauves en tous lieux, pour que l'autorité n'en respectât pas les résultats. Si en d'autres temps on eut cru devoir tenir une autre conduite, alors il y avait certainement sagesse à condescendre à des vœux qui avaient pris une expression aussi énergique. La Providence, dans ces circonstances semblait intervenir et veiller sur l'abbé Rey ; car, à Bons, pays très découvert, à égale distance de

Genève et de Thonon, où siégeait le comité révolutionnaire, il eut été trop en vue et souvent entravé dans son apostolat : son ardeur qui s'enflammait par les obstacles, l'eût probablement livré aux recherches de la force armée. Mais protégé par les montagnes, il put donner un libre essor à son zèle. Par ses soins l'église de Bellevaux fut rendue au culte ; la première en Savoie, elle eut cette gloire et ce bonheur de redire les louanges de Dieu. L'abbé Rey y rassembla les fidèles et y célébra les fêtes avec l'éclat des anciens jours.

L'œuvre des premières communions attira d'abord son attention. Il organisa les catéchismes pour les enfants et l'*Association du Saint-Zèle* pour les grandes personnes.

Il y avait de fréquentes réunions entre les missionnaires dispersés dans les vallées du Haut-Chablais. L'abbé Rey n'avait garde d'y manquer : « Il m'en eût trop coûté, disait-il, de me priver de la société de ces confrères vénérés, et je ne crus jamais acheter trop cher, le bonheur de m'édifier de leurs exemples et de m'aider de leurs lumières. » C'est dans ces pieuses assemblées que se concertaient les grandes résolutions de l'œuvre des missions, et que l'*Association du Saint-Zèle* avait pris naissance.

Quand M. Bouvet venait dire la messe à Thonon, chez M. Dupraz Jean, charron, les membres de cette confrérie montaient la garde depuis minuit jusqu'au jour, pour surveiller les cinq passages aboutissant de cette maison à la rue de la Visitation. L'un d'eux, le père Gainon, prenait successivement le vent du quartier auprès des divers factionnaires et retournait pieusement tranquiliser les fidèles. En sortant chacun s'armait d'un outil quelconque, pour dépister les mouchards de la Révolution, qui une brouette, qui un trident, qui une hache. La maison Dupraz cachait précieusement, dans une chambre sans porte, les ornements de la Sainte-Maison et de la Visitation ; ceux dont on se servait habituellement étaient enfermés dans un tonneau à la cave.

Chaque village avait sa famille privilégiée où l'Oncle Jacques venait dire la messe et recevoir une généreuse hospitalité ; à Rives, c'était chez Mamet ; à Concise, chez la veuve Masse et à Thonon, chez MM. Quinet, le docteur Ruffard, de Thollon, et chez M. Fornier, dont le nom figure déjà si avantageusement dans les annales du Chablais, aux temps de saint François de Sales (1).

Nous l'avons vu, malgré la chute de Robespierre, la persécution sévissait toujours. Aussi était-ce un luxe de perquisitions et de fureur contre le héros du Chablais, M. Bouvet, qui avait échappé jusque-là à tous les pièges des sbires de la Révolution.

Un jour, il célébrait la messe au Lyaud, quand femmes et enfants viennent précipitamment lui annoncer que deux gendarmes arrivent sur le village. Sans s'émouvoir, il achève le saint sacrifice, revêt des habits de femmes, et prend, en lavant la vaisselle de l'habitation, un air hébété qui dépiste les plus fins limiers de la police républicaine.

Vers la même époque il confessait un malade quand deux gendarmes, Rieux et Randon accoururent encore. Aussitôt il saisit une échelle et va se coucher sur une claie pleine de noix, dans le manteau de la cheminée. Rieux, après une fouille en pure perte demande du feu. Il faisait froid. La fumée menaçait d'étouffer le pauvre patient ; l'embarras était grand. Randon, ami

---

(1) Voyez *Hist. de Thonon*, p. 240.

secret de l'Oncle Jacques, le comprend et propose de se réchauffer avec de l'eau-de-cerises ; il passe au poêle avec son compagnon et sauve le pauvre prêtre.

En descendant, dans une autre circonstance, à Thonon, M. Bouvet rencontre des hommes qui coupaient du bois. Il prend aussitôt le fagot, la serpe, la mitaine en peau de l'un d'eux, et trompe les soldats envoyés à sa recherche, par son accoutrement emprunté.

Un autre jour, il pénètre, habillé en marchand de tommes (fromages des montagnes du Chablais), dans la maison Gauthier, gardée par trois patriotes, va confesser la mère de famille dangereusement malade, sous prétexte de lui montrer ses produits, et disparaît, heureux d'avoir rempli sa sublime mission.

Au Lyaud, chez Fillion *l'Epenix*, les gendarmes entrent dans l'habitation où il allait célébrer la messe.

Il se met aussitôt au lit avec un bonnet de nuit, la la veuve *l'Epenix* fond en larmes, supplie les gendarmes de lui trouver un prêtre pour confesser son malade qui passe pour son fils, et la providence sauve ainsi l'apôtre du pays.

Que de fatigues, que de périls, que d'incertitudes dans cette vie de missionnaire !! Un jour, mourant de faim dans les montagnes, il monte sur un prunier, pour y prendre son repas. Bientôt la propriétaire accourt en criant : *Au voleur !* et tombe à genoux en en demandant pardon au prêtre qu'elle a reconnu.

A Thonon, il était partout et nulle part. Un malade l'appelait à la tombée de la nuit. Il quitte Armoy, se cache dans un char chargé de fascines et de feuilles, et arrive ainsi en ville jusque dans la grange du père Mottu. Quelques jours plus tard, il contrefait l'homme ivre et se laisse tomber dans le corridor d'une maison attenante à un poste de gendarmerie, et administre les derniers sacrements à un moribond qui l'attendait avec impatience. Un autre jour, c'est à la mère même d'un gendarme qu'il porte les consolations suprêmes, en se présentant gravement à la caserne, comme un homme d'affaires voulant régler des comptes avec la mourante.

« En 1794, dit M. Vuarin, je fus dans le cas d'aller m'aboucher avec lui pour conférer sur des sujets d'administration ecclésiastique. Je me rendis au Lyaud, sur une charmante colline... Lorsque je le quittai, il eut la complaisance de m'accompagner jusque vers la place de Crête, c'est-à-dire aux portes de la ville : il se mit en équipage de meunier, monté sur un mulet, sans selle et sans bride, coiffé d'un bonnet blanc en laine et le reste de la toilette analogue. » Personne ne le reconnut.

Quelquefois, les émissaires de la Révolution arrivaient à l'improviste dans ce village. Fillion *l'Epenix* soulevait aussitôt *la trappe* et le prêtre s'y jetait, comme dans les mains de la Providence.

Néanmoins, il n'eut jamais peur du danger : Une nuit, après avoir dit la messe à Reyvroz, il conduisit à la chapelle d'Hermone les fidèles de la Vernaz et de la Forclaz qui étaient venus assister au Saint-Sacrifice.

Mais, son courage n'allait pas jusqu'à l'imprudence. Accompagné un soir de M. Fornier, il longeait le canal situé derrrière l'hôpital actuel, quand il rencontra l'avocat X... dont l'attention parut éveillée. Il prévit le danger et gagna la montagne. Heureusement, car, la même nuit à onze heures, la maison Fornier était fouillée de fond en comble par la police républicaine. Il avait été dénoncé (27 août 1798)

L'ex-barnabite Michaud, curé constitutionnel de Thonon, l'atteint un jour sur Crête et lui conseille de se retirer. Ici se présentait un intérêt majeur ; la mère Charrière de Rives, et Mme Buffet se trouvaient dangereusement malades. Il fait semblant de profiter de l'avis, fait un détour et rentre en ville par un autre chemin.

Bientôt il était chez son ami Mamet, et les deux malades réconfortées par les derniers sacrements expiraient doucement en bénissant M. Bouvet.

« Le 14 août, dit M. Vuarin, la gendarmerie de service à Thonon, renforcée par une vingtaine d'hommes de la garde nationale, était allée chercher M. Bouvet au village du Lyaud, où elle fit les perquisitions les plus minutieuses dans presque toutes les maisons. Ce fut encore sans résultat. M. Bouvet leur échappa par les galetas. Les gens de la force qui étaient arrivés tambour battant, s'en retournèrent le plus grand nombre penauds, et, quelques gardes nationaux très contents de n'avoir rien trouvé. Quand tout fut parti, on représenta à l'Oncle Jacques que ce serait imprudent de dire la messe ce jour-là. « Ils ont bien fait aller leur tambour, dit-il, faisons aller aussi notre sifflet. » La messe fut dite sans encombre et ces braves gens remercièrent Dieu d'avoir sauvé leur apôtre.

D'ailleurs, nos campagnes demeuraient partout fidèles à l'antique foi des ancêtres. Un fait éclatant l'attesta en 1795. Nous voulons parler de l'enlèvement de quatre cloches, déposées devant le corps de garde, sur la place de la Liberté, à Thonon même.

L'exhibition scandaleuse de ces cloches paraissait à tous les paysans du Chablais venant au marché, un vol sacrilège et une insulte continuelle à leurs sentiments religieux. C'était un défi au pays. Il fut relevé.

Dans la journée du 13 prairial, an III (1er juin 1795),

arrivèrent, à Thonon, quelques gros chariots sans chargement. Les voituriers employèrent le reste de la journée à de mystérieux préparatifs. Ils se mirent en relation avec les fervents catholiques de la localité, et virent les gardes nationaux qui devaient être de faction pendant la nuit ; ceux-ci se prêtèrent à de copieuses libations. Quelques chefs promirent même de dormir, cette nuit-là, plus profondément qu'à l'ordinaire. A minuit, de nombreux campagnards arrivent silencieusement comme des fantômes, de Féternes, de Lugrin, de Saint-Paul, de Sciez et d'autres communes du Bas-Chablais. Les chariots roulent en même temps vers la place de la Liberté. Quatre grandes cloches y sont rapidement installées.

Le chef du poste de ce moment, Charles Magnin, s'aperçoit un peu tard de ce qui se passe, et commence un roulement de tambour, aussitôt étouffé ; car, en un clin d'œil, lui et ses hommes sont désarmés. Le commandant des canonniers réveillé en sursaut accourt pour être, lui aussi, désarmé, bâillonné et retenu prisonnier comme les autres.

Les cloches étaient déjà bien loin de Thonon quand les paysans leur rendirent la liberté et rejoignirent les attelages.

Le 15 prairial, sur l'ordre du directoire de Thonon, la municipalité procéda immédiatement aux informations. La garde du poste objecta la surprise et la force. L'enquête n'amena aucun resultat.

Les communes de Féternes et de Saint-Paul, montrent encore aujourd'hui avec orgueil, à leurs beffrois, les cloches enlevées dans cette nuit mémorable.

Un tel peuple, méritait un apôtre tel que M. Bouvet.

CHAPITRE IX

Soldats du monde et Soldats de Dieu
(1794-1798)

> J'ai vu des cavaliers s'ébranler dans la plaine
> Engager la bataille et courir hors d'haleine
> Ou bien battre en retraite et fuir souventes fois !
> *DANTE, Divine Comédie, Chant XXII.*

SOMMAIRE : Résultats de la réaction du 9 thermidor. — Vente des biens nationaux. — Les acquéreurs. — Les de Blonay. — La disette. — La constitution de l'an III et les députés du Mont-Blanc. — Le député Dubouloz et ses travaux. — Mécontentements en Chablais. — Meurtre de Cayen. — Procès. — Les terroristes et les modérés. — Absolution du tribunal de Gap. — Valeur de nos phalanges montagnardes. — Les Allobroges et l'armée d'Italie. — Bonaparte, Dessaix et Dupas au pont de Lodi (1796). — Dessaix et Chastel, députés aux Cinq-Cents. — Formation du département du Léman. — La route du Simplon par le Chablais et Meillerie. — Panisset et Fernex de Thonon. — Le grand-vicaire Dubouloz, de Maistre et la rétractation de l'intrus. — — Bouvet et l'abbé Rey à Bellevaux. — Les maires Jordan et Guyot. — Brochures du comte de Maistre en Chablais. — Recrudescence de la persécution (1797). — Surveillance du grand-vicaire Dubouloz. — Son arrestation, son interrogatoire, ses lettres. — La déportation ; les prisons de Chambéry et l'île de Rhé. — M. Neyre (1798). — Détresse et générosité. — M. Thorens, curé de la Thouvière et la reconnaissance. — Délivrance du pays de Vaud. — Genève cheflieu du Léman. — Dessaix et la route du Simplon. — La coalition de 1798 et les conscrits chablaisiens. — Bonaparte, Chastel et Dupas en Egypte.

Les années 1793 et 1794 avaient été désastreuses pour les récoltes. Hiver atroce, neiges et ouragans extraordinaires, suppression du commerce et de l'industrie, émigration, guerre étrangère, tous ces fléaux réunis semblaient conduire la France au tombeau.

La journée du 9 thermidor apporta un adoucissement au régime politique, sans remédier à toutes ces souffrances. 1795 continua, dans une certaine mesure, l'œuvre de la réparation. Le 20 février, nous l'avons vu, la Convention rendit un décret qui semblait rétablir la liberté du culte. Ce ne fut qu'un décevant mirage à cause des mille entraves qu'on apporta à son exécution.

Néanmoins, un grand nombre de prêtres rentrèrent dans leurs paroisses respectives. Un décret du 1er mai 1795, les traitait comme des émigrés dignes de la peine de mort. Le pays était las de tant de tyrannie ; on n'osa pas l'appliquer, et le prêtre ne fut plus traqué avec l'acharnement de 1793 et 1794. Mais, s'il était saisi, on le déportait irrémissiblement.

Pendant ces années de calme relatif, les patriotes du Chablais cherchèrent un passe-temps lucratif dans la vente des biens des églises, des couvents et des nobles.

« C'était une belle occasion pour eux ! dit le cardinal Billiet. Ils allaient s'enrichir en peu de jours ; ils auraient de belles propriétés à très bas prix. Les hommes consciencieux n'en voulaient pas ; ils regardaient la confiscation comme un vol. Les conditions de vente étaient fixées par leurs amis ; une partie pouvait être payée en assignats et les assignats coûtaient peu. Les fonctionnaires publics, dont la plupart n'avaient pas plus de fortune que de considération, voulurent aussi profiter de l'occasion pour améliorer la position de leur fortune ; ils faisaient passer les actes par des personnes interposées. »

Ce fut une immense dilapidation dont la nation ne tira que très peu d'avantages. La Visitation de Thonon et son clos furent acquis par le citoyen Amand Charles-Victor, commissaire de guerre à Chambéry (1) ; le clos et le bâtiment des Capucins par les citoyens Bétemps et consorts ; le couvent des Ursulines avec église, bâtiment et jardin par Désuzinges Philippe, Bron Paul et Longet Jean-François (2). La Maison des Arts et le monastère de Mont-Joux (à Rives) échurent à divers citoyens. Les Annonciades restèrent à la ville, moins le clos et les dépendances qu'achetèrent Naz Claude-François, Chenevier J.-B. et Trottelin Gaspard (3). Le couvent des Minimes devint l'hospice civil et militaire de Thonon (4). Ripailles passa aussi au citoyen Charles-Victor Amand (12 juillet 1796), qui fit élection d'ami, le 25 septembre de la même année, en faveur des citoyens Wit, Trolliet et Penchaud, qui le revendirent, le 10 avril 1809, au général de division comte Dupas, au prix de 250,000 francs.

Le château de Thuiset ne put trouver d'acquéreur, la comtesse de Foras y rentra comme fermière. Les

---

(1) Vente du 13 fructidor, an IV. Le citoyen Amand la revendit le 4 vendémiaire, an V, au citoyen Michel Morel, de Thonon, en se réservant une grange et un jardin, comme il sera dit plus tard.
(2) Procès-verbaux de mutations de propriété du temps. (Arch. de la Mairie de Thonon).
(3) Ibid.
(4) Le gouvernement français s'était emparé de tous les biens du clergé, notamment de ceux de la Sainte-Maison et des Barnabites qui devaient à l'Hospice de Thonon une rente annuelle de 4.037 livres neuves 50 centimes ; la ville réclama le remboursement des capitaux ainsi que les cens arriérés. L'administration centrale du Mont-Blanc, par arrêté du 16 vendémiaire, an V (7 octobre 1796), lui céda, en compensation, avec l'assentiment du gouvernement, une partie de la Maison des Arts et tous les bâtiments et clos ayant appartenus aux Minimes, pour y établir un hospice civil. Les malades y entrèrent le 9 frimaire suivant (29 novembre 1796). (Arch. de l'Hospice de Thonon et Pièc. justif. n° 6).

acheteurs, loin de se faire du scrupule d'acquérir ces biens, s'en prévalaient, au contraire, pour obtenir les faveurs et la confiance du pouvoir.

Malgré la convalidation du Pape, accordée à ces acquisitions, l'opinion publique les a jugées sévèrement et les a toujours regardées comme ne portant pas bonheur, selon le dicton populaire : Bien mal acquis ne profite jamais.

« Cette opération, dit M. de Saint-Genis, doubla le nombre des patriotes (1) par celui des acquéreurs dont l'intérêt personnel fut dès lors attaché à la fortune de la République. Les premiers furent des hommes d'affaires, de hardis spéculateurs dont l'âpreté recruta des prosélytes et dissipa les scrupules des sous-acquéreurs, lesquels accoururent en foule dès qu'ils ne se crurent plus directement responsables vis-à-vis des anciens propriétaires. Un épisode touchant vint, à cette occasion, tempérer les rigueurs légales par un acte de reconnaissance des paysans du pays de Gavot. Les traits épars qui témoignent en faveur de l'humanité doivent être recueillis avec plus de soin que les meurtres ou les lâchetés dont l'histoire fourmille. On affichait, au district de Thonon, la vente aux enchères de propriétés considérables saisies sur la famille de Blonay ; M. de Blonay, fatigué de l'exil, voulut assister à sa ruine au mépris de l'arrêt de mort qui le menaçait. Caché sous une veste de batelier vaudois, il se rend à la salle du Conseil, et, dès les premiers appels de la criée, exalté par le péril, par son audace et par l'étrangeté de la situation, il brave tout et jette un chiffre dérisoire qui baisse la mise à prix des neuf dixièmes. On s'étonne,

---

(1) *Hist. de Savoie*, t. II. p. 170.

on entoure cet inconnu, on reconnait l'ancien seigneur ; sa hardiesse, le souvenir des bienfaits de sa famille lui assurent, en un instant, la complicité de la foule qui ne se passionne jamais à demi. Personne ne met d'enchères ; l'officier municipal hésite un instant ; l'attitude de la foule le rassure ; il lui adjuge successivement les lots sous la pression du sentiment populaire et avec la caution des paysans d'Evian et de Maxilly qui entrainent joyeusement M. de Blonay dans la montagne d'où il regagne le Valais. »

L'année 1795 nous amena une disette cruelle que le Directoire du département s'efforça d'adoucir en distribuant au département pour 250,000 francs de blé.

Le 6 brumaire, an IV, la Convention nationale avait terminé ses travaux (24 octobre 1795). La Constitution de l'an III, en entrant en vigueur, confia le pouvoir législatif au Conseil des Cinq-Cents députés et à celui des anciens, et le pouvoir exécutif à cinq hommes appelés le *Directoire exécutif*.

Les deux tiers au moins des deux nouveaux conseils devaient être choisis parmi les membres de la Convention.

Le 26 octobre 1795, les deux anciens tiers et le nouveau tiers élu se répartirent entre les deux conseils et commencèrent, le même jour, leur première législation (1).

Aux élections de 1795, sept de nos députés furent réélus au Conseil des Cinq-Cents : Marin, Marcoz, Duport, Balmain, Dumas, Grumery et Dubouloz.

---

(1) L'élection du tiers faite en 1795, l'ayant été par anticipation, il n'y eut pas de renouvellement partiel en 1796. (Folliet : *Les députés savoisiens aux assemblées législatives de la Révolution*).

Ce dernier, qui s'était effacé, sous la Terreur, avec quelques-uns de ses collègues du Mont-Blanc, devant les dénonciations de Simond, reparut à la Convention le 9 thermidor (27 juillet 1794). Robespierre, attaqué par la Montagne, invoqua en vain l'appui « des hommes purs de la Plaine. » La Plaine resta immobile et silencieuse, et les proscripteurs furent mis hors la loi.

Nos députés reparurent alors sur la scène politique. Tous votèrent la mise en accusation de Carrier. Dubouloz et Carelli rentrèrent au Comité des transports postes et messageries ; Marin, au Comité des travaux publics ; Duport et Grumery, au Comité des finances, ainsi que Balmain, qui devint l'un des quatre secrétaires de la Convention. Tous publièrent des rapports relatifs à leurs charges.

En septembre et décembre 1797, Dubouloz prononça deux discours sur l'organisation des postes et messageries. Il attribua, à la mauvaise organisation de ce service, les assassinats, les vols multiples des courriers, la violation du secret des lettres, leur suppression, etc.

En août 1797, au renouvellement du tiers des conseils, quatre de nos conventionnels : Balmain, Dubouloz, Dumas et Marcoz, désignés par le sort pour sortir du Conseil des Cinq-Cents, ne furent pas réélus (1).

---

(1) Dumas devint accusateur public près le tribunal criminel du Mont-Blanc : Dubouloz et Balmain furent élus membres du tribunal de cassation ; Marcoz alla occuper la chaire de professeur de mathématiques à l'école centrale du Mont-Blanc. Dubouloz fut nommé, le 7 avril 1800, commissaire du gouvernement près le tribunal civil de Thonon. Gentil François, devenu juge de paix à Douvaine, sous l'Empire, fut révoqué en 1814 et rentra dans la vie privée.

Deux royalistes, anciens membres du Sénat de Savoie, P.-M. Rose et P. Rosset, de Tours, leur succédèrent. Cette élection fut annulée le 19 fructidor.

Le mécontentement était grand en Chablais. La persécution religieuse avait aigri nos populations, et, au lieu de la liberté et de la paix tant vantées, on ne leur avait donné que l'esclavage, la guerre et la misère. La réaction s'opérait dans les esprits, lente, mais indomptable. On abhorrait la Révolution et ses séides. Les terroristes Blanche de Reyvroz, et Maxit d'Abondance, avaient déjà disparu devant les fureurs de la vengeance populaire.

Un nouveau meurtre eut lieu, le 12 juin 1797, sur la route de Thonon à Evian, au bas du château de Blonay actuel, au-delà de la Dranse. Ce fut une *vendetta* chablaisienne.

Un homme, qui a figuré maintes fois dans notre récit, particulièrement dans l'enquête contre les patriotes de la vallée d'Abondance, F. Cayen, d'Evian, en devint la malheureuse et triste victime. Pendant la Terreur, ses fureurs de sans-culotte épouvantèrent pendant de longs mois, les paisibles habitants de Publier, de Marin, de Féternes et d'autres localités du pays de Gavot. Quoi qu'appartenant à une famille religieuse (1), il avait embrassé avec ardeur les principes de la Révolution en devenant le terrible émissaire des Clubs de Thonon et d'Evian. A Marin, il s'était spécialement distingué par sa haine contre les ornements du culte, et par son zèle à exécuter l'arrêt des représentants du peuple français, près l'armée des

---

(1) Une demoiselle Cayen entra entra en religion le 12 août 1770. (Arch. de M. Norbert Mudry, de Thonon).

Alpes, ordonnant, le 19 octobre 1793, le désarmement, dans les vingt-quatre heures, de toutes nos campagnes, sous peine d'être puni comme traître et rebelle à la patrie.

Gare à vous, s'il reste un fusil ! lui dit-on quelque part. Mais il ne s'inquiéta pas de cette menace, protégé qu'il se croyait par toutes les forces de la République. Cependant, la réaction de thermidor avait reporté les modérés au pouvoir, à Thonon comme ailleurs. La famille Dessaix, tenue à l'écart pendant la Terreur, figurait maintenant parmi les autorités constituées, au grand désespoir des radicaux de la localité, et exerçait la plus grande influence sur la marche du gouvernement. On le savait, en Chablais et à Marin. Cayen eut le tort d'oublier que, derrière ses vallons verdoyants, le Marinier ne perd mémoire de rien. Trapu, robuste, il y a dans ses veines le sang et dans son cœur la haine redoutable du Corse.

Le 12 juin, par une tiède soirée d'été, Cayen, monté sur son cheval, rentrait donc tranquillement à Evian, en songeant au moyen de renverser les Dessaix et autres girondins du jour qui ne voulaient pas comprendre la République à sa façon. Après avoir laissé le château de Thuiset à gauche, il traversa le vieux pont de la Dranse et s'engagea résolument sous les grands noyers du castel de Blonay qui, en cet endroit, semblaient étreindre la route de leurs branches osseuses.

Mais bientôt un éclair jaillit près du tronc de l'un d'eux, suivi d'une formidable détonation, puis un second, puis un troisième...., puis un dixième, toujours accompagnés de détonations plus fortes les unes que les autres. Epouvanté, il s'était d'abord hâté de piquer sa monture ; mais chaque noyer cachait un tireur et les balles lui arrivaient simultanément dans les reins.

Enfin, il alla tomber, expirant, dans le fossé, tandis que son cheval fuyait à toutes jambes du côté d'Evian. Le matin, vers les trois heures, on le trouva raide mort. La justice se transporta aussitôt sur les lieux. On ne découvrit rien si ce n'est une bourre d'arme à feu noircie par la poudre, portant le nom : *Demoëruel ;* les soupçons se portèrent sur les *Demoëruel,* de Marin, et leurs parents.

Claude-Marie et François Demoëruel furent donc écroués aux prisons de Thonon, avec plusieurs de leurs concitoyens, sous la prévention d'assassinat. Au commencement de 1798, l'enquête était ouverte et Mme veuve Cayen produisait à charge divers témoins de Champanges, de Larringes, de Publier, de Morzine, de Thonon et d'Evian. Les 18 et 19 août 1798, le procès s'instruisait avec fureur ; le 20, long interrogatoire des accusés. D'autre part, Dupasquier, directeur du jury, recevait diverses pétitions avec témoins à décharge.

Cette question dégénérait rapidement en procès politique et passionnait non-seulement Evian et Thonon, mais le Chablais tout entier. On voulait la condamnation de la Terreur dans l'absolution du meurtrier d'un sans-culotte.

MM. Dessaix, Bron, etc., figuraient à la tête des défenseurs de l'accusé.

En face de cette agitation générale, les juges prirent le sage parti de renvoyer cette cause à un tribunal éloigné, étranger aux passions de familles et de parti : au tribunal de Valence. M. Demoëruel, frère de l'accusé partit aussitôt pour Chambéry, où la famille Buisson, alliée des Dessaix et des Favre de Thonon, prit en mains sa cause (1). Demoëruel passa pour un

---

(1) Favre-Buisson X., juge à Chambéry et Favre Jean-

noble, victime de la secte jacobine. M*me* la marquise Davesne et M*me* de Sieyès, sa nièce, mère du célèbre abbé Sieyès, toutes deux amies intimes de M*me* Buisson, usèrent de leur puissante influence et obtinrent l'acquittement complet des accusés au tribunal de Gap. Un citoyen de Thonon eut beau faire appel aux frères maçons de Gap, de Besançon..... Le 18 brumaire venait de changer la face des choses, et Sieyès était l'un des consuls collègues de Bonaparte (1801). La Terreur était donc officiellement condamnée. M*me* Buisson vint à Thonon où elle fut fêtée pendant plusieurs jours ; on fêtait la disparition des terroristes (1).

Le pays le demandait, car la Terreur avait profondément dégoûté le Chablais du régime révolutionnaire. Après la reprise de Toulon et la paix des Pyrénées, nos volontaires, qui s'étaient levés au milieu de l'enthousiasme de 1792 pour délivrer le sol de la patrie, venaient de regagner tranquillement leurs foyers, croyant avoir rempli leur devoir. Les Français faisaient en effet alors, la guerre sur le territoire des coalisés. Mais, non, le gouvernement révolutionnaire commit la plus cruelle des injustices en poursuivant ces gens comme déserteurs ! Et, cependant, ces prétendus déserteurs, qui échappèrent aux perquisitions des gendarmes, marchèrent encore en 1799, quand les les Autrichiens et les Russes menacèrent la Savoie d'une nouvelle invasion.

Un jeune officier, déjà illustre par la prise de Toulon et la réduction de la commune de Paris, fixait l'attention et les espérances de la nation. Ses compa-

---

François, son frère, dont il sera parlé au chapitre xv, étaient nés à Thonon.
(1) Ce procès forme une liasse de près de 500 pages de documents.

gnons d'armes l'aimaient; il avait conduit les Allobroges à la victoire, c'était Bonaparte. La Convention avait su l'utiliser, le Directoire le jalousait.

Depuis longtemps les armées austro-sardes et françaises se battaient dans les vallées de la Maurienne, de la Tarentaise ; les Hautes et Basses-Alpes, jusqu'au col de Tende, étaient sillonnées tantôt par des troupes sardes, autrichiennes, tantôt par des corps français ; on perdait le lendemain, ce qu'on avait gagné la veille, les opérations n'avançaient nullement.

Pour en finir avec cette incertitude, le Directoire nomma Bonaparte au commandement de l'armée des Alpes.

Les Allobroges formaient l'avant-garde de la division Augereau, qui était au centre de l'armée française, forte de 40,000 hommes environ (1).

Il fallait combattre l'armée autrichienne qui en comptait à peu près autant, et l'armée piémontaise avec ses 20,000 hommes de bonnes troupes, commandées par le général Colli, qui avait pour chef d'état-major général le marquis Henri Costa de Beauregard. Celui-ci fit preuve d'une habileté rare et d'une valeur éclatante dans ces circonstances difficiles. Son fils, Eugène, fut blessé sous ses yeux, à Saccarello ; mais que pouvait-il contre le génie de Bonaparte (2).

Le 12 avril 1796, ce dernier concentre les divisions Augereau, La Harpe (3) et Masséna, et remporte la

---

(1) Lanfrey, *Histoire de Napoléon*.
(2) Voir, au chapitre xv, l'article intitulé : *M. de Beauregard, les officiers savoyards et le régiment de Chablais (1792-1796)*.
(3) Les de La Harpe sont d'origine chablaisienne. Pierre de Arpâ, chambellan de Bonne de Bourbon en 1390, fut reçu bourgeois de Thonon, le 13 avril 1387. Le fils de ce Pierre : Jean, épousa Isode Blanc le 29 juillet 1425. Le fils de Jean : Mathieu, passa le lac et se fixa à Lausanne, où il mourut. Son testamet est daté du 30 juin 1505. Son corps repose dans le cloître de la cathédrale de Lausanne. De Lausanne son fils passa à

brillante victoire de Montenotte. Il avait atteint son but : la séparation des deux armées ennemies. Dès lors, il s'acharna contre la faible armée piémontaise, et, après une série de combats partiels, la défit complètement à Mondovi (29 avril).

Le roi, abandonné, ou faiblement défendu par l'Autriche, obtint un armistice en cédant au vainqueur deux places de sûreté, Coni et Tortone.

Le 19 mai 1796, Dessaix reçoit de Bonaparte l'ordre de passer le pont de Lodi, sur l'Adda, en colonne serrée.

Déjà, la première colonne d'attaque, commandée par le chef de bataillon Dupas, s'est élancée en avant. Aussitôt Dessaix harangue ses Savoyards et le pont est franchi à la course.

Ils arrivèrent à temps pour soutenir l'intrépide Dupas que l'ennemi chargeait avec vigueur pour reprendre ses canons tombés au pouvoir de nos montagnards.

Rolle, et, après lui ses descendants. C'est de cette famille que sont sortis le général de La Harpe et le célèbre littérateur du même nom. Mais nous avons à parler d'un autre personnage de cette famille.

Amédée-Emmanuel-François de La Harpe, né le 27 septembre 1758, entra de bonne heure dans la carrière de armes. Il fut déchu de ses « droits de bourgeoisie et de sujet bernois » pour avoir épousé une femme catholique. Condamné à mort en 1791 pour avoir excité des mouvements séditieux contre Berne, il alla prendre du service en France et fut nommé lieutenant-colonel, le 31 octobre de la même année. Placé à l'avant-garde de l'armée des Alpes, il prit, comme général de brigade, une glorieuse part aux combats de Garessio, de Cairo, de Vado, de Savonne et de Loano et devint général de division. Peu de jours après la bataille de Mondovi (8 mai 1796), après avoir défait un corps d'Autrichiens, il trouva la mort sous le feu de soldats français qui avaient pris ses chevaux et ceux de sa suite, pour la cavalerie ennemie. « Grenadier par la taille et le cœur, écrivait Napoléon à Sainte-Hélène, La Harpe semblait devoir fournir à l'histoire, l'une des plus brillantes célébrités militaires. »

Cette victoire donna la Lombardie à la France. Le 15 mai 1796, Victor-Amédée III, pour prévenir la ruine totale de ses Etats, céda, par le traité de Paris, à la République française, tous ses droits sur la Savoie et sur les comtés de Nice, de Tende et de Beuil. Il promit, en outre, de démolir les fortifications d'Exilles, de la Brunette et de Suze, et de renvoyer tous les émigrés français.

Le 25 mai, les Allobroges occupaient Peschiera. Dessaix s'empara de la Roca-d'Anfo, de Storo, de Riva et prit part au combat de Mori, où il eut un cheval tué sous lui (1).

A partir du 7 octobre 1796, la Légion allobroge subit une refonte et reçut la dénomination de 27ᵉ brigade d'infanterie légère.

Il y eut bientôt un retour offensif des Autrichiens, et Dessaix, chargé de couvrir la retraite de la division Vaubois, fut blessé et cerné à Rivoli, après cinq heures d'un combat opiniâtre. Ses deux frères, Aimé capitaine, et François lieutenant (17 novembre 1796), et plusieurs officiers furent emmenés prisonniers en Autriche. Tous rentrèrent en 1797 pour rejoindre leur 27ᵉ brigade savoyarde.

Enfin, en avril 1798, Dessaix encore souffrant, apprit, à Coni, que les électeurs du Mont-Blanc venaient de le choisir pour leur représentant au Conseil des Cinq-Cents. Le 16 mai, il était à Thonon. Son parent, François Chastel, administrateur du département, remplaça l'un des députés invalidés l'année

---

(1) Cette meurtrière attaque, où fut emporté un passage défendu par une redoute formidable armée de canons, fut dessinée par un officier demeuré inconnu. Ce tableau fut envoyé à Thonon au père Dessaix, par son fils François. Il est aujourd'hui chez Madame veuve Edouard Dessaix, à Thonon.

précédente (1). La députation du Mont-Blanc aux Cinq-Cents se composait alors des citoyens Gavard, Favre, Mermoz, Mansord, Chastel et Dessaix.

Deux questions importantes pour notre pays étaient à l'ordre du jour de l'assemblée : la formation d'un nouveau département français (2) par suite de la réunion de Genève à la France, et la construction de la route du Simplon par le Chablais et Meillerie (3). Des évènements d'un autre genre consolaient nos ancêtres à cette époque agitée. Le Chablais n'avait pas seulement de grands soldats sur les champs de bataille, mais il possédait aussi des confesseurs, des apôtres auxquels l'ancien diocèse de Genève gardera une éternelle reconnaissance. L'un de leurs grands faits d'armes fut la rétractation, puis l'enlèvement de Panisset. Reprenons l'histoire de cet intrus. Son épiscopat ne fut pas long, il ne dura que du 14 avril 1793 au 27 janvier suivant, c'est-à-dire huit mois et treize jours. La suppression de son traitement lui inspira bientôt d'utiles réflexions. Enfin, le 30 floréal, après s'être concerté avec son grand-vicaire Malinjoud et l'ex-capucin Fernex, il rétracta le serment d'Albite et adressa sa rétractation à la municipalité d'Annecy ; celle-ci lui en donna acte le 1er prairial suivant, jour où

---

(1) Voir au chapitre XV : Les frères Chastel.
(2) Jean Favre présenta, dans le cours de la discussion, un amendement tendant à la réunion du district d'Annecy au nouveau département. Il fut repoussé. Un Savoisien de Chambéry prit la parole contre le projet : Pierre-Claude-Joseph Leborgne, né le 8 mars 1762, qui, après une vie d'aventures, avait été élu député de Saint-Domingue. Leborgne était le frère puîné du général Leborgne, connu sous le nom de comte Benoît de Boigne, le grand bienfaiteur de Chambéry.
(3) Cette route existait déjà de Genève à Saint-Maurice comme nous l'avons prouvé dans l'*Histoire de Thonon et du Chablais ; Pièces justificatives*, n° 32. Elle n'a été qu'agrandie et améliorée dans son parcours en Chablais.

Malinjoud et Fernex rétractèrent aussi leurs serments.

Mais ce n'était pas assez. Il fallait une rupture éclatante avec le schisme, rupture qui lui servit de rempart contre son inconstance naturelle, et l'éloignement du théâtre de sa coupable intrusion. C'était le but poursuivi avec ardeur par notre compatriote, le grand-vicaire Dubouloz, dont nous avons parlé précédemment.

En janvier 1796, il va prendre M. Vuarin dans sa retraite, et tous deux partent pour Annecy, où, le grand-vicaire de Saint-Marcel doit les recevoir. Rendez-vous fut donné à Panisset, au château de Tréson. Il l'accepta et consentit à partir, le jour même, à six heures du soir, pour Lausanne, où étaient les autres grands-vicaires de Thiollaz, Bigex, et Besson. L'accueil fut paternel, et, bientôt, ce pauvre pénitent signa une magnifique rétractation que rédigea Joseph de Maistre (1) (22 février 1796).

Ce fut la première rétractation d'évêque constitutionnel qui parvint à Rome. Le Pape en exprima hautement sa satisfaction (1er juin 1796).

Pour en finir avec M. Panisset, il fut relevé de la suspense et de l'irrégularité dont il avait été frappé le 6 mars 1798, devint curé de Tresserve en 1803, à l'âge de soixante-quatorze ans, obtint de Napoléon en 1805, une pension de 3,333 francs, et mourut le 22 février 1809 en laissant une triste mémoire (2).

---

(1) Né à Chambéry, le 1er avril 1753, il était membre du Sénat de Savoie quand arriva la Révolution. Emigré, puis ambassadeur du roi de Sardaigne en Russie, ses écrits demeurés célèbres lui ont assigné l'une des premières places parmi les philosophes et les écrivains politiques des temps modernes. Il est mort, à Turin, le 25 février 1821, grand-chancelier du roi de Sardaigne.

(2) Après son évasion, il fut réputé émigré ; son mobilier confisqué fut confié à ce même Fernex, ex-religieux qui venait

Mais, la religion avait, dans nos montagnes, d'autres héros qui ne faillirent jamais.

Outre MM. Bouvet et Dubouloz, l'abbé Rey faisait des prodiges de zèle et de charité dans les vallées de Vailly et de Bellevaux.

Les patriotes de Thonon avaient menacé d'abattre l'église de cette dernière paroisse, si elle servait encore de lieu de réunion aux fidèles. L'abbé Rey en ferma les portes et n'y célébra aucun office pendant plusieurs semaines. On s'assemblait tantôt dans quelque village écarté, tantôt sur quelque colline ou au milieu des forêts. « En 1796, dit son historien M. le chanoine Ruffin, la procession de la fête du Très-Saint Sacrement se fit avec une solennité merveilleuse, sur le col de la montagne appelée Nifflon ; l'abbé Rey y célébrait le divin sacrifice ; la Victime sainte y fut élevée ainsi que sur le Calvaire, en vue du ciel et de la terre, et le ministre du Seigneur, sous le feu de la persécution, ne trouva que des paroles d'amour et de paix pour cette multitude attentive, réfugiée sur ces hauteurs pour y chercher son Dieu. »

Cette montagne qui touche à la vallée d'Aulps par l'un de ses flancs, et par l'autre à Bellevaux, était le rendez-vous des bergers des paroisses environnantes. Ces réunions avaient donné naissance à de fâcheux désordres qui étaient un sujet d'affliction pour les familles.

« Ce jour même, l'abbé Rey conçut la pensée d'atti-

---

de rétracter sa rétractation !! Ce dernier le vendit au préjudice de la nation, pour subvenir aux besoins de sa femme et de ses enfants. Telle est du moins la raison qu'il donne au Conseil municipal d'Annecy, le 4 thermidor, an IV. Plus tard il devint receveur d'octroi à l'une des portes d'Annecy. Après le concordat, son mariage fut convalidé et il vécut en laïque.

rer sur ces lieux une protection céleste et de les consacrer à la Reine des Anges. Il exposa son dessein aux fidèles ; puis, entouré des chefs de famille, il détermina, à l'heure même, l'emplacement, la forme et les dimensions de la chapelle qu'il s'agissait de bâtir. Ce sanctuaire fut dédié à Marie, sous le titre de Notre-Dame-des-Neiges. Dès lors ces hautes régions, sanctifiées par le culte de la Vierge sans tache, furent et ont été depuis le terme d'un pèlerinage célèbre dans la contrée, par les grâces que le Seigneur y répand sur ceux qui vont y invoquer son auguste Mère. C'est là que le soir, le matin et à midi, les bergers s'assemblent pour la prière. Les chansons profanes font place à la récitation du chapelet et au chant des hymnes, à la louange de Marie. Souvent l'abbé Rey lui-même, les travaux des champs terminés, s'entourait des jeunes gens et les emmenait en pèlerinage, tantôt à Notre-Dame-des-Neiges, tantôt à Miribel et souvent à Hermone. Chemin faisant il entretenait ses compagnons de quelques sujets de piété ou chantait avec eux des cantiques. Les populations des lieux qu'il traversait se joignaient au cortège. Arrivés à la cîme des monts, les pèlerins y rencontraient les bons habitants des vallées voisines accourus de tous côtés. Là, prosternés, ils adoraient le Dieu que l'impiété blasphémait ailleurs, et appelaient de leurs vœux la fin des maux de l'Eglise. Puis, d'une chaire formée de pierres entassées les unes sur les autres, le missionnaire de Bellevaux instruisait la multitude attentive et recueillie. On reportait ensuite dans les chaumières ce que l'on avait entendu et le bruit des prédications de l'abbé Rey, retentissant au loin, de toutes parts on venait pour l'entendre et lui demander des conseils. Son confessionnal et la maison qu'il habitait le plus souvent, étaient littéralement assiégés.

Malgré ses travaux apostoliques, il trouvait le moyen d'accueillir tous ceux qui voulaient le voir ».

Les rangs du clergé, éclaircis par la persécution et la mort, faisaient prévoir les plus mauvais jours, où la religion redevenue libre, n'aurait plus de ministres. L'abbé Rey le comprit, fit un appel à ses montagnards et fonda un établissement, qui s'ouvrit en novembre 1797, à quarante élèves. La plupart d'entre eux ne payaient que la moitié ou le quart de leur pension ; la charité des habitants faisait le reste.

Dans ces hauts lieux, comme dans la plaine, on cite plusieurs agents municipaux, qui, loin de persécuter les prêtres, bravèrent les menaces du Directoire pour les sauver. Ainsi, M. Jordan syndic de Saint-Jean-d'Aulps (1), sauva M. Périllat, vicaire dans cette paroisse en entraînant chez lui les soldats qui venaient de cerner la maison qui lui servait de refuge. Pendant de copieuses libations, le prêtre put s'échapper et gagner ensuite la vallée d'Aoste (2).

M. Guyot, syndic de Douvaine, dont la famille avait cependant acclamé la Révolution, voulut favoriser l'évasion des prisonniers confiés à sa garde, en remettant les clefs du cachot au frère d'un prêtre arrêté depuis peu avec deux de ses confrères.

Celui-ci n'ayant eu le courage de se servir de ces clefs, M. Guyot alla lui-même, en secret, faire rouler les portes sur leurs gonds, et rendre la liberté aux persécutés.

---

(1) C'était le père de M. Jordan, ancien juge-mage à Saint-Julien et grand'père de M. Félix Jordan, actuellement juge au tribunal de Thonon (1888).
(2) Il y resta jusqu'en 1799.

L'esprit public avait abandonné depuis longtemps les meneurs révolutionnaires. Il était d'ailleurs quotidiennement remué et soutenu par les ordres des grands-vicaires, et par les publications de Joseph de Maistre, qui, de Lausanne correspondait avec ses compatriotes et mettait son activité et son génie, au service des grands principes de l'ordre et de la liberté.

De 1793 à 1794, il avait stigmatisé les ignobles lois du temps dans : l'*Adresse à la Convention* par les parents de quelques militaires savoisiens, et dans les : *Lettres d'un royaliste savoisien à ses compatriotes*. En 1795, ce fut le tour de sa brochure intitulée : *Lettre de Jean-Claude Têtu, maire de Montagnole, à ses concitoyens;* brochure qui eut un succès immense en Savoie et en Suisse. Il en expliquait ainsi plus tard, la cause et le but : « J'étais à Lausanne au printemps de l'année 1795, quand on me demanda un pamphlet qui fût à la portée de tout le monde et qu'on pût répandre avec profusion pour ressaisir et diriger l'esprit public. On voulait surtout mettre à profit l'occasion favorable des assemblées primaires qu'on venait de provoquer pour une nouvelle élection de représentants. Je composai donc le badinage raisonnable qui suit ; il eut une vogue extraordinaire en Savoie et en Suisse, mais nos efforts dans tous les genres devaient être inutiles, du moins pour longtemps. »

Le Conseil général s'émut de l'apparition de cette brochure et pria la République de Genève de saisir la nouvelle édition qui venait d'y être publiée.

La Révolution avait éclaté dans cette dernière ville le 19 juillet 1794 ; le représentant Soulairé, prêtre apostat y avait proclamé la république et intronisé la terreur qui ne cessa qu'à la réaction du 25 mars

1795 (1). Aussi les Genevois désenchantés répondirent-ils vertement que leurs lois s'opposaient à de tels actes d'arbitraire. Néanmoins, ils offrirent au dit conseil la vente de la nouvelle édition au prix de 3,000 livres.

Le 18 fructidor (4 septembre 1797), remit en vigueur les lois édictées contre les prêtres réfractaires, et donna une nouvelle recrudescence à la persécution. Les commissaires Carelli et Ducoudray donnèrent les ordres les plus sévères pour les faire saisir et punir avec la dernière sévérité.

Mais, il en était un que ce dernier poursuivait d'une haine particulière, c'était notre illustre concitoyen le grand-vicaire Dubouloz. Ducoudray écrivait le 9 septembre 1797, au commissaire du canton de Saint-Gervais : « D'après l'avis que vous me donnez, que le ci-devant grand-vicaire Dubouloz a paru dans votre canton et qu'il continue, au mépris de la loi du 18 fructidor, à habiter le territoire de la République, je vous invite à ne rien négliger pour découvrir l'asile où il se réfugie. Requérez la force armée pour vous en emparer. C'est en purgeant notre sol de ces prédicants fanatiques, que nous parviendrons à assurer l'exécution des lois. »

Le 2 janvier 1798, le même commissaire donnait à ses subalternes de Cluses l'ordre suivant : « Vous ne devez rien oublier pour faire arrêter Dubouloz, vous êtes autorisés à donner 150 livres à celui qui parviendra à l'arrêter, mais vous comprenez qu'il faut du secret. »

Quelques jours après, il adressait ces lignes au

___

(1) Pendant huit mois, le tribunal révolutionnaire prononça treize sentences de mort et quatre cent six d'exil. (Gaberel. *Hist. de l'Egl. de Gen.*, t. III, p. 408).

Président de la République spéciale en Valais : « Je recommande à votre vigilance le nommé Dubouloz, ci-devant grand-vicaire du diocèse d'Annecy. Depuis longtemps je le fais poursuivre, je n'ai pas pu parvenir encore à le faire arrêter. Cet homme est très dangereux. »

Cette surveillance particulière empêcha M. Dubouloz de se produire comme dans le passé. Néanmoins, il finit par tomber entre les mains des soldats de la République.

Le 17 juin 1798, vers les 11 heures du soir, jour de la Fête-Dieu, il rentrait à Thonon, en compagnie d'un ami, quand il fut tout-à-coup saisi par quatre gendarmes qui crurent tenir l'Oncle Jacques. On le conduisit chez l'agent municipal qui reconnut leur erreur. Mais, persuadés que leur prisonnier était un prêtre, ils le tinrent toute la nuit sous bonne garde. Vers les quatre heures du matin ils le dirigèrent à Rives. Sur leur route, ayant rencontré une croix que les fidèles de Thonon avaient ornée de guirlandes et de fleurs, malgré la cessation du culte extérieur, les gendarmes se ruèrent sur elle en blasphémant et la brisèrent.

L'illustre prisonnier, dut aussitôt monter sur une barque, les fers aux mains, pour ne débarquer qu'à quatre heures de l'après-midi aux Eaux-Vives, près de Cologny, et marcher ensuite sur Carouge, d'où il partit le soir même pour Chambéry.

Au département, l'interrogatoire commença bientôt, sur ses fonctions, sa correspondance, ses courses...

Inutile de poursuivre.... le Directoire exécutif avait déjà prononcé contre lui la peine de la déportation. Néanmoins, il fut encore détenu, dans les prisons de Chambéry, trois longs mois, dont il profita pour donner à M. Vuarin toutes les indications nécessaires aux chefs de missions. Il leur fit alors parvenir l'admirable lettre suivante qui respire la foi, l'humilité et le courage d'un martyr : « Le Seigneur a-t-il voulu punir mes négligences dans les fonctions importantes que j'avais l'honneur d'exercer au milieu de vous, Messieurs ? A-t-il voulu procurer à son peuple des secours plus réels et des moyens plus efficaces de salut, à la place des faibles efforts d'un serviteur inutile ? A-t-il voulu corriger des prévarications de sa sainte loi, que je n'ai que trop à me reprocher ? Quelles que soient les vues de sa miséricorde ou de sa justice sur moi, elles sont pleines d'équité et de sagesse ; je les adore, je m'y soumets avec toute l'humilité dont je suis capable, et je l'en bénirai tous les jours de ma vie.....

« Puissé-je par les angoises qui me sont préparées, expier les fautes que j'ai commises durant tout le cours de mes années, celles surtout dont je me suis rendu coupable dans l'exercice du redoutable ministère, et obtenir enfin, à la suite des plus rigoureuses satisfactions, que mon administration ne devienne pas une source de malédictions pour le peuple fidèle. J'ose l'espérer de votre infinie bonté, ô Dieu de miséricorde, vous inspirerez le premier pasteur de l'Eglise de Genève, afin que dans sa sagesse, il envoie à votre peuple un ministre selon votre cœur, un ministre qui, sous les auspices du saint prélat, répare les maux que mon ignorance et ma lâcheté auront occasionnés ; vous accorderez cette grâce aux prières de tant de fervents chrétiens, qui, dans ces mauvais jours, ont conservé leur foi pure, et qui élèvent vers vous leurs mains suppliantes. Animé de cette confiance, j'irai avec joie dans tous les lieux où vous daignerez me conduire. Faudra-t-il traverser les mers, habiter parmi des peuples barbares et sauvages, essuyer la faim, la soif, la nudité et toutes les misères ; je m'y résous avec toute la soumission que vous êtes en droit d'exiger de votre créature. Je renonce désormais à tout ce qui pourrait m'attacher encore à la terre, où il vous a plu de me faire naître et où vous m'avez comblé de tant de bienfaits. Parents, amis, aisances de la vie, douces consolations de la société, je vous en fais le sacrifice et un sacrifice sans partage et sans réserve ; je n'aurai plus rien de commun avec tous ces avantages, qu'à l'ombre de votre croix, et dans le sein paternel de votre clémence et de votre miséricorde.

« Qu'il m'est précieux, qu'il est consolant pour moi, Messieurs, avant de subir l'arrêt de ma déportation, de venir verser dans vos cœurs les sentiments de ma tendresse et de mon plus sincère attachement, et de pouvoir vous donner un témoignage authentique de la vénération et du respect sans bornes que m'ont inspirés la piété, le zèle, la ferveur, dont vous n'avez cessé, durant tout le cours de la persécution qui nous afflige, d'animer vos pénibles travaux et dont j'ai eu si souvent le bonheur d'être l'admirateur et le témoin. Cet esprit de modération, de douceur et de paix que vous avez montré par vos exemples, autant que par vos discours, aux peuples qui vous sont confiés ; ces principes sublimes de la foi et de la morale chrétienne que vous leur avez enseignés, inculqués avec tant de fermeté et de courage, la patience et la soumission aux ordres toujours justes de la divine Providence, dont votre conduite leur a tracé à chaque pas, à chaque instant et sans cesse de si utiles leçons, cet héroïque désintéressement, qui, dans tous vos procédés, s'est manifesté d'une manière si propre à vous venger des calomnies, qu'ont intentées contre vous les ennemis de la religion et du sacerdoce ; vos vertus, en un mot, vos travaux, vos succès, qui feront à jamais votre gloire et votre apologie ; tout cela se présente délicieusement à mon esprit et ajoute de nouvelles consolations aux douceurs dont le ciel daigne me favoriser dans le lieu de ma détention.

« Si, dans les régions lointaines, où je vais être transporté, j'avais encore la consolation d'apprendre que le Seigneur, qui, du haut du ciel, regarde vos travaux d'un œil de complaisance, leur donne un accroissement plus propice, que le peuple fidèle dont vous cultivez les heureuses dispositions avec tant de zèle, se soutient dans la sainteté de sa vocation, que l'impie même vaincu par la force et les attraits de la divine grâce, touché, encouragé par vos exemples et par vos doctes instructions, renonce à ses erreurs et à ses égarements, pour embrasser les saintes maximes de l'Evangile ; que les lois de l'empire, réunies enfin à celles du sacerdoce, concourent d'un commun accord au maintien de la religion, à l'observance des bonnes règles et à la réformation des abus, alors ma douleur serait satisfaite, et je me croirai heureux, au milieu des affreuses tribulations et du séjour inconnu où je dois terminer ma carrière.

« Je reviendrai en esprit auprès de vous, Messieurs, lorsque, près des autels du Seigneur, vous lui rendrez grâce ; je réunirai mes chants d'allégresse aux accents de votre reconnaissance et je le bénirai de toutes les facultés de mon âme d'avoir fait éclater sur son peuple les merveilles de sa puissance et l'immensité de ses miséricordes.

« Enfin, Messieurs, quelle que puisse être la suite des événements, nous travaillerons de toutes nos forces à l'œuvre à laquelle nous avons été appelés ; Vous Messieurs, en combattant avec une ardeur sans cesse renaissante, pour vaincre les efforts de l'enfer conjuré plus que jamais, contre le Seigneur et contre son Christ ; et nous, en élevant nos mains vers le ciel, pour qu'il plaise au Dieu fort et puissant d'ajouter quelque jour de nouvelles palmes à vos triomphes.

« Quant à moi, Messieurs, rien ne saurait égaler tout ce que je ressens de tendresse et de reconnaissance pour vous, ainsi que pour le peuple fidèle, qui, dans les lieux divers que j'ai parcourus, m'a accueilli avec des marques d'humanité et de charité, si dignes des chrétiens de l'église primitive. Que le Seigneur le lui rende au centuple, même dès cette vie ; qu'il bénisse ses travaux, qu'il fasse tomber une rosée féconde sur ses champs et ses vergers, qu'il fasse croître et multiplier ses moissons, qu'il charge ses vignes de raisins; que ce peuple, enfin, soit devant tous les peuples l'image du bonheur, comme il sait être, envers les ministres de Jésus-Christ, le modèle de la bienfaisance. Et puisqu'un verre d'eau, donné au nom de ce Dieu de bonté, ne sera pas dans le ciel sans récompense, que n'auront-ils pas à espérer de ses miséricordes, ces hommes précieux, qui ont reçu avec tant de générosité ceux qui ont été envoyés par lui ? Je vous supplie, Messieurs, de me recommander à leurs ferventes prières (1). »

Beaucoup d'esprits superficiels se prirent à regarder la déportation substituée à la peine de mort, comme un heureux tempérament de la Révolution. Hélas ! c'était un long martyre, au lieu de quelques heures d'angoisses du trépas. Qu'on en juge plutôt par les détails suivants empruntés à des hommes, qui certes étaient loin d'accorder la moindre partialité au clergé: Les prisons de Rochefort où étaient entassés les con-

---

(1) Signé : Dubouloz, vicaire-général. Fleury. *Hist. de l'Egl. de Gen.* t. III, p. 284.

fesseurs de la foi, disait Richer Serysi, rédacteur de l'*Accusateur public*, étaient « des salles humides, de 50 pieds carrés, contenant chacune deux cents infortunés. Un matelas d'étoupes de deux pieds de large, jeté à terre, sans couverture, sans drap, doit suffire à trois malheureux. Point de table, point de chaise, c'est sur la terre humide qu'il faut s'asseoir pour se reposer. Quatre énormes baquets, placés au coins de la salle destinés à recevoir les immondices, remplissent l'atmosphère de miasmes pestilentiels. »

« C'est là, dans cet horrible lieu, que l'innocence respire. Onze heures sonnent, les portes de la prison s'ouvrent. Voici les aliments qu'on prépare. Des calfats à moitié ivres portent, dans des seaux de bois, du biscuit de mer délayé avec une eau tiède et grasse, une livre de pain noir et dur, de la chair de vache à moitié cuite et partagée en autant d'onces qu'il y a de prisonniers ; c'est le repas de vingt-quatre heures. Demain on leur en jettera autant. Je les ai vus à l'arrivée de ces infects aliments, j'ai vu les prêtres tomber à genoux, les bénir et prier. »

« C'est dans cette fosse aux lions, d'où l'espérance est bannie, qu'un déporté, un homme qui a déplu au gouvernement, à un agent municipal ; c'est là que des ministres du culte catholique, de bons curés, de simples vicaires, vieillis dans leurs croyances, étrangers à toute espèce d'idée politique, dont les seuls torts sont dans une conscience timorée et incorruptible, se voient livrés sans ressources d'aucun genre, au sentiment le plus amer qui puisse déchirer un cœur que le crime n'a point flétri ; c'est là que l'innocence, dans les convulsions du désespoir, invoque en vain ses lois, demande à grands cris qu'on lui dise enfin ses crimes. Prières, gémissements, désespoir, tout est vain. L'île de Cayenne doit les dévorer, ils prieront sur cette terre d'exil; l'irrévocable arrêt de leur déportation est un certificat de mort. Autrement, gens inhumains, les eussiez-vous déportés ? »

A la Guyanne, c'était une tyrannie révoltante, jointe à une misère telle que les habitants de la colonie à demi-civilisés se montraient épouvantés de tant de cruautés.

Parmi les premières victimes conduites à Rochefort, figure un vicaire de Lullin, Gerdil François, de Samoëns, neveu du cardinal Gerdil (1798).

En général, ils ne vécurent pas sur cette terre insalubre, mais, sont-ils à plaindre aujourd'hui qu'ils ont reçu la récompense des martyrs ? Honneur à cette cohorte d'hommes, qui avaient pour devise celle des premiers chrétiens : *Potius mori quam fædari!* Plutôt la mort que le déshonneur.

Bientôt s'apprêtèrent de nombreux départs qui emportèrent à l'île de Rhé (1), plus de cinquante ecclésiastiques de notre diocèse. Il fallait bien vider les cachots de Chambéry des prisonniers qui les encombraient.

Une personne qui s'était introduite furtivement dans la cour, vint saluer M. Dubouloz en lui exprimant ses regrets : « Ne nous plaignez point, répondit le digne supérieur, c'est le plus beau jour de notre vie, nous allons prier pour le rétablissement de la religion dans notre chère patrie! »

On fouilla leurs poches, on leur enleva tout ce qu'ils possédaient, avec promesse de tout leur rendre à leur destination. La dernière opération était ignoble : les

---

(1) Cette île qui a 40 à 50 lieues de tour, se trouve sur les côtes de France, à 5 lieues de La Rochelle. Le dépôt réservé aux ecclésiastiques déportés était Saint-Martin-de-Rhé.

prêtres furent enchaînés deux à deux, et M. Dubouloz fut enserré d'un collier de fer auquel se rattachaient les chaînes de ses confrères. Ils arrivèrent ainsi aux portes de la ville, où les attendaient deux carioles escortées par douze gendarmes. Ils partirent pour Lyon le 18 septembre 1798, à trois heures du matin.

La veille M. Dubouloz écrivait à M. Vuarin : « Nous partons demain matin ou ce soir, le temps me manque ; je vous dis seulement un bonsoir, avec toute la tendresse que vous me connaissez pour vous, à laquelle je joins les sentiments de la plus vive reconnaissance. Adieu, mille fois adieu, priez pour moi, je prierai, c'est la seule chose qui est en mon pouvoir. Le 17 septembre 1798.

« P. S. — M. de Génissiat ne part pas.

22 septembre. « Nous sommes arrivés hier au soir à Lyon, la chaîne au col, et notre voyage a été très heureux. Nous avons reçu tout le long de la route des bienfaits qui nous ont fait reconnaître, toujours plus, que le bon Dieu n'abandonne pas ses confesseurs. Je pense que nous partirons demain ; nous ne savons pas encore le lieu de notre destination. Je vous écrirai à mesure que nous avancerons dans notre route.

6 octobre. « Nous sommes aujourd'hui à Limoges, dans dix jours nous arriverons à La Rochelle et nous passerons à Rochefort. Nous soupçonnons qu'on nous embarquera au plus vite pour l'île de Rhé, qui est environ à une journée de la Rochelle. Nous allons à pas lents pour suivre la marche de la troupe qui nous escorte. Depuis Clermont où je vous ai écrit, il ne s'est rien passé de particulier. Nous avons vu un sol qui, assurément, ne vaut pas celui de la Savoie. Nous ne pouvons que nous louer des habitants.

« C'est de la citadelle de l'île de Rhé que je vous écris, nous y sommes arrivés le 17 courant, au nombre de vingt prêtres. Il en est arrivé encore neuf hier (1). »

Parmi les déportés était M. Neyre, vicaire d'Ugines, qui après s'être échappé des mains de ses gardiens à Combloux, avait été repris à la battue générale de 1798. Il partagea la captivité de M. Dubouloz, en parlant de ce Thonon dont il devait plus tard être le curé (2).

Les nombreux confesseurs de la foi de l'île de Rhé eurent bientôt de la peine à soutenir leur existence. « Il est juste, écrivait M. Dubouloz à M. Vuarin, (le 8 prairial, an VII), que je vous fasse connaître le régime que nous tenons ici. Nous nous bornons tous au strict nécessaire dans notre dépense. Nous avons même supprimé le souper trois jours de la semaine, par raison d'économie. Nous sentons tous la nécessité de vivre sobrement et économiquement, et toute l'inconvenance qu'il y aurait de profiter des charités des fidèles, qui, peut-être seraient nécessaires à quelques-uns d'entre eux, pour nous répandre en des superfluités, même les moins conséquentes. Tous nos repas sont d'un seul met et je ne vois pas que l'on puisse faire moins ; nous sommes contents dans notre médiocrité, nous n'ambitionnons rien de mieux, et j'espère que continuant cette marche, nous irons un peu loin. »

A la vue de cette détresse et de ce dénûment absolu, le vicaire-général Bigex fit un chaleureux appel

---

(1) Signé : Dubouloz.
(2) De curé de Thonon, Mgr de Thiollaz le nomma supérieur du grand séminaire d'Annecy. L'abbé Pioton, natif de Thonon, curé d'Alby, qui avait recueilli le dernier soupir de M. Neyre, raconta dans une notice sur ce confesseur de la foi, qu'il eut un regret amer de n'avoir pas partagé le sort de son compagnon M. l'abbé Joguet. Pour se punir de ce défaut de courage, il s'était condamné à se lever quand il se réveillerait, quelque heure qu'il fut durant la nuit.

au clergé du diocèse, en faveur de ses membres persécutés (18 juillet 1798).

Un noble élan répondit à son appel, et, des dames généreuses, non contentes de vider leur bourse, se firent collectrices de sommes considérables qui furent envoyées aux confesseurs de la foi. Mᵐᵉ Rochet dite *Sanctus*, de Chambéry, se distingua dans cette pléiade de bienfaitrices. Elles étaient nombreuses en Chablais, aussi reçurent-elles bientôt une lettre collective des détenus de l'île de Rhé, rédigée par M. Dubouloz. « Nous ne trouvons point d'expressions, leur disait-il, pour vous marquer toute la vivacité des sentiments que vous nous inspirez par votre charité ; mais nous pouvons du moins vous dire qu'ils sont profondément gravés dans nos cœurs, qu'ils nous suivront dans les régions les plus lointaines, ces sentiments si tendres, si vifs, si consolants ; et si la renommée a porté, dans ces contrées inconnues, les malheurs de l'Europe avec ses crimes, nous vous rendrons témoignage devant les peuples qui les habitent ; nous leur raconterons vos bienfaits ; nous leur apprendrons qu'il est encore dans cette partie de l'univers, qui fut pour nous si impitoyable dans ses rigueurs, des âmes privilégiées, qui n'ont pas participé à la contagion commune, et que la charité de Dieu, qui daigna se faire pauvre pour nous enrichir, règne encore au milieu de tant de désastres qui désolent les lieux qui nous ont vu naître. »

Un cri pareil de reconnaissance partait des cachots de Chambéry et de Thonon, où, le vénérable M. Mutillot, missionnaire d'Annemasse, avait été écroué depuis quelques temps. Il osa refuser les dons de nos pieuses dames, en conjurant M. Vuarin de les réserver pour ses confrères plus persécutés que lui : « Vous avez étendu votre charité jusqu'à moi, lui écrivait-il, je vous en dois des remerciements ; agréezles, Monsieur, mais ne me comptez pas je vous prie, parmi ceux qui doivent en être l'objet. Des besoins plus nombreux et plus grands l'appellent toute entière sur nos malheureux confrères déportés, au-delà des mers, ou languissant encore dans des prisons éloignées. Hélas ! dans leur captivité, ils n'ont pas comme moi, l'avantage de souffrir dans leur patrie, environnés de parents et d'amis, qui s'empressent d'alléger le poids de mes fers. Ma famille épuisée n'a presque plus à m'offrir que des larmes ; mais la généreuse sensibilité des habitants de cette ville y supplée. Les uns me consolent par leurs visites, les autres me soulagent par leurs dons, et tous me donnent des preuves d'une affection que je voudrais avoir méritée ; plusieurs même sont venus d'assez loin me donner des preuves du plus touchant souvenir. Qu'il me serait doux de payer le tribut de ma juste reconnaissance à tant de bienfaiteurs : mais que peut un pauvre malade dans les liens ? Puisse le Seigneur acquitter ma dette lui-même et répandre sur eux l'abondance de ses bénédictions, et sur vous, Monsieur, les faveurs promises à l'économe sage et fidèle (1). »

Les prêtres détenus dans les prisons de Genève et de Carouge ne furent pas moins reconnaissants. M. Thorens, curé de la Thouvière d'Evian, avec ses confrères, Pignarre, Baudet, Mugnier et Conier, écrivit, sous les verrous des prisons de cette dernière ville, (le 17 février 1799), une lettre, qui prouve que les protestants même s'attachaient à soulager les misères que la Révolution prodiguait aux ministres du culte catholique (2).

---

(1) Signé : Mutillot, vicaire d'Annemasse. (Des prisons de Thonon, le 14 décembre 1798).
(2) Fleury. *Hist. de l'Egl. de Gen.*, t. III, p. 507.

Mais, comment donc les prisons de Genève étaient-elles devenues, en 1799, un lieu de détention pour les ecclésiastiques du Chablais ?

Nous l'avons déjà vu, en 1794, le représentant Soulairé avait préparé l'annexion de Genève à la France. Elle eut lieu en 1798, sous le dernier résident Félix Desportes.

La Confédération suisse avait d'ailleurs subi le contre-coup de la Révolution qui grondait à ses portes. Six cantons sur treize étaient démocratiques. Le pays de Vaud, guidé par les braves de la Harpe, dans les veines desquels coule encore le sang chablaisien, s'efforçait de secouer le joug de fer que Berne lui avait imposé avec la réforme en 1536. L'armée française accourut à l'appel de Lausanne, et une république unitaire vint remplacer la ligue suisse brisée par la force (12 avril 1798).

M. Desportes avait manifesté, dans plusieurs circonstances, le désir de fusionner Genève avec la France, pour éviter diverses difficultés soulevées à à propos des douanes et des passeports. On ne l'écouta pas. Bien plus, le 28 mars, on souilla le drapeau français flottant sur la porte de la résidence. C'en fut assez ; le 15 avril, trois divisions françaises faisaient leur entrée à Genève tambour battant et mèche allumée. Cette promenade effraya les habitants qui s'empressèrent de se soumettre.

Le Directoire fit payer son appui prêté au pays de Vaud par la cession de Mulhouse et de Genève ; et le 20 avril, les agents français prirent officiellement possession de cette dernière ville.

Une loi du 8 fructidor (25 août), réorganisa la Savoie qui se partagea dès lors en deux départements : le Mont-Blanc, chef-lieu Chambéry ; le Léman, chef-lieu Genève.

Le lendemain, Dessaix annonçait cette nouvelle à ses concitoyens de Thonon, où les inquiétudes étaient grandes. Le Léman comprit 277 communes. Il fut formé de Genève et de son petit territoire, et des arrondissements de Gex, de Thonon et de Bonneville, (démembrés du Mont-Blanc par la loi de l'an VI), des cantons de Chamonix, Flumet, Saint-Gervais ainsi que Megève et Sallanches et de la commune d'Entremont, (démembrés encore du Mont-Blanc, par la loi du 17 fructidor 1800 et du 9 février 1810).

Une autre question importante était alors débattue : l'établissement d'une route par le Simplon, le Valais et le Chablais. De plus, on croyait à la possibilité de canaliser le Rhône entre Genève et Seyssel, et de mettre Genève au nombre des ports de mers : « Je m'empresse de vous prévenir, écrivait Dessaix, le 29 août 1798, que le chemin par le ci-devant Chablais et le Valais, pour aller dans la République cisalpine, va se faire ; que les Suisses seront tenus de faire un canal du lac d'Yverdun qui tendra au Léman ; et les Français rendront le Rhône navigable jusqu'à Seyssel, afin de pouvoir communiquer par le Léman avec les deux mers, ce qui rendra notre patrie florissante..... J'ai reçu les plans et mémoires qui m'ont été adressés par les citoyens Anthoinoz et Billioud. Je m'occupe de préparer un plan que je présenterai au Directoire, pour la confection du chemin qui doit porter l'abondance et vivifier le commerce dans notre ci-devant district. » (La route du Simplon).

Hélas ! les bruits de guerre donnaient un autre courant aux idées du jour. La coalition de 1798 venait de remporter de notables avantages sur les généraux de la République française. Aidée par la Russie, l'Autriche avait reconquis la Lombardie ; la fortune des armes amenait Suwarow à Turin ; Macdonald,

Moreau et Masséna reculaient pas à pas devant l'invasion.

Genève et Chambéry, exposés les premiers au débordement des austro-russes envoyèrent au Directoire des adresses remplies de colère. Celui-ci ne savait plus qu'augmenter les impôts et aggraver la loi sur la conscription (5 septembre 1798), par l'appel de 200,000 conscrits. Au dire de Dessaix, ceux du département du Léman, de Thonon et du Chablais obéirent avec empressement. « Ils se rendent en foule à Genève, pour y recevoir l'ordre du départ, s'écriait-il à Paris, à la séance du 13 frimaire (3 décembre), la gaieté est peinte sur leur visage ; le désir de vaincre les anime ; ils arrivent aux sons de : *Allons enfants de la Patrie...* » (1).

L'année suivante, les lois d'urgence de 1793 sont remises en vigueur, et l'appel des conscrits de toutes les classes est décrété.

Tandis que ces évènements se passaient en Europe, Bonaparte, jalousé par le Directoire qui avait spéculé sur la ruine probable du jeune conquérant, voguait vers l'Egypte, à la tête de 40,000 hommes, au nombre desquels se trouvaient de nombreux enfants du Chablais, tels que Chastel et Dupas, qui y devinrent, l'un, chef-d'escadron, l'autre, colonel des mamelucks (2).

Ostensiblement, cette expédition avait pour but de combattre la puissance anglaise dans l'Inde ; mais secrètement, le but de Bonaparte était de fonder en

---

(1) Discours de trois pages in-8º, sorti de l'Imprimerie nationale.

(2) Decouz Pierre, né à Annecy le 18 juillet 1775, fut nommé capitaine sur le champ de bataille des Pyramides et, plus tard, général de division ; le général Curial, de Saint-Pierre-d'Albigny, et le savant Berthollet, de Talloires, prirent aussi part à cette expédition.

Orient un poétique empire né dans son imagination.

Vainqueur à Chebreys et aux Pyramides, l'Egypte est à lui; traversant le désert, il va combattre les Anglais en Syrie, se rend maître de diverses places fortes, et se trouve arrêté devant Saint-Jean-d'Acre.

L'artillerie de siège lui manque, la flotte française est détruite à Aboukir, et il perd 30,000 hommes, au nombre desquels 400 Savoyards.

D'un coup d'œil il voit sa perte; il prend des dispositions rapides, laisse au général Kléber le commandement de l'armée d'Egypte, monte à bord du premier bâtiment, traverse les croisières anglaises et revient en France.

Plus qu'aucune autre province de la vieille Savoie, le Chablais demandait le retour de ce jeune général exilé, disait-on, par la jalousie des ministres, et qui semblait avoir emporté la fortune de la République.

Quand on apprit son débarquement à Fréjus (8 octobre 1799), ce fut une joie universelle. Il ne devait pas tromper les espérances de nos pères. Mais avant de le suivre dans de nouvelles victoires, disons deux mots des graves évènements qui se passaient alors à Thonon, et qui précédèrent les triomphes du Consulat.

CHAPITRE X

Émeutes et Délivrance (1799-1801-1812)

> Il y a des guerres qui avilissent les nations... d'autres les exaltent et les perfectionnent de toutes manières.
>
> *Joseph de MAISTRE,*
> *Soirées de Saint-Pétersbourg.*

SOMMAIRE : Coup d'œil rétrospectif. — Les traqués et les déportés. — M. Bouvet dans la montagne des Moises. — Mérandon de Lully. — Piège et déguisement. — La cuisinière de M. Fornier et la discrétion féminine. — Arrestation de M. Bouvet. — Tempête populaire et levée de boucliers des campagnes. — Entrée en ville : Canobi et ses douaniers. — Les colosses et le bélier à la tête de fer. — La lutte. — Le triomphe et les morts. — Noms immortels. — Les incarcérés. — M. Bouvet et le concierge Michaud. — Chute du Directoire ; Bonaparte consul. — Retour de M. Dubouloz et des déportés (juin 1800). Le Concordat. — Bonaparte en Savoie. — Espoir et prospérité. — Les ponts de la Dranse et de Marclaz. — Fêtes de 1800 et les armées triomphantes en Chablais (1802). — Rappel des émigrés : Vignet, de Sonnaz, de Lort, de Foras. — Réorganisation du culte à Thonon (1803-1804). — Émeute des conscrits chablaisiens (1813).

Nous avons perdu un moment de vue M. Bouvet, le grand missionnaire de nos montagnes, pour suivre les confesseurs de la foi de notre pays aux tristes lieux de leur déportation, et les héros, au mâle courage, qui illustrèrent les noms de *Chablais* et de *Savoie*, sur tous les champs de bataille de la République et de l'Empire. M. Bouvet, dit l'Oncle Jacques, était le prêtre que la Révolution poursuivait avec le plus d'acharnement ; nous avons vu à combien de dangers il avait échappé de 1792 à 1799. Ces prêtres fidèles, traqués par l'impiété régnante, vivant de privations et d'aumônes, n'ayant pour abris que des ravins, des cavernes ou des granges désertes, bravant la mort à chaque pas, menèrent une véritable vie d'apôtres, au milieu de nos ancêtres épouvantés.

Deux étaient tombés martyrs de leur foi : les abbés Vernaz et Morand, fusillés sur la place Château. Plusieurs avaient été saisis par les sbires de la Révolution : le grand-vicaire Dubouloz, Gerdil vicaire de Lullin, Trincaz Joseph curé de Brenthonne, Billoud missionnaire de Machilly, Trincaz missionnaire de Publier, Carrier curé de Meinier, Mutillot vicaire d'Annemasse, Gallay curé de Douvaine, Brunier curé de Ballaison et Gaillet missionnaire de Veigy (1).

Les uns s'étaient vus déportés loin de nos montagnes, d'autres gémissaient dans les cachots de Genève, de Chambéry, d'Annecy ou de Thonon.

L'Oncle Jacques, cet *insaisissable calotin* qui avait causé aux soldats de la République tant de mystifications et tant d'échecs successifs, ne devait pas tarder à tomber, à son tour, entre leurs mains.

On n'épargna rien pour arriver à ce résultat, ni promesses, ni menaces, ni mensonges, ni perfidies. Mais les populations du Chablais surent faire leur devoir, et ce fut un soufflet de plus pour la Révolution.

---

(1) Mss. de Révérend Ducrey, missionnaire de cette époque. (Arch. du grand-vicaire Fleury).

Dans la matinée du 3 décembre 1799 (12 frimaire, an VIII), M. Bouvet reçut, dans les forêts de la montagne des *Moises*, auxquelles il était venu demander asile, un message très urgent de Thonon. Un patriote se trouvait gravement malade. Il fallait descendre de suite, et passer la nuit chez M. Fornier qui l'attendait.

Le zélé missionnaire n'hésite pas. Bientôt il est à Lully, chez Mérandon, un ami des prêtres, où il rencontre un missionnaire qui sort de sa cachette pour venir lui serrer la main. On lui représente que cet appel précipité est un piège, qu'il va tomber dans un guet-apens et porter un coup mortel aux missions dont il est le chef....

Tout fut inutile. Malgré ces noirs pressentiments et les pleurs de ses amis, il se déguisa habilement et accepta une queue de circonstance (1), prit une hotte et descendit à la ville, en évitant autant que possible la voie publique. Il devait, avons-nous dit, demander l'hospitalité à M. Fornier.

Or, la cuisinière de ce dernier préparait un poisson à la fontaine voisine de l'église Saint-Hippoyte. C'était à la tombée de la nuit. Une couturière de ses amies, connue sous le nom de Bellile, vint à passer. Elle lui confia mystérieusement la nouvelle à l'oreille en lui recommandant de n'en *parler à âme du monde*. Celle-ci ne sut pas mieux garder son secret que son amie. Fut-ce indiscrétion ou méchanceté de la part des personnes qui connurent la chose, nous ne le savons pas. Le fait est que le patriote Michaud en fut averti. Il courut en donner avis, et trois gendarmes

---

(1) La fille Mérandon, enfant de 12 ans, se coupa les cheveux pour la faire. On sait que les hommes portaient alors suivant la mode, les cheveux en queue tressée.

partirent sur le champ sur la route de Crête à la rencontre de M. Bouvet.

Ils l'atteignirent à la jonction des anciens chemins de Tully, du Canal et de Crête, aujourd'hui transformés en boulevards.

En route, il avait échangé sa hotte contre un panier dans lequel se trouvaient du beurre et des œufs.

Un gendarme voulut les marchander : « Ce n'est pas à vendre, c'est promis ! » dit-il. « Suffit ! tu es arrêté ; viens avec nous ! » lui répliquèrent les agents qui le placèrent au milieu d'eux comme un criminel et le conduisirent aussitôt, à travers la rue de la Visitation, à la maison d'arrêt. Il était six heures et demie du soir. Deux gendarmes, armés jusqu'aux dents, devaient le garder à vue nuit et jour.

Le père Dupraz, charron (que nous connaissons déjà), et ses trois fils l'avaient vu passer devant leur atelier ; ils se hâtèrent d'effacer leurs initiales des outils et coururent avertir les amis. Les rues regorgeaient de campagnards attardés, c'était la nuit d'une foire. A cette nouvelle, accoururent tous les membres de l'association du Saint-Zèle, qui, avec des bêches, qui, avec des fourches et des tridents nouvellement aiguisés ; la boutique du charron fut dévalisée en un clin d'œil. Toute la ville prit bientôt part à cette fiévreuse agitation, et, tandis que quelques patriotes se réjouissaient d'avoir saisi leur victime, la masse des citoyens et des étrangers faisaient entendre des exclamations d'éclatante colère, bientôt suivies d'un silence lugubre, puis de sourds grondements. La tempête se levait, tempête de fureur populaire. La nouvelle de cet évènement était déjà arrivée, avec la rapidité de l'éclair, au milieu des populations du voisinage. Partout l'indignation fut grande : Au Lyaud, Fillion l'Épenix et François Berthet de Reyvroz, dirent aux nombreux groupes qui se formaient : « Enfants ! amis ! l'Oncle Jacques est en prison ! A nous de le délivrer, tout de suite ! En avant ! »

Ce fut une véritable avalanche d'hommes vers Thonon, le village du Lyaud fut réduit à quatre vieillards, à des femmes et des enfants. On menaça les habitants d'Armoy, encore hésitants, d'incendier leurs maisons s'ils ne se joignaient aussitôt à la troupe des combattants.

On se concerte sur la place de Crête qui domine Thonon. Les dispositions des esprits ne laissaient rien à désirer. Dans les rues, devenues trop étroites, sur la place Château et ailleurs, une foule de campagnards des deux rives de la Dranse, brandissaient de formidables gourdins en demandant à grands cris l'élargissement du prisonnier. C'est en vain que l'agent municipal Fernex, et que le commandant des dragons Bourgeois, essaient de dissiper le rassemblement houleux, innombrable, qui enserre l'entrée des prisons. Nombre de citoyens, amis de l'ordre, courent chez le citoyen Dessaix président du district, et lui représentent, avec feu, que l'élargissement du prisonnier est le seul moyen d'éviter une catastrophe. Inutiles efforts ! « L'autorité, leur est-il répondu, ne peut capituler devant l'émeute et force doit rester à la loi !! »

En conséquence, les postes sont doublés et les douaniers eux-mêmes, commandés par leur chef, Canobi, viennent prendre position en face de la maison d'arrêt. Tandis que dans les maisons, les femmes se désolent et prient, les hommes agissent. On entend des coups sourds et répétés mêlés à des cris de fureur et d'indignation. Des colosses à la taille d'hercule balancent une énorme poutre avec mesure, et s'en servent comme d'un bélier à la tête de fer pour battre en brèche la grande porte d'entrée des prisons. Elle résiste. Les efforts redoublent ; elle est ébranlée, ses planches se brisent avec fracas et la poutre s'engage subitement dans la fracture sans pouvoir être retirée. La multitude grossissait toujours, se grisant de colère et de vociférations ; tout mouvement devenait impossible aux agents de la force. A leurs sommations, on ne répondait que par ces mots : « Rendez-nous notre prêtre ! »

Une dernière circonstance vint porter la fièvre à son paroxisme. L'Oncle Jacques, espérant calmer la multitude, se hisse tout à coup aux barreaux de son cachot et se met à haranguer ses défenseurs, les suppliant de se retirer et leur assurant qu'il était avec de braves gens !!! A cette vue, un immense hourrah part de toutes les poitrines, et les cris : *A nous l'Oncle Jacques ! A nous notre prêtre !* redoublent sur tous les points. *Vous ne l'aurez pas votre calotin !* crient les gendarmes des fenêtres. Nous l'aurons, nous l'aurons !!! répond la foule ivre de joie, et l'on continue à ébranler la vieille porte contre laquelle on s'acharne avec une nouvelle fureur (1).

Déjà quelques femmes dévouées étaient descendues à Rives, et avaient lancé à l'eau tous les bateaux qui s'y trouvaient amarrés, en cachant les rames, de peur de voir les gendarmes l'embarquer et l'expédier ensuite, comme le grand-vicaire Dubouloz, à l'île de Rhé ou à la Guyanne.

Minuit venait de sonner lentement à l'horloge de

---

(1) Pendant ce temps, le gendarme Hermann, gardien du prisonnier, proposa à Randon son brigadier, de mettre en pièces M. Bouvet ; mais Randon s'y opposa disant qu'il avait ordre de le garder et non de le tuer, et que d'ailleurs ils seraient massacrés par le peuple. Hermann pour se dédommager, se mit alors à accabler le prêtre des outrages les plus révoltants.

Saint-Hippolyte. La lutte durait depuis quatre heures contre cette lourde porte toute hérissée de fer.

Une idée subite traversa l'esprit de Dupraz le charron, et de Bourgeois le charpentier, celle d'ouvrir des trous avec un *vilebrequin* en pratiquant des cercles dans le centre qui pouvait être ensuite facilement enfoncé.

Mais d'énormes verroux mordant profondément dans la taille et que maintenait solidement fermés un archer posté derrière la porte, rendirent cette tentative inutile. « *Des batterants !* » s'écrie-t-on alors de toutes parts, « *des batterants !* » Et, armé d'un de ces marteaux monstres, François Berthet de Reyvroz frappe à coups redoublés. La porte gémit, les gonds se déclouent et plient, les verroux tordus cèdent avec violence. Enfin tout s'affaisse avec fracas.

Hommes et femmes se précipitent comme un torrent débordé dans l'ouverture béante, et pénètrent du même coup jusque dans le cachot du confesseur. Deux viragos, la Marmion et la Bellile, jetaient aux yeux des gendarmes du poivre et du sable, pour paralyser toute résistance. Hermann qui avait osé coucher l'Oncle Jacques en joue, venait de rouler à terre étourdi par deux vigoureux coups de gourdin sur la tête ; sans M. Bouvet, il était mort. Bourgeois, le commandant des dragons, n'a pas plutôt commandé l'attaque, qu'un coup de pioche sur le crâne l'étendit râlant sur le sol. Ses soldats l'emportèrent à moitié mort.

Mais, déjà, les libérateurs débouchent, en rangs compacts, sur la rue. Au milieu d'eux, l'Oncle Jacques s'avance, emporté par le flot humain, aux cris enthousiastes de : *Vive Dieu !!! Il est à nous !!! Il est à nous !!!*

Au même instant, une décharge retentit, et un nuage

de fumée enveloppe Canobi et ses douaniers qui viennent de tirer sur la foule. Plusieurs ont visé en l'air, mais d'autres ont satisfait leurs ignobles instincts de cruauté. La pauvre Bellile reçut en pleine poitrine une balle qui devait la tuer ; elle vécut encore quarante ans ; J.-L. Ticon essuya deux coups de feu et ne perdit cependant pas la vie. Il n'y eut qu'une mort à déplorer, celle de Jean-Marie Baud de Concise, que ses habits blancs avaient fait confondre avec M. Bouvet. Celui-ci versait des larmes sur ces malheurs et ce tumulte ; mais la multitude, acclamait sa délivrance et voulait le porter en triomphe. Il dut se résoudre à paraître sur les épaules de Jacques Gauthier, comme sur un pavoi franc, pour contenter la foule.

« Honneur aux braves de cette nuit ! s'écrie M. Rollier (1), qui peut mourir n'est jamais faible. Le père Dupraz et ses fils, Gainon, Mottu, J. Gauthier, F. Mestrallet, J.-L. Ticon, Chevallet dit Passy, Mamet de Rives, Portay, J. Lombard, Chapelier, Bourgeois le charpentier, L. Malfroy, J.-C. Baud, F. Berthet de Reyvroz, le fils de l'Epenix du Lyaud, sont des noms que les fidèles de Thonon ne devraient jamais oublier ! »

Pourquoi ne pas nommer toute la population de notre ville et de ses environs qui fut héroïque dans cette circonstance ? Mais le Lyaud mérite une mention spéciale ; ce fut à la garde de ses habitants que fut confié l'apôtre quand la multitude en pleurs le leur confia bien loin sur la route de ce village. On touchait au matin lorsque ses vaillants défenseurs rentrèrent triomphalement avec lui. Le lendemain, il était parti

---

(1) Voir *Pièces justificatives,* n° 3.

pour la montagne. Il ne voulait pas attirer sur leurs têtes les vengeances de la République.

Que de traits admirables à signaler dans cette nuit mémorable ! Nos gardes nationaux et les soldats de notre garnison ne consentirent pas à souiller leurs armes dans le sang de leurs concitoyens. Honneur à eux ! Il n'y a eu, pour tirer sur le peuple, qu'un gendarme et quelques douaniers de Canobi.

Les citoyens pacifiques enchaînaient de leur mieux les gens de la force armée par les promesses, la persuasion et.... le vin (1).

Le corps du jeune Baud de Concise, était demeuré étendu devant la porte de la prison. A cette nouvelle, sa mère, une héroïne semblable à la mère des Macchabées s'écria : « Dieu soit béni, mon fils est mort pour une belle cause ! Il devait me quitter demain pour rejoindre son corps à Genève, il est parti pour le ciel ! » (2).

Ceux qui furent incarcérés pour avoir pris part à ce coup de main, n'eurent à souffrir aucune suite sérieuse de cette affaire. La courte détention de M. Bouvet ne l'empêcha nullement de se livrer, comme auparavant, aux œuvres de son apostolat. Quelques jours plus tard, il revenait dans les mêmes prisons pour confesser un malade. Le concierge Michaud et sa femme étaient de connivence (3).

---

(1) La seule auberge Dantand (ensuite Fillon, aujourd'hui *Hôtel de Genève*) sur la place de l'Hôtel-de-Ville, distribua gratis, plus de deux chars de vin (1,300 litres) aux soldats, gardes nationaux, etc. (Mercier : *Vie de M. Bouvet*).

(2) Le 13 frimaire (4 décembre 1799), la levée du cadavre fut faite par la justice de paix, et le lendemain, l'adjoint municipal Dantand, rédigea l'acte du registre mortuaire, sans relater les circonstances de cette mort.

(3) Dans sa vieillesse, Michaud mendiait son pain, la charité publique lui sut gré, par ses bienfaits, de n'avoir pas été aussi méchant qu'il aurait pu l'être.

A peine avait-il franchi le seuil de la porte que deux gendarmes se présentent.

On se crut dénoncé. Il recommanda le sang-froid, et, les gendarmes venus dans un autre but, remplirent leur mission et partirent sans avoir le moindre soupçon de sa présence dans ces lieux.

D'ailleurs, le Directoire n'existait plus ; de grands évènements s'étaient accomplis en France, et l'heure de la délivrance avait sonné.

Nous avons vu le jeune général Bonaparte s'illustrer en Italie et en Egypte au milieu de nos Allobroges. Cette dernière expédition ne fut pas heureuse ; et, quand il ramena à la France les débris de ses légions, il la trouva ruinée, démoralisée et opprimée par les tyrans du Directoire. Il voulut en délivrer son pays. Sieyès et Roger-Ducos, tous deux membres du Directoire, lui promirent leur concours. A la tête de ses grenadiers, il monte à l'assaut du Conseil des Cinq-Cents, rassemblé à Saint-Cloud, en chasse les membres, et détermine les Anciens à le nommer consul provisoire avec deux assesseurs.

Ce fut le coup d'Etat du 18 brumaire, an VIII (9 novembre 1799), qui porta à la Révolution un coup de mort. Les fonctionnaires publics de Thonon, prêtèrent serment de fidélité à la constitution, dans l'assemblée décadaire du 10 frimaire, an VIII, soit le 1er décembre 1799 (1). Comme tous les pouvoirs persécuteurs de la religion, le Directoire tomba ignomigneusement, après un règne de quatre ans, et tous ses agents périrent dans la misère et la honte. On dit que Bonaparte étouffa la liberté, comme si la République l'eût mieux respectée que lui.

(1) Délibérations de la municipalité de Thonon.

Rétablissons les faits en suivant le cours des évènements: Au dire des Conventionnels, la constitution de l'an III devait affermir à jamais la liberté électorale, et... ils nomment eux-mêmes leurs successeurs, ou plutôt ils se nomment eux-mêmes, en jurant qu'on n'est jamais mieux remplacé que par soi-même.

Cela se passe en l'an IV. En l'an V le Directoire proclame encore la liberté électorale, et il annonce en même temps à la France, qu'il écartera tous les députés qui ne lui conviendront pas. En effet près de deux cents furent écartés.

En l'an VI, nouvelles élections, nouveaux mensonges emphatiques sur la liberté électorale; nouvelle expulsion de deux cents élus.

En l'an VII le Directoire hésite, et c'est lui qui est expulsé.

En l'an VIII, nouveau coup d'Etat. La majorité du Conseil des Cinq-Cents et la minorité du Directoire appellent Bonaparte à leur aide, et la majorité du Directoire et une partie du Conseil des Cinq-Cents sautent par les fenêtres. Ainsi finit le premier acte de la Révolution.

Bonaparte fut le fléau dont Dieu se servit pour châtier la France et l'Europe.

Une loi du 3 mars 1800 maintint, il est vrai, les arrêts portés contre les émigrés, mais les prêtres ne rentraient pas moins dans leur patrie. Le 20 mars, M. Dubouloz, écrivait de l'île de Rhé, et parlait de l'évasion de plusieurs de ses confrères et de son projet de les imiter. Il le réalisa bientôt. Le 16 avril, il était à la Rochelle, d'où il datait ce billet: « La citadelle de l'île de Rhé se dépeuple peu à peu, deux fois par décadi, il y a des mises en liberté. » Le 15 juin, il arrivait à Lyon, et quelques jours plus tard, à Thonon.

Beau jour où il reçut des témoignages éclatants de la joie de ses concitoyens et du peuple chablaisien qui bénit hautement Dieu du retour de ses pasteurs (1).

La liberté renaissait, une ère de *prospérité* et d'apaisement s'ouvrait pour notre pays, un acte solennel allait créer un ordre de choses plus régulier ; nous voulons parler du Concordat, conclu le 15 juillet 1801, entre le légat du Pape et le Premier Consul.

Bonaparte tout puissant venait d'affermir le consulat par de brillantes victoires. Nous étions les premiers menacés d'un débordement des armées austro-russes.

Le premier consul se mit à la tête de l'armée d'Italie, franchit les Alpes comme Annibal, et tomba au milieu de la Lombardie pendant que Mélas l'attendait dans les Alpes de Savoie. Surpris par cette marche audacieuse, suivie de combinaisons rapides, l'ennemi fut définitivement écrasé et battu à Marengo, le 27 juin 1800. Le vainqueur traversa la Savoie pour rentrer à Paris, et sur la route du Mont-Cenis au Pont-de-Beauvoisin, il fit élargir les prêtres détenus, et autorisa les processions et les prières publiques.

Les partis s'effaçaient et se confondaient, la prospérité et les finances renaissaient, l'espoir était partout. Le consulat fut de toute la carrière de Napoléon, la période qui coûta le moins de sang, et la plus heureuse pour la nation. Alors on parlait peu, on agissait.

Les municipalités ne pouvaient plus s'occuper de

---

(1) M. Dubouloz devint chanoine du Chapitre de Chambéry en 1803. Il mourut le 31 décembre 1824. C'est l'un des plus grands citoyens qu'ait produit Thonon. Nous aurons encore occasion d'en parler dans le cours de notre récit.

politique et se livrer à ces adresses déclamatoires et ridicules de l'époque.

Aussi, dès le 20 novembre 1799, l'administration municipale de Thonon, s'occupa-t-elle, plus utilement de réparer les ponts de Marclaz, de la Dranse et du Doncey (près de la tuilière de Sciez), depuis longtemps ébranlés par les eaux (1).

Cependant elle eut encore une velléité de ressusciter les fêtes ridicules du temps, à l'occasion du 14 juillet 1800 ; « jour auquel on vit, dit-elle, sous les coups des républicains, s'écrouler en mugissant, les monuments antiques de l'arbitraire, acte sans cesse répété par nos armées triomphantes... » (2)

Hélas ! six cents hommes de ces armées triomphantes, avec l'état-major, devaient être casernés à Thonon (19 juillet 1800). Le sous-préfet prenait des mesures à cet effet.

On objecta, le 1er août, que la ville était déjà surchargée, et pour mettre un terme à ces envois successifs de troupes, la municipalité réclama énergiquement, le 3 décembre, le rétablissement de l'ancien Collège transformé en caserne (3).

Néanmoins, il fallut s'exécuter pour la circonstance, et les consuls interdirent l'exportation des beurres, viandes salées, etc...

---

(1) Délib. mun. de Thonon.
(2) *Ibid.* Il est ordonné : 1° Aux administrateurs d'être à huit heures dans la salle des séances pour prendre part au cortège ; 2° A vingt-cinq hommes de chacune des quatre compagnies de la garde nationale d'être devant la dite salle, à la dite heure ; 3° Aux juges des tribunaux d'y assister ; 4° Aux employés respectifs de sonner les cloches au bruit de l'artillerie, etc.
(3) Délib. mun. de Thonon. Le département essaya alors de loger les gendarmes au presbytère. Le conseil protesta encore contre cet abus de pouvoir (1er octobre 1802).

Aussi, les traités de paix de Lunéville (1801) et d'Amiens (1802), furent-ils fêtés avec enthousiasme (1).

Bonaparte profita de la paix pour fermer les plaies de l'intérieur. Chez nous, plus que partout ailleurs, l'agriculture languissait, et les loups venaient épouvanter les habitants de notre ville (2).

Il l'encouragea, mit un terme aux réactions des partis pacifia la Vendée et rappela les émigrés. Le préfet du département du Léman s'empressa de lever les sequestres grevant les immeubles de MM. Janus de Gerbaix de Sonnaz (24 janvier 1802), Laurent-Louis-Amable de Lort (18 août 1802), Louis-Aimé Vignet, ex-sénateur (29 septembre 1802) et Joseph-Amed de Foras, (23 octobre 1802) (3).

En même temps, Napoléon réorganisait tous les services, créait l'Ordre de la Légion d'Honneur, établissait le Grand-Livre de la dette publique, et rouvrait les églises à la suite du Concordat (4).

Un arrêté préfectoral du 12 avril 1803 ordonnait en effet, dans le département, la reconstruction et l'aménagement des églises et presbytères; et le 16 septembre de la même année, M. l'abbé de la Salle était nommé curé de Thonon. La municipalité thononaise accorda,

---

(1) *Ibid.* Pain, vin et rioutes (sic) furent distribués aux pauvres et à la garde nationale (12 avril 1801). Le 18 brumaire, an x, eu lieu, nous dit le registre de la municipalité « une nouvelle fête ordonnée par le gouvernement, à l'occasion de la paix tant désirée, circonstance mémorable qui nous assure un bonheur à faire oublier tous les désastres de la guerre. »

(2) *Ibid.* Le 18 août 1801 a lieu une battue aux loups « qui se sont multipliés dans l'arrondissement, à tel point qu'il en est paru dans les environs de la ville, et que, dans les montagnes, ils ont dévoré un âne auprès des moulins de Margencel » *Ibid.*

(3) *Ibid.*

(4) Le système décimal des poids et mesures fut mis en vigueur par un arrêté préfectoral du 6 mai 1801, *Ibid.*

le 25 octobre 1803, les sommes nécessaires aux réparations les plus urgentes de l'église et de la cure (1).

Mais la Sainte-Maison était destinée à devenir une caserne de gendarmerie. On pensa d'abord qu'il s'y trouverait assez d'espace pour les deux services de la sûreté et des cultes.

Le nouveau curé protesta énergiquement contre cette usurpation (28 octobre 1806), et obtint que la dite caserne fut installée aux Barnabites.

L'antique religion reprit donc sa place et ses droits au sein de nos populations. On appela des vicaires dont le traitement fut aussitôt voté (2). La paroisse ne comptait alors que 3,202 habitants (29 avril 1804) (3).

Bonaparte, nommé consul à vie, puis proclamé empereur en 1804, poursuivait le cours de ses victoires. Après avoir écrasé les austro-russes à la bataille d'Austerlitz (2 décembre 1805), il forma la confédération du Rhin, à laquelle quatorze princes accédèrent, et l'Empire d'Allemagne cessa d'exister. En vain la Prusse voulut-elle tenter une contre-fédération; Napoléon détruisit encore cette coalition, par ses deux campagnes de 1806 et 1807, l'une en Allemagne, l'autre en Pologne. Enfin, la glorieuse paix de Tilsitt

---

(1) Elles furent exécutées en 1804 et 1805, en même temps que les travaux du mur de soutènement de la place Château, du puit, de la pyramide du même lieu et de la chapelle de Charmoisy attenante à l'église de St-Hippolyte. *Ibid.*

(2) Le diocèse de Chambéry, d'après un règlement du 26 septembre 1803, fut divisé en deux classes. La première comprenait les villes et la seconde les bourgs et villages. Les droits de mariages, sépultures… était basés sur cette classification, et sur la splendeur donnée à la cérémonie par la présence d'un plus ou moins grand nombre de prêtres. (Délib. mun. de Thonon).

(3) En 1789, le mouvement de la population accuse 107 naissances sur 88 décès; et en 1804, 97 naissances sur 65 décès, *Ibid.*

mit fin à la guerre (8 juillet 1807). Des articles secrets autorisaient la Russie à s'emparer de la Finlande, et la France à s'adjuger l'Espagne, et équivalaient au fond, au partage de l'Europe, moins l'Angleterre et la Turquie. Mais l'Espagne résista énergiquement ; bien que cent fois vaincue, elle dévora en cinq ans (1808-1813) plus de 400,000 hommes, français, allemands, italiens et polonais.

L'Angleterre voulut profiter de l'affaiblissement produit par tant de pertes, pour susciter, en 1809, une nouvelle coalition dans laquelle elle entraîna l'Autriche et la Prusse. L'empereur se met à la tête de ses troupes, gagne une série de batailles et remporte la victoire décisive de Wagram, bientôt suivie de la paix de Vienne (14 octobre 1809). Le second jour de cette bataille, le général Dupas d'Evian, restait en ligne avec 23 hommes du 5me léger, restant de sa division. Le succès enivra Napoléon ; bientôt on le vit contracter un mariage adultère, et se porter envers le pape Pie VII, à des violences indignes d'un chrétien.

En 1813 l'Europe, de nouveau coalisée, refoulait de toutes parts les armées françaises. En Chablais, les contributions énormes et les appels réitérés et anticipés des classes avaient mécontenté le peuple des campagnes. La dernière levée de 300,000 hommes porta l'exaspération à son comble. Elle fut même, à Thonon, l'occasion d'une émeute.

Le 16 décembre 1813, les conscrits du Chablais-Gavot assaillirent à coups de pierres le préfet du Léman, et le conseil de recrutement ; le capitaine (de recrutement) fut blessé à la jambe. La garde nationale de la localité et quelques douaniers, appelés en toute hâte, eurent beaucoup de peine à rétablir l'ordre. Cependant ils parvinrent à faire sortir les Chablaisiens de la salle des séances, et le conseil de recrutement demeura bloqué. Le général Jordy, commandant supérieur de Genève, s'empressa d'envoyer à Thonon un détachement du 4me régiment de chasseurs à cheval. La tranquillité fut rétablie, mais la plupart des conscrits gagnèrent les montagnes, les 17 et 19 décembre 1813, et échappèrent ainsi à la conscription. Cette hostilité à la domination française devait bientôt les armer au premier appel de Bubna et du général de Sonnaz comme nous le verrons bientôt (1).

Mais auparavant retraçons rapidement la magnifique conduite des religieuses de Thonon, et spécialement des Visitandines en face des violences révolutionnaires.

---

(1) Voir : Chapitre XII.

CHAPIRE XI

La Révolution et les Religieuses du Chablais, et spécialement les Visitandines de Thonon

> Habe[...] [...]
> *Ad Tim. III, 9.*

SOMMAIRE : Décrets de 1792 contre les Maisons religieuses. — L'inventaire et les citoyens Bétemps et Popon. — La clôture et la violence. — Opération interminable. — Le commissaire délégué. — Perspective douloureuse. — Ordre d'évacuer les monastères de Thonon ; les Visitandines, les Ursulines, les Annonciades et la Municipalité. — Le serment. — Plus de secours spirituels ! — *Marseillaise*, saturnales et vexations. — Fuite de la supérieure et de quatre religieuses (9 octobre 1793). — Désolation. — Les commissaires et la soustraction des ornements. — Recrudescence de la persécution. — Un prêtre fidèle et la rénovation des vœux (31 novembre 1793). — Le gardiateur Lacroix. — Fausse alerte. — Albite et la Visitation. — Terreur et résolution. — Les Visitandines devant le Comité révolutionnaire (1794). — Départ pour Nyon et Lausanne. — Générosité de cette dernière ville pour les filles de Saint-François-de-Sales. — Arrivée en Piémont. — Les biens de la Visitation, sa restauration en 1837 par Mgr Rey, évêque d'Annecy. — Fêtes de 1846, 1878... La Chapelle...

L'Assemblée nationale des Allobroges, dans sa séance du 26 octobre 1792, porta de terribles décrets contre les Maisons religieuses : 1° Tous les biens, meubles et immeubles passaient en pleine propriété à la Nation qui leur en continuait la jouissance provisoire ; 2° Nulle maison religieuse ne pouvait plus aliéner, hypothéquer, etc... les propriétés de la communauté ; 3° On devait procéder, par devant les officiers et les secrétaires municipaux, à un inventaire des dits biens qui restaient sous la surveillance des communes ; 4° Avant sa confection les supérieurs étaient sommés de dire la vérité sous différentes peines pour les récalcitrants ; enfin 5° les inventaires signés des officiers municipaux, des secrétaires et des parties intéressées, devaient être transcrits à double exemplaire, et envoyés à la commission d'administration siégeant à Chambéry. Défense était faite en même temps de recevoir désormais des novices et d'émettre des vœux.

Les municipalités exigeaient, en vertu du même décret, le nom de chaque religieux ou religieuse, son âge, son lieu de naissance, sa profession et la date de son arrivée au pays. Après quatorze séances, l'Assemblée souveraine des Allobroges, croyant avoir rempli sa mission se déclara dissoute (29 novembre 1792). Elle laissa une commission provisoire d'administration de vingt-un membres pris dans son sein. Ceux-ci furent chargés d'exécuter ses décrets, et de prendre en cas d'urgence toutes les résolutions nécessaires.

Le 31 octobre, ils nommaient des commissaires à l'effet de dresser les inventaires des couvents et monastères. Thonon possédait, en 1792, trois communautés religieuses de femmes : Les *Visitandines* dont nous avons parlé ailleurs (1), les *Annonciades* réfugiées à Thonon par suite des guerres de Franche-

---

(1) *Hist. de Thonon et du Chablais,* p. 310-320.

Comté, et les *Ursulines* qui s'occupaient de l'éducation des jeunes filles. L'établissement de ces dernières comptait, en 1718, quarante religieuses, huit domestiques et de nombreuses élèves (1). Les deux délégués auprès des Visitandines de Thonon, furent le citoyen Bétemps, officier de la Légion des Allobroges et le citoyen Popon, avoué. Ces deux citoyens, accompagnés de deux membres de la municipalité et du secrétaire de la commune, vinrent bientôt, en effet, sommer ces religieuses, au nom de la Nation, de leur ouvrir les portes du monastère. Ces pieuses et courageuses filles répondirent qu'elles ne reconnaissaient à personne le droit d'inspecter leurs avoirs. En conséquence, elles refusèrent de se soumettre à cette mesure tyrannique, observant qu'étant cloîtrées, elles ne les ouvriraient que pour des causes canoniques : « Nous saurons bien nous frayer un passage ! » répliquèrent-ils avec insolence.

Dans la prévision de tout ce qui allait arriver, nos Visitandines comme les Ursulines, et les Annonciades, s'étaient fait tracer par leurs supérieurs la conduite à tenir au milieu de circonstances si malheureuses. Elles admirent alors sans plus de résistance, ces cinq démocrates qui étaient d'ailleurs déterminés à pénétrer chez elles par un acte de violence.

L'un d'eux donna d'abord lecture officielle aux Filles de Saint-François-de-Sales, du décret de l'Assemblée nationale des Allobroges du 26 octobre, concernant les ordres religieux. Ensuite il invita impérativement la supérieure et la sœur économe à prêter serment de déclarer, avec exactitude, les avoirs, devoirs, titres, etc., de leur maison.

---

(1) *Hist. de Thonon et du Chablais,* p. 327.

Ces précautions préliminaires étant prises, ils abordèrent l'opération principale qui menaça un moment d'être interminable, tant on fut minutieux dans les détails ! Il n'y eût pas de coin perdu dans le monastère et ses dépendances, qui ne devint l'objet d'un examen scrupuleux. On prenait note de mille articles, de nulle valeur, à telle enseigne qu'une cuiller de bois figura dans l'état de choses inventoriées, à côté d'un vieux voile noir dont les rats ne voulaient plus. C'est assez dire que cette inquisition faite au nom de la liberté et de la fraternité, fut d'une rigueur extrême, et que rien n'échappa aux yeux de ces cinq argus.

A peine les autorités françaises furent-elles constituées en Chablais, qu'un commissaire délégué par l'administration départementale, ayant pour acolytes obligés deux membres du comité de surveillance de Thonon, se présenta au parloir des Visitandines. Il leur notifia plusieurs actes de l'Assemblée constituante de France : 1° Sa déclaration du 4 août 1789 et son décret du 2 novembre de la même année, mettant les biens ecclésiastiques à la disposition de la Nation ; 2° Ses décrets du 13 février 1790 supprimant les ordres religieux, et du 25 octobre 1790, exigeant le serment de maintenir la constitution civile du clergé, et enfin du 8 septembre 1790 sur les pensions allouées aux religieux.

Le procès-verbal de la notification fut dressé et signé par la supérieure et par les sœurs conseillères, ainsi que par le commissaire et ses deux adjoints.

Avant de se retirer, le commissaire dit aux religieuses qu'elles pouvaient rester provisoirement dans le monastère. Elles se trouvaient en effet dans les termes du décret du 23 mai 1791 de l'Assemblée constituante, qui conservait les couvents composés de plus de 15 religieuses jusqu'à certaines extinctions déterminées.

Cependant les citoyens Naz et Duret, délégués du directoire du district (1), vinrent bientôt signifier, non seulement à nos religieuses de la Visitation, mais aussi aux Ursulines et aux Annonciades, qu'elles eussent à évacuer leurs monastères.

Aucun délai n'ayant été fixé pour leur sortie, elles en appelèrent à la municipalité de Thonon, le 31 mai 1793, en basant leur requête sur divers articles du décret de l'Assemblée nationale du 8 octobre 1790 (2).

Le lendemain 1er juin, le Conseil général de la commune arrêta à l'unanimité de transmettre cette demande aux « citoyens administrateurs du département du Mont-Blanc » (3). Puis, pour sauver les religieuses, il fit observer, que d'après les inventaires des maisons, les pensions reconnues par la loi, seraient de beaucoup supérieures à leurs revenus; « que les bâtiments vastes qui les composent deviendraient très onéreux pour leur entretien, soit manutention qu'ils nécessiteraient; et que les Ursulines s'étant toujours employées à l'éducation des jeunes filles de la ville,

---

(1) Aux archives départementales de la Hte-Savoie (Annecy) se trouvent : 1° des registres de correspondance concernant l'administration du district de Thonon ; 2° Un registre de délibérations du Conseil général d'administration du dit district; 3° Plusieurs cartons renfermant surtout les titres relatifs aux biens nationaux.

(2) *Mém. de l'Académie Chablaisienne*, t. II, p. 247. Cette pièce est signée par les sœurs : Thérèse-Angélique Perla, supérieure des Visitandines, Marie-Thérèse Seuvay, prieure des Annonciade, et Marie-Marguerite Mugnier, supérieure des Ursules.

(3) Signé : Dessaix D.-M., maire.
J. Michaud ; Fernex ; Delavouet· Descombes ;
E. Violland ; Daviet ; Deleschaux ; Fornier ;
Dantant ; Guyon, Pr de commune.
        Arpin, secrétaire.

le remplacement de cette école primaire pèserait encore sur la République ». Les administrateurs ne daignèrent pas même répondre. Les religieuses étaient faibles et pures, on pouvait les attaquer sans danger, la Révolution devenait donc leur ennemie déclarée.

Quand les pieuses religieuses de la Visitation se virent abandonnées à elles-mêmes, elles comprirent toute l'horreur de la situation présente. Elles avaient encore l'avantage d'être dans leur chère solitude, mais elles savaient qu'elles pouvaient en être chassées d'un jour à l'autre, dans ces temps où il n'y avait d'autres lois que les mauvaises passions et l'arbitraire le plus tyrannique.

Recueillant donc leur foi, elles jurèrent à Dieu de mourir toutes jusqu'à la dernière, plutôt que de prêter le serment sacrilège qu'on exigeait d'elles.

L'heure des grandes ténèbres avait sonné pour notre pays. On pressait de toutes parts l'exécution du décret du 25 octobre 1790 de l'Assemblée constituante, en proférant des menaces de mort contre tout réfractaire. Le clergé de Thonon, nous l'avons vu, fut presque unanime à repousser avec horreur cet acte inique et dut pourvoir à son salut par l'émigration. Déjà les prêtres réguliers avaient pris la fuite, bientôt après suivirent les prêtres de la Sainte-Maison et le confesseur des Visitandines. Elles restèrent ainsi sans secours spirituels, dans un moment où les consolations de la religion leur devenaient si nécessaires. Et comme si leur infortune eut laissé encore de l'espace à la malveillance, des hommes sans entrailles venaient tous les soirs hurler, autour des murs de clôture, le chant du *Ça ira* et de la *Marseillaise*.

D'autres personnes, qui se faisaient officieuses pour se rendre intéressantes, venaient rapporter les discours incendiaires qui se tenaient dans les clubs, ou les rumeurs sinistres qui circulaient dans les rues. Il est vrai qu'alors et un peu plus tard, il se produisit des orgies et des saturnales inconcevables.

Comment en effet pourra-t-on jamais comprendre, par exemple, qu'à Thonon où restait la foi implantée par saint François de Sales, on ait pu organiser des processions sacrilèges, où d'ignobles sans-culottes, grotesquement affublés d'ornements sacrés, parodiaient les cérémonies de l'Eglise? Comment expliquer qu'à Thonon, ville de bons sens, on ait pu admettre le culte de la déesse Raison? Tout ceci a son motif dans la peur et la lâcheté. Les méchants élevaient la voix de tout le silence des bons, et leur courage grandissait de toute la dépression de celui des honnêtes gens qui s'enfermaient chez eux, ou se taisaient, comme toujours, hélas! Dans la seconde moitié de 1793, les vexations contre les religieuses de la Visitation furent portées au dernier degré de violence. Ces vexations se reproduisaient chaque jour sous de nouvelles formes, de sorte qu'il n'y avait jamais de lendemain, pour se remettre des pénibles émotions de la veille.

Bientôt il ne leur resta d'autre alternative que de prêter le serment schismatique, ou bien de se voir traînées brutalement en prison. Dans cette extrémité, les plus menacées à cause de leur emploi, c'est-à-dire la supérieure, la sœur économe, la sœur portière et deux autres sœurs, se rendant enfin aux pressantes exhortations de personnes amies, s'enfuirent du monastère, le 9 octobre entre huit et neuf heures du soir, emportant avec elles quelques ornements précieux de la sacristie. Déguisées en paysannes elles descendirent au bord du lac, où les attendait une barque qui les transporta à Nyon en Suisse. Quelques jours plus tard, elles allèrent demander un asile à leurs sœurs du monastère de la cité d'Aoste, accompagnées de M. Carlin, chanoine de la Sainte-Maison de Thonon qui, dans ces temps difficiles, leur rendit de grands services. Chose étonnante, aucune des religieuses restées au monastère ne connut d'abord le départ de la supérieure et de ses compagnes, excepté la sœur assistante qui ne sut leur projet que peu d'heures avant leur sortie. Ce silence rigoureux était commandé par les circonstances. La sœur assistante se trouva donc chargée de la communauté sans père spirituel, sans confesseur, sans supérieure, sans économe, n'ayant eu que de courts instants pour conférer avec sa Mère fugitive. Il lui avait été prescrit de n'annoncer cette émigration à la communauté que le lendemain. Il n'est pas possible d'exprimer la consternation des pieuses filles en apprenant l'évènement de la veille et le coup douloureux qui venait de les frapper.

Des considérations d'un ordre supérieur et le secours d'en haut ramenèrent bientôt le courage aux cœurs abattus. C'était nécessaire. De nouveaux combats ne devaient pas se faire longtemps attendre.

Deux jours après le départ de la supérieure, arriva de nouveau l'ordre d'évacuer le monastère dans trois jours. Cette intimation étant l'œuvre privée de quelques membres du comité de surveillance qui l'avaient faite de leur chef, on n'en pressa pas l'exécution et les religieuses restèrent chez elles. Mais bientôt deux commissaires furent délégués pour vérifier l'exactitude de l'inventaire des avoirs de la communauté dressé par les citoyens Bétemps, Popon et consorts, et, pour constater si aucun détournement ne s'était opéré. Arrivés à la sacristie ils n'eurent pas de peine à découvrir la soustraction des ornements les plus riches.

Les religieuses présentes firent peser toute la responsabilité sur leurs sœurs fugitives conformément à l'ordre de la supérieure.

Ce pieux larcin causa une recrudescence de persécution, et il fallut acheter bien cher le précaire avantage qu'elles avaient sur les autres religieuses de la Savoie, de demeurer dans leur monastère. Les visites des plus terribles révolutionnaires se multiplièrent extraordinairement. Toutes les fois que la cloche appelait la portière, les bonnes sœurs étaient bouleversées ; elles pensaient toujours voir entrer quelques-uns de ces énergumènes ayant l'impiété, l'imprécation et la menace aux lèvres. Parfois ces hommes à cœur de tigre se couvraient de la peau de l'agneau, et ajoutaient la fourberie à la cruauté. C'est ainsi qu'affectant un hypocrite intérêt pour le sort des religieuses, ils les pressaient, avec beaucoup d'instance, de prêter le sacrilège serment, sous prétexte de vouloir les soustraire aux terribles conséquences de leur désobéissance aux lois. Parfois, ils cherchaient à vaincre les volontés rebelles, en affectant de ne voir dans cette résistance que l'effet d'un vain scrupule.

Ils affirmaient alors que les prêtres s'étaient trompés d'abord sur la moralité de cet acte, mais que revenus maintenant de leur erreur, ils le regardaient comme licite et ne faisaient plus aucune difficulté de l'accomplir : « Nous connaissons la portée du serment exigé, répondaient les sœurs et nous ne le prêterons jamais ; nous ne voulons reconnaître d'autre constitution que celle que l'Eglise nous a donnée, et, en vertu de cette constitution, nous serons religieuses jusqu'à la mort ! » Alors ces agneaux improvisés redevenaient tigres, et, dans leur fureur, ils menaçaient ces innocentes victimes des horreurs de la prison et de l'échafaud. Un jour l'un d'entre eux poussa la démence jusqu'à défendre à la communauté de reconnaître aucune supériorité, disant qu'elles étaient libres et toutes égales, et que l'union fraternelle leur tiendrait lieu de tout gouvernement.

On prit les précautions les plus vexatoires pour qu'il ne leur arrivât aucun secours spirituel que leur conscience pût accepter. Il s'exerçait bien à Thonon un ministère, mais c'était le ministère des apostats réprouvés de Dieu et de l'Eglise, et repoussés de tous les vrais chrétiens. Les prêtres fidèles, nous l'avons vu, se cachaient dans nos montagnes pour échapper aux poursuites incessantes dirigées contre eux. Cependant, au milieu des angoisses qui oppressaient le cœur des filles de Saint-François-de-Sales, Dieu ne les laissa pas sans consolation.

Approchait le 21 novembre, jour de la rénovation des vœux. L'affliction était grande ! Ce beau jour allait-il passer, comme tant d'autres, dans ces intolérables privations dont le sentiment n'est connu que des âmes pieuses ? Un prêtre fidèle devait-il braver la mort pour entendre les confessions, célébrer la messe, et, recevoir la confirmation de ces serments auxquels des hommes pervers voulaient rendre ces religieuses parjures ? Dieu l'avait ainsi réglé : ce prêtre se rencontra et se trouva là à point nommé. Son nom mérite d'échapper à l'oubli, c'était M. Galliet de Lugrin. Il menait une vie nomade, comme M. Bouvet, en exerçant le saint ministère avec un zèle infatigable. Il arriva à Thonon le 18, à neuf heures du soir. M. Lacroix, gardiateur du monastère, nommé par le comité révolutionnaire cachait sous des dehors républicains, une âme tout à fait chrétienne. Aussi se montrait-il en secret entièrement dévoué aux religieuses. Dépositaire des clefs de la maison depuis le départ de la supérieure, il les livra toutes pour la circonstance. Nos Visitandines empruntèrent un calice et une pierre sacrée cachés dans un village voisin, ornèrent l'autel de la salle des assemblées et tirèrent un ornement de la sacristie. Elles eurent ainsi le bonheur d'entendre la sainte messe, le jour de la Présentation et les deux jours qui précédèrent cette fête. Le 19 et le 20, M. Galliet confessa la communauté et quelques personnes discrètes de la ville. Pendant qu'il était au saint tribunal, on vint demander à entrer dans le monastère pour lessiver le linge des troupes de station à Thonon. Cet incident causa un grand émoi. On pria la Sainte Vierge avec ferveur, et le fidèle gardiateur alla représenter au maire que le couvent n'avait plus les ustensiles nécessaires. Le maire défendit aussitôt de donner suite à cette demande qu'il ignorait, et tout rentra dans le calme.

Le 21 à une heure après minuit, M. Galliet offrit le saint sacrifice de la messe, distribua la communion et reçut le renouvellement des vœux. Ce fut la communion du monastère de Thonon. Peu après la dernière cérémonie, le prêtre repassa par le chemin qu'il avait déjà suivi pour arriver. Accompagné d'un parent qui ne le quittait jamais, et fièrement drapé dans ses amples habits de tirtaine, il regagna les montagnes du Haut-Chablais sans accident.

Cette grâce précieuse fortifia les pieuses filles de Saint-François-de-Sales, elles en avaient grand besoin.

Trois mois et demi s'étaient écoulés depuis la fuite de la supérieure et de ses compagnes, et chaque jour avait apporté aux demeurantes une large mesure de souffrances. Que de supplications auprès des autorités pour obtenir la faveur de rester dans leur maison !

Enfin, on annonça l'arrivée prochaine du féroce Albite, en Chablais. Il venait des départements du midi qui ont gardé de sanglantes traces de son passage. Les autorités de Thonon ne voulurent pas passer, à ses yeux, pour modérées. Le 3 janvier 1794, trois membres de l'administration viennent officiellement intimer aux Visitandines l'ordre d'évacuer leur monastère dans trois jours, faisant sonner bien haut qu'elles étaient les seules religieuses de la Savoie encore en possession de leur couvent. Oui, auraient-elles pu répondre, mais de quel droit les autres ont-elles été expulsées et, dès lors quelle grande grâce nous a-t-on accordée? Ces pauvres filles venaient d'entrer au réfectoire pour le dîner, quand les délégués arrivèrent. Il fallut laisser là le modeste repas ordinaire et entendre ce terrible arrêt d'expulsion qui résonna aux oreilles de toutes comme un arrêt de mort. Les amis de la liberté ne s'en tinrent pas là, ils déclarèrent péremptoirement aux religieuses qu'ils ne supporteraient plus la vue de ce voile noir et de ce chapelet. Injonction leur fut donc faite de quitter aussitôt le costume religieux, conformément au décret du 6 avril de l'Assemblée législative. Après ce glorieux exploit ils sortirent, laissant les pieuses filles de la Visitation dans un abattement difficile à décrire. Quitter leur maison, trouver un autre asile et des moyens d'existence, se procurer des habits séculiers, sans le premier sou pour les payer, et tout cela dans trois jours!... Il y avait de quoi décourager des âmes moins confiantes en la Providence. Dans cette extrémité, elles consultèrent deux amis dévoués qui furent d'avis de demander un sursis de quinze jours. Elles l'obtinrent. Pendant ce laps de temps, les religieuses prirent la résolution de ne sortir que par la force. Elles durent bientôt renoncer à ce parti. Lacroix, le fidèle gardiateur, venait d'être remplacé par un de ces hommes vendus aux radicaux du jour, sans être lui-même méchant par caractère. Pour faire la cour à ses patrons, ce nouveau sbire imagina un moyen de lasser la constance des religieuses. Il enleva les serrures des portes de clôture, qui, dans les couvents cloîtrés, n'ouvrent et ne ferment qu'en dedans, et les fit placer en dehors. Et, comme il avait les clefs à sa disposition, il introduisait, chaque jour, dans le monastère, une tourbe de gens à figure plus ou moins sinistre, au point que les religieuses vivaient habituellement pêle-mêle avec ces intrus de la pire espèce. Voyant donc que la paix et le recueillement n'étaient plus possibles, elles sortirent définitivement de leur couvent, le 18 janvier, à quatre heures de l'après-midi. Il est de toute impossibilité de rendre le saisissement, la désolation de ces pieuses filles au moment où elles mirent le pied dans la rue. Celles qui étaient de Thonon rentrèrent chez leurs parents avec quelques-unes de leurs compagnes, les autres furent recueillies avec empressement par la charité de plusieurs familles chrétiennes.

Ces bonnes sœurs avaient d'abord pensé que cet orage ne durerait pas et que bientôt elles reviendraient. Aussi avaient-elles caché une partie des provisions inventoriées dans les endroits du couvent réputés les plus secrets. Les agents du pouvoir finirent par découvrir ces cachettes. Grand émoi ! On cria au scandale ! Le crime appelait toute la vindicte des lois. Il fallait, de toute rigueur, mettre en jugement ces prétendues voleuses du bien de la Nation et les rendre responsables, non seulement de ce méfait, mais encore de la soustraction des objets de la sacristie. En conséquence, le membre le plus violent des autorités constituées de Thonon vint sommer, de la manière la plus brutale, les religieuses de comparaître, le lendemain matin, à dix heures, devant le Comité révolutionnaire. Elles y parurent, en effet, avec l'assurance que donne le sentiment de l'innocence. Le tribunal fut déconcerté par la justesse de leurs réponses. Il les renvoya sans jugement, mais non sans de pressantes invitations à la prestation du serment. L'un des démocrates présents crut faire preuve d'esprit en les engageant à à se marier...

Le représentant Albite, annoncé depuis si longtemps, arriva vers les fêtes de Pâques de cette année, trois mois après la sortie des religieuses de leur couvent. Elles espéraient n'être plus inquiétées. Mais elles comptaient sans Albite. A peine arrivé, celui-ci se plaignit avec emportement de ce qu'on avait traité, disait-il, les religieuses avec trop de *modérantisme* et de *ménagement*. Il s'étonnait surtout qu'elles n'eussent point encore prêté le serment, et il voulait qu'on les enfermât, sans plus de retard dans la maison d'arrêt, pour les contraindre à obéir à la loi. Averties à temps, ces pieuses filles se hâtèrent de sortir de leur pays, où, au milieu des cris de liberté, il n'était plus permis d'être fidèle à son Dieu.

Ce fut après des peines, des fatigues et des périls de tout genre, qu'elles arrivèrent saines et sauves à Nyon dans l'octave de Pâques. Elles prirent deux jours de repos dans cette ville, et se mirent en route pour le Piémont. Arrivées en Valais, elles se virent arrêtées par une nouvelle très accréditée dans le pays : on disait que les français venaient de passer le Petit-Saint-Bernard pour s'emparer de la cité d'Aoste, et s'y établir. C'était faux ; néanmoins, dans cette persuasion, les Visitandines durent abandonner la pensée de pénétrer en Piémont par le Grand-Saint-Bernard. Redoutant d'autre part les longueurs et les périls du passage du Simplon, elles revinrent à Lausanne, où M. le grand-vicaire Bigex leur procura un logement et se montra très dévoué à leurs intérêts.

Les dames de la ville, bien que protestantes furent vivement touchées de leur malheur. Elles s'empressèrent même de leur envoyer des provisions de toute espèce pour faire face aux premiers besoins. Puis un moyen plus délicat de les assister fut mis en œuvre. La charité est délicate et discrète : on demanda comme une faveur d'exercer les petits talents et les nombreuses industries des filles de Saint-François-de-Sales. Lausanne recevra un jour la récompence de cette belle action. Nos religieuses restèrent quatre mois et demi dans cette ville hospitalière, qui possédait alors tous les secours spirituels désirables, par la présence d'un grand nombre d'ecclésiastiques émigrés dont elle devint le rendez-vous.

Enfin, débarrassées de la crainte des troupes françaises, les Visitandines prirent de nouveau, le 10 septembre, la route du Piémont, accompagnées de plusieurs prêtres et notamment de M. Bulos, plébain d'Evian. Celui-ci leur servit de guide jusqu'à Turin. Elles eurent la consolation d'y voir Mgr Paget, proscrit comme elles, à cause de sa fidélité à Dieu et à son Eglise.

Après une semaine de repos dans la capitale, elles se mirent en chemin, sous la conduite de M. le chanoine Duc, d'Annecy, pour Voghera, lieu de leur destination. Arrivées là on les répartit dans divers couvents de religieuses d'ordres différents, où elles reçurent la plus généreuse hospitalité.

Le monastère de la Visitation et ses dépendances furent vendus le 4 septembre 1796 (1), à Charles-Antoine-

_____

(1) Par acte du 13 fructidor, an IV de la République fran-

Victor Amand, commissaire de guerre. Celui-ci le revendit, le 29 septembre suivant, au citoyen Michel Morel, de Thonon, en se réservant une grange et un jardin. Morel, à son tour, aliéna diverses parcelles le 3 juin 1830.

Restauration

Ce qui lui restait, c'est-à-dire le couvent et le clos, fut acheté le 19 janvier 1835 pour être rendu à sa destination primitive.

A la nouvelle du retour des filles de Saint-François-de-Sales dans la capitale du Chablais, ce fut une véritable explosion de joie de la part de la population de cette ville. Le souvenir des vertus et des bienfaits des anciennes sœurs était demeuré vivant dans le cœur des habitants ; ils accueillaient avec bonheur celles

---

çaise, soit 4 septembre 1796, le couvent et ses dépendances furent vendus pour la somme de 33,992 francs. Il avait été réuni au domaine de la nation, en vertu des lois du 2 novembre 1789 et du 5 novembre 1790.

Le contrat de vente se passa entre l'administration venderesse du département du Mont-Blanc, composée des citoyens Grand, Garin et Bataillard, qui agissait au nom de la dite République, et en exécution de la loi du 19 mars 1796 (28 ventôse, an IV), en présence et du consentement du citoyen Carelly, commissaire du Directoire exécutif, d'une part, et du citoyen acquéreur Charles-Antoine-Victor Amand, commissaire de guerre, de résidence à Chambéry, d'autre part. Par un acte du 25 septembre 1796, le citoyen Amand vendit au citoyen Michel Morel de Thonon, le dit immeuble, sous la réserve d'une grange donnant sur la rue St-Sébastien, d'un jardin, dit le jardin d'Yvoire et d'un petit bâtiment situé au nord de l'église. La porte et le chemin y conduisant devaient rester communs. Le jardin était de la contenance de 150 toises locales.

L'an 1830 et le 3 juin, M. Morel aliéna, par contrat notarié de ce jour, aux citoyens Colly, Noël et Renard, 272 toises et 2 pieds de terrain, à prendre au sud-ouest du clos. Le reste de ce bel établissement demeura la propriété de la famille Morel jusqu'au 19 janvier 1835.

qui venaient continuer le même dévouement et la même édification.

La fondation nouvelle se fit par des Visitandines du monastère de la Croix-Rousse de Lyon. Elles trouvèrent l'ancien monastère de Thonon dans le délabrement le plus complet. Sauf les murailles tout était, pour ainsi dire, à refaire. La plupart des portes et des croisées avaient disparu. Bon nombre d'offices et de cellules étaient dégradés ou d'une malpropreté repoussante. L'église servait de grange et de remise, le chœur d'écurie, le réfectoire et la salle de communauté de boucherie, la lingerie et le préau de tannerie.

Divers locataires occupaient certaines parties du couvent, ils devaient y rester jusqu'à la fin du bail.

Les religieuses comprirent qu'elles seraient encore longtemps gênées par ceux du dedans et incommodées par ceux du dehors, car la maison et l'enclos étaient ouverts de toutes parts, et on y entrait à volonté.

Heureusement des locataires abandonnèrent deux chambres habitables qui devinrent les deux pièces de luxe des religieuses. La tribune leur servit de chœur, la cellule et le cabinet de l'ancienne supérieure, qui ne faisaient qu'une pièce, formèrent leur salle d'assemblée, la chambre des sœurs tourières et une autre chambre contiguë furent destinées, l'une à leur servir de réfectoire et l'autre de dortoir. Celles des sœurs qui ne purent trouver place dans cette dernière salle, se distribuèrent dans les endroits les plus sortables de la maison.

Les religieuses venues de Lyon avec leur obédience, étaient arrivées à Thonon en 1834. Mais, dans leur ardente préoccupation pour le bien, elles n'avaient songé ni à l'approbation de l'Eglise ni à l'autorisation de l'Etat. Mgr Rey se mit en mesure d'obtenir un décret favorable de Rome pour ériger le monastère. Le roi Charles-Albert s'y opposa formellement. Le curé de Thonon fit le voyage de Turin pour plaider la cause des filles de Saint-François-de-Sales, et obtint un sursis. Enfin des personnes haut placées de France et de Savoie offrirent à Mgr Rey une médiation heureuse que le prélat s'empressa d'accepter, et le gouvernement se désista de toute opposition.

Les travaux de restauration furent achevés en 1837.

Quand toutes les dispositions eurent été prises, en conformité des saints canons, pour l'érection du monastère, Mgr Rey, évêque d'Annecy, vint lui-même en faire la clôture. Il présida la cérémonie des quarante heures accordées par le Souverain Pontife et fixées aux 6, 7 et 8 juin de chaque année, en souvenir de cet heureux évènement.

Les huit jours que le prélat passa à Thonon furent huit jours de fêtes religieuses. Les tribunaux de la pénitence furent assiégés, la table de la communion toujours remplie et un peuple d'adorateurs se pressa aux pieds des autels. On vit, avec édification, aux premiers rangs, les magistrats et les premières autorités de la province.

Le 6 mai 1836, la Sacrée-Congrégation des évêques réguliers accueillit favorablement la demande faite par Mgr Rey, pour être autorisé à ériger canoniquement le monastère, Le même jour, cette décision de la Congrégation fut approuvée et confirmée par Sa Sainteté Grégoire XVI.

Par lettre du 16 mai 1836, son Eminence le cardinal Sala, préfet de la Sacrée-Congrégation, annonça au prélat que l'autorisation lui était accordée.

Le 6 juin 1837, Mgr Rey accompagné d'un clergé nombreux, et en présence des premières autorités de la ville, vint procéder à la bénédiction solennelle de la clôture. Ce beau pays, où les Visitandines venaient enfin d'être rétablies, se trouvait alors abondamment pourvu d'établissements pour l'éducation des jeunes personnes. Elles n'eurent donc pas à ouvrir un pensionnat. Elles s'estimèrent heureuses de pouvoir s'adonner entièrement, uniquement, à la vie visitandine, telle qu'elle existe dans les premiers monastères de leur saint institut, telle qu'elle est tracée dans l'admirable législation religieuse, sortie des mains ou plutôt du cœur de saint François de Sales et de sainte Chantal.

Douce et pieuse solitude, ardent foyer de prières et de contemplation divine, autant que d'inépuisable charité : asile caché des plus humbles et souvent des plus héroïques vertus et des plus purs dévouements, telle fut dès lors la Visitation de Thonon.

Esquissons rapidement ses fêtes récentes :

Mgr Rey arrivait aux Allinges en 1837. Il y venait tous les ans distribuer la parole de Dieu aux milliers de fidèles qu'attirait, sur cette montagne, la dévotion à saint François de Sales. De là il descendit à Thonon. Une première translation des corps des saints martyrs Victor et Muzette reçus récemment de Rome, eut lieu à la Visitation. La province toute entière prit part à cette solennité. Rien n'égala le religieux attendrissement des spectateurs pendant le parcours de la procession à travers les rues de la cité.

Les reliques de sainte Faustine et de saint Victor furent encore transférées solennellement au mois d'août 1846, dans leurs tombeaux respectifs, qui ne sont autres que ceux de trois autels de la chapelle actuelle de la Visitation. Impossible d'exprimer le bon effet et les religieuses impressions que produit la réunion dans cette modeste église de ces trois glorieux martyrs. Leur aspect dans l'attitude du repos, semble ajouter au mystérieux silence du sanctuaire quelque chose de grave et de solennel.

Mais bientôt s'ouvrent les assises du Vatican. L'église se met à feuilleter les écrits de ses saints Pères et Saint François de Sales est déclaré docteur.

L'univers catholique célébra avec joie les fêtes de ce nouveau doctorat. Celles d'Annecy et de Thonon en furent comme l'écho prolongé et le digne couronnement. Elles eurent lieu dans la capitale du Chablais les 14, 15 et 16 septembre 1878, et furent présidées par M. le chanoine Ruffin, prévôt de la cathédrale d'Annecy. Le père Tissot, aujourd'hui supérieur des missionnaire de Saint-François-de-Sales, donna une série de discours où il montra saint François de Sales, docteur de l'amour et de l'espérance. Les offices furent relevés par les chants d'un puissant et harmonieux chœur de jeunes lévites, tous les élèves du grand-séminaire d'Annecy, et la plupart chablaisiens. Ils s'étaient rendus avec empressement à l'invitation de M. l'abbé Boccard aumônier, heureux de sacrifier leurs vacances en concourant à la solennité de ces fêtes, et, n'ambitionnant d'autres récompenses que les bénédictions de l'Apôtre du Chablais. Il y eut, le troisième jour après la grand'messe, procession solennelle comme à la Fête-Dieu. Le soir, la ville de Thonon s'illumina comme par enchantement. C'était partout une prodigieuse variété de transparents ornés de saisissantes peintures, et d'inscriptions pleines de délicatesse et d'à-propos. Tout portait le cachet de la spontanéité ; chacun avait traduit à sa manière sa propre dévotion sans s'inquiéter de ce qui se faisait chez ses voisins.

L'église Saint-Hippolyte montrait avec un légitime orgueil, sa grande façade toute illuminée au gaz, brillante parure dont elle était revêtue pour la première fois. Il y avait des choses admirables au presbytère l'ancienne Sainte-Maison de Saint François, chez les Frères des écoles chrétiennes, à l'hôpital, au collège Sainte-Marie, au pensionnat des Sœurs de la charité. Une immense croix de lumière brillait dans les airs, à une grande hauteur, au-dessus du couvent des RR. PP. Capucins de Concise. Telle fut la dernière grande fête du monastère de la Visitation de Thonon.

Terminons par deux mots sur sa chapelle. Le printemps de 1878, lui apporta de magnifiques vitraux dûs à la libéralité d'une religieuse sortie de la famille de Monthoux de la Serraz. Ils rappellent divers faits de la vie de saint François et les origines de son saint institut. Celui du chœur, (en face de la grille), représente la célèbre apparition de l'Homme-Dieu à la bienheureuse Marguerite-Marie. Les six grandes croisées de la nef montrent : Saint François de Sales debout sur la terrasse du château des Allinges, pleurant sur les ruines faites par l'hérésie ; l'inauguration des Quarante-Heures de Thonon ; le sacre du saint apôtre ; sa vision miraculeuse des trois premières mères de la Visitation ; saint François donnant à sainte Jeanne de Chantal et à ses deux compagnes le livre des Constitutions ; la première ouverture de son tombeau. Le vitrail de la chapelle, dédiée à la sainte fondatrice de l'ordre, représente l'apôtre du Chablais incliné sur le cadavre d'un enfant qu'il ressuscita par la vertu de ses prières. Celui de la chapelle du Sacré-Cœur dépeint l'apparition de Notre-Seigneur Jésus-Christ à la bienheureuse Marguerite-Marie dans le bosquet de noisetiers du jardin de Paray. Enfin, celui de la porte d'entrée représente le Souverain Pontife Pie IX, le « confirmateur infaillible » définissant le dogme de l'Immaculée-Conception, dont l'apôtre du Chablais est aussi le suave Docteur. Toutes ces verrières, d'un très bon goût, et d'un effet saisissant, ont transformé la chapelle de la Visitation en lui donnant un aspect mystérieux et édifiant qui réjouit les âmes chrétiennes.

CHAPITRE XII

Les Autrichiens en Chablais

> Habitants d'Arezzo, j'ai vu sur votre terre
> Fondre les ravageurs avec leur cri de guerre
> *DANTE, D. C. Chant XVII.*

SOMMAIRE : Napoléon, succès et revers. — Notre frontière de l'Est en 1813. — Invasion autrichienne (décembre 1813). — Dessaix à Genève. — Thonon et sa Commission provisoire toute puissante. — Organisation d'une garde urbaine. — Appel du Préfet du Léman et approvisionnements. — Consternation et terreur. — Bubna et Simbschen. Invasion du Chablais. — Députation thononienne. — Réquisition. — Dessaix et Marchand, leurs opérations. — Le commandant Favre et les capitaines Naz et Mouthon. — La levée en masse (1814). — Proclamation de Dessaix. — Nouvelles réquisitions. — Invasion du Mont-Blanc et occupation de Chambéry. — Combats divers. — Espérances et victoires. Le général de Sonnaz à Thonon. — Ses proclamations. — Le commandant Jaillet et ses nouveaux soldats. — Dénonciations et arrestations. — Bienveillance de Meindell et Bubna. — Octrois. — Magasins militaires à Thonon. — Casernement des troupes de Sonnaz (24 février 1814). — Ordre d'incendier Thonon. — Succès et revers. — Besse et Colly. — La campagne de France et l'héroïque fidélité du général Chastel. — Première restauration (de mai 1814 à mars 1815). — Incertitude sur les destinées du Chablais. — Traité de Paris et morcellement de la Savoie. — Les partis.

— 257 —

— Efforts de Dessaix et des dignitaires savoyards en faveur de la France. — La Diète suisse. — Paul Vella, intendant du Chablais. — Nouveau Conseil de ville et nouvelle organisation administrative. — Les Cent-Jours, (mars-juillet 1815). — Dessaix rejoint Napoléon à Lyon dont il est nommé gouverneur. — Partis divers. — Plans de Dessaix. — De Sonnaz à Turin. — Hostilités. — Dessaix s'empare de Carouge (16 juin). — Combats du Pont de la Dranse et de Meillerie (21 juin). — Opérations de Dessaix en Chablais. — La Municipalité de Thonon et le drapeau tricolore du clocher. — Menaces terribles. — Dévouement de M. Neyre, curé de Thonon. — Réquisitions et épouvante. — Les Volontaires du Léman. — Waterloo (18 juin 1815). — Rentrée des Autrichiens. — Les quatre hôpitaux de notre ville. — Mortalité et misère. — De Sonnaz délégué du Conseil de Thonon.

Napoléon était arrivé au faîte de sa gloire et de sa puissance. Le Concordat avait rendu à la France la paix religieuse avec ses autels séculaires. Sacré empereur par Pie VII, il sembla d'abord ouvrir une ère de réparation et de prospérité.

Mais l'ambition le jeta bientôt loin de sa voie, sur le chemin des entreprises audacieuses et téméraires. Succès, puis revers, victoires et défaites épouvantables se succédèrent avec une effrayante rapidité. Les désastres d'Espagne et de Russie avaient épuisé la nation et porté à l'Empire un coup mortel. Notre pays lui demeurait fidèle, et le 23 janvier 1813, la municipalité de Thonon, à la nouvelle des récents malheurs, envoie à l'empereur ses sentiments de dévouement et de fidélité (1).

La coalition du Nord envahissait nos frontières,

(1) Délibérations de la municipalité de Thonon. Ce chapitre lu au Congrès des Sociétés savantes de la Savoie, tenu à Thonon, les 20, 21 et 22 août 1886, a été remanié récemment et presque doublé, grâce à de nombreux et précieux documents tirés des archives de Sonnaz.

l'Autriche allait promener en Chablais ses drapeaux triomphants.

Cependant, la section française de l'Est était à peu près complètement dégarnie ; Strasbourg, Metz, Grenoble, Genève se trouvaient dépourvues de moyens de résistance. Cette dernière place, importante par sa position, avait bien conservé, il est vrai, ses anciennes fortifications, ses fossés, ses remparts et ses bastions, mais elle était incapable d'arrêter sérieusement l'ennemi.

La grande armée autrichienne de Schwarzenberg passait le Rhin, à Bâle, le 21 décembre 1813, et le comte Bubna s'avançait rapidement sur Genève, en longeant le Jura, à la tête d'une division légère, de cinq bataillons et de trente escadrons (1).

La nouvelle en arriva à Thonon dans la nuit du 22 au 23 décembre, et, tandis que le général Dessaix, le glorieux vétéran de Marclaz, se rendait en toute hâte à Genève pour combiner des moyens de défense et mettre de nouveau son épée au service du pays, les autorités françaises effrayées quittaient précipitamment Thonon et le Chablais. La consternation était grande chez nous. A cette vue, M. Dubouloz Louis-Sébastien, maire de notre ville, convoque le Conseil municipal et les notables de la localité, pour leur exposer la situation. Une commission provisoire toute puissante est aussitôt nommée à l'unanimité, aux personnes du maire et de MM. de Sonnaz, d'Antioche, Descombes, Boccard, Michaud médecin, Dupérier fils et Vignet. Elle est chargée de maintenir l'ordre et l'harmonie, de répondre aux demandes et aux exigences de la soldatesque ennemie, etc. Huit cents francs,

---

(1) *Compte-rendu du Congrès de Thonon,* p. 291.

perçus des particuliers, sur la base de l'imposition personnelle, feront face aux besoins les plus pressants (1). Une garde urbaine sera organisée par les membres de la commission qui rédigera aussitôt le mode de réception des troupes autrichiennes (25 décembre 1813).

Cette garde, nécessaire à l'ordre de la rue dressait le jour même le cadre de ses officiers. Furent nommés :

Capitaine, M. de Sonnaz Joseph ; lieutenants, MM. Dubouloz Prospert et Vignet Claude-François ; sous-lieutenants, MM. Dubouloz Jérôme et de Foras Joseph ; sergent-major, M. Delacroix Marie ; caporal-fourrier, M. Anthoinoz Claude ; sergents, MM. Guyon Jean-Marie, Vaudaux Jean-Marie, Ramel Maurice, Curial Amé ; caporaux, MM. Guillet François, Moille, Delacroix Joseph, Jacquier Marie, Bernaz Marie, Lombard Jean-Claude, Monloy François, Frézier Jean, Gaud Abraham ; tambours, Détraz Joseph, Durand Jean-Marie, Détraz François et Sabathier Antoine.

Le préfet du Léman faisait en même temps un appel à toutes les communes de la région, pour obtenir des hommes capables de travailler aux remparts de Genève (2), et des approvisionnements pour le siège.

Thonon dut fournir du blé et de la paille, que le batelier Pierre-Joseph Fillon s'était engagé à transporter dans cette ville, par le lac. Le mauvais temps s'y opposa, et, le 25 décembre, il parut devant la municipalité. Douanes et douaniers avaient disparu, on dut donc retirer ces denrées dans un magasin du voisinage.

Le 27, le maire Dubouloz fit transporter, par les

---

(1) Le lendemain même, le Conseil municipal dressait la liste des contribuables, avec leur cote respective (Délib. mun. de Thonon).

(2) Délib. mun. de Douvaine, Sciez, Massongy.

soins de MM. Boccard et Descombes ses adjoints, et de M. Charmot (1), dans la salle de l'administration de l'hospice de Thonon, tous les titres, papiers et registres importants de la sous-préfecture, située au quartier de la Croix, dans la maison Dupérier (2).

M. Champoutret, receveur de l'Enregistrement, s'était enfui, en laissant son employé Besson ; M. Frézier, juge de paix, apposa les scellés sur les différentes portes du bureau de l'Enregistrement, des domaines et de la conservation des hypothèques. Enfin, M. Descombes procéda à la vérification des diverses caisses du receveur particulier de l'arrondissement, des receveurs des douanes, des droits réunis, de l'entreposeur des tabacs et du percepteur de la commune (3).

On croyait que le pays allait être mis à feu et à sang, il n'en devait pas être ainsi. Le Conseil de Thonon reçut bientôt du maréchal de Schwarzenberg une circulaire datée du 27 décembre, assurant le service des postes pendant la durée de la guerre (4).

Le maréchal autrichien de Bubna entrait à Genève le 30 décembre 1813, et, de là, dirigeait une de ses colonnes sur Annecy, par Cruseilles et Frangy.

Un officier de la division Bubna, le colonel de Simbschen, qui s'était détaché de Lausanne avec 600 hommes d'infanterie, et quelque peu de cavalerie, arrivait le 28 décembre à Saint-Maurice en Valais. Il établit des postes au Simplon et au Grand-Saint-Bernard, coupa la route d'Italie, redescendit à Saint-Maurice, et se dirigea sur Thonon, par la vallée d'Abondance.

On le savait dans nos murs, car le 28 décembre, le

---

(1) Secrétaire de la Sous-Préfecture.
(2) Elle appartient aujourd'hui à M. l'avocat Jules Mercier.
(3) Délib. mun. de Thonon.
(4) *Compte-rendu du Congrès de Thonon*, p. 294.

Maire prévient les habitants « que dans l'attente où
« l'on est de la prochaine arrivée des troupes dans
« cette ville, ils aient à préparer les logements néces-
« saires ; il les invite en même temps à leur faire dans
« cette circonstance la réception la plus amicale ; ce
« qui, joint à l'excellente discipline qu'elles observent,
« nous sera, dit-il, un sûr garant de l'ordre et de la
« tranquillité. Les maisons seront illuminées afin
« d'éviter toute confusion, et le moment de leur
« arrivée sera annoncé par le son des cloches. »

Le 30 décembre, une députation composée de
MM. Dubouloz, maire, Joseph de Sonnaz, Dubouloz
Jérôme, d'Antioche, partait pour Genève, afin de
recommander Thonon à la bienveillance du vainqueur,
et de lui présenter ses respectueux hommages (1).

Le 2 janvier 1814, la *Commission subsidiaire*,
nommée par Bubna, fait à Thonon sa première réquisition en froment, foin, vin, pommes de terre et eau-
de-vie (2).

Après la fuite des autorités françaises, quelques malveillants parlaient d'une adresse à la Confédération
Helvétique en vue d'obtenir la réunion du Chablais à
la Suisse. Le comte Janus de Sonnaz, l'ayant appris,
se proposa de son côté de provoquer un mouvement
national en faveur de la maison de Savoie. Il était
d'ailleurs le plus ancien officier général de l'ancienne
armée royale. Il arbora donc sa vieille cocarde bleue
et rallia autour de lui les braves du pays, et, le
Chablais ne fut pas passif dans sa restauration.

(1) La panique était à son comble ; le Conseil n'avait pu réunir
le nombre suffisant de ses membres pour délibérer. La Commission provisoire commandait avec fermeté. Ce document
est signé par MM. Dubouloz, Michaud, Descombes, François
de Ruphy, Fornier, de Sonnaz, d'Antioche fils, Deleschaux,
Vignet, François Dupérier, Guyon, Noël, Coudurier.
(2) *Compte-rendu du Congrès de Thonon*, p. 295.

Il ne voulut cependant rien entreprendre sans l'assentiment des généraux alliés qui devaient bientôt être les maîtres du pays. Deux de ses fils Joseph et Hippolyte partirent donc pour le quartier-général autrichien.

Ils arrivèrent d'abord à Berne, où ils obtinrent de M. de Schrent, ministre plénipotentiaire autrichien, une lettre de recommandation pour le prince de Schwartzenberg, et quittèrent Bâle le 6 janvier pour se diriger sur Montbeillard, où était le quartier général. Le comte Radesky leur fit l'accueil le plus flatteur, et le prince de Schvartzenberg leur remit une lettre destinée au colonel baron de Simbschen, commandant des troupes alliées en Valais (7 janvier 1814).

Ils étaient à Berne le 9, à Vevey le 10 et le 11 à Sion. De Simbschen mit immédiatement des troupes en marche sur Thonon.

Déjà, le 1er janvier, un officier autrichien et quelques soldats avaient traversé la ville. Le 12, M. Joseph de Sonnaz rédige à la hâte un Mémoire sur l'état des esprits, et court avertir, à Arenthon, le général de Sonnaz son père de l'heureux succès de ses démarches. Le 15, ce dernier était à Genève ; il se concerta avec de Simbschen, sur les moyens de former un corps de volontaires savoyards. Le lendemain l'appel était rédigé et imprimé : « Braves guerriers de la Savoie, disait-il, votre vieux général vous appelle à servir votre roi, votre patrie et la cause commune de l'Europe. Nous devons écarter tout esprit de parti, toute haine, toute vengeance particulière. Notre unique but est de servir notre bon roi, de rendre son nom à la patrie et de coopérer, de toutes nos forces, au rétablissement du repos et de la paix du monde.

« Quel est le savoyard qui serait sourd à la voix de

la patrie et de l'honneur, qui ne voudrait pas partager les périls et les lauriers de ses compatriotes et de nos vaillants libérateurs ?

« J'établis mon quartier général à Thonon (17 janvier 1814) » (1).

Comme nous l'avons vu, le mécontentement allait grandissant dans nos montagnes, par suite des levées anticipées de conscrits réclamés pour les armées de Napoléon. Une émeute s'était même produite à Thonon l'année précédente (1813) (2). Or ceux qui supportaient ces effroyables charges militaires étaient en général peu sensibles à la gloire de leurs compatriotes ; Dessaix surtout avait des ennemis acharnés (3). Cette hostilité très prononcée contre la domination française arma une multitude d'officiers, d'anciens soldats et de conscrits réfractaires.

Aussi, le général de Sonnaz fut-il forcé pour accueillir tous ces dévouements de l'heure présente, de publier sa seconde proclamation du 21 janvier, sous forme d'ordre du jour. Elle nous prouve que son appel provoqua un certain concours, et que les persécutions religieuses de la Révolution avaient profondément aigri les esprits. « C'est avec la plus douce satisfaction dit-il, que je reçois les rapports sur le noble enthousiasme qu'ont montré mes braves compatriotes à la publication de l'appel aux guerriers de la Savoie ; je remercie, au nom du roi mon maître, les autorités

---

(1) Documents tirés des archives de la famille de Sonnaz, et communiqués par le marquis de Trédicini de Saint-Séverin et par le baron Hippolyte de Livet.
(2) Voir : Chapitre x du présent volume.
(3) Voir : *Mémoire en justice contre le général Dessaix*, par de Ruphy. Le fait qu'il n'a pas même un monument sur sa tombe, et que sa tombe elle-même est inconnue, prouve le peu de sympathie qu'il rencontra à Thonon à la fin de sa carrière.

locales qui ont secondé mes opérations et je ferai connaître à Sa Majesté le zèle de ses fidèles sujets.

« Les malheurs que nous avons éprouvés pendant vingt ans, nous ont fait sentir plus vivement, qu'il ne peut exister de bonheur pour un peuple que sous le gouvernement juste et paternel de son souverain légitime. Rallions-nous donc tous autour du trône et sous les drapeaux de notre roi. Ne nous rappelons du passé (sic!) que pour pardonner les maux qu'on nous a faits.

« Un profond respect pour notre sainte religion, un dévouement sans borne au prince et à la patrie, sont les seuls sentiments qui doivent trouver place dans nos cœurs ! Joignons-y la plus vive reconnaissance pour les sages et puissants alliés qui nous accordent leur appui, et regardons comme de bons et vrais amis, les braves guerriers qui viennent à notre secours, et qui marchent pour délivrer nos frères qui gémissent encore sous un joug étranger.

« Savoyards ! nos besoins sont grands, mais notre courage l'est plus encore !!!..... Dans peu, la paix et le bonheur seront notre récompense...

« 1° Il sera procédé, de suite, à la formation de quatre régiments d'infanterie qui porteront les noms des provinces de Savoie, Genevois, Maurienne et Chablais.

« 2° Le régiment de Savoie se formera à La Roche en attendant l'évacuation de Chambéry ; le régiment de Genevois à Annecy ; le régiment de Maurienne à Rumilly... enfin le régiment du Chablais se formera à Thonon.

« 3° MM. les officiers de chacun de ces corps voudront bien se rendre à cette destination.

« 4° Ceux qui appartiennent à d'autres corps de chaque province, se présenteront à l'officier supérieur chargé du commandement, qui leur donnera des instructions.

« 5° Ceux qui, ayant été au service des puissances étrangères, voudront servir Sa Majesté et leur pays se présenteront également au même officier supérieur, qui les dirigera sur le quartier général, d'où les capitaines, lieutenants et sous-lieutenants pourront les placer dans les corps selon leur grade. On attendra la décision de Sa Majesté pour les officiers de grade supérieur qui se seront présentés.

« 6° Un officier supérieur sera envoyé dans la capitale de chaque province pour en prendre de commandement militaire. Il correspondra directement avec le quartier général et avec MM. les commandants des troupes alliées de la province.

« 7° Un officier sera envoyé dans chaque ville, et de là il correspondra avec le commandant de la province.

« 8° Tout volontaire qui s'armera et s'équipera à ses frais sera maître de choisir le corps dans lequel il voudra servir, et, de fixer le terme de son enrôlement.

« 9° Les habitants des provinces de Chablais et de Faucigny, pourront s'enrôler pour les régiments de Savoie ou Chablais. Ceux des provinces de Genevois et Carouge, pour les régiments de Savoie ou Genevois. Ceux des provinces de Savoie, Tarentaise et Maurienne, pour les régiments de Savoie ou Maurienne.

« 10° Le terme de l'enrôlement sera celui de la guerre actuelle.

« 11° Tout savoyard qui voudra s'enrôler pour servir son roi et défendre sa patrie, devra se présenter à un officier, sous-officier ou soldat au service du roi, qui lui désignera sa destination ultérieure.

« 12° Dans les communes où il n'y aurait pas d'officiers, sous-officiers ou soldats, les gens de bonne volonté se présenteront aux autorités locales qui les adresseront à l'officier le plus près, qui leur donnera des ordres.

« 13° Le plus ancien officier de chaque régiment sera chargé de sa formation qui s'exécutera d'après les anciennes ordonnances qui existaient en 1792.

« 14° Un commissaire des guerres ou officier de la solde, sera affecté à chaque régiment et sera chargé de l'assentement.

« 15° Les volontaires qui voudront se monter et s'équiper à leurs frais dans les provinces de Savoie, Tarentaise et Maurienne, se réuniront à Chambéry, pour former le noyau du régiment de Savoie-Cavalerie.

Ceux des provinces de Chablais, Genevois, Faucigny et Carouge se réuniront à Thonon, pour former le noyau du régiment des dragons de Chablais.

« 16° MM. les gardes du corps qui voudront rentrer en activité s'adresseront personnellement ou par écrit à M. le chevalier de Sonnaz, colonel de cavalerie et cornette de la compagnie des gentilshommes gardes du corps de Sa Majesté, qui leur donnera des instructions.

« 17° Une ordonnance particulière règlera la tenue militaire.

« 18° Il sera donné des dispositions ultérieures lorsque les circonstances l'exigeront (21 janvier 1814).

Les anciens officiers accourus au premier appel du général de Sonnaz, furent : Le chevalier Hippolyte de Sonnaz, colonel-cornette des gardes du corps, avant 1800 ; le chevalier de Ruphy, major de grenadiers ; le comte Gaspard de Maréchal, capitaine au régiment de Saluces ; le chevalier François de Ruphy, capitaine au régiment de Savoie ; M. Jaillet d'Annemasse, capitaine de chasseurs au régiment de Genevois ; le baron Louis de Villard de Thoire, capitaine au régiment de Savoie ; le comte Hippolyte de Sonnaz, capitaine de cavalerie au service de l'Autriche ; M. Paul Seillard, capitaine au service britannique ; le baron Philibert de Thoire, lieutenant au régiment de Savoie ; le chevalier Hyacinthe de Constantin, lieutenant au régiment de Maurienne ; le chevalier Gaspard de Ruphy, lieutenant au régiment de la reine ; le chevalier Am. de Ruphy, lieutenant au régiment de Savoie ; le chevalier François de Chissé de Polinge, sous-lieutenant au régiment de Maurienne ; le comte Joseph de Sonnaz, sous-lieutenant au régiment de Savoie ; M. Hyacinthe Freizier, sergent décoré de la médaille d'argent au régiment de Savoie.

. . . .

Le chevalier Gabriel de Launay, capitaine de la garde nationale à Chambéry ; le chevalier Alphonse de Sonnaz, volontaire au régiment de Chablais ; le comte Joseph de Foras, lieutenant de la garde urbaine à Thonon ; le comte Joseph de Constantin, volontaire au régiment de Savoie ; MM. Félix Challud et François Saxel, volontaires au régiment du Chablais ; le chevalier Clément de Maugny, Noble Louis d'Araine, MM. Urbain Bogès et Villerme, volontaires au régiment de Savoie (1).

Plusieurs d'entre eux devaient arriver plus tard aux grades les plus élevés de l'armée sarde.

M. Dubouloz, officier de la garde urbaine de Thonon, était parti, le 19 janvier, sur l'ordre du général de Sonnaz, pour remplir auprès de Bubna une mission secrète. Le lendemain, Hippolyte de Sonnaz et le chevalier de Launay se rendaient à leur tour au

---

(1) Le général de Sonnaz demanda au roi de nommer ces dix derniers au grade de lieutenant.

quartier général des Souverains alliés pour réclamer la restitution de la Savoie à ses anciens maîtres.

Le 23, Dubouloz est de retour ; Bubna désire une entrevue avec le vieux général de Sonnaz, et il l'engage à se rendre à Chambéry où l'autorité civile lui sera aussitôt abandonnée. En même temps des ordres formels sont envoyés de toutes parts, et surtout à La Roche, à Evian pour seconder l'élan des volontaires.

Pour régulariser les moyens de recrutement, M. de Boteillier se chargea du Faucigny avec le capitaine de Ruphy ; le baron de Thoire, de Thonon et de ses environs, et le chevalier de Blonay, d'Evian et du pays de Gavot (24 janvier).

Le 26, le général de Sonnaz rejoignit Bubna à Genève, et se rendit bientôt à Chambéry pour y prendre le pouvoir.

De son côté, Dessaix organisait la défense avec ardeur, nous dit l'auteur de sa vie, malgré les bataillons ennemis qui inondaient notre territoire.

L'Homme terrible qui avait refusé la paix, après Lutzen et Bautzen, Napoléon, retrouvait tout son génie militaire en face de l'invasion. La levée en masse de tout citoyen valide venait d'être décrétée. L'empereur chargea Augereau déjà fatigué « d'aller « réunir à Lyon des conscrits, des gardes natio- « naux et de les joindre aux 12,000 hommes que « Suchet lui envoyait du Roussillon. » Si ce vieux soldat de la Révolution comprenait bien son rôle, il devait rejeter sur Genève et Chambéry la portion des coalisés qui auraient fait une tentative sur Lyon ; puis débarrassé de ces assaillants, tomber sur leur derrières (1).

---

(1) *Compte-rendu du Congrès de Thonon*, p. 296.

Dessaix qui préconisait cette idée, fut nommé commandant de la levée en masse et chargé du Mont-Blanc et du Léman ; l'Isère était confiée à Marchand. Former des corps francs, commencer une guerre de partisans, faire à l'ennemi tout le mal possible, telle était leur mission. Aussi Dessaix reçut-il aussitôt le commandement des douaniers du Simplon, ainsi que des gardes champêtres et forestiers, gendarmes, militaires retraités et réformés en état de faire un service actif (1). Il choisit, comme chef d'état-major, l'adjudant-commandant Favre de Thonon et comme aides-de-camp son frère le commandant et le capitaine Naz. Le capitaine Mouthon, ancien membre du chapitre de Peillonnex, fut adjoint à l'état-major. Dessaix se hâta d'abord de transformer l'inspection des douanes de Thonon en compagnie franche à pied et à cheval, sous les ordres de l'inspecteur Armand du Bois. Cette organisation se termina le 11 janvier 1814. On dut se contenter de cela pour le premier moment.

« Aux armes ! Braves habitants du Mont-Blanc !
« s'écriait le général thononien, dans une proclamation
« brûlante de patriotisme : Aux armes ! L'ennemi
« occupe une partie de notre territoire et médite de
« l'envahir tout entier. Je vous conjure donc de lui
« opposer une vigoureuse résistance, de défendre
« votre territoire, vos propriétés, vos femmes et vos
« enfants avec ce courage et cette énergie dont vos
« ancêtres ont donné des preuves si multipliées. »
(10 janvier).

Un autre appel fut adressé le même jour, aux gardes-champêtres et forestiers, aux militaires retraités. Le 15 janvier se terminait le travail préparatoire de la

---

(1) *Compte-rendu du Congrès de Thonon,* p. 296.

levée en masse du département du Mont-Blanc, dont l'effectif s'élevait à 9,750 hommes.

L'occupation du Léman par l'ennemi, les incurssions incesssantes de sa cavalerie, son passage du 15 et du 16 janvier à Thonon, et la terreur inspirée par les énormes réquisitions dont il frappa Thonon et le Chablais (1), annulèrent à peu près tous les moyens que Dessaix voulut mettre en œuvre. D'ailleurs, quel parti pouvait-il tirer de ces gardes-champêtres et de ces anciens militaires, tous vieux soldats infirmes, incapables de marcher au feu ? Les préposés aux douanes, formés en régiment, devinrent la seule force sérieuse capable d'entrer en campagne et de rendre des services à l'attaque de nos avant-postes les 17 et 18 janvier. Quant aux hommes que devaient fournir les communes, l'invasion prématurée de l'ennemi suspendit tout-à-coup les mesures prises pour leur armement.

Aussi, une des colonnes ennemies qui s'était dirigée sur la Savoie, par Cruseilles et Frangy, entrait-elle à Annecy le 18 janvier 1814, pour marcher de là sur Chambéry où elle ne rencontra aucune résistance. Le général Zeichmeister y publia une proclamation où il parlait en vainqueur.

Dessaix et le baron Finot, préfet du Mont-Blanc, se concertèrent pour la résistance. Dessaix, à la tête de quelques conscrits, partisans volontaires, et de quelques anciens soldats, alla se fortifier à Pont-Charra, sur la rive gauche de l'Isère, à la hauteur du fort

---

(1) *Ibid.* p. 297 ; voir la liste des provisions à fournir. La plus sévère discipline régnait dans l'armée ennemie. Un soldat autrichien, nous a raconté un vieillard témoin de cette scène, reçut publiquement la peine du fouet, dans le campement situé au bas de la ferme de l'hôpital, près de Morsy, pour avoir molesté un habitant de ce village.

Barraux. Quatre pièces de campagnes lui furent envoyées de Grenoble.

Après divers combats partiels, il chassa les Autrichiens de Montmélian, puis de Chambéry (19 février). Le 22, leur quartier général s'était transporté à Annecy.

Du 26 janvier au 9 février, tandis que nos soldats se battaient aux environs de Montmélian, l'ennemi nous écrasait de nouvelles réquisitions (1). Les espérances semblèrent renaître chez nous à la nouvelle des brillantes victoires des 10, 11, 12 et 13 février à Champaubert, Montmirail, Château-Thierry et Vauchamp. Le 24 février, les Autrichiens reprenaient l'offensive près d'Annecy et de Rumilly. La lutte fut assez vive autour de cette première ville, et l'ennemi dût battre en retraite du côté de Cruscilles. Bientôt on apprit en Chablais que le département du Mont-Blanc était délivré des bandes autrichiennes. Ces succès et la nouvelle des grandes victoires remportées par Napoléon sur les alliés, paralysèrent un moment à Chambéry et à Annecy le mouvement national, entrepris par le général comte de Sonnaz en faveur de la maison de Savoie. Comme nous l'avons vu, par ses proclamations du 17 et du 21 janvier 1814, ce dernier, de concert avec M.-Jaillet, délégué commandant de notre ville, avait appelé autour de lui, à Thonon, les débris des anciens régiments, et tout ce qui restait d'une jeunesse décimée annuellement par les conscriptions de l'empire. Par le dévouement de ces braves s'avançant à côté des alliés, et relevant d'eux-mêmes, la bannière de leur antique croix blanche, le roi Victor-Emmanuel Ier qui n'avait pas encore quitté l'île de

---

(1) Voir au Compte-rendu déjà cité, le tableau de ces impositions.

Sardaigne, entrait dans la grande coalition des princes de l'Europe. Une délégation de gentilshommes savoyards, au quartier général des armées alliées, avait rapporté les paroles les plus flatteuses pour notre pays, et les plus positives sur le rétablissement de leur souverain légitime.

L'appel chaleureux du général de Sonnaz (1) avait été entendu ; car le 18 février 1814, le commandant Jaillet demande au maire de Thonon la caserne de la gendarmerie, où il veut loger ses nouveaux soldats, dont le nombre augmente de jour en jour, ainsi que les draps, couvertures lits et autres ameublements nécessaires, à teneur de l'ordonnance du général autrichien (2).

Le premier adjoint Descombes en référa à *la Commission subsidiaire* de l'arrondissement. Après avoir exposé les exigences de M. Jaillet, il montre la triste situation de la ville de Thonon, et prie la Commission de faire supporter les nouveaux frais de fourniture et d'ameublement aux communes situées loin de la route militaire, qui n'avaient pas été chargées comme notre ville du passage journalier des troupes ennemies, et des réquisitions continuelles pour les correspondances, le transport, etc. (3).

Cependant le recrutement des volontaires royaux avait produit quelque mécontentement dans la population (4). La commission provisoire et la garde urbaine

---

(1) Il mourut le 15 février à Chambéry dont il était venu prendre possession. Son fils M. Joseph de Sonnaz le remplaça dans les rangs de l'armée royaliste de Savoie.
(2) Délib. mun. de Thonon.
(3) Cette lettre fut remise le 19 février à la dite Commission, par l'ordonnance Michel Charmot. *Ibid.*
(4) Le premier adjoint écrivit alors à M. Vignet, commandant provisoire de la garde urbaine, de faire doubler les postes, puis à M. Demonchy (autre commandant provisoire), afin qu'il voulut bien prendre des précautions propres à calmer les

se trouvèrent impuissantes en face de cette situation des esprits.

Pour en sortir, trois individus de Thonon accusèrent par une dénonciation signée d'un nom supposé, un certain nombre de citoyens d'un complot ayant pour but le massacre de la garnison. Heureusement, l'officier qui commandait l'escadron des hussards occupant Thonon, était un homme doux, brave et intelligent. Le commandant Meindell, il s'appelait ainsi, prit des informations et reconnut la fausseté de l'accusation qui pouvait amener le sac de la ville et l'exécution sommaire d'un certain nombre de citoyens.

Informé de l'affaire, le général Bubna fit instruire le procès, et ordonna l'arrestation de tous les dénoncés qui furent conduits à Genève, au milieu des hussards et enfermés au pavillon de Hollande. Ils n'en sortirent qu'à la nouvelle entrée des alliés à Paris (1).

En attendant ce moment, Bubna fit rassurer les habitants par Meindell qui menaça des mesures les plus sévères, les malveillants qui cherchaient à troubler la tranquillité publique (2). (27 février 1814).

---

esprits troublés, par suite de certains « propos entre ses militaires et quelques jeunes gens de la ville. » (Délib. mun. de Thonon).

(1) Le général Dessaix écrivait au général Curial, en lui recommandant un compatriote : « Il vous fera connaître notre triste et pénible position ; il vous dira que ce n'est qu'au brave commandant autrichien que Thonon doit son existence et qu'un grand nombre de nos concitoyens les plus distingués doivent la vie ; il vous fera aussi connaître nos vœux et nos intérêts sur notre sort futur. J'espère que vous ferez tout ce qui dépendra de vous pour que nous continuions à être unis à la France. »

(2) « Je vous invite, M. le Maire, écrivait ce dernier, à rassurer les habitants de votre commune sur le bruit alarmant et mal fondé que quelques malveillants se plaisent à répandre, et à les prévenir que, chargés par son Ex. le lieutenant feld-maréchal comte de Bubna du maintien de l'ordre et de la tranquillité publique, je me verrai dans le cas de prendre des mesures sévères contre les personnes assez mal intentionnées

La bonne harmonie était rétablie, mais la misère arrivait à grands pas. Le 1er février, Bubna décidait le maintien des octrois existants, et réclamait, pour l'approvisionnement des troupes, 45 coupes de froment, 3 setiers d'eau-de-vie et 328 quintaux de foin, livrables immédiatement sous peine d'y être contraint militairement.

Le transport de ces denrées occasionnait des frais considérables. Aussi la commission des subsides dont faisait partie le maire M. Dubouloz, avait-elle déjà demandé à la commission centrale de Genève, l'établissement à Thonon de magasins destinés à alimenter l'armée d'occupation.

Pour simplifier la situation, on arrêta les mesures suivantes, qui furent publiées dans nos murs le 20 février.

« ARTICLE 1er. — Les maires feront loger et
« nourrir chez les habitants les plus aisés de leurs
« communes les hommes du régiment qui s'organise
« à Thonon.

« ART. 2. — Les maires feront un état qu'ils pro-
« duiront tous les dix jours, des logements qu'auront
« supportés les particuliers de leurs communes ; cet
« état devra être certifié par les chefs de corps et
« servira à créditer les dits particuliers de 86 centimes
« par jour, pour chaque homme logé et pour toutes
« les fournitures.

« ART. 3. — Cet état après avoir été approuvé et
« visé par la commission subsidiaire de Thonon, devra

---

qui se permettraient d'y porter atteinte et de mettre par là les habitants paisibles dans le cas de supporter les charges onéreuses, qui seraient une suite nécessaire des mesures que je me verrai forcé de prendre en cas de contravention au présent ordre, auquel je vous prie de donner la plus grande publicité. »

« être remis à la commission centrale ; il sera ouvert
« un crédit en faveur de ces communes, au moyen
« duquel les particuliers grevés seront remboursés
« sur la réquisition numéraire que doit supporter le
« département pour fournitures extraordinaires faites
« aux troupes.

« Art. 4. — Copie du présent sera adressée à la
« commission subsidiaire du 2me arrondissement
« chargée, en ce qui la concerne, de son exécution. »

Le 21 février, Bubna donnait encore des ordres précis pour le casernement des troupes du chevalier de Sonnaz, à Thonon. La commission centrale l'appuyait par un arrêté du 23 du même mois. MM. Dubouloz et Charmot firent donc un appel aux communes du Chablais, le lendemain 24 février, en les invitant à apporter, dans la maison du premier, toutes les couvertures disponibles, payables à dire d'expert, la moitié comptant, l'autre moitié à bref délai (1).

On ne s'exécuta pas, probablement faute de ressources.

Bubna ne recula pas. Le 28, il donna l'ordre d'incendier Thonon et nos communes si, au 1er mars, toutes les réquisitions arriérées et nouvelles, frappées sur l'arrondissement, n'étaient pas rentrées dans les magasins de Genève (2).

C'était une simple menace, je pense, car le 9 avril suivant, le maire de Thonon priait encore ses conci-

---

(1) Délib. mun. de Thonon.
(2) Le 17 mars, la Commission subsidiaire (de Thonon), informée que quelques particuliers de Marclaz transportaient, de Corzent par le lac, des blés à l'étranger, invita le maire à faire saisir et le bateau et les bateliers. Celui-ci envoya, à la tombée de la nuit, dix hommes pour faire la capture ; ils ne virent rien. *Ibid.*

toyens de fournir les couvertures réclamées pour l'établissement de la nouvelle caserne dans la maison des RR. PP. Barnabites. Elles devaient être payées aux conditions proposées le 24 février (1).

Le 16 et le 26 du même mois, Thonon obéré de dettes, par suite du passage journalier des troupes étrangères, demandait à l'administration centrale, l'autorisation de couper trois hectares de ses bois communaux pour couvrir un déficit de 4,000 francs, de la caisse communale.

Nos succès ne se soutinrent pas longtemps dans le Genevois et aux environs d'Annecy, malgré la valeur des troupes du général Dessaix. Le 27 mars, les Autrichiens étaient rentrés à Annecy. Le 2 avril, Bubna vainqueur, fit afficher à Chambéry une proclamation annonçant le rétablissement prochain de la maison de Savoie, et réclamant le concours du pays pour une restauration monarchique.

« Peuple connu dans l'Europe par ses sentiments de fidélité et de dévouement à ses anciens princes, dit-il, le moment de se montrer est arrivé ; sous les auspices des hautes puissances alliées, les nations recouvrent leur indépendance et reprennent leurs lois ; rendues après quelques efforts, à leurs gouvernements et à leurs usages, elles recouvrent le calme et reconnaissent une patrie.

« Rappelez-vous la législation sage et paternelle de l'ancienne Maison de Savoie, comparez-la avec les vingt-deux années de malheurs qui viennent de s'écouler et jugez ! ! !

---

(1) *Ibid.* Bubna avait pris un arrêté relatif à la perception des droits d'octroi sur le vin et les bestiaux, un moment suspendus. Les bouchers et les cafetiers ayant refusé tout abonnement, le maire fut obligé de prendre de nouvelles mesures pour recouvrer ces revenus indispensables à la commune.

« Le retour de vos princes est prochain ; montrez-vous dignes de l'attachement qu'ils eurent toujours pour leur ancien héritage, et faites voir à l'Europe entière, que rien n'a pu déraciner de vos cœurs les sentiments que huit siècles de bienfaits y ont gravés ; alors le roi de Sardaigne reconnaîtra son ancienne Savoie, le digne berceau de son auguste Maison.

« L'ordre et la tranquillité seront strictement maintenus dans la Savoie ; toutes les propriétés sans exception, seront respectées, et celui qui osera troubler l'ordre sera sévèrement puni.

« Savoyards, un heureux avenir est entre vos mains ; que ceux qui veulent servir la cause de leur ancien souverain viennent augmenter le nombre des troupes de Sa Majesté le roi de Sardaigne qui entreront incessamment à Chambéry » (1).

Pendant ce temps, Dessaix, qui avait reçu des renforts d'Italie, se battait vaillamment à Aiguebelle avec l'adjudant Favre de Thonon, pour couvrir la Maurienne contre l'invasion ennemie. D'autre part, près de Montmélian, quelques compagnies de volontaires du Léman, sous les ordres de l'adjudant-major Besse et du sous-lieutenant Colly de Thonon, accomplissaient des prodiges de valeur et ne se retiraient qu'écrasés par le nombre.

De graves évènements venaient de changer les destinées du pays. Ce fut un spectacle sublime que cette campagne de France, où Napoléon, à la tête d'un reste d'armée, repoussa des forces triples enivrées par le succès. Il les presse de toutes parts, se montrant partout à la fois, les frappant sur tous les points,

---

(1) Donné à mon quartier-général de Chambéry, le 2 avril 1814. Général BUBNA.
(Arch. de Sonnaz).

les subdivisant, et, ne pouvant les étreindre de ses forces insuffisantes, il les enveloppe par la rapidité du mouvement qui foudroie. Les combats de Brienne, de Montmirail, de Montereau, de Saint-Dizier (mars 1814), égalent ce que la première campagne d'Italie offre de plus grand. Mais le mouvement intérieur d'opposition n'avait cessé de grandir, et au moment même, où par la bataille de Saint-Dizier, l'empereur coupait la ligne de retraite de l'ennemi, des intelligences secrètes de Paris avec les envahisseurs appelaient ceux-ci sous les murs de cette ville qui capitulait.

Le lion traqué ne se découragea pas.

Napoléon rallia son armée, couvrit Fontainebleau, et s'apprêtait à donner une dernière bataille, quand les positions du général Marmont, livrées à l'ennemi, le frappèrent du dernier coup.

Or, quand Marmont trahissait ainsi la cause de la patrie, le 6ᵉ corps mis en mouvement sur Versailles, se trouva tout-à-coup, par le fait de la plus insigne lâcheté, au milieu de l'armée russe. Un général savoyard-chablaisien, le général Chastel de Veigy, qui s'était distingué à la bataille d'Austerlitz et à celle de la Moscowa (comme il devait encore le faire en 1815 à Waterloo), le général Chastel, dis-je, qui commandait l'arrière-garde, apercevant à l'aube les lignes ennemies, rebroussa brusquement chemin, et sa petite troupe parvint à échapper à la trahison (1). Un tel fait suffit pour honorer la vie d'un homme (avril 1814).

Bientôt on apprit officiellement à Thonon, que

---

(1) *Evian et Thonon*, par J. Dessaix, p. 30. Chastel est mort à Genève le 16 octobre 1826. Il avait le goût des lettres et des beaux-arts, et laissa à cette ville une partie de ses collections.

Napoléon était déclaré déchu du trône, et que le duc de Provence était proclamé roi de France sous le nom de Louis XVIII.

Le comte Joseph de Sonnaz rédigea aussitôt une adresse au roi de Sardaigne, pour accélérer le retour du pays vers la Maison de Savoie.

« Les valeureuses armées alliées, y est-il dit, n'avaient pas encore passé le Rhin que les cris de : *Vive le roi de Sardaigne!* prononcés par la jeunesse du Chablais avaient retenti dans les rues de Thonon. C'est de Thonon que les premiers vœux pour le retour du bon *Victor-Emmanuel* ont été portés à nos libérateurs. C'est à Thonon que se sont ralliés sous la cocarde bleue les premiers Savoyards qui ont pris les armes pour leur Roi. C'est encore de Thonon que doivent être adressées, à Sa Majesté, les premières expressions de l'enthousiasme qu'éprouvent tous les bons Chablaisiens au moment où il leur est permis d'espérer que leurs efforts n'auront pas été inutiles, et qu'ils auront bientôt le bonheur de revoir leur bon maître au milieu de ses fidèles sujets.

« Le comte Joseph de Sonnaz, bourgeois de Thonon est chargé par ses concitoyens, de porter aux pieds de *Sa Majesté*, l'hommage du dévouement sans borne des habitants de la ville de Thonon et de la province du Chablais (1).

« Thonon, le 28 avril 1814. »

---

(1) Signé : de Sonnaz, colonel de cavalerie, officier des gardes-du corps ; Dubouloz, maire ; le Ch^r de Ruphy, capitaine de grenadiers ; le Ch^r F. de Ruphy, major ; le Ch^r de Lort, propriétaire chablaisien, ancien officier de carabiniers au service du roi de France ; le comte d'Antioche chevalier de Saint-Maurice ; d'Antioche fils ; Bron, président du tribunal ; J^{me} Dubouloz ; Michaud, médecin ; le Ch^r de Constantin ; Quisard, d'En-Haut ; Pinget, négociant ; Amable de Ruphy ; Joseph Carron ; Ramel, propriétaire ; Frézier, négociant ;

Depuis vingt-deux ans, la Maison de Savoie avait quitté ses états cisalpins et nous partagions les destinées de la France. Une communauté de gloires et de revers avait opéré une espèce de fusion entre les deux peuples, et à Thonon, comme dans toutes nos petites villes, malgré l'adresse précédente, le maintien de l'union était désiré de la majorité de la population. La charte de Louis XVIII, et la reconnaissance des aliénations faites par la Révolution, ne se trouvaient pas étrangères à ces préférences. On attendait avec impatience que les puissances assemblées à Paris exauçassent ces vœux, quand on apprit bientôt que, par le traité du 31 mai 1814 entre la France et l'Autriche, la carte de la Savoie était déchirée en deux parties, dont une comprenant Chambéry, Annecy et Rumilly, restait à la monarchie des Bourbons, sous le nom de département du *Mont-Blanc*, et l'autre (tout le surplus du pays), faisait retour au Piémont.

Dessaix, de retour à Thonon dès le commencement de mai, se réunit bientôt aux grands dignitaires de l'empire, originaires de Savoie et ralliés à Louis XVIII, aux généraux Chastel, Guillet, Curial, au comte Berthollet et à d'autres pour adresser au Congrès de Vienne une protestation se terminant par cette conclusion énergique : *"La Savoie a toujours appartenu à la France en temps de guerre ; elle doit lui appartenir irrévocablement en temps de paix !* (7 juillet 1814).

De son côté, Bastian, président du Conseil général

Descombes, ancien conseiller de la ville de Thonon ; Boccard adjoint, ancien conseiller ; Vignet propriétaire ; J. Fernex, juge au tribunal ; Aimé Naz, avocat ; Dubouloz ; le comte de Foras ; le Ch{r} de Saxel ; le Ch{r} de Maugny ; de Marcley ; Chevallay, négociant ; Joseph de Ruphy ; Deleschaux avoué ; le comte Jaillet de Saint-Cergues. (Archives de Sonnaz).

du Léman, allait demander à la Diète suisse réunie à Zurich, l'union de la Savoie du Nord à la Confédération Helvétique, et la formation d'un canton avec Genève pour capitale. Mais cette manœuvre fut bientôt hautement désavouée par une *Adresse des Savoyards du Chablais, du Faucigny, et d'une partie de la province de Carouge*, à S. E. M. Reinhard président, et à MM. les députés des dix-neuf cantons, à la Diète générale de la Suisse (1). Cette pièce patriotique proteste énergiquement contre toutes tentatives séparatistes, en demandant que la Savoie entière soit conservée à ses antiques souverains. En attendant la réalisation de ce vœu, Paul Vella, intendant du Chablais pour le roi de Sardaigne, formait à Thonon un nouveau conseil de ville, par arrêté du 3 décembre (1814), et recevait les 12 et 28 du même mois, avec le comte Jaillet de Saint-Cergues, juge maje de la province, le serment des nouveaux conseillers « d'être « fidèles à Dieu et au roi, d'exercer les fonctions de « leur charge avec exactitude, de n'appartenir à « aucune secte, société secrète réprouvée par Sa « Majesté, dans le cas contraire d'y renoncer. »

Étaient nommés : premier syndic, le comte Ferdinand d'Antioche; second syndic, Descombes Jean-Baptiste ; conseillers, le chevalier Amable de Lort, l'avocat Duperrier Jacques-François, Dubouloz Louis-Sébastien, Boccard Henry, Dubouloz Thomas, Bron Paul ancien notaire, Fornier Michel, Carron François, Guinet Joseph et Pinget Joseph négociant.

L'organisation administrative d'avant 1792 fut remise en vigueur et les anciens conseils de ville et de communauté succédèrent aux conseils muni-

(1) Imprimé à Zurich le 12 juillet 1814.

cipaux. Les secrétaires en étaient l'âme, aussi le gouvernement piémontais s'en réserva-t-il le choix exclusif, et nomma-t-il secrétaires, d'Armoy : Collet, notaire ; de Bellevaux : Fornier, clerc de notaire ; d'Evian : Blanc Aimé, ancien notaire ; de Lugrin, Thollon, Novel, St-Gingolph : Blanc cadet. Les autres secrétaires furent maintenus ; l'épuration devait s'accomplir plus tard (1). (12 décembre 1814).

Les anciens poids et mesures divisés en pots, demi-pots, quarts-de-pots, aune de roi...., et l'ancien règlement de police déterminant des dizainiers, chargés de maintenir l'ordre dans chaque quartier, furent rétablis dans la capitale du Chablais. Le comte d'Agliano, commissaire plénipotentiaire du roi de Sardaigne et commandant général du duché de Savoie, gagna la sympathie universelle dans ce rétablissement de l'ancien ordre de choses. Il fut regretté, et le conseil de ville de Thonon lui vota des remerciements, à son départ, le 12 janvier 1815 (2).

L'anxiété et l'attente agitaient les esprits. Cet état nerveux cessa quand on apprit tout à coup, à Thonon, que Napoléon avait débarqué, entre Antibes et Fréjus, le 1er mars 1815, et qu'il était acclamé à Grenoble et à Lyon. Le général Dessaix quitta précipitamment la capitale du Chablais pour le rejoindre dans cette dernière ville, dont l'empereur le nomma gouverneur, en le chargeant en même temps de la 19me division militaire (3).

Les Bourbons s'exilèrent de nouveau, et l'armée à peu près entière se rangea sous les aigles de Napoléon. En Chablais, les uns virent en lui un libérateur, d'au-

---

(1) Délib. mun. de Thonon.
(2) *Ibid.*
(3) *Compte-rendu du Congrès de Thonon*, p. 309.

tres un usurpateur en rupture de ban, qui allait attirer sur la France les armes de l'Europe coalisée. Les puissances du Nord, en effet, qui n'avaient pas encore eu le temps de remettre l'épée au fourreau, conclurent aussitôt une quadruple alliance, avec serment de ne rentrer dans leurs foyers qu'après avoir définitivement délivré l'Europe de l'*ennemi commun*.

Tout ce que Thonon renfermait de révolutionnaires, et la plupart des anciens fonctionnaires, prenait secrètement parti pour l'empereur, car les Piémontais occupaient encore Thonon et le Chablais. Le sort des armes seul devait trancher le différend.

Le 22 mai 1815, la garde urbaine de notre ville était sur pied de guerre pour la défendre, avec la compagnie de Mont-Ferrat (1), contre toute tentative ennemie.

De Lyon, le général Dessaix avait proposé de prendre rapidement l'offensive du côté de l'Italie et de la Belgique, avant d'avoir l'Europe sur les bras (avril 1815).

Napoléon eut le tort de temporiser, croyant avec des ménagements se faire accepter par les coalisés. Son erreur et sa faute étaient irréparables au mois de juin.

Le colonel vaudois La Harpe, le grand ami de Dessaix, n'attendait qu'un signal pour voler sous les étendards de la France avec 20,000 vaudois, et ce signal ne fut pas donné. Cependant, les armées sardes et autrichiennes se préparaient à occuper les cols des Alpes.

A la déclaration des hostilités, Dessaix observait le Léman avec 3,000 soldats de ligne, 2,000 gardes

---

(1) Délib. municipales de Thonon.

nationaux, 600 chevaux et 3 compagnies d'artillerie. Le 9 juin, quand on apprit que les Autrichiens allaient franchir le Simplon, il s'avança sur Saint-Julien avec le 53e, un escadron de dragons et six bouches à feu. A cette nouvelle, les Piémontais qui étaient en Chablais, s'enfuirent vers les montagnes.

Après le traité de paix de 1814, le comte de Sonnaz avait conduit à Turin le corps des volontaires savoyards qui forma le noyau du régiment de Savoie. Il se battit vaillamment aux environs de Montmélian, dans la nuit du 14 au 15 juin, arrêta un moment les Français dans leur marche en avant, et ne cessa ses actes de valeur que quand ses deux bataillons furent sabrés ou faits prisonniers.

Cependant l'armée autrichienne s'avançait rapidement sur deux colonnes, sous le commandement du général Frimont. L'une d'elles se dirigeait, par le Simplon, sur le Valais et le Chablais.

Dès le 16 juin, la division Dessaix entrait à son tour en campagne. Le général thononais reprit d'abord Carouge aux Piémontais, se porta dans la nuit du 16 à Etrembières, rétablit les ponts détruits, et fixa son quartier général à Annemasse, sur la rive droite de l'Arve.

Le maréchal Suchet lui avait ordonné de chasser l'ennemi du Chablais, et de reconnaître les mouvements des Autrichiens. Aussi Dessaix s'empressa-t-il de lancer sur Thonon, le 20 au soir, le colonel Bochaton avec deux compagnies d'élite, vingt dragons et une pièce de six. En même temps, trois cents hommes du 42me, qui étaient à Bonneville, se portaient rapidement, par Viuz et Bogève, à Lullin, où ils passèrent la nuit du 20 au soir, et de là par Bioge et le plateau de Féternes, à Lugrin et la Tourronde, où ils devaient prendre une position militaire, en vue de couper la retraite à l'ennemi : « Nous sommes dans notre patrie, « nous venons pour la délivrer ! » écrivait Dessaix au général Montfalcon et au colonel Bochaton, en recommandant d'observer partout la plus grande discipline.

L'ennemi ne s'était pas encore avancé jusqu'à Thonon, mais jusqu'au pont de la Dranse, où s'étaient retranchés quelques pelotons du régiment de Mont-Ferrat, derrière quatre barricades : « Arrivé à Thonon à « 7 heures du matin, dit le colonel Bochaton dans son « rapport, et instruit que l'ennemi occupait le pont « de la Dranse, je n'ai pas voulu m'y arrêter, ni pro- « fiter des rafraîchissements que les braves amis de « Thonon nous offraient avec profusion ; j'ai marché « droit au pont que j'ai été reconnaître. Ayant vu « l'ennemi derrière la barricade je lui ai fait tirer un « coup de canon, les voltigeurs se sont élancés au pas « de charge au cri de : Vive l'empereur ! et ont franchi « dans un instant et sans un coup de fusil les quatre « barricades du pont.

« L'ennemi a pris la fuite. Les sapeurs et les gre- « nadiers ayant jeté toutes les pièces de bois et les « pierres dans la Dranse, le détachement du 18me « dragons a pu déboucher du pont ; j'ai ordonné à « l'officier commandant de pousser vivement l'ennemi ; « il l'a atteint au Clos d'Aulph, tout a déposé les « armes. Les voltigeurs avaient suivi la cavalerie au « grand trot. Nous avons pris 5 officiers, 7 sergents, « 12 caporaux, 88 soldats et 1 tambour. Pas un homme « n'a échappé. Ce qui se trouvait à Evian file sur « St-Gingolph, où je vais les suivre. »

Malheureusement les 300 hommes du 42e qui descendaient du plateau de St-Paul, arrivèrent quelques instants trop tard pour arrêter 180 piémontais qui venaient d'abandonner Evian. Bochaton s'arrêta dans cette dernière ville, qui était sa ville natale, pour donner quelque repos à ses troupes. Il dînait chez la famille Davet, quand on vint lui annoncer que les voltigeurs du 42me avaient commencé la bataille avec la tête des colonnes autrichiennes, près de la Tourronde.

Un bataillon ennemi de 7 à 800 hommes, de l'avant-garde de Frimont, avait en effet franchi le Mal-Pas de Meillerie, le 21 au matin. Bochaton accourut avec sa petite troupe pour soutenir les 300 voltigeurs, et refoula l'ennemi à la baïonnette vers les frontières de Valais, en lui tuant 60 hommes et en lui faisant plusieurs prisonniers. De notre côté les pertes se réduisirent à peu de choses. Il n'y avait plus aucun doute possible, le premier corps de Frimont de 15,000 autrichiens, s'avançait à marches forcées.

Dessaix se transporta le 22 juin à Thonon et Evian, et demanda instamment au maréchal Suchet des renforts ; mais ces renforts lui furent refusés.

Le 21 juin, il avait réclamé auprès de la municipalité de Thonon, par son aide de camp, le capitaine Naz, 300 rations d'aliment pour ses hommes, et 110 pour les piémontais faits prisonniers. Le 22 juin, ordre semblable est transmis pour sustenter les troupes françaises établies militairement sur le pont de la Dranse. Mais désespérant d'obtenir de nouvelles troupes, Dessaix ordonna à Bochaton de se replier sur Thonon Douvaine et Annemasse, où il arriva le 22 au soir. Au même instant, 200 chasseurs du Loup entraient à Evian. « Aussitôt le drapeau tricolore qui, la veille,
« avait été placé, à l'insu du conseil, sur la tour du
« clocher, nous disent les registres de la municipalité
« de Thonon, fut immédiatement enlevé, par ordre de
« celui-ci, apporté dans la salle de l'Hôtel-de-Ville, et
« remis à M. Chenèbre, commandant un détachement
« de chasseurs du Loup, dans la nuit du 23 au 24 juin
« suivant. »

Thonon n'avait pour se défendre que sa garde urbaine, commandée par le docteur Michaud.

Le fameux drapeau tricolore du clocher dont il est question, avait été aperçu par les éclaireurs ennemis depuis les environs d'Evian. Rendus prudents par l'affaire du 21, les Autrichiens se massèrent sur le bord opposé de la Dranse, décidés à ne la traverser que lorsqu'ils seraient en nombre et à l'abri de toute surprise. A minuit du 22 au 23 juin, un officier se détache avec 15 hussards de la première avant-garde, et vient verbalement avec de terribles menaces, requérir le conseil qui siège en permanence, d'avoir à fournir, une heure plus tard, 400 rations de vivres, y compris le vin et l'eau-de-vie, et 80 rations de fromage. Le temps pressait, on recourut aux plus fortunés, qui firent aussitôt droit à cette demande.

Il n'y avait pas que l'affaire du drapeau dans cette conduite sévère de l'ennemi vis-à-vis de Thonon. Deux jours auparavant, lors de l'attaque du pont de la Dranse, de nombreux habitants de notre ville s'étaient joints aux Français pour combattre les Piémontais de la compagnie de Mont-Ferrat, qu'ils se donnèrent le tort d'accabler d'outrages, après les avoir faits prisonniers de guerre.

Informés de cette conduite, les Autrichiens jurèrent de venger l'affront fait à leurs alliés, par le massacre et l'incendie de Thonon. Le bruit s'en répandit bientôt, et la terreur gagna tous les esprits. Chacun songeait à fuir en emportant ce qu'il possédait de plus précieux. Ce n'était partout que lamentations, pleurs et gémissements.

A cette vue, un homme à l'âme énergique, l'abbé Neyre, curé de Thonon, descend à la Dranse, demande une audience au général ennemi, et le supplie d'épargner la ville dont il est le pasteur. Sa prière est repoussée. Il supplie encore, faisant un appel suprême aux sentiments de la générosité et du pardon. Même froideur, même refus. Enfin, il se traine aux genoux du vainqueur, les larmes aux yeux, les mains jointes, le priant et le suppliant de faire tomber les coups sur le père et non sur les enfants !

A ce spectacle navrant de la plus sublime des douleurs, l'Autrichien fut attendri : « Va, dit-il en se « détournant, je te donne Thonon ! » Et la ville fut épargnée (1).

L'abbé Neyre a son portrait au foyer de tous les habitants de notre ville. On se souvient de ce grand acte du pasteur.

Le 23 juin, un corps d'armée est annoncé, et le conseil encore épouvanté, se hâte de frapper sur les habitants : 4,500 rations de pain, 2,824 rations de viande, 4,559 rations de viande, 600 rations d'eau-de-vie, 3,696 de sel, 4,700 de bois, 334 de foin, 2,668 de fromage. Le lendemain ce fut bien autre chose (2).

Dessaix se vit dans la nécessité, ce jour même (24 juin), d'abandonner Annemasse, pour défendre la ligne de l'Arve. « Je fais évacuer la rive droite pour « me placer sur la rive gauche, écrit-il au maréchal « Suchet ; il paraît certain que les Autrichiens entre- « ront à Genève, forts de 2,000 hommes, commandés « par le général Markowski. Ne me sentant pas en « force, je vous prie de donner l'ordre directement « au général Neynadier, de s'avancer jusqu'à Carouge « avec un bataillon du 67e. J'aurais demandé tout le « régiment, si je n'avais craint d'affaiblir la place

---

(1) *Notice sur M. Neyre*, par J. Pioton, de Thonon, p. 26.
(2) On requit encore 8,400 rations de pain, 7,408 de viande, 7,400 de vin, 7,400 de sel, 300 d'eau-de-vie, 8,200 de bois, 4,024 de paille, 869 de fromage, 44 toises de planches pour baraques de bivouac (Arch. de la municipalité de Thonon).

« d'Annecy, sur laquelle l'ennemi peut vouloir débou-
« cher des montagnes. Je défendrai le pont de Cluses
« et celui de Bonneville jusqu'à la dernière extrémité ;
« mais, si je n'avais pas assez de forces à Carouge,
« cette défense deviendrait nulle, et les troupes qui y
« sont employées seraient forcées de se replier sur
« La Roche et Annecy. ».

Dès le commencement de la campagne, Dessaix organisa en *compagnie de Volontaires du Léman*, les vieux braves du Chablais et du reste de la Savoie qui étaient accourus à son appel. L'ancien capitaine des Allobroges Royer devint leur capitaine, et l'ancien lieutenant des voltigeurs Michaud y entra avec le même grade.

Cependant de graves évènements s'accomplissaient dans les plaines de Belgique :

Napoléon, après avoir prévenu la jonction des ennemis qui s'y concentraient, et les avoir battus à Fleurus et à Ligny, venait de trouver, le 18 juin 1815, le tombeau de son empire, dans le désastre de Waterloo. On ne connut ces nouvelles à Thonon que le 28.

Le maréchal Suchet et le général Dessaix continuèrent en vain une résistance glorieuse. C'en était fait. Le traité de Paris du 20 novembre 1815 devait bientôt restituer la Savoie toute entière au roi de Sardaigne.

En attendant, Thonon qui avait tant souffert du passage des alliés, eut encore plus à souffrir de leur retour dans ses murs.

D'après une entente amiable entre l'empereur d'Autriche et le roi de Sardaigne, ce dernier devait fournir des hôpitaux militaires réclamés par le général Frimont.

En conséquence, notre ville eut à ouvrir, le 13 juillet

1815, son hospice actuel à 200 malades, le collège et l'église des Barnabites à 400, le couvent des Capucins à 100 et Ripailles à 300 (1).

Le typhus sévissait avec fureur dans les rangs de l'armée d'invasion. Le Conseil municipal pria donc les commissaires autrichiens de vouloir bien transporter les 400 lits des Barnabites à Ripailles pour empêcher la contagion de se répandre dans la ville. Le général Dupas refusa de faire droit à cette demande et renvoya les commissaires conduits par Amable de Ruphy. On réclama en vain des excuses (2).

La misère arrivant à grands pas, le comte Jaillet, juge-maje de la province, obtint de la ville de Lausanne un emprunt de 20,000 rations de pain, remboursable en froment (3 juillet), et partit pour Turin en compagnie du premier syndic, le comte Ferdinand d'Antioche, afin de solliciter des secours devenus indispensables (18 juillet). Excellent accueil, brillantes promesses, mais rien que cela.

Pierre Reverchon, fabricant de draps (de Thonon), réclamait en vain le prix de 61 aunes de cette étoffe transformées en couvertures. On ne songea à faire droit à sa demande que le 28 août suivant.

Bientôt la mortalité éclata si violente que le cimetière devint trop étroit, et que le conseil de ville dut l'agrandir de 250 toises, achetées au citoyen Amé Coriaz.

Rien de plus souple que les municipalités chablaisiennes pendant toute la durée de la Révolution, du Consulat, de l'Empire et de la Restauration. Elles

---

(1) La ville d'Evian devait recevoir 200 malades subsidiairement. Thonon payait cher ses insultes aux Piémontais et son attachement à la France.
(2) Dupas en appela au commandant autrichien qui mit un terme à ces tracasseries.

maudissaient volontiers le lendemain ce qu'elles avaient encensé la veille, et se hâtaient de se tourner avec empressement à tout soleil levant.

C'est ainsi qu'après avoir maltraité les agents du roi de Sardaigne quelques mois auparavant, le conseil de Thonon délègue, à la fin d'août, le chevalier de Sonnaz, capitaine des gardes du corps de Sa Majesté, avec la personne qu'il voudra s'adjoindre, pour porter aux pieds de notre souverain, à l'occasion de son entrée solennelle à Turin, le 21 septembre suivant, « l'expression de la joie et l'hommage du plus profond « respect, et de la soumission la plus entière, dont « nous sommes pénétrés pour sa personne sacrée et « pour toute la famille royale » (1).

---

(1) Extrait comme tout ce qui précède des Délib. mun. de Thonon.

CHAPIRE XIII

L'Instruction publique à Thonon, à Évian et en Chablais (1789-1889)

> Les enfants sont les hommes de l'avenir.
>
> *Mgr DUPANLOUP.*

SOMMAIRE. § I. — L'Université de Thonon et les instituteurs du peuple. — Edits royaux et le réformateur des études de Thonon (1792). — Essai de réorganisation. — Le sous-préfet Plagnat (27 nivôse, an XI). — L'ancien collège (6 février 1804). — L'Ecole secondaire de Napoléon Ier à Thonon (30 septembre 1805). — Etat de l'instruction de 1806 à 1812, et école de Charité. — Réorganisation (1814). — Pensionnats des Ursulines, de Mlle Duparquet, des Sœurs Collettes et des Sœurs de Saint-Joseph, d'Evian. — Chevroz et Lugon (1835). — Ecole de commerce. — L'ancien collège et les lettres patentes de 1822. — Subventions (1855). — Sa fermeture en 1860. — Réclamations et tentatives de réorganisation (1868)... — Le Collège d'Evian. Sa fondation. — Rivalités. — Les Professeurs et le nouveau collège.

§ II. Les Frères des Ecoles chrétiennes. Leurs classes de 1831. — L'abbé Baud, le curé Comte (1833) et la Maison des Ursulines (1839). — Le Frère Alman et son œuvre. — Classe d'adultes. — L'Ecole de commerce et les quatre classes de 1842. Agrandissements. — Fondation du Pensionnat Saint-Joseph (1852). — Acquisitions (1854-1859). — Incendie du Pensionnat (1870). — Hospitalité affectueuse de Thonon. — Second incendie. — La reconstruction et les prix. — Encouragements de Nosseigneurs Magnin, Mermillod, de Louis

Veuillot... (1872-1874). — Le Pèlerinage des Allinges et les fanfares du Chablais. — Le Frère Valfrid et nouveaux succès (1875). — Mort du frère Alman (1878). — Fêtes de 1880. — Les Ecoles libres. — Le Congrès de 1886. — *Le collège des Marianites et son établissement.* — Le chanoine Beluze et son orphelinat de Draillant. — Mirage et déception. — M. Fontaine et les propositions de Thonon à la Société de Marie. Accord. La rentrée de 1875 au couvent des Annonciades.... — Ce qu'était le collège de Thonon réuni au pensionnat des Frères. — Le traité de six ans et la municipalité de Thonon. — La Chapelle intérieure. — Nouveaux élèves. — Les prix et le comte de Grenaud. L'enseignement à Thonon.

§ I.

Thonon était devenu, dès la fin du seizième siècle, par l'initiative de saint François de Sales, le centre d'un grand mouvement intellectuel. La Sainte-Maison, qu'il fonda, formait une sorte d'Université chablaisienne, qui embrassait: une Faculté de théologie, composée d'un préfet et de sept prêtres, sans parler du corps des missionnaires apostoliques chargés plus spécialement de la prédication ; l'enseignement primaire et secondaire, ainsi que deux Facultés de droit et de médecine, dont les pharmaciens de la province dépendaient; la section des arts et métiers à laquelle se rattachaient des papeteries, une imprimerie, des filatures, des pharmacies, des fabriques de fer, etc., L'on venait y étudier de l'Allemagne, de la France et de l'Italie (1).

Citons parmi les anciens élèves du collège de Thonon dépendant de la Sainte-Maison : le cardinal Gerdil, les évêques Biord, Bigex, Rey..., les gé-

(1) Voir *Hist. de Thonon et du Chablais*, p. 337-397.

néraux Dessaix, Chastel, de Foras, etc., le célèbre avocat L. Dubouloz, etc...

L'enseignement d'abord donné par les RR. PP. Jésuites de 1603 à 1605, fut ensuite confié aux Barnabites de 1616 à 1792 (1).

La pénurie des ressources disparut bientôt grâce aux largesses de la noblesse et du clergé. Les professeurs de cinquième, de quatrième et troisième et un *régent abécédaire pour les pauvres* y furent établis en vertu d'une ordonnance datée du 7 juillet 1676 (2).

Genève, on le sait, avait donné dans nos contrées le signal de l'apostasie, et était devenue un foyer d'agitation et de propagande calviniste.

Les autorités luttèrent, avec courage, pour arrêter la diffusion de l'erreur. C'est ainsi que l'Eglise fonda en Chablais des écoles primaires par charité, par bienfaisance et pour sa défense.

Les unes étaient tenues par des laïques; « les autres par les curés ou par les vicaires, ou même par des chapelains, qui, dans leurs moments libres, réu-

---

(1) *Hist. de Thonon et du Chablais*, p. 365.
(2) Cependant, le 17 mai 1680, Révérend Messire Claude Naz, bourgeois de Thonon, docteur en théologie, prêtre de la Sainte-Maison. « Considérant que les enfants du dit lieu de Thonon et autres lieux circonvoisins, que l'on veut faire instruire, ne peuvent pas être reçus au Collège des Révérends Pères Barnabites qu'ils ne commencent de composer et que jusque-là, il faut qu'ils soient instruits à la dépense des parents, lesquels n'ayant pas de quoi fournir la dite dépense, laissent à faire instruire leurs enfants qui par ce moyen ne peuvent pas entrer au dit Collège, outre que n'y ayant aucun maitre certain stipendié pour enseigner les dits enfants, ils ne sont pas si bien instruits au plus tard ; à cette cause, le dit Naz donne entre vifs et à œuvres pies, à la ville et communauté de Thonon, 3,000 florins, monnaye de Savoie pour l'entretien d'un maitre capable et idoine pour enseigner la jeunesse de Thonon et du voisinage. » Voir aussi les donations du seigneur d'Avully, de Nᵉ Messire Cornand, etc., etc... *(Ibid.)*. (Arch. de la mairie).

nissaient, dans une chambre, les enfants du village, et leur apprenaient à lire et à écrire » (1).

Bientôt, le souverain seconda ce généreux élan de la charité sacerdotale et privée.

Un édit royal du 19 mai 1717 prescrit l'établissement d'une congrégration de Charité dans chaque commune. En 1721, Victor-Amédée donne à ces congrégations les revenus des confréries du Saint-Esprit, qui étaient chargées de la distribution des aumônes et de l'administration des œuvres pies. Thonon avait déjà son école de charité que nous retrouverons encore plus tard. Par l'ordre du gouvernement, les juges-majes firent une enquête sur le nombre des écoles publiques, des instituteurs et sur les matières enseignées.

Presque toutes les communes des cantons de Thonon et d'Evian avaient une ou deux écoles comptant, quelques-unes, jusqu'à deux ou trois siècles d'existence. Marie Boëgeat était alors à la tête des écoles primaires dans notre ville.

Les princes de Savoie créèrent, en 1737, un réformateur des études dans chaque province. Thonon eut le sien. C'était le plébain (2). L'organisation de l'enseignement primaire fut laissée à l'initiative privée jusqu'en 1768, époque de la création du Magistrat de la Réforme de Turin.

Les réformateurs des études étaient chargés de la surveillance et de la direction de l'instruction publique. En 1745, tout le monde pouvait enseigner à lire et à écrire, mais il était interdit d'apprendre les rudiments du latin sans l'autorisation gouvernementale.

Vers 1768 les instructions du roi au Conseil de

(1) *Hist. de l'instruction publique dans la Haute-Savoie*, Gonthier, *Académie salésienne*, t. x, p. 109.
(2) Nom donné au chanoine de la Sainte-Maison, qui remplissait la charge de curé de Thonon.

réforme du duché de Savoie prescrivent aux maîtres des petites écoles un examen par devant le préfet du collège et un autre professeur ou régent. Pas de programmes pour ces examens. Jusqu'en 1792 les écoles de Thonon continuèrent à prospérer grâce aux libéralités de généreux citoyens et à la forte organisation qu'elles avaient reçues.

La Savoie devint française en 1792.

Les décrets de bannissement enlevèrent maîtres et maîtresses à toutes les écoles de Thonon, d'Evian et du Chablais ; elles restèrent fermées près de 12 ans. La confiscation des biens des confréries et des couvents avait fait disparaître tous les revenus des écoles (1).

Le 12 thermidor, an x, le Conseil municipal écrit au Sous-préfet Plagnat : « Que la commune serait heureuse de voir rétablir ses écoles primaires, mais elle n'a aucun fonds ; cependant, l'instituteur pourrait être logé... Les parents ont été invités à faire inscrire leurs enfants, afin de savoir quel serait le montant de la rétribution scolaire à déterminer pour le traitement du régent... Il n'y a pas, dans la commune ou aux environs, de personnes à employer pour cet objet... Enfin, il ne reste en ce moment à la commune qu'à gémir sur l'état ou plutôt sur l'anéantissement d'instruction quelconque, et, ses regrets seraient les plus amers si

---

(1) L'an II, la bibliothèque des Barnabites et les livres des émigrés sont réunis pour former une bibliothèque publique qui est installée dans le collège. Elle fut vendue, il y a quelques années seulement, par M. Beaurain, maire de Thonon, à M. de Châteauvieux, libraire à Genève, pour la somme de 300 fr. Elle était composée comme suit :

    1° 627 volumes in-folio
    2° 501   —   in-4°
    3° 656   —   in-8°

    1.784 volumes pour 300 fr. !...

elle ne fondait ses espérances sur le gouvernement » (1).

Le 12 messidor, an x, le Conseil expose encore que depuis longtemps deux citoyens se sont occupés de cette question ! Mais hélas ! que faire ? La Révolution a tout emporté.

Sous l'ancien régime, nous le répétons, il y avait des écoles primaires en Chablais dans presque tous les villages, et l'accès des écoles secondaires était beaucoup plus facile aux enfants des familles pauvres qu'aujourd'hui.

« En 1800, l'institution d'Etat, dit M. Taine, ne figure que sur le papier. On a installé ou décrété *une école centrale par département*... Ces nouvelles écoles sont à peine viables, délabrées, mal entretenues, mal outillées ; elles n'ont pas de succursales préparatoires ni de pensionnats annexes ; le plan des études est mal agencé, l'esprit des études est suspect aux parents. Aussi la plupart des cours y sont déserts... »

En résumé : en France « au lieu des 72,000 élèves, d'avant 1789, l'enseignement n'en a plus que 7 ou 8,000. » Le dixième en dix années !...

Passons à l'enseignement primaire :

« C'est bien pis... On a chargé les administrations locales d'y pourvoir ; mais, le plus souvent, comme elles n'ont pas d'argent, elles s'en dispensent, et, si elles ont installé l'école, elles ne peuvent l'entretenir. D'autre part, comme l'instruction doit être laïque et jacobine, presque partout l'instituteur est un laïque de rebut, un jacobin déchu, un ancien clubiste famélique et sans place, mal embouché et mal famé. Naturellement, les familles refusent de lui confier leurs enfants... Désormais les parents veulent que leurs enfants

(1) Archives de la mairie de Thonon.

apprennent à lire dans le catéchisme et non dans la déclaration des droits : selon eux, le vieux manuel formait des adolescents policés, des fils respectueux ; le nouveau ne fait que des polissons insolents, des chenapans précoces et débraillés » (1).

Enfin, le 4 brumaire, an XI, le sous-préfet invite le Conseil de Thonon à tenir prêtes deux salles pour les classes qui doivent commencer le lendemain de Toussaint. Le 25 brumaire, an XI, Jean-François Violland, ex-capucin, et Pierre-Joseph Mudry du Biot, sont installés instituteurs primaires. Leurs cours doivent se donner dans l'ancien collège. Cette école ne réunit que 53 élèves d'après la liste insérée le 26 nivôse suivant dans les registres de la municipalité. 53 élèves pour une population de 3,000 âmes !

Par arrêté du 27 nivôse, an XI, M. Plagnat essaie encore de réorganiser les écoles primaires de Thonon et d'Evian. Nous résumons son long règlement qui ne paraît pas d'ailleurs avoir porté de grands fruits (2).

Il divise les élèves en deux cours. Les premiers recevront des leçons de lecture et d'orthographe ; et les seconds, d'écriture, d'arithmétique et de tenue de livres de comptes. Il y aura classe tous les jours, à l'exception des dimanches, des jeudis et des quatre

---

(1) *Revue des Deux-Mondes*. Janvier 1889. M. Taine, selon sa méthode, ne s'appuie que sur des documents irréfutables. Les notes dans lesquelles il cite ses auteurs véridiques et ses preuves péremptoires, lui prennent la moitié de ses pages.

(2) Jean-François Violland reçoit un traitement de 480 francs et Pierre-Joseph Mudry de 552 francs. Ils étaient en fonction dès le 15 brumaire, an X... La rétribution scolaire est fixée à 1 fr. 50 par mois, pour les plus aisés, et 0 fr. 75 pour les moins aisés. Les indigents ne payent rien. La somme nécessaire pour compléter les traitements est prise sur les fonds de la Maison des Arts, réunis à ceux de l'hospice. Le maire de Thonon est nommé directeur de l'école primaire. (Arch. de la mairie de Thonon). Ce règlement a été imprimé dans le *Compte-rendu du Congrès de Thonon*, p. 501 et suivantes.

grandes fêtes de l'année. Le maire fixera l'époque et la durée de vacances. La distribution des prix aura lieu chaque année..... Les peines corporelles sont interdites ; l'insubordination et l'inconduite sont punies d'une expulsion temporaire de l'école. Les instituteurs se concerteront avec les ministres du culte, pour fixer l'heure à laquelle les élèves devront assister aux prières et instructions religieuses (1).

Hélas ! Les règlements ne faisaient pas défaut, mais les élèves avaient perdu depuis longtemps le chemin de l'école, et tout était à réorganiser dans ce chaos produit par la Révolution. En voici encore une preuve.

La tourmente révolutionnaire de 1792 avait emporté le collège royal de Thonon (2), comme tant d'autres établissements.

Or, le 15 brumaire, an XI (6 novembre 1802), soit dix ans plus tard, quelques citoyens dévoués préparèrent l'organisation d'une école secondaire. C'était le vœu de la bourgeoisie. Aussi le Conseil municipal s'empressa-t-il, le 16 pluviôse, an XII (6 février 1804), de prendre à l'unanimité une délibération pour le rétablissement du collège. « L'organisation d'une école secondaire dans cette commune, dit-il (3), est un sujet bien propre à exciter la sollicitude du Conseil municipal ; les effets salutaires qui dérivent de l'instruction publique, les maux dont elle préserve, sont un mobile puissant pour accroître nos efforts afin de l'obtenir.

« A la Révolution, les biens-fonds affectés à l'entretien de notre collège (4) furent vendus, au nom de

---

(1) Signé : Dubouloz, Descombes, Boccard et Arpin.
(2) Le collège de Thonon était devenu collège royal à partir du 1er janvier 1731, et figurait au budget de l'Etat pour une somme annuelle de 3,780 livres de Savoie.
(3) Délibérations municipales de Thonon.
(4) Les biens-fonds dont il est question étaient le prieuré de Contamines-sur-Arve, — l'abbaye de Filly, — quelques dé-

la nation, en exécution de la loi du 28 ventôse, an IV, (18 mars 1796). Les bâtiments du collège, seuls, ont été épargnés.

« C'est de ce moment que date la cessation de toute instruction dans notre ville, et il ne reste du collège de Thonon que le souvenir du bien qu'il a fait. Une nombreuse jeunesse y accourait de toutes parts. Conduite par des professeurs expérimentés, elle suçait de bonne heure les principes des sciences et des vertus. Le développement des facultés morales devançait l'accroissement du corps ; le plus souvent les jeunes gens avaient fini leurs cours de philosophie à l'âge de seize ans, et entraient alors dans la société avec assez de lumières pour acquérir l'état (sic!) qui leur convenait et devenir ainsi des citoyens utiles.

« Par la perte de cette précieuse institution, les enfants dont les parents possèdent une honnête fortune, même ceux dont les familles jouissent d'une certaine aisance, sont privés de toute instruction ; l'on ne compte qu'un petit nombre de pères de famille qui aient placé leurs fils dans des pensionnats ou dans des collèges. Ce serait une injustice d'accuser les parents, du moins le plus grand nombre, d'une insouciance coupable : la cause tient surtout aux circonstances locales. Ce pays est sans manufacture ; le commerce ne roule que sur les objets strictement nécessaires ; les fortunes reposent principalement sur les produits agricoles ; les intempéries auxquelles le climat est exposé par sa position topographique entrecoupée de montagnes et de vallons, et les tempêtes qu'on y essuie fréquemment, réduisent très souvent les plus

---

pendances du collège qui se trouvaient placées sur la rue, telles que boutiques, maisons d'habitations et autres emplacements.

gros propriétaires aux derniers expédients : ils ne peuvent donc compter sur leurs revenus pour faire face aux dépenses qu'exige l'éducation de leurs enfants, et ils ont le regret de les voir grandir sans acquérir aucune connaissance.

« Ce mal n'est pas le seul. Les habitudes que la jeunesse contracte dès qu'elle n'est plus dirigée par l'instruction, sont celles qui naissent de l'ignorance et de l'oisiveté : de là le vice, l'immoralité et la corruption qui troublent d'ordinaire le corps social. Une pareille perspective est d'un triste présage. On aura sans doute à gémir sur les conséquences d'une instruction interrompue pendant le laps de douze ans, une telle lacune doit affliger sincèrement tout citoyen dévoué au gouvernement et attaché à son pays, puisqu'elle semble annoncer qu'il sera difficile de trouver, dans un temps, des hommes propres à remplir les fonctions administratives.

« Le Conseil municipal, pénétré de ces vérités affligeantes, reconnaît la nécessité de rétablir l'instruction publique. Dès longtemps il a préparé son organisation ; mais il lui manque un local convenable. La maison des Pères Barnabites, qui fut jadis instituée pour cet objet, présente un emplacement des plus convenables, non-seulement pour l'établissement d'une école secondaire, mais pour la tenue d'un pensionnat. Les professeurs, dans cette maison, pourraient être habituellement avec leurs élèves ; le besoin du travail naîtrait dans le cœur des enfants, soit par les effets d'une émulation réciproque, soit par les soins assidus de leurs maîtres ; les mœurs et l'instruction, toujours étroitement liées, les conduiraient directement à l'amour de la vertu et à la haine de l'oisiveté. Quelle satisfaction alors pour les parents de voir leurs enfants répondre à leur tendresse par le désir de s'instruire ! Quelle joie d'être témoin de leurs progrès ! Quelle jouissance enfin de pouvoir orner la société de citoyens estimables et vertueux » (1).

Cette lamentable requête ne fut pas sans résultat.

L'empereur Napoléon Ier, par décret daté du camp de Strasbourg, le 8 vendémiaire, an XIV (30 septembre 1805), autorisa la ville de Thonon, à établir une école secondaire communale, dans la partie septentrionale des bâtiments de l'ancien collège. Le pensionnat fut confié aux soins et à la surveillance de M. Boimond, nommé principal de l'école secondaire.

Le 1er janvier 1806 le maire de Thonon, transmet au préfet du Léman les renseignements suivants :

« 1° Il existe deux instituteurs primaires à Thonon : Blanche Nicolas et Colond Georges.

« 2° Un petit nombre d'enfants fréquente leurs classes !

« 3° L'enseignement comprend la lecture et les premiers éléments de la langue latine.

« 4° Les instituteurs sont patentés par l'Université de Turin. (Évidemment, on ne possédait que les anciens patentés !) »

« 5° Leur traitement se compose de la rétribution scolaire fixée à 2 fr. 40 et 1 fr. 80 par mois suivant la fortune des parents.

« 6° Il n'existe plus de fondations pour ces écoles.

Les fondations ont disparu et les maîtres ne peuvent plus vivre.

Le Conseil obtient de Napoléon un décret signé le 7 octobre 1809, au camp impérial de Schoenbrün,

---

(1) Cette délibération était signée par MM. Anthoinoz maire, Bétemps, Guyon, Pinget, Dubouloz, Duclaux, Coudurier, Dantand, Deleschaux, Girard, Devaud, Michaud, Longet, Naz, Dubouloz, Noël, Jordan, Portay conseillers, et contresignée par M. Dubouloz Louis-Prosper, secrétaire.

autorisant le Maire à acquérir, au prix de 1,462 fr. 72 centimes, un jardin où l'on construira la maison d'école.

La municipalité de Thonon s'occupa encore de l'enseignement public de notre ville dans sa séance du 10 mai 1812. Sa délibération prouve, qu'outre les écoles primaires, il y avait encore l'école de Charité dirigée gratuitement par un instituteur dévoué.

Il n'était pas rare de voir, en Chablais, à cette époque, des personnes charitables s'occuper de l'instruction de la jeunesse sans aucune rétribution.

Les pères de famille recevaient à tour de rôle l'instituteur qui venait s'asseoir à leur table et les entretenait de leurs enfants. C'étaient les mœurs patriarchales.

Victor-Emmanuel Ier, en prenant possession des états sardes, en 1814, remit en vigueur les constitutions royales de 1770, et les autres dispositions législatives édictées avant 1792. Le gouvernement s'occupa de l'organisation et de la surveillance des écoles en publiant le Manifeste du Conseil de Réforme de Conflans. Peu après, le président du Conseil écrit au Réformateur de Thonon une longue lettre l'invitant à faire disparaître l'abus du mélange des sexes dans les écoles.

Les filles demeurèrent ainsi longtemps sans instruction dans les communes non pourvues d'écoles spéciales.

Avant la Révolution, les syndics de Thonon avaient appelé les Ursulines pour donner l'éducation aux petites filles (1). Ces religieuses s'étaient établies, d'abord en

---

(1) Le frère Valfrid, directeur du pensionnat de Saint-Joseph de Thonon prépare, en ce moment, une très intéressante monographie des Ursulines (1889).

1636, dans la maison de N° de Guillet de Monthoux, puis au quartier Saint-Bon où elles bâtirent un couvent-pensionnat.

En 1718 cet établissement comptait 40 religieuses, 8 domestiques, de nombreux pensionnaires des deux sexes et 4,000 francs de revenus.

En 1822, une demoiselle Duparquet de Crest (France), ouvrit une maison d'éducation pour les demoiselles à la grande satisfaction des parents.

Enfin vers 1837, une demoiselle Collet de Thonon fonda un pensionnat. Les sœurs de Saint-Vincent-de-Paul recueillirent sa succession, et elles dirigent admirablement cet établissement depuis plus de 40 ans. (Internat, externat et école enfantine, 50 élèves, 6 institutrices). Mesdemoiselles Colly ont aussi ouvert un petit externat depuis une vingtaine d'années. (3 institutrices et 20 élèves).

A Evian, François Cayen tenait une école mixte qui fut fermée en 1824. Depuis 1805 environ, les dames Laurent et Bernadine Bavout avaient ouvert une école de filles qui devint florissante (1824). Enfin les sœurs de Saint-Joseph furent appelées par Rd Piccolet Jacques-Marie, l'un des fondateurs du collège de la même ville, et approuvées par lettres patentes du 24 décembre 1822. Elles occupèrent l'ancien couvent des Cordeliers sans avoir le privilège exclusif d'enseigner les jeunes filles de la localité (1). Leurs lettres

---

(1) Le pensionnat de Saint-Joseph est aujourd'hui l'une des meilleures maisons consacrées à l'éducation des demoiselles. De nombreuses élèves y accourent non seulement du département et de la région, mais encore de la Suisse et de l'Allemagne, pour y faire toutes les études que comporte un plan d'éducation complet : ces élèves, outre les sciences qui permettent d'aspirer aux brevets exigés aujourd'hui pour l'enseignement, reçoivent cette instruction pratique qui forme les bonnes mères de famille.

n'étaient pas encore entérinées au Sénat de Savoie en 1824.

Un billet royal du 29 novembre 1817, prescrit la fermeture de toutes les écoles non autorisées par le Conseil de Réforme.

Les étrangers ne peuvent pas enseigner en Savoie, sauf les langues étrangères.

En 1817, l'école de Charité de Thonon comptait 100 élèves. Son directeur François-Régis Berrut demande, par l'intermédiaire de l'intendant, un moule de bois pour chauffer ses écoliers « mal habillés et saisis de froid. » Cette école se tenait au rez-de-chaussée de la Sainte-Maison, soit du presbytère actuel (1).

Bientôt s'élèvent des difficultés entre le Magistrat de la Réforme et la municipalité, au sujet du traitement des maîtres non inscrit au budget. Cette dernière ne se croit pas tenue d'acquitter les dépenses de l'instruction primaire si elle n'a pas traité avec les instituteurs.

Elle ne veut pas jouer un rôle purement passif en matière d'instruction publique (2).

Aussi refuse-t-elle tout subside le 20 février 1819.

Cependant ce vote est bientôt rapporté, car une délibération de 1821, constate qu'une somme de 300 francs était inscrite aux budgets des années 1819, 1820, 1821.

Sur la demande de M. Revel Réformateur, le Conseil

---

(1) MM. Désuzinges et Frézier dirigent les écoles de Thonon en 1818.

(2) « Si l'on prétend, dit-elle dans sa délibération du 18 octobre 1818, que le traitement des régents des écoles primaires est à la charge de la ville, celle-ci a, sans contredit, le droit d'examiner si le nombre de trois régents employés pour l'école de Charité, l'école primaire et l'école élémentaire est suffisant.... » etc. Ces notes et celles qui suivent m'ont été obligeamment communiquées par M. A. Vernaz, président actuel de la Société d'agriculture du Chablais (1889).

allouait le 8 novembre 1823, 150 francs au régent de l'école de Charité. L'hospice, de son côté, lui donnait 300 francs (1).

A cette date les sieurs Chevroz de Lyon et Joseph Lugon donnent en ville des leçons d'écriture et d'arithmétique, mais ils ne tiennent pas d'écoles.

Après le décès de M. Chevroz (1835), M. Coffy est nommé professeur d'écriture, de tenue de livres et d'arithmétique, par le Conseil municipal, qui lui alloue une somme annuelle de 300 francs, portée à 450 francs en 1836. M. Coffy transforme bientôt son école qui prend alors le nom d'*École de commerce*. M. Tournier succède à M. Coffy en 1837.

Le règlement, annexé aux lettres patentes de 1822, exigeait de l'instituteur un double certificat de capacité et de bonnes mœurs, pour la perception de son traitement. Aussi voyons-nous tous les instituteurs du Chablais subir de nouveaux examens de 1823 à 1827 : Blanchet instituteur à Sciez, J.-P. Bouvet instituteur à Douvaine, P.-J.-F. Favrat, Colliard, Vernaz, F. Denicod, J. Simond, F. Guillermin, C. Chevillard, J. Vincent, Boujon, Balsat, C.-F. Gurliat, J. Randon, J. Baud, Carrier, Greloz, etc., (2).

Le 14 décembre 1825, M. Revel, curé de Thonon, propose au Conseil municipal de confier l'instruction des enfants aux Frères de la doctrine chrétienne.

Une somme annuelle de 600 francs est nécessaire. Elle sera formée à l'aide de 450 francs votés pour l'école communale, et des 150 francs de l'école de Charité. Les Frères devaient arriver le 1er octobre 1827, mais différents obstacles retardèrent ce projet. Leur

---

(1) François Bourgeois, d'Evian, directeur de l'école communale, touche alors un traitement de 450 francs.
(2) Arch. de la cure de Thonon.

apparition fut le signal d'un progrès inouï jusqu'alors, comme nous le verrons bientôt. Mais auparavant, disons quelques mots des anciens collèges de Thonon et d'Evian.

Thonon, nous l'avons vu, avait rétabli l'enseignement secondaire en 1805. Evian qui regrettait son ancien collège d'avant 1792, attendait avec impatience l'occasion de le rouvrir.

Elle lui fut offerte par l'arrivée dans ses murs des trois abbés et frères Piccolet, dont nous parlerons bientôt plus longuement (1). Ses vœux furent donc exaucés ; et Rd Piccolet Jacques-Marie, fut nommé principal du nouveau collège, le 6 mars 1812, par M. Fontane, grand maître de l'Université impériale. Après la Restauration, il cumula la double charge de préfet et de professeur de rhétorique, en vertu des lettres patentes du 31 octobre 1819, signées Ferraris, chef de la Réforme à Turin.

Son frère Rd Piccolet... remplit dès 1814 les fonctions de directeur spirituel.

Nous trouvons en 1824 les professeurs suivants : MM. Monnasson, Nicolas Laurent, Maître Etienne et Armand François (2).

Les petites rivalités de Thonon et d'Evian reparaissent bientôt. En janvier 1818, M. l'abbé Neyre, Réformateur des études en Chablais, réclame dans un intéressant mémoire la suppression de l'enseignement de la philosophie au collège d'Evian. Le Magistrat de la Réforme répond, le 27 mars suivant, qu'à dater du 1er novembre, droit sera fait à sa demande.

Le sénateur de Buttet de Tresserve dut annoncer, que c'était en vertu d'un billet royal du 16 novembre

---

(1) Voir chapitre xv du présent volume.
(2) Archives Piccard.

1818, que Victor-Emmanuel avait autorisé la ville d'Evian à conserver une chaire de philosophie comme par le passé et à ses frais.

En 1824, le collège comprenait 5 professeurs et 156 élèves, dont 86 internes et 70 externes.

Rd Revillod succéda à Rd Piccolet J.-M. comme préfet des études en 1827 (7 décembre).

En 1824, le collège de Thonon possédait 10 professeurs: MM. Victor Boccard de Messery, littérateur distingué (1), Pierre-Joseph Gérine de Chamonix, Jean-Marie Détraz d'Orcier, Fournier Jean-Marie, Jean Maitre d'Evian, André Barathay de Saint-Paul.

Le collège d'Evian occupait l'ancien couvent des Clarisses, et, celui de Thonon, une aile de l'ancien couvent des Barnabites ; l'autre aile était occupée par la garnison.

La direction scolaire relevait dans ces deux établissements d'un préfet des études, et son administration appartenait à un directeur. Ajoutez à cela un règlementaire chargé de la surveillance de la salle d'étude et de la récréation, joignez trois ou quatre professeurs laïques ou non, à 7 ou 800 francs de traitement annuel, et vous aurez le tableau de tout le personnel enseignant de ces deux anciens collèges jusqu'en 1860.

Le cours réglementaire des études comprenait une série de onze années.

Les lettres patentes du 23 juillet 1822 mirent le collège de Thonon au nombre des collèges royaux de deuxième classe, et, fixèrent à la somme de 3,575 francs la subvention annuelle de l'Etat, laissant à la charge

---

(1) Voir Chap. xv.

de la localité, les dépenses pour le personnel enseignant des classes inférieures à celle de troisième.

Le décret organique du 4 septembre 1855 prescrivit que, dans les collèges royaux, chaque classe aurait, à l'avenir, un professeur particulier et que le traitement minimum pour les professeurs des classes supérieures à la quatrième serait 1,200 francs. Aussi la subvention accordée par l'Etat à notre établissement d'instruction secondaire s'éleva-t-elle jusqu'à la somme de 5,300 francs dans les dernières années du régime sarde.

L'annexion de la Savoie à la France amena la fermeture du collège de Thonon. Il y eut depuis 1860 à 1875 diverses tentatives de réorganisation. En 1868, M. C.-J. Saillet, de Boëge, présenta au Conseil municipal un projet d'enseignement secondaire classique et d'enseignement secondaire spécial. Son mémoire intelligemment conçu ne manque pas d'intérêt. Il nous a été très utile dans notre travail.

A cette époque, le Chablais comptait 62,658 habitants et Thonon 5,550. Les parents déploraient amèrement les tristes effets de la cessation de toute instruction secondaire dans notre localité. Aussi la municipalité s'adressa-t-elle bientôt à la Société de Marie pour mener à bonne fin une œuvre aussi chère à toute la population. Dès lors le collège des Marianites a fait son chemin. Aussi lui consacrerons-nous un article spécial.

Pour en finir avec le collège d'Evian, disons qu'il abandonna bientôt l'ancien monastère des Clarisses pour prendre possession du magnifique établissement récemment construit, sur le rivage enchanteur du Léman du côté de Grande-Rive. La première rentrée y eut lieu en 1872. Cette maison, qui se distingue par une éducation solide et par ses fortes études, est dirigée par les missionnaires de la Congrégation de Saint-François-de-Sales. Elle a vu un certain nombre de ses 200 élèves annuels affronter victorieusement, ces dernières années, les épreuves du baccalauréat. Son musée renferme un splendide médailler, contenant la collection complète des monnaies anciennes et modernes de la Suisse et de la Savoie.

C'est là que j'ai passé ma jeunesse. On me permettra donc de répéter :

> Evian ! Et toi, beau lac aux rives fortunées,
> Montagnes, bois, vallons qui bordez ce séjour,
> Et vous, maîtres chéris de mes jeunes années,
> Vous vivrez dans mon cœur jusqu'à mon dernier jour !

§ II

LES FRÈRES DES ÉCOLES CHRÉTIENNES ET LES RR. PP. MARIANITES

LEUR ARRIVÉE, LEURS SUCCÈS

Les curés de Thonon : MM. Neyre, Revel et Comte, avaient compris de bonne heure, que le plus sûr moyen de rendre la paix à la famille et à la société, et de conserver leur troupeau, était de mettre les Frères des écoles chrétiennes à la tête de la jeunesse studieuse de notre ville (1). Le premier recueillit des fonds à cet effet, le second eut le talent de les augmenter considérablement, et le troisième eut la con-

---

(1) Le Vénérable Jean-Baptiste de la Salle, né à Reims, le 30 avril 1651, était mort à Rouen, le 7 avril 1719, après avoir fondé un institut vivace, principalement destiné à l'éducation des enfants du peuple. Animé d'un zèle ardent pour le salut des âmes, il s'était employé lui-même à l'instruction de la jeunesse à Reims, à Paris, à Marseille et à Grenoble. Il laissa, en descendant dans la tombe, 22 maisons où régnait une ferveur toute apostolique. Ce nombre augmenta bientôt. Il

solation de voir se réaliser les vœux de ses pieux prédécesseurs.

Deux classes furent ouvertes, sous la direction du frère Fulbert, le 23 avril 1831 ; et une troisième dès le 1er octobre de l'année suivante.

M. l'abbé Baud de Lullin avait donné aux nouvelles écoles, une grande maison destinée à leur servir de local (1).

Mais l'état de délabrement où elle se trouvait, rendit impossible son appropriation. M. l'abbé Comte, curé de Thonon s'empressa de céder, à titre provisoire, une partie de la Sainte-Maison, soit le rez-de-chaussée du presbytère actuel.

La ville continua de payer aux Frères la somme annuelle de 600 francs servie antérieurement aux instituteurs laïques, et l'administration de l'hospice, celle de 300 francs léguée anciennement aux écoles, plus le reliquat des néophytes. Divers particuliers avaient en outre constitué un fond de 14,060 francs, dont les revenus arrivaient à 703 francs. Des personnes pieuses parachevaient les traitements.

Dans sa lettre du 17 septembre 1833, M. le curé Comte assure que, bientôt cet état précaire des commencements prendra fin, et que la générosité des habitants aura promptement assuré l'avenir d'un établissement si nécessaire à la capitale du Chablais. Les Frères furent donc appelés à Thonon par M. Comte, curé-archiprêtre et le frère Fulbert fut leur premier directeur. Les dons et revenus des

---

était porté à 121, quand éclata la tourmente révolutionnaire. Benoît XVI, Louis XV et Napoléon Ier (1808) approuvèrent tour à tour cet institut qui ne comptait pas moins de 853 établissements en 1857.

(1) Située place de l'Ecole et formant angle du côté du levant, et appartenant à M. Dubouloz Auguste.

legs étaient alors administrés par une commission composée de M. le curé, du syndic, de M. Gérine, professeur au collège et de M. Dubouloz Jérôme, trésorier et protecteur du nouvel institut; un billet royal régla cet ordre de choses.

Au frère Fulbert succéda le frère Michée, en septembre 1835, puis le frère Précors, le 14 février 1837. Ce fut sous le préceptorat de ce dernier que les membres de la commission acquirent de MM. Devaud, la maison des Ursules au prix de 13,800 francs.

Les réparations se montèrent en outre à 7,000 fr. On vendit l'habitation de M. Baud, et la charité fit le reste.

En septembre 1839, maîtres et élèves abandonnèrent le rez-de-chaussée de la Sainte-Maison, pour se fixer aux Ursules (1).

Mgr Rey, qui avait laissé à Thonon la moitié de de son cœur, vint bénir solennellement le nouveau local, le 16 du même mois, en compagnie de l'Abbé du monastère de Saint-Maurice. Cette pompeuse cérémonie réunit toutes les autorités de la ville, et la musique de la cité donna son brillant concours à la fête.

Le 13 avril de l'année précédente, le frère Popius avait succédé au frère Précors ; la municipalité lui retira le jardin de Saint-Bon, qui fut plus tard réuni au cimetière actuel. Il y avait déjà quelque nuage à l'horizon.

Aussi le chanoine Rendu, inspecteur et réformateur des études en Savoie, (plus tard évêque d'Annecy), s'empressa-t-il de demander à l'Institut un jeune frère de sa connaissance, d'un savoir rare et d'une piété angélique, pour conjurer le danger : le frère

---

(1) C'est ainsi qu'est universellement désigné en Chablais, le quartier anciennement habité par les Ursulines.

Alman qui devait, pendant 36 ans, édifier Thonon et le Chablais.

Le frère Alman (Joseph-Marie Chabord-Blanc), né à Megève, le 15 novembre 1812, s'était d'abord destiné au sacerdoce. Il avait fait dans cette intention ses études au collège de Mélan. Mais, sa conscience délicate le fit bientôt reculer épouvanté devant les responsabilités du sacerdoce catholique. Il entra au noviciat des Frères de Chambéry, le 15 novembre 1831 ; sans cesse sur la brèche pour l'accomplissement de son devoir, il était de la race de « ces semeurs perpétuels, dont parle M. de Montalembert, qui ne connaissent jamais les joies de la moisson. » Il rechercha le travail toujours, le repos jamais.

Il avait compris que l'éducation de l'enfance est un véritable sacerdoce, et que le tout n'est pas d'apprendre à lire, écrire et calculer. « Qu'un enfant soit pieux, disait-il, et on en fera un savant doublé d'un honnête homme ; s'il n'est pas pieux, il ne sera jamais malgré sa science, qu'un *rien qui vaille !* »

« A l'époque de mon arrivée, dit-il dans un mémoire, j'ai trouvé trois frères seulement, et dans un état de dénûment complet, n'ayant rien, habitant une maison composée de quatre murs. Les classes au nombre de trois seulement, n'étaient fréquentées que par un petit nombre d'enfants qui, en été, s'abstenaient de l'école pour courir la campagne qu'ils dévastaient. Peu à peu et par tous les moyens d'émulation possibles, j'ai gagné, de concert avec mes chers collaborateurs, les parents et les élèves ; les classes se sont remplies. » Avant l'arrivée du frère Alman, disait naguère un ancien magistrat, les enfants se distinguaient par leur indicipline, ils étaient ingouvernables. Bien plus, la génération née au milieu du bruit des armes de la Révolution et de l'Empire, croupissait dans une ignorance telle, qu'un grand nombre d'hommes étaient incapables d'apposer leur signature au bas d'un acte quelconque.

Le zèle initiateur du frère Alman lui fit ouvrir une une classe d'adultes, bien avant que le gouvernement n'eut songé à combler ce vide parmi les travailleurs. Plus de 200 adultes répondirent à son appel dès le premier moment ; pendant 25 ans, c'est-à-dire tant que le besoin s'en fit sentir, les ouvriers vinrent à cette école du dévouement, pour y apprendre à lire, à écrire, à calculer, c'est-à-dire, pour y apprendre le nécessaire afin de pouvoir se suffire, dans le cercle relativement peu étendu de leurs affaires.

Que d'hommes de trente-cinq, quarante et même cinquante ans devinrent alors des élèves assidus des Frères.

En 1842 (28 janvier), le frère Alman obtint l'ouverture d'une quatrième classe communale. M. le curé Delesmillières s'engagea à payer l'instituteur de ses deniers.

Dans un mémoire à l'Académie de Savoie, le cardinal Billiet constate que, sur une population de 4,600 habitants, Thonon a 175 enfants sachant lire sur 200 qui fréquentent les catéchismes.

A la même date, le canton de Thonon compte 16,443 habitants ; 1,550 enfants suivent les cours de catéchisme, 784 savent lire, 766 sont illettrés.

Ce mémoire publié en 1845 eut un grand retentissement en haut lieu. Le tableau fort triste qu'il faisait de la situation de l'enseignement primaire influa sur les décisions prises ultérieurement par le gouvernement.

Des écoles provinciales de méthodes furent créées, un inspecteur provincial est attaché à ces écoles. Thonon eut son cours de méthode. Tous les instituteurs s'empressèrent de le suivre, même ceux déjà pourvus de patentes. Ils subirent de nouveau les examens avec succès.

La sollicitude du gouvernement se reporte bientôt sur les écoles de filles. Des conditions d'aptitude sont exigées des institutrices. Charles-Albert supprime les conseils de réforme et établit un ministère et un conseil supérieur de l'instruction publique, des conseils spéciaux pour l'enseignement primaire et des proviseurs des études (1847).

Pour remplacer la Maison des arts et des métiers, cette section si belle de la Sainte-Maison, fondée à Thonon par saint François de Sales, le frère Alman demanda et reçut bientôt, du Provincial frère Appollinaire, l'autorisation de créer une école de commerce, dont les cours furent donnés d'abord à l'ancien collège, puis, dès 1844, au nouvel établissement des Ursules.

A cette dernière époque, M. Dubouloz Jérôme, l'un des membres de la commission scolaire, voyant le local des frères devenir insuffisant, acheta, de M. Devaud Louis, les anciennes cellules des sœurs Ursulines, soit une grande partie de l'aile des bâtiments attenant à la chapelle actuelle. C'était alors une fabrique de tuiles.

Le budget de l'institut naissant n'eut pas à souffrir de cette nouvelle et indispensable acquisition, qui mettait les frères chez eux. La générosité publique et privée et surtout le grand cœur de M. Dubouloz, en firent tous les frais.

Les réparations et les nouveaux aménagements commencèrent aussitôt. Le petit autel dressé d'abord, dans l'ancien chœur de l'église des Ursulines (1)

---

(1) C'est le réfectoire actuel des Frères et des étrangers ;

devint bientôt une chapelle, où M. Delesmillères célébra une première messe, à la fête de saint Joseph (1844).

Dix ans plus tard (15 septembre 1854) la communauté fut autorisée à garder continuellement le Saint-Sacrement dans sa chapelle.

Fondation du Pensionnat Saint-Joseph

Ce fut le 1er juillet 1844 que le frère Alman fonda son pensionnat. Il le mit sous la protection de saint Joseph. Cette petite maison des Ursules, noire, insalubre et impropre à la destination qu'on lui donne, va bientôt se transformer en un bel établissement d'éducation. Le bon frère n'avait pas de ressources, mais il comptait beaucoup sur saint Joseph son patron.

L'ancien couvent des Ursulines, siège des classes communales, fut le premier local du nouveau pensionnat moyennant une location annuelle de 300 francs payée, pendant quatorze ans, à son propriétaire M. Devaud Louis.

Un billet royal approuva, en 1852, cette nouvelle œuvre. C'est donc au frère Alman qu'appartient l'honneur d'avoir inauguré, en Chablais, l'enseignement professionnel, ou secondaire spécial, tel qu'on l'entend généralement aujourd'hui.

Le pensionnat et les écoles communales se développaient simultanément. La mort de M. Dubouloz Jérôme (1846) et de M. le curé Delesmillères furent un double malheur (1). M. Nicollet procureur, succéda au

---

sa voûte disparut après les incendies, dont nous parlerons bientôt, pour coordonner les étages avec ceux des bâtiments voisins appartenant aussi aux Frères.

(1) M. Delesmillières mourut le 13 octobre 1855. Il eut pour successeur M. l'abbé Trincaz, installé le 4 décembre de la même année (Registres du presbytère de Thonon).

premier en qualité d'administrateur des biens des écoles. La commission scolaire préleva 16,000 francs, qu'elle employa à la construction de l'aile de bâtiment longeant la rue des Granges, en diminuant le traitement des Frères des intérêts annuels de cette somme. L'année 1856 permit au frère Alman d'achever cette entreprise.

Il acquit encore, en 1861, le local de la chapelle et le jardin contigu (1), puis, en 1869, le second jardin dont l'établissement payait la jouissance depuis 38 ans. Les autres parties du vaste local, que l'on admire aujourd'hui, furent achetées et transformées à l'heure du besoin et de la Providence. Si cette maison dilatait ses flancs, c'est qu'elle avait à sa tête un savant et un apôtre. A sa vue, dans la chapelle, le plus ancien comme le plus nouveau des élèves se trouvait pénétré de recueillement.

Quelle leçon vivante et éloquente pour l'esprit du jeune enfant, à qui la terre n'avait encore rien révélé de semblable. Les chants, la musique, les cérémonies du culte, tout devait s'accomplir avec pompe et respect.

---

(1) M. Delacroix père, qui les avait acquis du sieur Louis Devaud, se montrait très exigeant dans ses conditions de vente, dès 1858. Ils furent expropriés en 1861. Une société amie, composée de : MM. Vulliez, Ramel avocat, Auger notaire, Rollier Joseph, et Jacquier, se forma en vue de faciliter cette acquisition à l'Institut. Cet évènement heureux s'accomplit, non sans un long procès qu'eût à soutenir M. Jacquier devant la Cour de Chambéry. Enfin, le transport et cession des immeubles, entre M. Delacroix et l'Institut, fut passé en 1868. En 1860, une administration officielle succéda à l'administration libre et indépendante des biens et fonds des nouvelles écoles de Thonon. Le frère Alman en comprit le danger ; redoutant l'arrivée au pouvoir d'hommes ingrats, et les dangers d'une revendication injuste, il ne cessa, pendant dix années, de réclamer un acte public et, au besoin, un jugement du Tribunal établissant les droits respectifs de la ville et des Frères.

L'élève, ainsi initié, apprenait que la religion est une chose sérieuse et grande, digne de tous les hommages.

Aussi les élèves du frère Alman ont-ils été appréciés et recherchés partout, dans les diverses administrations comme dans la banque et le commerce.

Et voilà comment l'humble religieux a servi le monde des affaires.

Lorsque l'adolescent était sorti de ses mains, il le suivait encore de l'œil et du cœur. S'il apprenait qu'un de ses anciens élèves hésitait dans la bonne voie, il n'hésitait pas lui, malgré ses accablements, à entreprendre une nouvelle correspondance, afin de lui rappeler des engagements et des devoirs qui sont ceux de l'honneur. Que de fois ne l'a-t-on pas aperçu dans les rues de Genève à la recherche de l'une de ses brebis qui allait s'égarer!

S'il ne rencontrait pas le jeune prodigue au domicile, il l'attendait dans la rue, et souvent il rentrait dans la cure de Saint-Joseph en disant : « J'ai manqué le dernier bateau, je marche si mal ! »

Bon et saint ami de la jeunesse, vous cachiez inutilement vos pieux stratagèmes ; on y connaissait toutes les habiletés de votre zèle!

Le soir il se rendait volontiers au cercle catholique d'ouvriers dans l'espoir d'y rencontrer ses anciens élèves.

Lorsque le père Joseph conçut la création de cette œuvre, nul n'en fut plus enthousiaste que le frère Alman.

« Il est bien juste, disait-il, que saint Joseph de Genève, garde ceux qui ont été formés par saint Joseph de Thonon. »

Lorsque le curé de Saint-Joseph lui mandait qu'il y avait des enfants en voie de se perdre, et qui se trouvaient loin d'être en état de payer une pension : « Envoyez-nous-les quand même, répondait-il, le bon Dieu nous a donné cette année une meilleure récolte que de coutume ; nous finirons bien par joindre les deux bouts » (1).

Aussi sa science et son dévouement obtenaient-ils des succès inconnus jusqu'alors.

Le comice agricole de l'arrondissement de Thonon lui décerna, le 4 août 1864, le second prix d'enseignement agricole.

Incendie du Pensionnat

Dix ans plus tard, le 25 mars 1870, l'aile du bâtiment longeant la rue des Granges, où le bon frère avait mis son patrimoine, ses espérances et ses sueurs, devint tout à coup la proie des flammes.

Le feu avait commencé dans la grange Mosset, attenante au pensionnat. Comment ? Dans quelles circonstances ? On l'ignore !

On pensa d'abord pouvoir facilement circonscrire l'incendie, grâce à la promptitude des secours. Mais la bise soufflait avec violence, activant la flamme qui gagnait rapidement les différents étages, et se dressait bientôt sinistrement au faîte du toit. Rien ne put être sauvé des dortoirs.

Les 200 élèves, dont 110 internes et 80 demi-pensionnaires, couraient éperdus dans des flots de fumée.

Le bon frère Alman eût un instant de suprême douleur.

---

(1) *Le Frère Alman, par un de ses amis* ; passim.

A cette vue, il entre seul dans un appartement du rez-de-chaussée, et se jette sur une chaise, pâle, le front inondé de sueur. Un frère accourt pour lui donner des soins. « Je n'ai besoin de rien, dit-il, mais il me semble que je me sens mourir. »

« Qu'est-ce donc qui brûle ? réplique le frère, du bois, des pierres, des meubles ! »

« C'est vrai reprend le frère Alman, un péché mortel serait un plus grand mal que tout cela ! » Et il se releva consolé et le cœur vaillant.

La population accourue sur le lieu du sinistre, fit des prodiges d'efforts et de dévouement. Tout fut inutile.

La conduite des habitants à cette occasion fut au-dessus de tout éloge. Il y eut assaut de charité parmi eux, pour accorder aux pensionnaires l'hospitalité la plus affectueuse. Les cours purent recommencer le lendemain. Une heure après l'incendie, de nouvelles classes s'organisaient au milieu des décombres, dans les classes communales, tandis que celles-ci étaient transportées en toute hâte, à la Sainte-Maison ou à l'ancien collège.

Les deux grands salons de Mme la baronne de Livet de Sonnaz, les vastes appartements de M. l'avocat Thiébaud et de M. Colly entrepreneur se convertissaient aussitôt en splendides dortoirs, et rien n'était changé dans la discipline et la marche habituelle du pensionnat. Quelques jours plus tard, le frère Alman, partit pour Paris afin de soumettre, à ses supérieurs, les plans d'une nouvelle construction.

Il y apprit tout à coup qu'un second incendie dévorait ce que le premier avait épargné. Il revient en toute hâte ; professeurs et élèves saluèrent son retour devant les décombres fumants. « J'apprends, leur dit-il, qu'il reste encore le réfectoire, la cuisine et la chapelle, sauvée à grand peine..... Le sinistre pouvait être grand. A côté de l'épreuve il y a donc la consolation. L'homme est composé d'un corps et d'une âme. Eh bien ! il nous reste la chapelle, voilà pour l'âme ; le réfectoire et la cuisine, voilà pour le corps. Quant au reste, saint Joseph y pourvoira. » Et il se rendit à la chapelle.

Les pertes des incendies furent évaluées à 120,000 francs, les assurances n'en devaient donner que 39,000 ; il ne restait debout que la chapelle dont le toit était entièrement consumé (1).

Pas un élève ne put dès lors coucher à l'établissement, c'est-à-dire depuis le 3 mai jusqu'au 20 du mois d'août. Une nouvelle classe put s'installer au château de la baronne de Livet, et les plus jeunes élèves s'établirent dans la maison de M. Cl. Deruaz, mise à leur disposition, avec la plus franche cordialité.

Le règlement de compte sollicité depuis si longtemps, par le frère Alman, devait avoir lieu. Le Conseil municipal prit une délibération à ce sujet, et cette importante transaction établissant les droits de chacun, fût conclue le 20 mars 1871, par devant M. Vaudaux, notaire.

Au mois de septembre, M. Barbero, entrepreneur, avait déjà relevé l'aile droite du pensionnat. Il mourut à la peine (17 septembre). Son fils lui succéda dans l'entreprise, et grâce à son activité, l'établissement se trouvait relevé de ses ruines, et, prêt à abriter maîtres et élèves, dès la rentrée des classes, qui eut lieu, comme à l'ordinaire, le 15 octobre.

A peine le dortoir Sainte-Marie était-il terminé,

---

(1) En 1858, deux incendies successifs avaient aussi dévoré le pensionnat des demoiselles de Saint-Joseph d'Evian.

qu'on dut y loger près de 60 mobiles, qui partirent, les premiers sur le Rhin, dès le début des revers de la France.

La paille de leurs lits fut entassée, en assez grande quantité, sous le préau. Vers les 9 heures du soir le feu s'y déclara!! Il n'y eut pas de suites désastreuses; chaque incendie fut suivi d'enquêtes sévères, de graves dépositions. Mystère que tout cela! Les dames de la ville organisèrent une loterie pour la reconstruction, et plusieurs communes du Haut-Chablais telles que Saint-Paul, Bernex, Abondance, le Biot, Bellevaux abbatirent les plus beaux sapins de leur forêts communales, destinés à la nouvelle toiture.

M. le sous-préfet de Thonon, voulut présider la distribution des prix que les élèves abandonnèrent généreusement en faveur de l'établissement incendié. A ses côtés, se leva M. Trincaz curé de Thonon : Après avoir remercié les habitants de toutes les généreuses sympathies dont ils avaient entouré les Frères aux jours de l'épreuve, il termina son allocution par ces mots : « Ayons le ferme espoir que cette maison qui a une si large part à l'expiation nationale et catholique, participera également à cette protection providentielle qui, lorsque l'heure de Dieu est venue, ne fait jamais défaut ni à l'Eglise, ni à la France ! » Quelques mois après, M. le curé Trincaz était ravi à l'affection de ses paroissiens. Il mourut le 2 novembre 1870 (1).

Non, la protection divine ne manqua pas au nouvel établissement relevé de ses cendres. Déjà de nom-

---

(1) Il eut pour successeurs M. l'abbé Bérard, aumônier des troupes pontificales et camérier de S. S. le pape Pie IX (1871-1876), puis M. l'abbé Meynet (1876-1882), aujourd'hui chanoine de la cathédrale d'Annecy.

breux élèves affluaient de la Savoie, de la Suisse, de la France et de l'Italie, et la place manquait aux nouveaux venus.

Les classes communales étaient établies au rez-de-chaussée de l'aile droite du pensionnat et au réfectoire actuel des frères. Le mélange forcé des élèves du dehors et des internes présentait bien des inconvénients. Il ne devait prendre fin qu'en 1876, par de nouvelles constructions. En attendant, on se contenta d'agrandir le réfectoire et d'augmenter le nombre des classes (1).

Cette année, comme celles qui l'ont suivie, fut pleine de bénédictions et de saintes espérances.

C'était l'époque si douce à nos cœurs et à nos souvenirs, où, Mgr Magnin, évêque d'Annecy, tenait à présider la distribution des prix des Frères (1873), et interrompait le cours de ses visites pastorales pour apporter à leur œuvre si éprouvée ses consolations et ses encouragements.

Nosseigneurs Lachat, Mermillod (1871-1872), l'archiprêtre de Thonon (1874-1875), etc... venaient tour à tour relever, de leur présence, ces solennités littéraires de fin d'années. Chacun voulait se montrer d'autant plus attaché à cet établissement qu'on l'avait vu plus éprouvé. Et il n'est pas jusqu'à Louis Veuillot, le vaillant lutteur de la presse catholique, en villégiature à Evian, qui ne soit venu relever les espérances et les cœurs abattus. C'était l'heure des saintes ardeurs. Le 14 septembre 1873, les membres des comités de l'Association de Pie IX, au nombre de 500, se réunissaient, dans la chapelle des frères, sous

---

(1) L'année 1873 avait amené la double création d'un cabinet de chimie et d'une fanfare.

la présidence des évêques d'Annecy, d'Hébron et de Moûtiers.

Le lendemain, 15 septembre, eut lieu le grand pèlerinage des Allinges dont nous parlerons ailleurs. Le pensionnat ne resta pas étranger à ce grand mouvement catholique ; il abrita, sous son toit, les musiques de St-Jean-d'Aulph et de Châtel et la Chorale de Reignier.

Cinq ans s'étaient écoulés depuis les incendies, et le bon frère Alman voyait son œuvre se reconstituer plus belle qu'auparavant. Mais tant d'épreuves et de travaux avaient altéré sa santé, et il ressentait les infirmités d'une vieillesse prématurée. Un asthme compliqué d'un catarrhe pulmonaire lui rendait la respiration difficile, sa vue s'affaiblissait. La direction de son vaste établissement devenait pour lui un fardeau trop lourd, et ses supérieurs songèrent à lui donner un successeur, tout en le conservant comme directeur honoraire de la maison. On fit appel au dévouement de son ancien sous-directeur, le frère Valfrid, directeur de Sallanches. Il arriva le 5 mai 1875. Doué d'une intelligence et d'une activité peu ordinaires, le nouveau venu était bien fait pour mettre la dernière main à l'organisation définitive de cette maison précipitamment reconstruite. En quelques mois, salon, réfectoire, musée, chambres particulières, tout reçut les dernières dispositions et le dernier coup de pinceau du maître. Les classes communales furent complètement isolées du pensionnat, par un prolongement considérable de l'aile de bâtiment de la rue des Granges. Les travaux avaient commencé le 17 juillet, pour se terminer le 22 septembre. Un nouvel essor fut donné aux études, où l'on introduisit un programme suivi, en vue d'amener les enfants à prendre leur diplôme de fin d'études de l'enseignement secondaire spécial.

Dès lors, chaque année, un certain nombre d'entre eux, obtiennent de brillants succès devant les Facultés de Dijon, de Grenoble, de Besançon et de Chambéry. C'est sans doute grâce au repos relatif, dont le frère Alman jouit depuis l'arrivée du frère Valfrid, qu'il pût être conservé quelques années encore ; repos relatif, car il n'a cessé de consacrer le peu de forces qui lui restaient au service de tous. Il aimait à faire le catéchisme aux petits enfants, surtout à l'époque de la première communion. De plus, ses correspondances avec les parents des pensionnaires étaient très suivies ; la tenue des livres et la distribution des billets hebdomadaires occupaient le reste de ses loisirs. Chez lui, l'énergie morale surmontait les douleurs physiques, et il fallait sans cesse l'exhorter à prendre quelques ménagements.

Dans la seconde quinzaine de janvier 1878, ses forces parurent sensiblement diminuer ; il garda le lit sans que rien cependant ne fit présager une mort prochaine. Le dimanche 10 février, il demanda à recevoir la sainte communion. Dans l'après-midi, il mourait sans agonie, à l'âge de soixante-cinq ans, dont quarante-quatre consacrés à l'enseignement. Il avait dit au frère infirmier : « Il paraît que le bon Dieu ne veut plus me laisser sur la terre ; que sa sainte volonté soit faite ! » Ce fut sa dernière parole. Il l'avait répétée tant de fois durant sa vie !

Pie IX, que l'humble frère avait tant aimé, était mort trois jours auparavant. Pendant toute la journée du 11 février, une foule immense accourut dans la chapelle du pensionnat, où son corps avait été exposé. Les enfants même ne ressentaient rien de ces terreurs qu'ils ont ordinairement à la vue d'un cadavre. Ses funérailles furent une véritable marche triomphale, une manifestation immense, à laquelle toute la ville prit part.

Les magasins étaient fermés ; municipalité, fanfare, autorités locales, peuple et bourgeois tenaient à lui rendre ce dernier hommage d'amour et de reconnaissance. Le cortège eut beau se dérouler sur la place de l'Hôtel-de-Ville, le cercueil était déjà au milieu de l'église, quand une masse compacte d'hommes et de femmes de différentes classes, attendaient encore leur tour d'entrer dans le défilé. Il fallut former six rangs parallèles, pour que la foule put trouver place dans le cortège ; c'était le deuil de tous. Quelques heures plus tard un comité, composé de MM. Marie Barbero architecte, Louis Guyon et Hippolyte Chenevier, se formait en vue d'élever un monument à la mémoire du défunt. Jamais les bourses ne s'ouvrirent avec tant d'empressement et de bonheur. Il est vraiment digne de l'homme de Dieu et de l'homme du peuple dont il doit rappeler le souvenir, les vertus fécondes et les éminents services (1).

Le frère Valfrid, avons-nous dit, était là pour lui succéder. Dès lors, l'établissement ne fit que grandir et prospérer. Le nouveau directeur a su non seulement liquider un passé désastreux par suite des incendies, mais encore créer la prospérité au milieu des ruines.

---

(1) Tout en granit et d'un genre simple et grave, ce monument a la forme d'un tombeau sur le fronton duquel on lit :

ICI REPOSE LE FRÈRE ALMAN
FONDATEUR DES ÉCOLES CHRÉTIENNES DE THONON
(1813-1878)

L'AMI, LE BIENFAITEUR, LE PÈRE DE L'ENFANCE,
IL MIT A LA SERVIR SON ZÈLE ET SON GRAND CŒUR ;
LES ÉPREUVES N'ONT PU FATIGUER SA CONSTANCE,
ET JUSQUE DANS LA MORT SON ESPOIR FUT VAINQUEUR !

SOUVENIR DE SES ÉLÈVES

Citons en passant : la construction d'un magnifique préau terminé en 1880, pour abriter les enfants contre le soleil et la pluie, puis la grande fête du deuxième centenaire de la fondation de l'Institut des Frères des écoles chrétiennes par le vénérable de la Salle, célébrée le 24 juin 1880.

Dès cette époque (1880), aux mois d'août et de septembre, a lieu la retraite annuelle de trente jours, où des frères, venus de divers districts de France, de Belgique, de Suisse, d'Italie, etc... peuvent suivre les exercices dits de Saint-Ignace.

L'année suivante (1881-1882), les écoles communales furent laïcisées, à la rentrée scolaire, par ordre de la préfecture d'Annecy. M. l'abbé Meynet, curé-archiprêtre de Thonon, réunit aussitôt un comité de bourgeois dans le grand salon de la Sainte-Maison, et fonda les écoles libres de garçons et de filles, fréquentées aujourd'hui, par plus de 350 enfants des deux sexes. Son zèle et son grand cœur trouvèrent les ressources nécessaires à l'installation de cette école.

Signalons encore en finissant l'hospitalité charmante accordée, par le frère Valfrid, aux membres du Congrès des Sociétés savantes de la Savoie, réunis dans la grande salle du pensionnat Saint-Joseph, les 19, 20, 21 et 22 août 1886. La fondation de l'Académie Chablaisienne, la création de la station thermale de Thonon-les-Bains, et du journal *La Versoie* en devinrent l'heureuse conséquence.

Le musée du pensionnat Saint-Joseph est remarquable. Il est fort riche en minéralogie, conchyliologie, ornithologie et ovologie, et, renferme bon nombre de pièces rares et curieuses. Il est surtout admirable par son classement, sa disposition, et le goût parfait qui a présidé à son arrangement.

Le pensionnat des Frères est plus qu'une excellente

maison d'éducation, c'est un établissement hors de pair dont les succès vont croissant d'année en année.

LE COLLÈGE DES MARIANITES DE THONON

son établissement et son développement (1874-1875)

La Société de Marie approuvée par le Saint-Siège, et légalement reconnue en France depuis 1825, a sa Maison-Mère à Paris (1). Elle a été fondée à Bordeaux, en 1817, par le R. P. Chaminade, missionnaire apostolique, et se compose de religieux prêtres et de religieux laïques. Son but principal est l'éducation de la jeunesse par l'enseignemet primaire et secondaire. C'est ainsi que de toutes parts ses membres ont été appelés à diriger des écoles communales, des écoles d'agriculture, des orphelinats, des pensionnats et des collèges. Ses établissements les plus nombreux sont en France, mais elle possède aussi des maisons dans d'autres contrées de l'Europe, en Afrique, en Amérique et jusque dans les îles de l'Océanie.

Une circonstance assez singulière mit en 1874 la ville de Thonon en relation avec la Société de Marie. M. l'abbé Beluze, chanoine honoraire de Dijon et missionnaire apostolique, venait assez fréquemment en Chablais pour y prêcher des missions et des retraites. Un zèle bien intentionné sans doute, le porta à fonder à Draillant, près de Thonon, un orphelinat de sourdes-muettes. L'œuvre ne réussit pas ; et M. l'abbé Beluze, embarrassé de la maison qu'il avait fait bâtir, inquiet de son capital, chercha une occasion de la vendre. Se trouvant, au mois d'août 1874, à

(1) 28, rue Montparnasse.

Cannes, il y rencontra M. l'abbé Lalanne directeur, à cette époque, du collège que la Société de Marie possède dans cette ville. L'occasion parut belle. Il parle à M. Lalanne d'un collège à fonder sur les bords du lac de Genève, dans un site pittoresque et ravissant, au milieu d'une population excellente, sur la frontière de la France et de la Suisse. La maison devait sûrement prospérer, et d'ailleurs, il lui offrait lui-même les bâtiments à bon compte. M. l'abbé Lalanne se laissa persuader et en écrivit un mot au P. Chevaux, supérieur général de la Congrégation. La première démarche n'eut pas grand résultat. Après une nouvelle instance, M. Fontaine économe général de la Congrégation, en villégiature à Aix-les-Bains, profita de sa présence en Savoie pour se rendre compte de la fondation proposée. Il vint trouver à Thonon M. Bès, l'homme d'affaires de M. le chanoine Beluze, et tous deux se rendirent à Draillant. Grand fut l'étonnement de M. Fontaine, quand, après huit kilomètre de route, il trouva dans un repli de la montagne à une assez grande altitude, la maison de M. Beluze. Trois ou quatre chambres assez spacieuses, mais mal éclairées, en faisaient une habitation commode pour une famille de montagnards qui de là pouvaient jouir d'une vue étendue sur la vallée. Mais il ne pouvait venir à la pensée d'un homme sérieux d'y fonder une institution quelconque. Le contraste entre la description faite et la réalité ne pouvait être plus complet. M. Fontaine, trompé dans son attente, revint aussitôt sur ses pas, persuadé qu'il avait perdu son temps et sa peine.

Cependant, quelques personnes de Thonon avaient appris l'arrivée de M. Fontaine et le but de son voyage. M. Bès en avait parlé à M. l'avocat Ramel et celui-ci proposa à M. de Ville, maire de Thonon, de mettre à profit, pour le relèvement de l'ancien collège de Thonon, le voyage fait inutilement à Draillant. Tous deux firent une première démarche pour confier à la Société de Marie, l'ancien collège dont il ne restait pour ainsi dire que les débris.

M. Fontaine les invita à se pourvoir d'une délibération du conseil municipal pour engager efficacement des pourparlers. Quelques jours plus tard (le 19 septembre), le Conseil municipal avait investi M. de Ville de tous les pouvoirs nécessaires pour traiter avec la Société de Marie. M. Fontaine revint à Thonon, et, de concert avec les autorités, arrêta les bases d'un traité.

La ville de Thonon offrit le local, le matériel des classes et une subvention annuelle de 6,000 francs. La Société s'engagea, à son tour, à donner les professeurs nécessaires à la bonne tenue de l'établissement. En principe, la Société de Marie se chargea du collège de Thonon. Mais la rentrée des classes était trop rapprochée pour entreprendre l'œuvre cette année même. Il fut donc convenu que la Société de Marie enverrait des professeurs pour la rentrée scolaire d'octobre 1875. Dans l'intervalle on arrêta les dernières clauses du traité et l'on prépara le local.

Il y avait lieu, en effet, de se préoccuper de l'installation. Les bâtiments de l'ancien collège ne paraissaient pas remplir, au point de vue de l'étendue et de la salubrité, les meilleures conditions d'une maison d'éducation. On chercha donc ailleurs. Le choix tomba sur un bâtiment situé place de la Croix, à l'intersection des routes de Genève et de Bonneville. C'était l'ancien couvent des Annonciades célestes, avec son aspect simple et austère. Cette maison à deux étages, de moyenne élévation, aux fenêtres étroites, supportait un toit immense à pente droite, qui ressemblait à un chapeau trop grand pour la tête qui le porte.

Le choix parut excellent ; quelques personnes demandaient l'arrivée immédiate des religieux de la Société de Marie. Remettre d'une année, n'était-ce pas s'exposer à rencontrer de nouvelles difficultés, et perdre une occasion providentiellement offerte ?

Ce qu'on appelait alors *le Collège de Thonon* comprenait une quinzaine d'élèves externes, faisant leurs études latines, et répartis entre les classes de huitième, septième, sixième, cinquième et quatrième. La maison qu'ils occupaient avait façade sur la route d'Evian, et formait le prolongement de l'établissement des Frères des écoles chrétiennes. Trois prêtres du diocèse d'Annecy, étaient chargés de l'enseignement et les frères des écoles surveillaient les études de la journée. Ainsi le collège était une sorte d'annexe de l'établissement des frères dont il suivait le règlement.

M. de Ville, pressé par la municipalité, fit le voyage de Paris pour traiter directement avec le Supérieur général de la Société de Marie, et obtenir que la congrégation prit possession du collège de Thonon dès le mois d'octobre 1874.

Un traité de six ans fut conclu, aux termes duquel la ville devait fournir un local suffisant, convenablement installé et meublé, et une subvention annuelle de 6,000 francs. La Société de Marie donnait de son côté le personnel nécessaire pour la direction, l'enseignement et la bonne tenue de l'établissement. La ville jouirait du privilège de désigner, avec l'agrément de M. le directeur, dix boursiers qui seraient internes surveillés, ou quinze boursiers externes libres.

Le Conseil municipal fit un accord, ou traité, avec l'administration des hospices qui était propriétaire de l'ancien couvent des Annonciades, destiné au collège.

L'administration des hospices céda à la ville cet immeuble alors désigné sous le nom d'*Hospice des Vieillards*, avec ses dépendances, le tout estimé à 80,000 francs, avec la charge, par la ville, de verser directement à la caisse des hospices une rente annuelle de 4,000 francs, représentant l'intérêt du capital, et, avec cette clause, que l'immeuble reviendrait de plein droit aux hospices dès qu'il ne serait plus affecté à une maison d'éducation dirigée par la Société de Marie.

Les questions principales étant ainsi réglées, on mit la plus grande activité aux préparatifs immédiats de l'installation des classes. Ce n'était pas chose facile.

On approchait du 15 octobre, les cours devaient commencer le 1er novembre et pas une salle n'était prête. L'ancien couvent des Annonciades était occupé à cette époque, par divers particuliers, par l'hospice des vieillards et par les écoles des filles.

Ces dernières furent transférées dans les bâtiments de l'Hôtel-Dieu. Les vieillards gardèrent leur habitation du deuxième étage encore une année, mais plusieurs familles sortirent bientôt.

Le supérieur général de la Société de Marie désigna M. l'abbé Sattler pour prendre la direction du nouvel établissement. Il reçut partout l'accueil le plus bienveillant et le plus sympathique. Toute la population de Thonon était heureuse à la pensée des avantages que la restauration du collège apporterait à la ville.

M. l'abbé Sattler fut rejoint par ses collaborateurs, MM. Delmas, Fristsch, Freymann et Ritz; les élèves de latin qui occupaient la maison attenante à l'établissement des frères, furent invités à se rendre dans le nouveau local. Le cours régulier des classes commença le 3 novembre 1874.

M. le Maire accompagné de MM. les Adjoints vint inaugurer le nouvel ordre de choses, et, dans le discours qu'il adressa aux élèves réunis, il exprima la satisfaction de voir les vœux de la population réalisés, et les encouragea à bien profiter de la direction et de l'enseignement de leurs nouveaux maîtres. Vingt élèves étaient présents. Selon leurs forces, ils furent répartis en trois classes ; M. l'abbé Sattler se chargea de la cinquième, la sixième fut confiée à M. Delmas, et, les élèves plus jeunes et de forces diverses eurent pour professeur M. Fristsch.

Dès ces débuts, le règlement fut suivit avec une grande régularité. Le programme des études était tracé d'une manière sérieuse en vue des succès de l'avenir, et conformément à ce qui se pratique dans les établissements secondaires de la Société de Marie.

Cependant, l'installation improvisée à la hâte laissait beaucoup à désirer. A part les tables des classes et les chaises des professeurs, tout était à trouver. Ce fut pour la petite communauté une excellente occasion de mettre en pratique l'esprit de pauvreté.

L'administration des hospices facilita ces commencements difficiles. Elle offrit dans l'Hôtel-Dieu, trois chambres, une pour le directeur, une seconde pour le dortoir de la communauté et une troisième qui servit de réfectoire.

Le nouvel établissement était organisé depuis trois mois à peine, lorsqu'il perdit ses premiers appuis, ceux-là même qui avaient été les promoteurs de sa fondation.

Au mois de décembre, le Conseil municipal fut renouvelé ; la plupart des anciens conseillers ne furent pas réélus. M. de Ville fut remplacé à la mairie par M. Deléglise. A la même époque, M. Bérard, curé de

Thonon, devint chanoine du chapitre d'Annecy, et M. de Montlaur eut pour successeur, à la sous-préfecture M. le comte de Grenaud de Saint-Christophe.

Tous ces changements amenèrent un revirement passager dans les idées. On se demanda sérieusement, au sein de la municipalité, si la ville pourrait supporter les charges qu'elle s'était imposée, et si l'on s'en tiendrait au traité conclu avec la Société de Marie.

Ce moment d'hésitation ne dura pas. La question du collège était trop populaire pour revenir sur ce qui avait été fait. Les conseillers au sortir d'une de leurs séances se rendirent au collège, et le premier adjoint, au nom de ses collègues, donna à M. le directeur l'assurance de toute la sympathie du nouveau Conseil municipal.

Mgr Magnin témoigna, dès le principe, une grande bienveillance au nouvel établissement. Il lui accorda en 1875, l'autorisation d'avoir une chapelle, avec la réserve du Saint-Sacrement, et d'y célébrer les offices les dimanches et fêtes.

Le petit oratoire, en attendant une chapelle plus grande, fut établi au deuxième étage, au centre de la maison. Un autel modeste et assez élégant, quelques tableaux et quelques bancs en composaient tout le mobilier.

Ce fut pour la communauté le sujet d'une grande joie. Dorénavant il était plus facile de faire des visites pieuses avant et après les classes.

De nouveaux élèves venaient constamment augmenter la communauté. En conséquence, le directeur dut demander deux nouveaux professeurs qui arrivèrent bientôt.

Durant les premiers mois, la messe du dimanche était une messe basse. A partir de Pâques, il y eut chaque dimanche une grand'messe et les vêpres suivis du salut du Très-Saint Sacrement. Comme les chants étaient préparés avec soin, les parents des élèves aimaient à venir assister à ces cérémonies. Le dernier trimestre de l'année fut marqué par une grande solennité, la cérémonie de la première communion. Deux élèves seulement s'y préparaient. Mais ce fut une occasion de procurer à tous les autres les bienfaits d'une petite retraite. M. l'abbé Rembolt, supérieur provincial de la Société de Marie, vint la prêcher. Cette fête qu'on avait cherché à relever le plus possible par le chant et par la décoration de la chapelle, laissa dans tous les cœurs, la plus profonde et la plus heureuse impression.

Vers cette époque, M. l'abbé Sattler obtint de la ville un agrandissement de la cour de récréation et la construction d'un préau couvert. La cour étant plus spacieuse, les récréations devinrent plus animées, et le préau couvert offrit, pour les jours pluvieux, un abri d'autant mieux apprécié qu'il avait été désiré depuis le commencement de l'année.

C'est sous ce préau qu'eut lieu la distribution des prix le 3 août 1875. Cette solennité qui allait clore les travaux de la première année, devait faire époque, car elle consacrait en quelque sorte le collège en le produisant pour la première fois devant le public.

M. le comte de Grenaud, sous-préfet de Thonon, voulut bien accepter la présidence de la cérémonie ; M. le Maire, la plupart des membres du Conseil municipal un grand nombre de parents et d'amis y assistèrent.

M. l'abbé Sattler, dans une courte allocution, remercia les autorités et les familles du bienveillant concours dont ils avaient favorisé la restauration du collège... Il termina par un mot d'encouragement aux élèves.

M. l'abbé Rembolt, arrivé pour la fête, fit ensuite

un discours sur l'éducation ; enfin M. le Sous-Préfet prit la parole. Se faisant l'interprète de la population, Il félicita les maîtres de leur dévouement dont il avait pu apprécier les sérieux résultats, en sa qualité d'administrateur et de père. (Son fils, Robert de Grenaud, était élève de la classe de neuvième).

Dans l'intervalle de ces discours et pendant la distribution des prix, la fanfare de la ville fit entendre plusieurs des plus brillants morceaux de son répertoire.

A la fin de cette première année le nombre des élèves s'élevait à 41... Après quelques années, il en comptait 200 (1878).

Nous poursuivrons peut-être plus tard la publication de ce journal intime du collège de Saint-François de Thonon.

Il comprend aujourd'hui, vaste local bien aménagé, cours, préaux, jardins, gymnase, musée, bibliothèque, et compte : 170 élèves internes, 80 externes, 10 classes, 23 professeurs, 4 domestiques et 3 religieuses pour le linge et la cuisine.

Ils sont bien nombreux (1889) les jeunes gens vainqueurs aux épreuves du baccalauréat, qu'il a fournis à l'armée et aux diverses carrières libérales.

Terminons ce long chapitre.

Thonon est sans contredit la ville du département qui possède le plus grand nombre d'écoles, proportionnellement à sa population.

On en compte actuellement 12, avec 100 professeurs, instituteurs et institutrices et 1,200 élèves (1).

Voici les noms de ces divers collèges et écoles :

---

(1) Le canton de Thonon a 71 écoles et 164 instituteurs et institutrices pour 20,000 habitants, soit une école par 280 habitants et un maître pour 125 habitants.

1° Pensionnat Saint-Joseph ;
2° Collège des Marianites ;
3° Pensionnat des Sœurs Collettes ;
4° Pensionnat des D^{lles} Colly ;
5° Ecole primaire libre des garçons ;
6° Ecole primaire libre de filles ;
7° Ecole communale laïque de filles ;
8° Ecole supérieure laïque de filles ;
9° Ecole laïque supérieure de garçons ;
10° Ecole primaire laïque de garçons ;
11° Ecole mixte de Vongy, fondée en 1883 ;
12° Ecole mixte de Corzent, fondée en 1883.

Evian possède : le Collège d'Evian, le Pensionnat des Sœurs de Saint-Joseph et des écoles laïques et libres de garçons et de filles.

CHAPITRE XIV

Le Chablais piémontais et le Chablais français
(1815-1860-1889)

> La Révolution fut d'abord démocratique, puis oligarchique, puis tyrannique, aujourd'hui elle est royale, mais elle va toujours son train.
>
> *Joseph de MAISTRE. Correspondance diplomatique, t. I, p. 379.*

SOMMAIRE : MM. de Sonnaz, de Foras, de Maugny, Jaillet (1816). — Floraison militaire. — Émotions politiques. — Le général Dessaix (1816). — La famine de 1816-1817. — Mesures énergiques des Conseils de Thonon et d'Evian en face du monopole et des accaparements. — Genève et le Bas-Chablais. — Le curé Neyre. — Députation à Charles-Félix (octobre 1821). — Travaux publics, plan d'embellissement de la ville de Thonon, reconstruction de l'Hôtel-de-Ville (1824). — Mgr Rey... (1826) — Charles-Albert et la mission du P. Guyon (1831-1832). — Nouvelle administration de Thonon. — Les octrois (1833). — Tentative de Mazzini sur Annemasse. — Ramorino et son expédition (1834). — Voyage de Charles-Albert en Chablais. — Evian et ses eaux. — Lamartine, de Montalembert... en Chablais. Harmonie. — Les salons de Sonnaz. — Aqueduc des eaux de Thonon et les routes de la montagne (1841-1846). — Disette de 1847 et secours du Conseil de ville et du Conseil de charité (1848). — Expulsions et Voraces. — Les officiers chablaisiens pendant la campagne de 1848. — Les deux régiments de Savoie et la défaite de Novare (1849). — Victor-Emmanuel II à Thonon et en Chablais (1850). — Loi d'incamération (1855) et les Communautés religieuses. — Hostilité. — L'impôt des gabelles (1853). — Fête du 6 mai 1855. — Le chemin de fer savoyard. Tendances françaises. — Impôts et récriminations. — La campagne de 1859 et la valeur savoyarde. — Les princes Humbert et Amédée de Savoie à Thonon et Evian (1859). — Polémiques des journaux. — Le parti suisse. — Angoisses patriotiques. — Députation à l'empereur Napoléon III. — Le rocher réclamé par la Suisse ! — L'échauffourée des Genevois à Thonon (1860). — La zône : le vote du 22 avril. — L'Empereur à Thonon et en Chablais (31 août). — Fêtes et illuminations. — Le Chemin de fer de Thonon-Collonges. — Décrets de 1860-1863 et obstacles de la Suisse. — Ports du rivage chablaisien et voies de communications... — Désastres de 1870 et les officiers chablaisiens. — Les pèlerinages et la patrie. — Les eaux de la Versoie : Thonon et Evian, stations sœurs. — Quais et embellissements. — Derniers évènements...

Après 1815, l'ancien régime nous revint tout entier ; de Turin on envoya en Savoie des gouverneurs, des intendants et des carabiniers piémontais.

« Sans compter, en effet, avec la Révolution et l'Empire plus qu'avec le cauchemar dont il parlait en revenant de Sardaigne, le bon Victor-Emmanuel s'était rassis sur le trône de Bonaparte comme sur le trône de ses pères. Il avait tout d'abord décrété, *sans avoir égard à aucune autre loi, qu'on eût à observer à partir du 21 mai 1814 les royales constitutions de 1770.* C'était d'un trait de plume rétablir les privilèges et les tribunaux d'exception. C'était le roi intervenant à tout propos dans les affaires de ses sujets, suspendant leurs procès, cassant les arrêts de la justice, accordant, selon son bon plaisir, tel délai qu'il lui plaisait pour payer leurs dettes, le tout en vertu, — je n'ai jamais pu savoir ce que cela voulait dire, — de son *pouvoir économique*. Puis, c'était entouré des soldats exécrés de Bubna que le roi avait fait sa première entrée à Turin. A quel prix cette escorte ? Un honteux vasselage la payait sans doute encore. » (1).

Les exilés de la veille se trouvaient les vainqueurs du lendemain. Thonon et le Chablais eurent un puissant protecteur, dans le comte Joseph de Gerbaix de Sonnaz que nous avons vu provoquant, avec son père un mouvement national envers nos antiques souverains. Il resta à Chambéry jusqu'en 1830, attaché à l'état-major de la division du duché, s'occupant constamment des intérêts du Chablais, se multipliant pour être agréable à tout le monde, afin d'éteindre les farouches divisions du moment.

Victor-Emmanuel Ier, qui l'affectionnait, le fit, l'année suivante (1816), son aide-de-camp en lui conférant le grade de major.

Nommé lieutenant-colonel le 4 décembre 1819, il fut, en 1821, envoyé en mission confidentielle auprès de Charles-Félix, par le gouverneur du duché de Savoie, le comte d'Andezéno (2).

Mais, sans le suivre pas à pas dans sa brillante carrière, constatons que son crédit était grand à la

---

(1) *La Jeunesse de Charles-Albert*, par le marquis Costa de Beauregard, p. 76-77.

(2) Depuis près de huit siècles, la Maison de Savoie jouit des services et des gloires de la famille des de Gerbaix de Sonnaz. En 1180, Gui de Gerbaix était un personnage d'un haut mérite ; le comte Thomas Ier de Savoie le donna comme caution personnelle de la dot de sa seconde fille, Marguerite, qu'il accordait en mariage au comte Hartman de Kibourg. Le siècle suivant, Guillaume de Gerbaix, grand-maître des Templiers en 1260, était très versé dans l'art militaire. Il fut tué, en Palestine, l'an 1263. Pierre IV de Sonnaz, religieux franciscain, et théologien de grande réputation, fut sacré évêque d'Aoste en 1400 ; Ce fut cet évêque qui, le 10 mai 1407, établit la fête de saint Gras, et en fixa la célébration au 7 septembre. Aymond, fils d'Amblard de Gerbaix de Sonnaz, fut, en 1422, créé évêque de Maurienne et eut pour successeur son frère Urbain. (Voir, au chapitre xv du présent volume, les nombreux officiers supérieurs fournis à l'armée par cette famille).

cour, et qu'il fut, pour la province, l'homme du moment.

Son parent Jean-Marie, de Gerbaix de Sonnaz, ancien page de Charles-Emmanuel de Carignan, avant la Révolution, fut attaché en la même qualité, au Prince de Carignan. Une étroite amitié l'unissait à Charles-Albert. En 1818, le prince, qui n'était pas heureux en ménage, fit tout à coup un voyage en Allemagne. Nul ne savait ce qu'il y était allé faire. Mais voici la note romanesque de cette promenade :

« Charles-Albert revenait par la Suisse. Personne ne l'y savait, quand, vers huit heures du soir, un grand jeune homme se présenta au château de Marin, situé près de Thonon. Marin appartenait au baron de Blonay. On était à table. Sonnaz se trouvait parmi les convives. L'inconnu lui fait un signe ; Sonnaz, sans le nommer, demande qu'on l'invite à dîner. Il est charmant, cause de toutes choses, et se retire vers dix heures dans la chambre que M. de Blonay, fort intrigué, lui avait fait préparer. »

« Le lendemain matin, on trouvait la chambre vide, le lit non défait, la fenêtre ouverte, et sur la glace, tracé à l'aide d'un diamant, le nom de Carignan. Le prince avait fait ainsi dix lieues pour voir le comte de Sonnaz, et, sans attendre le jour, s'en était retourné à Genève. De Genève, il avait en toute hâte regagné Turin. » (1)

Joseph de Sonnaz était d'ailleurs à la tête de cette

---

(1) *La Jeunesse de Charles-Albert*, par le marquis de Beauregard, p. 86-87. Voir leur correspondance, pages : 58, 60, 65, 151, 158, 204, 219, 222, 230, 260, 299, 301, 314... Une erreur s'est glissée dans cette belle page de nos annales : Charles-Albert n'a pu rejoindre son ami au château de Marin, puisque ce manoir n'était pas encore relevé de ses ruines en 1818. Il faudra donc placer cette scène à Evian ou à la Tour-Ronde, mais ailleurs qu'à Marin.

phalange d'officiers des Volontaires savoyards de 1814, parmi lesquels MM. de Foras, de Maugny, etc... devaient arriver aux grades les plus élevés de l'armée. Jamais floraison militaire ne fut plus abondante en Chablais que de 1792 à 1848.

De touchantes fêtes avaient accompagné la prise de possession de notre pays (15, 16 septembre 1815).

L'année suivante, les émotions politiques se réveillèrent subitement. Le complot de Paul Didier venait d'être découvert, ainsi que sa tentative sur Grenoble (5 mai 1816). Le gouvernement prit l'alarme et crut à une vaste conspiration ; les anciens officiers savoyards qui venaient de quitter le service de la France, furent soupçonnés d'être de la partie. Le général Dessaix, le colonel Favre, les capitaines Naz et Mouthon, cultivaient paisiblement leurs terres en Chablais. Les deux premiers furent arrêtés, dans la nuit du 20 au 21 mai, pour être remis en liberté quelques mois plus tard (septembre et décembre 1816).

Néanmoins, le mécontentement se faisait jour de toutes parts : « Dans l'armée, nous dit le marquis Costa de Beauregard, se trouvaient aussi malheureusement poussés à leur extrême degré d'acuité, toutes les passions et tous les griefs de la cour et de la rue. Les officiers de Napoléon ne servaient qu'en sous ordre ; on leur avait imposé la rétrocession d'un grade et interdit le port de leurs décorations françaises. Aux vieux fidèles seuls, remis à neuf par l'*Almanach royal*, appartenaient les hauts grades. On les avait, il est vrai, épaulés, dans leurs commandements, de quelques jeunes gens bien en cour. Mais les premiers avaient eu le temps d'oublier ce que les seconds n'avaient pas eu le temps d'apprendre, et tout cela régentait les vétérans de Wagram et d'Austerlitz qui formaient alors les cadres piémontais. De ces juxtapositions hétérogènes naissaient des froissements et des récriminations sans fin. » (1)

Une telle armée ne pouvait qu'être à la merci d'un coup de vent. Les évènements de 1821 devaient le prouver.

Hélas! d'autres préoccupations attristèrent bientôt le pays. On était à la veille d'une famine. Les pluies torrentielles du printemps et de l'été avaient presque anéanti la récolte des céréales. En décembre, un Congrès permanent de subsistances siégeait à Turin. Une commission centrale fut établie à Chambéry pour la Savoie. L'évêque de Chambéry en devint le président. Il entretenait une correspondance suivie avec les syndics et les curés du Duché, afin de faire parvenir promptement les secours dans les chefs-lieux de chaque province. La commission devait les livrer à Thonon aux prix des mercuriales, afin d'enlever au monopole tous les moyens d'un trafic spéculant sur la misère publique. On se détermina en même temps à exécuter pour 500,000 francs de travaux publics dans le Duché en vue de fournir du travail à l'ouvrier.

Les intentions du roi étaient excellentes; mais les lenteurs administratives enrayèrent ce mouvement. Les secours n'arrivaient pas, l'abandon de la Savoie dans cette circonstance critique était prévu par les agents de la Révolution. Selon plusieurs auteurs contemporains, il avait pour but de détacher la Savoie de son souverain et de la pousser à la révolte. Les révolutionnaires d'un côté et les protestants de la Suisse de l'autre, exploitèrent ainsi la misère de la Savoie en prodiguant, avec une perfide générosité, leurs

---

(1) *La Jeunesse du roi Charles-Albert,* p. 93.

secours à des malheureux qui eussent péri sans cette ressource (1).

L'hiver de 1816 et le printemps suivant furent une période d'affreuses souffrances, surtout pour le Chablais.

A Thonon, à Evian, des commissions de subsistances se chargèrent de fournir aux affamés du pain dont la dépense devait être couverte par la charité privée ou par l'Etat. Celle de Thonon fut présidée par MM. François de Marcley et Dubouloz. De son côté, le conseil de notre ville réprima, par des mesures énergiques, le monopole et les accaparements.

Dès le mois de septembre 1816, les grains étaient d'une cherté excessive, et les boulangers, cabaretiers... en faisaient encore hausser le prix par leur présence prématurée sur la place du marché. Le conseil renouvela la défense d'y paraître avant le signal ordinaire qui consistait à déplier le drapeau municipal (11 septembre).

Les marchands suisses et principalement genevois étaient parvenus à force d'adresse et de ruse, à accaparer tous les orges, froments et seigles du Chablais malgré les sages précautions du Sénat de Savoie, et malgré la vigilance des magistrats et des douaniers. Leur but était de spéculer sur la misère publique (2). On exposa ce triste état de choses au roi en faisant appel à sa bonté paternelle par l'entremise du comte de Solaz, intendant de la province.

En mars 1817, le bruit s'accrédite que Chambéry n'a point encore reçu les denrées destinées à sustenter le Chablais. Grand émoi en ville et dans la contrée, les révolutionnaires s'en réjouissent, ils savent que la faim

(1) *Vie de Mgr Rey*. Ruffin, p. 125.
(2) Délib. mun. de Thonon.

est mauvaise conseillère. Le conseil s'en émeut (17 mars), et demande à la *Commission des subsistances*, des explications de nature à rassurer le peuple (19 mars).

Au mois d'avril suivant, les marchés sont déserts et les grains n'y viennent plus. Divers particuliers, boulangers et autres, ont acheté les greniers restants, et taxent chaque jour arbitrairement le pain qu'ils manipulent d'une manière réputée frauduleuse. Le conseil se hâte de ramener le pain boulanger à 8 sols la livre, le moyen à 6 sols 6 deniers et le pain bis à 5 sols (1), avec défense expresse de frauder les farines sous les peines le plus sévères (13 avril 1817).

Evian obtint, de la ville de Genève, 150 coupes de blé (la coupe du poids de 118 livres et d'environ 86 litres) qu'elle s'engagea à rendre plus tard. Thonon et Evian parurent donc suffire à leurs propres besoins.

Il n'en fut pas de même des communes frontières du Bas-Chablais. Les distributions de Genève se répandirent principalement sur les paroisses limitrophes des Voirons : Saint-Cergues, Machilly, Douvaine, Ballaison jusqu'à Saxel dans la montagne et jusqu'à Yvoire sur le lac. On sait d'ailleurs que les Autrichiens avaient laissé derrière eux le typhus des hôpitaux qui décima villes et villages (2). Cette époque présente l'un des plus lamentables tableaux de notre histoire. On vit alors la charité privée se dévouer pour subvenir à tant de souffrances. Le clergé, après s'être épuisé, se fit mendiant pour les pauvres, selon sa généreuse coutume. Dès le 18 mars 1817, M. Neyre, curé de notre ville, épuisé par ses libéralités envers les malheureux, demandait quelques centaines de francs

---

(1) Le tout ancienne monnaie de Savoie (Délib. municip. de Thonon).
(2) Voyez chapitre XI du présent volume.

à la municipalité pour nourrir ses vicaires (1).

D'ailleurs Thonon avait un curé à la hauteur des circonstances, c'était le même qui avait préservé notre ville des vengeances autrichiennes. Il fallait alors un homme de cette taille. A son arrivée, les églises étaient dépouillées : vases sacrés, ornements, saintes reliques, insignes de la foi et décorations, tout avait disparu.

L'église de Saint-Hippolyte ne présentait plus que la froideur d'un temple protestant. Le jeune pasteur ne se rebuta point, il s'imposa des privations, fit appel à la générosité de ses nouveaux paroissiens et répara bien vite les ruines de la Révolution. Sa douceur, sa patience lui concilièrent l'estime générale. Fuyant les assemblées de pur agrément, il ne s'occupait que des devoirs de son ministère. Ses petites ressources passaient aux pauvres auxquels il sacrifiait quelquefois le nécessaire (2).

Nouveau Vincent de Paul, le digne curé de Thonon répandait donc l'aumône à pleines mains sur tous les malheureux. Ses confrères suivirent son exemple, et l'antique foi reprit son influence et ses droits. L'éducation de la jeunesse et les malades avait fixé de bonne heure son attention (3).

Le service de l'hôpital était très négligé : des infirmiers à gages ne voyaient là qu'un métier. Les médecins s'en plaignaient amèrement. On ne comprenait pas leurs ordonnances qui s'exécutaient souvent très mal. M. Neyre n'eut point de repos qu'il n'eut apporté remède à cet inconvénient ;

---

(1) Délib. mun. On lui accorde 460 fr.
(2) On l'a vu souvent faire lui-même le lit des malades et leur rendre les services les plus rebutants.
(3) Voyez au chapitre XII : *L'Instruction publique à Thonon. de 1789 à 1889.*

à ces infirmiers il substitua les Sœurs hospitalières de Saint-Vincent-de-Paul, qu'on a justement appelées des anges de patience, de charité (1).

Il avait horreur de mêler le pouvoir civil aux besoins du ministère. D'ailleurs, les pénalités bizarres et excessives remises en vigueur n'étaient point populaires. Certains hommes du jour, anciens jacobins à l'échine flexible, s'étudiaient méchamment à compromettre le trône et l'autel : « Pour rendre la personne du roi plus odieuse, ces hommes pervers organisèrent une police, qui n'était qu'un piège tendu aux citoyens honnêtes et religieux. Moyen déplorable, qui n'engendra que des maux. On multiplia les lieux de corruption, malgré les réclamations des gens vertueux et des pasteurs zélés. En dépit de la loi de Dieu et des ordonnances royales, ses agents présidèrent à la profanation des fêtes et aux exercices scandaleux de la licence. On les vit partout où il y avait des désordres à encourager, mais jamais où il y avait des excès à prévenir. C'est ainsi que l'on sapait le trône du meilleur des rois. Si les ministres des autels étaient invités, par la police, à signaler les désordres, c'était dans le but d'appeler sur le clergé la haine des fauteurs de troubles, qu'elle avait mission de surveiller » (2).

Thonon, Evian et le Chablais apprirent bientôt l'abdication de Victor-Emmanuel Ier, la nomination de Charles-Albert de Carignan au titre de régent du

---

(1) *Pièc. justf.* n° 6. Eh bien ! le croirait-on, cet homme de Dieu eut ses ennemis ; et les persécutions sourdes se manifestaient souvent au grand jour parmi cette génération élevée au milieu de la tourmente révolutionnaire. M. Neyre fut maltraité par les vieux jacobins. Revenant, un soir, de l'hôpital, où il était allé assister un moribond, il fut attaqué par un malheureux père de famille, chargé d'injures, battu et menacé de mort.

(2) Ruffin. *Vie de Mgr Rey*, p. 154.

royaume et la proclamation de la Constitution d'Espagne (mars 1821). Le Conseil attendit patiemment les évènements. La crise était passée. Le 11 octobre seulement, il se décide à envoyer une députation à Turin pour offrir au nouveau roi, Charles-Félix, l'expression des vœux et hommages des habitants de Thonon.

Cependant, pour parer à toute éventualité et tenir lieu de garnison, la garde urbaine avait été réorganisée dès le 27 mars. Louis-Prosper Dubouloz en était devenu le capitaine et Jean-Claude Anthoinoz le lieutenant (1).

La Révolution, le Consulat et l'Empire exécutèrent peu de travaux publics intéressant le Chablais tout entier, sauf l'élargissement et l'achèvement de la route de Simplon. La vie de la nation semblait s'être réfugiée dans les camps. Après leur rentrée, les Princes de Savoie s'occupèrent d'améliorations publiques. Les Conseils de ville de Thonon et d'Evian proposaient des projets, les discutaient avec maturité et s'offraient à contribuer aux frais d'exécution. D'autres fois le pouvoir prenait l'initiative.

Par ses lettres patentes du 23 novembre 1821 et du 16 juillet 1824, Charles-Félix avait approuvé un plan figuratif des rectifications à opérer dans la ville de Thonon pour son embellissement et sa prospérité. En 1834, de nouveaux besoins imprévus nécessitent un autre plan régulateur. Le 20 décembre, Charles-Albert nomme à cet effet, un comité composé de sept membres, savoir : le syndic, le juge de mandement, un conseiller au choix du conseil, l'ingénieur de la province, un architecte et deux propriétaires de la ville. Ordre est

---

(1) Le 12 avril quelques jeunes militaires se révoltent pour délivrer quelques contrebandiers.

donné de peindre les façades des maisons d'une couleur uniforme, de restreindre les avancements des toitures sur la rue à une saillie d'un mètre seulement, d'élever les têtes des cheminées au-dessus des toits, de placer les dépôts d'engrais dans l'intérieur des cours et non sur la rue, enfin de supprimer dans un délai déterminé les trappes, soit ouvertures existants sur la voie publique et sur les places, pour descendre dans les caves. La pénurie de la caisse municipale ne permit pas d'exécuter immédiatement ces améliorations (1).

Un violent incendie avait dévoré l'Hôtel-de-Ville, le 11 décembre 1815. Une compagnie de chasseurs italiens y était casernée, sous le commandement du colonel comte Robert, l'un d'eux périt dans les flammes (2).

---

(1) Les trappes ne disparurent que vers 1858, lors de la construction du pavé actuel, et du grand égout si bien dissimulé qu'il est imperceptible. Pas un seul propriétaire ne fit le récalcitrant. Etaient alors membres de la junte municipale : MM. Auger, Trombert, Ramel et Ed. Dessaix, avec M. Beaurain, syndic. Dès lors, tous les samedis, à une heure de l'après-midi, la rivière de l'Oncion est introduite dans la rue pour en laver le sol. Tombe-t-il de la neige, y a-t-il de la boue..., les pavés sont aussitôt lavés que salis. Aussi, quelle propreté, quelle fraîcheur à Thonon. Dès le 18 juillet 1835, les syndics et conseillers de la ville de Thonon dressent un nouveau règlement de police, en remplacement de celui du 18 novembre 1708. Le Sénat en ordonne l'homologation le 20 juin de la même année ; il porte sur l'obligation aux étrangers de se consigner aux dizainiers de leur quartier ; sur les places assignées les jours de foire et de marché aux ventes des différentes espèces de marchandises ; sur la police médicale; sur les épizooties, la voirie, les constructions, les incendies et autres dispositions générales. Signé : comte d'Antioche syndic, et Caron vice-syndic.

(2) Poussé par un vent violent, le feu s'étendit et prit des proportions énormes. Des tisons enflammés étaient emportés jusqu'au quartier de la Croix, menaçant d'embraser la ville toute entière. Réveillés au son du tocsin et de la caisse (il était 3 heures du matin), les habitants firent bravement leur devoir, tandis qu'on exposait le Saint-Sacrement pour obtenir miséricorde et pardon. L'hôtel de ville seul devint la proie des flammes (Reg. parois.).

Le Conseil en ordonna la démolition complète le 10 juin 1821.

Dès 1818 on avait réparé les murs de soutènement de la place Château, les pavés de la Grand'Rue.... ainsi que la route provinciale depuis le pont de Marclaz jusqu'au pont de la Dranse. En 1820 (20 décembre), douze réverbères furent établis dans les rues, et leur entretien mis à la charge des débitants.

L'année suivante les plans du nouvel Hôtel-de-Ville de l'ingénieur Mazzone sont approuvés ; on vend une coupe de bois communaux, et les travaux commencent par diverses adjudications (21 août, 25 octobre 1821). Le roi fit un don de 2,500 livres (1er novembre 1824), et Thonon vit bientôt se dresser son magnifique Hôtel-de-Ville actuel (1).

Le Roi, pour venir au secours de l'agriculture et du commerce intérieur, abolit les gabelles, les taxes locales, et autorisa les communes à les remplacer par des octrois. Thonon et Evian bénéficièrent bientôt de ces heureuses dispositions.

La cour de Turin fit un séjour de six semaines en Savoie, en 1824, du 22 juillet au 4 septembre 1824. Thonon et Évian témoignèrent, avec enthousiasme, leurs sentiments de respect et d'amour envers Charles-Félix.

Cependant son avènement n'avait pas apporté de constitution. Mais il régnait par la justice et au nom de Dieu, ne recherchant que le bonheur de son peuple.

La jeunesse libérale cria souvent à la tyrannie ! Néanmoins, jamais notre pays ne fut plus heureux que

---

(1) Délib. mun. La tour Châtelain ne fut démolie qu'en 1848.

pendant le dix années de son règne. A Thonon, il descendit au château de Sonnaz, à l'exemple de ses ancêtres (1), à Evian, au château des barons de Blonay.

Les lanciers du Chablais réorganisés dès le 23 juin précédent, parurent armés et magnifiquement équipés pour servir d'escorte à la famille royale (2).

Le 10 juillet, MM. Descombes, Dubouloz et Dessaix avaient été délégués par le conseil pour préparer cette réception. Les fêtes succédèrent aux fêtes pendant plusieurs jours (3).

C'était le temps des réjouissances : En 1826, Mgr Rey vint à Mégevette, lieu de sa naissance. Enfant du Chablais, il fut reçu comme tel (4). Des montagnes, il descendit à Thonon où sa jeunesse s'était passée au milieu d'amis encore vivants. Toute la ville fut sur pied pour le recevoir. Il lui fallut donner audience à tous les habitants, soit à la cure, soit ailleurs. La distribution des prix aux élèves du collège eut lieu sous sa présidence, dans l'église paroissiale. Chaque lauréat reçut de lui quelque parole bienveillante.

On oublia au milieu de ces joies du moment la douloureuse cession de territoire faite à Genève en 1815,

---

(1) Le prince de Piémont, fils de Victor-Amédée II monté sur le trône en 1730, sous le nom de Charles-Emmanuel III vint, le 19 août 1724, épouser, en secondes noces, la princesse Polixène-Christine de Heiss-Rheinfelds Rottembourg, dans les salons de cette antique maison, où leur portrait royal en perpétue le souvenir.

(2) Voir chap. XVI du présent volume.

(3) Hélas ! le 1er octobre suivant, la municipalité ordonnait un service funèbre pour le repos de l'âme de Mme la duchesse de Chablais. Les dames et les demoiselles qui avaient eu l'honneur de l'accompagner, quelques mois auparavant, y étaient spécialement convoquées. (Délib. mun. de Thonon).

(4) En 1829, sur la route de Thonon à Bellevaux, mêmes fêtes, même expansion de la population... Il voulut en rentrant s'arrêter à Douvaine pour visiter un ami: M. Dubouloz, aubergiste.

cession qui fut extrêmement sensible à la Savoie cruellement mordue par la Suisse à cette date néfaste (1).

Le 27 avril 1831, Charles-Albert succédait au roi Charles-Félix. Cet avènement fut salué avec joie en Chablais.

De nombreuses missions furent prêchées en Chablais pour rétablir la foi dans les âmes chancelantes.

La mission de Thonon se donna vers la fin de 1831 et commencement de 1832, elle fut prêchée par les Pères Guyon et Brenaud, jésuites,

La multiplication des exercices religieux dans les deux églises de Saint-Hippolyte et de Saint-Augustin (soit de l'ancien de collège), leurs prédications éloquentes, surtout celles du Père Guyon, remuèrent profondément la population, et opérèrent d'éclatantes conversions parmi lesquelles figurent celles de l'avocat Colly et de M. Dubouloz Jérôme.

Une croix fut plantée au milieu de la place Château, malgré certaines tentatives de résistance de la part de la municipalité.

Les conseillers de la ville de Thonon n'eurent garde d'oublier, aux premières années de Charles-Albert, les intérêts de la cité. Au commencement de 1833, ils lui exposèrent que les dispositions des lettres patentes du 22 décembre 1741 et 18 mai 1759, qui réglaient le personnel de l'administration de la ville n'étaient plus

---

(1) Genève reçut de la France six communes et 3,350 habitants ; de la Savoie quatorze communes peuplées de 12,700 âmes, avec l'exercice désormais complet des droits religieux, civils et politiques. On institua aussitôt des inégalités législatives contre les communes annexées, de peur que de l'élément catholique ne devint dominant. Ces lois choquantes, notamment celles concernant les hospices n'ont été abolies que le 27 septembre 1868. D'autres lois devaient bientôt paraître pour légitimer le vol des églises catholiques !

en harmonie avec les circonstances. Le roi accueillit favorablement cette demande et approuva un nouveau règlement.

Il fut statué que le conseil serait composé de dix membres dont la moitié devait être prise parmi les nobles, gradués ou autres personnes ayant eu dans l'armée un grade supérieur à celui de capitaine, et l'autre moitié choisie parmi les notables de la localité. Pour les affaires importantes, on pouvait, avec l'autorisation préalable du vice-intendant, convoquer le conseil doublé. Avant d'entrer dans l'exercice de ses fonctions, le syndic prêtait serment entre les mains de ce dernier (12 février 1833).

Le 31 octobre suivant la royale Chambre des Comptes notifiait un nouveau règlement approuvé par le souverain pour la perception d'un droit d'octroi par abonnement, en faveur de la ville de Thonon. Les causes tant civiles que criminelles de cette matière étaient réglées par les dispositions des royales patentes du 16 janvier 1827. Le 6 décembre 1843, nouveau manifeste portant publication de nouveaux règlements pour les octrois. Il y est prescrit l'établissement de quatre bureaux pour les déclarations de recettes, savoir : Le premier à l'embouchure de la rue Neuve, le second à l'angle de la place de la Croix, le troisième au fond de la rue de Vallon, le quatrième vis-à-vis des Ursules. Auparavant, le recouvrement des droits par abonnement s'opérait par le percepteur. Des murmures éclatèrent ; aussi la population obtint-elle quelques variations et adoucissements en vertu d'une décision souveraine du 3 janvier 1846. Le Chablais jouit de la paix la plus profonde jusqu'en février 1834, époque de la fameuse tentative de Mazzini sur Annemasse.

Vers la fin de l'année 1833, tout l'état-major des

réfugiés italiens travaillait à Genève, avec le concours du journal l'*Europe centrale*, à la réussite du plan de cet agitateur moderne. On organisa une expédition révolutionnaire pour soulever la Savoie. Le général Ramorino vint de Paris à Genève pour prendre le commandement des réfugiés italiens, piémontais, suisses et savoyards, qui devaient s'emparer de notre pays. « La Savoie mécontente prendra les armes au premier signal ! avait dit le jeune Basile Rubin à Ramorino dans son exaltation enthousiaste, l'esprit de la population est excellent au point de vue constitutionnel, on n'attend que le signal pour agir ! »

Huit cents hommes devaient former le noyau de l'armée insurrectionnelle. Ses chefs au nombre desquels figurent les avocats Chaumontel, Rubin, Frarin, Foëx de Boëge, Gardy de Ville-la-Grand, etc., tous savoyards, étaient loin de se faire une juste idée de l'attachement des populations à la Maison de Savoie.

Bientôt la colonne de Nyon s'embarque pour éviter d'être faite prisonnière par les troupes du canton de Vaud ; elle est cernée à la Belotte par le contingent genevois ; premier revers ! Arrivé à son nouveau quartier-général du Plan-les-Ouates, Ramorino ne trouva, au lieu des huit cents hommes promis, que cinquante Italiens, soixante Piémontais et cinquante Savoyards, en tout, cent soixante hommes. De trois cents hommes qui devaient arriver de Bonneville, de La Roche et de Chêne, il n'en vint que trente. La plaine d'Annemasse en fournit à peine une douzaine, et les douaniers, méprisant les excitations à la révolte, firent mine de tirer l'épée au passage de l'Arve (1). Ramorino les força

---

(1) L'un d'eux, Guérin Dubouloz de Nernier se battit vaillamment au pont d'Etrembières.

deux fois à laisser le chemin libre : à Etrembières et à Annemasse.

Le quartier-général fut transporté à Ville-la-Grand, sur un petit mamelon au milieu d'une vigne. La colonne de Nyon rendue, disait-on, à la liberté et attendue d'heure en heure, ne vint pas. Ramorino et les cent cinquante hommes qui lui restaient devenaient la fable du pays. Il essaie d'assembler le conseil pour délibérer sur la marche à suivre. Mazzini est malade, l'avocat Rubin a quitté son poste, etc... Ainsi se termina cette folle équipée. Ce mouvement se combinait avec les tentatives sur les Echelles, Pontcharra, Seyssel qui avortèrent. Les commissions militaires firent fusiller quelques jeunes gens, le Sénat sauva les autres en étouffant l'affaire ; douze des plus compromis se virent condamnés par contumace, à être pendus.

Les communes envahies furent exemptées de tout impôt pour l'année 1834, et l'enthousiasme qui accueillit Charles-Albert, à son voyage en Chablais à la même époque (1834), fit comprendre aux agitateurs que l'ancienne fidélité chablaisienne était loin de le céder à l'esprit révolutionnaire du jour (1).

Le pays se reportait au contraire, avec amour et fierté, vers son glorieux passé, interrogeant les murs de ses vieilles forteresses, ressuscitant ses grands hommes par l'organe des membres de l'Académie de Savoie, fondée dès 1813.

En Chablais, on gémissait en allant parfois aux Allinges vénérer les traces de saint François, de voir ces châteaux géants abandonnés, et l'antique chapelle

---

(1) Il descendit à Thonon au château de Sonnaz. Dès le 14 mai, le Conseil décide de dresser des arcs-de-triomphe, de sabler les rues, de tirer des feux d'artifice, d'illuminer etc.

couverte de décombres (1). La famille Ramel, propriétaire de la colline, céda la propriété de ce sanctuaire et du petit plateau qu'elle couronne.

Les prêtres du Chablais, entre autres : MM. Garnier curé d'Allinges et Mudry curé de Publier, se montrèrent très généreux ; d'autres nobles cœurs envoyèrent leurs offrandes. Les paroissiens des Allinges déblayèrent les alentours de la chapelle et conduisirent sur place les matériaux. Ceux de Vailly, Lullin, Reyvroz, Orcier, Draillant et Bellevaux surtout, fournirent et transportèrent les bois (2).

On conserva heureusement intacte l'ancienne voûte et les peintures murales qui ornent l'abside et la fenêtre qui l'éclaire. Enfin une demi-tour, restée debout, fut transformée en clocher. L'inauguration de la chapelle eut lieu le 14 septembre 1836, au milieu d'un concert immense (3). Le roi Charles-Albert offrit un calice au sanctuaire restauré.

Le pèlerinage des Allinges était fondé. Peu après Mgr Rey en confia la garde à la Congrégation des Missionnaires de Saint-François-de-Sales. Ceux-ci construisirent une vaste habitation avec des débris de la forteresse (1842-1844) ; ils métamorphosèrent en jardins et en prairies l'enceinte des anciens châteaux.

Dès lors, pèlerins, touristes, curieux, peintres ont

---

(1) Mgr Rey écrivait en 1834 à M. Delesmillières, curé de Thonon : « J'aurais un grand regret si je devais mourir avant d'avoir relevé le sanctuaire des Allinges. »
(2) Les *Châteaux des Allinges*. Gonthier.
(3) Le 14 du mois de septembre 1836, date de l'arrivée de saint François aux Allinges, avait vu la restauration de la chapelle. Pour perpétuer le souvenir de ce double évènement, Mgr Rey établit un triduum qui se continue dès lors, à cette époque, au milieu d'un pèlerinage toujours plus fréquenté.

afflué sans interruption vers la colline. Le registre des pèlerins contient, à côté du nom de la jeune fille du laboureur et du paysan celui des plus illustres personnages des cinq parties du monde.

Le Chablais jouissait déjà, en 1835, d'un prestige singulier. Il semblait qu'un charme possédât nos vallées et nos montagnes et s'attachât aux rêveurs qui accouraient.

Evian avait vu s'élever son premier établissement de bains en 1824 et Lamartine l'avait immortalisé dans une de ses belles poésies. Ce dernier connaissait notre rivage depuis 1815. A cette époque, il séjourna à Nernier dans la famille Dubouloz, et choisit, au bord du lac, une maisonnette inhabitée, qu'un batelier lui loua vingt sous par jour, nourriture comprise ! Cette cabane délabrée, où la fille du batelier lui apportait à manger, et où il n'avait pour compagnie qu'une souris et une chouette, lui paraissait un gîte délectable. Au bord de ce grand lac, devant ce splendide amphithéâtre de montagnes, il s'enivrait de rêveries, et goûtait dans toute son intensité le charme de la solitude. « Ces jours, a-t-il écrit plus tard, furent les plus heureux de ma vie ! » La nouvelle de Waterloo et de la chute de Bonaparte lui arriva dans sa réclusion romantique de Nernier. La France, d'où il s'était volontairement banni, lui était rouverte. Voici la poésie pleine de grâce qu'il a consacrée à notre pays :

> Pour moi, cygne d'hiver égaré sur tes plages,
> Qui retourne affronter ton ciel chargé d'orages,
> Puissé-je quelquefois dans ton cristal mouillé
> Retremper, ô Léman, mon plumage souillé !
> Puissé-je, comme hier, couché sur le pré sombre
> Où des grands châtaigners d'Evian penche l'ombre,
> Regarder sur ton sein la voile du pêcheur
> Triangle lumineux, découper sa blancheur,

Ecouter, attendri, les gazouillements vagues
Que viennent, à mes pieds, balbutier les vagues,
Et voir ta blanche écume, en brodant tes contours,
Monter, briller et fondre ainsi que font nos jours ! (1)

M. de Montalembert habitait le château de Neuvecelle pendant la belle saison, Louis Veuillot et Francis Wey devaient chanter, à leur tour, ce Chablais justement appelé le jardin de la Savoie et de la France.

La plus franche harmonie existait au sein de nos populations. L'association des lanciers du Chablais, qui s'exerçait aux manœuvres de la cavalerie, était devenue un terrain neutre où l'élégance des nobles ne craignait pas de se rapprocher de l'esprit des bourgeois. D'ailleurs, dès 1838, le général de Sonnaz avait quitté la Cour pour rentrer à Thonon.

Quand l'hiver ramenait aux foyers des villes ceux que l'été avait conduits à la campagne, le comte de Sonnaz réunissait à sa table, tour à tour, les administrateurs, les magistrats, les militaires, en un mot l'élite de la société de Thonon et d'Évian. Il leur ouvrait ses salons plusieurs fois par semaine, et présidait à tout avec la plus parfaite cordialité. Syndic dès le 6 avril 1841, il prouva qu'il connaissait parfaitement l'administration. C'est à lui que nous devons l'ancien aqueduc des eaux potables de la ville de Thonon. Dès le 6 février 1841, et à sa demande, le conseil chargeait le comte de Fernex, d'étudier cette question, avec un homme de l'art ; les fonds nécessaires à cette entreprise furent

---

(1) Césarine de Lamarine, sœur de l'illustre poète, épousa Nᵉ François-Xavier Vignet, sénateur au Sénat de Savoie en 1816. Egrege Nicolas Vignet était syndic de Thonon en 1698. Il eut, de son mariage avec Dˡˡᵉ Louise-Denise Daviet, de nombreux enfants, parmi lesquels : 1° Spᵉ Joseph-Louis Vignet et 2°

votés le 20 du même mois, et les travaux adjugés le 11 mars suivant (1).

Il se démit de ses fonctions de syndic le 16 avril 1846, et fut porté candidat au conseil divisionnaire qui se réunissait à Annecy. Il s'occupa surtout de l'amélioration des routes des vallées du Haut-Chablais, de Saint-Jean-d'Aulph, de Morzine, d'Abondance, du Biot, etc.

Sa générosité se signala spécialement pendant la disette de 1847. Président d'une commission pour l'approvisionnement des marchés, il fit venir des denrées du Piémont et obtint, du gouvernement, le transport gratuit de trois cents sacs de farine (2).

Dans son château, on donnait à prix réduit des aliments d'excellente qualité. Le conseil de charité faisait distribuer des soupes aux plus nécessiteux. Le conseil de ville vint au secours des chefs de famille peu aisés, par distribution de pain à bon marché. Dès le 27 novembre 1846, la municipalité votait 10,000 livres pour

---

Nᵉ Pierre-Louis Vignet, baron des Etoles, sénateur et juge-maje du Chablais, qui épousa, en 1735, Nᵉ Dˡˡᵉ Charlotte de Sales. Joseph-Louis Vignet eut un fils (qui porta aussi le nom de Pierre-Louis), né à Thonon en 1733, et qui maria, le 18 octobre 1778, Dˡˡᵉ Marie-Christine, fille du comte François-Xavier de Maistre. Il fut le père de François-Xavier Vignet, époux de Dˡˡᵉ Césarine de Lamartine dont il eut : Nicolas-Xavier Vignet, né en 1819, officier du génie militaire en Piémont, puis chef de bataillon en France. Ce dernier a épousé Dˡˡᵉ Henriette d'Arcine.

(1) Délib. mun. de Thonon.
(2) Quand Charles-Albert rendit obligatoire le système décimal, le comte de Sonnaz, pour faciliter les transactions commerciales de chaque jour, rédigea les rapports approximatifs des nouvelles mesures avec les anciennes, dans une petite brochure qu'il publia et distribua gratis sous ce titre : *Comparaison des anciennes mesures les plus usitées en Chablais avec les nouvelles mesures métriques et décimales, à l'usage des personnes qui n'ont pas fait d'études.* Dans une seconde édition, il y inséra un supplément pour les mesures en usage dans le Bas-Faucigny et particulièrement aux marchés de La Roche.

approvisionner le marché de blé... Le 9 janvier suivant nouvelle réduction du prix du pain. Le 10 février et le 14 avril 1847, il est décidé qu'on en distribuera pour 3,000 livres aux pauvres et divers chantiers sont ouverts en ville et au canal de l'Oncion (1). La charité individuelle ne resta pas en arrière.

Aucune bonne œuvre collective ne s'était encore organisée. Cependant, une classe bien intéressante souffrait beaucoup, celle des artisans et des petits commerçants, qui, faute de travail et de mouvement dans les affaires, ne pouvaient suffire à l'entretien de leur famille. C'étaient les pauvres honteux du moment. M. de Sonnaz proposa une soirée de bienfaisance au profit des pauvres. La musique prêta gratuitement son concours et le produit intégral passa aux dames de charité. M. de Sonnaz savait toujours créer de l'occupation à l'ouvrier. Quand Joseph Rollier (2) établit (1858) à Thonon, une conférence de Saint-Vincent-de-Paul, il s'empressa de s'inscrire au nombre des premiers membres, et la collecte, au rapport de ses membres, se ressentait toujours de sa présence ou de son absence. L'abbé Delesmilières, curé de Thonon, fut son conseiller dans la fondation de la chapelle de Rives (3).

---

(1) Une compagnie de pompiers est armée dès le 9 janvier 1847 de 40 fusils. L'acquisition de l'équipement et du matériel est votée le 29 mai suivant. (Voir chap. XVI).
(2) M. Joseph Rollier mourut le 10 février.
(3) De tous les hameaux de Thonon, celui de Rives seul était privé de sa chapelle particulière. M. de Sonnaz dirigea lui-même tous les travaux et tous les décors intérieurs. Elle est d'un gracieux gothique, et sous le vocable de Saint-Pierre. Le 13 juillet 1861, les détonations réitérées des boîtes annonçaient que la population religieuse de Rives était en fête. M. le chanoine Trincaz, curé de Thonon, bénissait la nouvelle chapelle construite par M. de Sonnaz.

Ainsi, en résumé, le rigoureux hiver de 1846 à 1847 prouva la vitalité de la Savoie qui put se suffire à elle-même sans le secours de l'étranger.

L'organisation du Sunderbund, la suppression des couvents du Valais, l'intolérance bernoise déjà si connue de nos pères, la défaite des catholiques, l'expulsion des Jésuites (1847), furent des mesures vivement discutées et blâmées en Chablais.

La Suisse devenait mazzinienne, l'Italie adoptait *l'idée unitaire*, notre pays demeurait la vieille Savoie catholique fidèle à Dieu et à ses princes. Diverses réformes, et surtout la suppression des commandants de place avaient porté la satisfaction dans le peuple. Aussi, le 4 novembre 1847, jour de la fête du roi, Thonon, comme Annecy et Bonneville, illumina-t-il trois jours de suite (1). On criait: *Vive la Réforme ! Vive le Statut !* Au mois de février, arrive en Chablais, la proclamation royale du 8 qui promet une Constitution (1848).

Le conseil de Thonon vota 1,200 livres pour une fête qu'il renvoya à la belle saison, en s'excusant, le 23 février, de ne pouvoir envoyer une délégation à Turin à cette occasion (2). Le carbonarisme arrivait au pouvoir.

Le lendemain de l'inauguration du régime constitutionnel par le statut fondamental de la Monarchie sarde (4 mars 1848), le lendemain de la proclamation de la liberté de la presse, de l'égalité devant la loi, de l'inviolabilité de toutes les libertés, que vit-on en Savoie ? On chassa brutalement les jésuites de Chambéry, en jetant leurs élèves à la rue ! Acte brutal qui

---

(1) Aux délibérations municipales, nous lisons : Fêtes à l'occasion d'améliorations accordées par Sa Majesté !
(2) *Ibid.*

révolta la conscience publique (6 mars 1848). Le 30 mars, au moment où les troupes de la garnison de Chambéry partaient pour l'Italie, les syndics MM. de Quincy et Rey annonçaient, par une proclamation, qu'un grand nombre d'ouvriers des villes de France les plus voisines de nos frontières, se disposaient à envahir notre pays. Le conseil de Thonon décida aussitôt (1er et 2 avril) d'acheter 300 fusils à Genève pour armer la garde civique et parer à toute éventualité (1).

Après un court succès de ces hordes appelées *Voraces*, Chambéry s'était soulevé contre ces étrangers et les avait chassés de ses murs.

Nous n'avons pas à raconter ici comment Charles-Albert, aux cris de : *Fuor i barbari* et de : *l'Italia fara da se*, fit entrer les troupes sardes en Lombardie, le 29 mars 1848. Ces faits sont trop connus. On sait que nos armées triomphantes marchèrent de succès en succès, de victoires en victoires à Goïto, Monzambano, Vallegio, Cola, Sandra, Santa-Justina, Pastringo ; victoires suivies de terribles revers.

Les conscrits de la brigade de Savoie s'immortalisèrent dans ces grands jours, sous les ordres de chefs hardis, Hector Gerbaix de Sonnaz, Costa de Beauregard, de Foras, Mudry (2), Jaillet de Saint-Cergues, Mareschal, Gabel et vingt autres qu'il faudrait citer.

Le général Hector de Sonnaz reçut, de Charles-

---

(1) Dépense : 3,189 fr. 05. (Délib. mun.).
(2) Voyez, au sujet de ces officiers supérieurs, le chapitre XV intitulé : *Hommes remarquables du Chablais moderne*. Mudry, major dans le 1er régiment d'infanterie, le 14 mars 1846, fut promu au grade de colonel, le 12 décembre 1848, dans le 12e régiment d'infanterie (brigade de Casal) et passa en cette qualité dans le 2e régiment (brigade de Savoie), le 17 février 1849. Il fut mentionné honorablement à la prise de possession de Pastringo du 28 au 29 avril.

Albert, le commandement du 2ᵐᵉ corps ; et quand l'armée piémontaise entra en Lombardie, les deux divisions, sous ses ordres, formèrent l'aile gauche. Le 8 avril, le général de Sonnaz s'anvança sur le Mincio, où Jaillet de Saint-Cergues foudroya les colonnes autrichiennes, et empêcha l'armée piémontaise d'être acculée sur les bas terrains de cette rivière (1). Vers la fin d'avril l'armée piémontaise la franchit, et le 2ᵐᵉ corps investit la place de Peschiera. Le 30 du même mois, le général de Sonnaz, à la tête de 24,000 hommes, attaqua les Autrichiens dans la forte position de Pastrengo. Les Autrichiens durent repasser l'Adige, laissant 500 prisonniers entre les mains des Piémontais.

Après la capitulation de Peschiera et la bataille de Goïto, gagnée par les Piémontais, le roi Charles-Albert se décida à entreprendre le blocus de Mantoue qui amena les revers de la campagne.

Le général de Sonnaz s'opposa à une opération qui allait obliger l'armée piémontaise d'étendre son front d'une manière disproportionnée à ses forces. Dans les derniers jours de juillet, l'armée autrichienne prit l'offensive. Un corps de 12,000 hommes descendit par la vallée du Tyrol, et attaqua l'aile gauche du 2ᵐᵉ corps à Rivoli. Le général de Sonnaz prit avec lui quelques bataillons, courut à Rivoli et réussit à le repousser.

Malgré ce succès, le général de Sonnaz, prévoyant une attaque, replia ses troupes pendant la nuit.

En effet, au point du jour, les Autrichiens attaquèrent les hauteurs de Sona et de Somma-Campagna.

---

(1) Voir les divers traits de courage et de valeur des officiers chablaisiens, pendant cette campagne, au chapitre xv du présent volume.

Les troupes du 2me corps durent céder au nombre, et se retirer le 24 juillet sur la rive droite du Mincio.

De Sonnaz, n'ayant pu empêcher les Autrichiens de forcer le passage de cette rivière, se replia précipitamment.

Dans l'après-midi du 26 juillet, il reçut l'ordre d'attaquer la position de Volta.

Ses troupes réussirent à s'y loger, après un engagement meurtrier. Mais, le 27 juillet, à la pointe du jour, le maréchal Radetzki porta ses principales forces sur ce point. Il dut se retirer sur Cerlungo.

Durant la retraite, toute la cavalerie de l'armée autrichienne fut lancée à la poursuite des Piémontais. De Sonnaz forma son infanterie en carrés par échelons. Les troupes montrèrent la plus grande fermeté, et, les escadrons nombreux des Autrichiens se retirèrent avec des pertes sensibles. Lorsque l'armée piémontaise eut repassé le Tessin, et qu'un armistice avec l'Autriche eut mis fin à la guerre, le roi Charles-Albert envoya le général de Sonnaz à Gênes comme gouverneur.

Le 25 juillet, à Custozza, 600 savoyards, cernés par 3,000 hulans les attaquent à la baïonnette et leur passent sur le corps.

Le général de Foras Joseph-Marie (1), aide-de-camp de Charles-Albert, brilla par sa valeur dans ces divers combats. Son fils ainé, de Foras Charles-Félix, officier de la brigade de Savoie, se couvrit de gloire, notamment au siège de Volta, où il pénétra le premier. D'autre part, le major Mudry se distinguait par son intrépidité, dans les journées du 22 et 28 juillet, sur les hauteurs de Rivoli, Sainte-Justine, Sona et Volta;

---

(1) Voir chap. xv.

et le marquis Joseph Trediccini était décoré de la médaille de la valeur militaire, à la bataille de Goïto-Villafranca.

Après une trêve de sept mois, l'armistice fut rompu par Charles-Albert.

C'était le 22 mars 1849. Les hostilités avaient commencé depuis trois jours. L'armée piémontaise, sous les ordres du roi, était, en réalité, commandée par son chef d'état-major, Czarnowsky, un condotière polonais. Une première rencontre avait eu lieu à Mortara entre les troupes de Radetzki et les divisions du duc de Savoie, qui furent battues et refoulées sur Verceil. Ce soir-là, le roi voulut bivouaquer au milieu de la brigade de Savoie. Il dort, étendu sur quelques lambeaux de toile. Vers une heure du matin, Czarnowsky, vint le réveiller et lui proposa d'aller livrer une suprême bataille à Novare. C'est décidé. Les troupes marchent, mais dans une attitude morne ; elles crient la faim. « Sur tous ces malheureux le vent de la défaite passait comme un vent d'épidémie. Le roi déclare en partant que si ses armes sont encore une fois malheureuses, il abdiquera. Les Autrichiens veulent s'emparer du village de la Bicoque. Les deux régiments de Savoie se battent comme des lions. Le village est pris et repris quatre fois ; il n'est plus qu'un monceau de ruines et de cadavres. « C'est alors une dernière charge que le roi accompagne au grand trot de son cheval. A trois pas de lui, Balbo, le fils du ministre, est enlevé par un boulet. Au même moment Charles de Robilant a la main emportée par un éclat de mitraille. Son père qui passe près de lui, à la suite du roi, voit l'enfant pâlir, — celui-ci n'avait alors que vingt ans. — Il arrête son cheval : « Etes-vous blessé ? » Pour toute réponse, l'autre brandit son bras fracassé, asperge l'air de son sang et crie : « Vive le roi ! »

Enfin tout était perdu fors l'honneur (1). Le même jour, Charles-Albert abdiqua pour aller mourir en exil. Son successeur, Victor-Emmanuel II, signa la paix (6 août) à de dures conditions, et, 6,498 fils de famille rentrèrent en Savoie.

Le 23 mai 1850 le nouveau roi était à Thonon ; ce fut une fête mémorable où pompiers et gardes nationaux paradèrent devant le souverain. Il y eut un banquet de 800 couverts sur la place de Crêtes, avec feux d'artifices et illumination générale. On lui remit diverses pétitions demandant le maintien des monastères de la Visitation, et des communautés religieuses vouées à à l'enseignement. La loi d'incamération passa quand même, et le 24 juillet 1855 on vit, à Chambéry, bris de clôture et protestations énergiques des communautés expulsées et de la population. La loi exigeait que l'agent du fisc procédât avec l'assistance du juge de mandement ; celui de Chambéry et son substitut MM. Naz et Revil refusèrent de se prêter à un acte qui répugnait à leur conscience ; ils furent révoqués (2).

Ce fut le point de départ d'une hostilité très marquée envers le gouvernement piémontais. Le 26 juillet 1853, le conseil municipal de Thonon trouva exhorbitant

---

(1) *Règne de Charles-Albert,* par le marquis Costa de Beauregard.
(2) L'avocat Eugène Naz était de Thonon. Il y revint entouré de l'estime de tous. Il fut regardé comme un martyr de la foi du chrétien et de la probité du magistrat. Aussi, le Souverain-Pontife approuva-t-il la conduite noble et chrétienne de M. Naz en le décorant de l'ordre de Saint-Grégoire-le-Grand. Lié d'amitié ou de parenté avec tout ce que Thonon possédait de distingué, il était en outre l'ami intime de M. Neyre. On aimait, dans notre ville, à voir l'intimité du pasteur dévoué et du magistrat intègre ; elle rappelait celle de saint François de Sales avec l'illustre président Favre. Quand le roi Victor-Emmanuel, accompagné de M. Cavour, traversa Chambéry, quelque temps plus tard, à son retour de Paris, ce dernier se plaignit amèrement de l'attitude hostile de la population.

l'impôt attribué à cette ville, dans la répartition de l'impôt des gabelles (1) ; il se refusa à le répartir de la manière indiquée par le gouvernement, et donna sa démission séance tenante.

La population fut très sensible à cet acte de résistance, mais, par jugement rendu le 19 août 1853, le conseil d'intendance générale d'Annecy condamna, en vertu de la loi municipale en vigueur, les conseillers indociles et récalcitrants à la perte de leurs droits électoraux pendant cinq ans.

Réhabilités par décret royal en date du 6 février, la population se souvint de leur acte d'énergie, et, ils furent presque tous réélus à une très forte majorité (2).

Le pays très attaché à la foi de ses ancêtres attendait une occasion de le montrer avec éclat ; elle se présenta naturellement par la fête de la définition du dogme de l'Immaculée-Conception. Les rues furent plantées de feuillages, de superbes arcs-de-triomphe se dressèrent de toutes parts, et, le soir, toutes les collines et montagnes du Chablais avaient leurs feux d'artifice ou leurs feux de joie (6 mai 1855).

Déjà, en 1851, douze mille pèlerins étaient accourus à Saint-Jean-d'Aulps, pour assister, à la translation solennelle des reliques de saint Guérin, faite en présence de quatre évêques et de cent trente prêtres.

Cependant on venait d'adopter le tracé définitif du chemin de fer. Un embranchement partant d'Albertville, devait gagner Annecy par Ugines, Faverges et

---

(1) C'est-à-dire l'imposition mise par le gouvernement à la charge des villes avec l'autorisation d'établir un octroi.
(2) De ce nombre étaient MM. les avocats Edouard Dessaix et Ramel qui eurent ensuite une si grande influence sur la marche des affaires et sur les destinées du pays en 1860.

Duingt, et de là se diviser en deux branches : l'une courant vers la vallée de l'Arve par le Plot, La Roche, Bonneville, Annemasse, l'autre vers Seyssel par Rumilly (1855).

Le public n'y prêta aucune attention. La Savoie se détachait de plus en plus du Piémont. Le dimanche 16 mars 1856, le *Courrier des Alpes* faisait distribuer une feuille qui disait :

« Nous nous hâtons de porter à nos abonnés la bonne nouvelle qui va répandre la joie, dans tout l'univers, dans la France, et *dans la Savoie en particulier*. Cent un coups de canons annoncent aujourd'hui, dans toutes les villes de France, la naissance heureuse de celui qui doit être un jour l'empereur des Français.... Vive l'Empereur ! Vive la France ! Vive la Savoie ! »

Le ministre Rattazzi répondit à ces provocations en laissant jouer sur le théâtre de Chambéry, malgré le veto du syndic, un drame de Joseph Dessaix : *Bonivard ou l'Indépendance* (25 mai 1856). Il espérait surexciter le sentiment national ; cette pièce fut généralement critiquée et, chaque soir, il y eut des rixes entre les soldats piémontais et les ouvriers. Les récriminations devenaient de plus en plus violentes par l'aggravation de l'impôt.

La première mine de la percée des Alpes fut allumée, sous les yeux du roi de Sardaigne et du prince Napoléon, le 31 août 1857. Ils assistèrent ensuite à la pose des pilotis du pont international de Culoz. Le pays demeurait indifférent. L'idée annexioniste faisait son chemin.

« Voici dix ans, s'écriaient chaque jour les journaux conservateurs, comparons : En 1848, la Savoie ne payait que 7,495,036 fr. 35 d'impôt ; en 1858, elle subit, à titres divers, une contribution totale de 11,185,601 fr. 70. Sur cette somme, l'Etat dépense, sur place, 6,473,114 fr. 40 ; c'est donc un chiffre net de 3,712,487 fr. 50 que le Piémont absorbe aux dépens de la Savoie (1). Sur 1,361 emplois, 232 sont livrés à des Piémontais ; sur les 145 officiers de la brigade de Savoie, 34 sont Italiens ! Tyrannie ! Injustice ! » Les campagnes sont inondées d'écrits anonymes, résumant toutes les plaintes sur le mépris de l'Eglise, sur l'impôt, sur le recrutement, sur les accaparements du Piémont, sur la question des chemins de fer et les préjudices de la douane.

Après l'entrevue de Plombières (septembre 1858), la question italienne se réveilla soudain, et le Piémont, instruit par la douloureuse leçon de Novare, appellait la France à son secours.

Le mariage du prince Napoléon avec la princesse Clotilde, fille du roi Victor-Emmanuel (23 janvier 1859), prouva l'alliance politique des deux nations. Le 27 avril, la guerre éclate et l'armée autrichienne franchit le Tessin. Les troupes françaises, en marche sur la route d'Italie, sont partout accueillies, en Savoie, aux cris répétés de : *Vive la France !* L'annexion était faite. Les victoires de Magenta (4 juin) et de Solférino (24 juin) rendirent l'Italie indépendante.

Ce n'est point ici le lieu de raconter cette guerre ; nous ne pouvons cependant oublier les charges brillantes du colonel de Sonnaz à Montebello, la valeur des colonels Borson, Gabet, de Rolland et l'héroïsme du général Mollard à l'attaque de San-Martino, où le vicomte Alphonse de Foras, officier dans la brigade de Savoie, tombait, traversé de part en part part par une balle autrichienne (2).

(1) D'après un article du *Chablais* (26 mai 1889), la Haute-Savoie paierait, à elle seule, en 1889 : 14 millions d'impôts, soit 254 francs par famille.
(2) Il fut décoré de la médaille d'argent pour action d'éclat.

Pour ranimer le zèle dynastique, les deux jeunes princes Humbert et Amédée de Savoie firent un voyage au berceau de leurs ancêtres. Ils descendirent encore à Thonon, au château de Sonnaz. Mais, en voyant la froideur de la population, ils purent mesurer la distance parcourue depuis 1840. Les années 1859 et 1860 furent, chez nous, l'époque des grandes manifestations de la pensée par les papiers publics (1). Le *Bon Sens* publia en janvier 1860 une lettre, écrite de la commune de Marin, qui donne une idée exacte de l'état des esprits dans notre province.

« Supposons, dit-il, que la Savoie soit faite française. Le Chablais et le Faucigny se réveilleront à ce mot ; c'est un vieux proverbe : *Cette fois, on est Français*, dit-on quand une difficulté est vaincue ou qu'un bonheur survient. On est donc Français et zône. Point de douaniers sur le lac, point de douaniers à Saint-Gingolph, à Douvaine, à Saint-Cergues, à Argentières, à Morzine, à Samoëns, à Annemasse. On respire, — et, en écrivant ces mots, je soupire. — Nous allons, nous venons, en Valais, dans le canton de Vaud, dans le canton de Genève ; nous vendons, achetons en pleine liberté. Point d'horaire pour passer au bureau des douanes ; nous sommes chez nous comme dans les belles années de 1804, 1808, 1812. Avec cette perspective, si vous trouvez dans nos con-

---

Son frère, le comte de Foras Charles-Félix que nous avons vu se distinguer dans la campagne de 1848, fit encore avec éclat celle de 1859 comme officier d'ordonnance de Victor-Emmanuel. En 1860, il sacrifia la plus belle carrière militaire, et quitta le service d'Italie pour ne pas fouler en vainqueur les États du pape. Nommé lieutenant-colonel d'un régiment territorial de la Haute-Savoie, en 1871, il offrit bientôt sa démission au grand regret de ces subordonnés. Citons parmi ses décorations, la médaille d'argent, de la valeur militaire, et la croix d'officier de la Légion d'honneur.

(1) Trente-sept brochures parurent en Savoie pendant cette période.

trées quelqu'un qui veuille être Suisse, je donne la plus belle de mes vaches à l'hôpital.

« Il est si aisé de faire pour nous ce qu'on a fait pour le pays de Gex ! Certes ! c'est une belle dame que la Suisse, et attrayante dans la fête des vignerons, dans son tir fédéral, dans ses vingt-deux emblêmes flottants d'union et de liberté. Mais la dame a un fort vilain caractère dans son ménage. Son humeur diabolique dure, deux mois chaque année, au temps des élections ; et quand elle choisit ses juges ! J'ai entendu dire qu'à Genève les fruitiers d'Appenzell annonçaient, chaque fois, que si le vote leur déplaisait ils taperaient. Leur salle électorale s'appelle la boîte à giffles ! Merci de l'égalité républicaine ! Savez-vous que, quand une famille allobroge a arrosé de son sang toutes les victoires de la France durant la République et l'Empire, elle ne voit que là son histoire ? Pour la bourgeoisie et le peuple, à tout le moins, ce n'est pas douteux. C'est un phénomène curieux à étudier, la noblesse, en Savoie, sous la dynastie des ducs et rois, eut à elle seule le monopole des hommes, de la science ou de l'éducation. A peine la France, en 1792, eut-elle frappé du pied sur notre Allobrogie qu'il en sortit des centaines d'hommes éminents, dont les noms rappellent notre génie réveillé sous le souffle de la France. 1815 sonne ; la nuit se fait, nos provinces n'enfantent plus rien. Le gouvernement du Piémont n'a pas bonne main ; la volonté lui a manqué, que sais-je ? Le fait est-là. Et nous renaîtrions encore ; oui, monsieur nous renaîtrions ! »

Le parti suisse, qui ne put réunir que 235 voix lors de la votation, demandait la cession à la Suisse, du Chablais et du Faucigny, soit des bassins de la Dranse et de l'Arve.

Ses chefs, composés de démocrates, fondèrent à

Bonneville un journal intitulé : *La Savoie du Nord.* La Suisse officielle se hâta de saisir ce prétexte en invoquant les traités de 1815, dont elle n'a jamais observé les clauses essentielles vis-à-vis des communes catholiques qui lui furent annexées à cette dernière époque. L'Angleterre l'appuyait dans ses réclamations ; le Chablais, le Faucigny et le district de Gex devaient passer à l'Helvétie. Un certain nombre de démocrates de Thonon et d'Annecy voulaient une Savoie indépendante. Enfin le 15 février 1860, quinze notables de Chambéry se décident à rompre cette situation équivoque dont souffrait le pays tout entier. Ils rédigent la déclaration suivante à laquelle de nombreuses adhésions arrivent aussitôt : « L'éventualité de la réunion de la Savoie à la France donne lieu à des manœuvres destinées à détacher, de la vieille famille savoisienne, les provinces du Chablais, du Faucigny et même une partie de celle d'Annecy. — De semblables tentatives, qui menacent d'anéantir une communauté d'intérêts, de sentiments, de gloire et d'honneur national, ne sauraient être flétries assez énergiquement par tous les Savoisiens, amis de leur pays, et qui ont le culte de la patrie. — Diviser la Savoie, ce serait déchirer son histoire, humilier sa noble et patriotique fierté, insulter à ce qu'un peuple possède de plus cher au monde. Nous repoussons comme un crime de lèse-patrie toute idée de morcellement ou de division de l'antique unité savoisienne. »

Ce fut l'étincelle mise aux poudres. De toutes parts on se rallia à cette déclaration. Les angoisses patriotiques firent place à la joie, quand on vit des milliers de signatures couvrir les listes dans la vallée de l'Arve et dans les communes les plus importantes du Chablais. Les promoteurs de ce mouvement furent chez nous. MM. Ramel, Dessaix, Naz de Thonon, Folliet d'Evian, etc... La frontière militaire de 1815 et la neutralité de la Savoie du Nord disparaissaient à la voix du peuple.

Le 10 mars 1860, le gouverneur M. Orso Serra déclare que le cabinet sarde consent à la séparation de la Savoie.

Une députation de quarante notables parmi lesquels MM. les avocats Dessaix, Ramel et Jordan de Thonon, Greyfié de Bellecombe, Bertier, de Lachenal, Ruphy, portent à l'empereur l'expression des vœux unanimes du pays. Le 21 mars, Napoléon III, dans une audience solennelle, entouré de l'apparat réservé aux ambassadeurs, répond à nos concitoyens par des paroles fières. « Mon amitié pour la Suisse, dit-il, m'avait fait envisager comme possible de détacher en faveur de la Confédération quelques portions du territoire de la Savoie ; mais, devant la répulsion qui s'est manifestée parmi vous à l'idée de démembrer un pays, qui a su se créer à travers les siècles, une individualité glorieuse et se donner ainsi une histoire nationale, il est naturel de déclarer que je ne contraindrai, pas au profit d'autrui, le vœux des populations. »

« Je tiendrai à honneur de réaliser toutes vos espérances »(1). La Suisse ne se tint pas pour battue. Désespérant d'obtenir toutes les vallées qui composèrent le département du Léman de 1793 à 1814, elle essaya d'obtenir tout au moins les bords du Léman qui serait devenu définitivement un lac Suisse.

On parle à M. de Thouvenel ministre, d'une modification de frontière qui ne valait pas la peine d'un refus ; d'un rocher stérile à céder pour satisfaire la Confédération et ses protecteurs !

On eut vent à Annecy de cet escamotage. Deux

(1) Saint-Genis, *Hist. de Savoie*, p. 359 et suiv.

citoyens dévoués partirent immédiatement pour Paris, emportant la carte de l'état-major sarde sur laquelle en eut soin de teinter le rocher promis à la Suisse (1).

M. de Thouvenel reconnut avec étonnement, nous dit M. Ducis (2), qu'il s'agissait d'une bonne partie de l'arrondissement de Thonon, et que ce roc stérile pourrait bien comprendre les côteaux de Ballaison, des Allinges, de Larringes, de Saint-Paul, de Thollon, de Novel, etc., et qu'il donnerait à la Suisse la partie de la route de Simplon qui traverse le Chablais. C'en fut assez. La Haute-Savoie resta française dans son intégrité. Pour appuyer ces prétentions, plusieurs vapeurs, partis de Genève, essayèrent de débaucher les habitants de la rive savoisienne du lac.

Le 29 mars 1860, John Perrier, à la tête de ses fruitiers d'Appenzel tenta, en effet, de soulever les habitants de Thonon et d'Evian aux cris de : Vive la République ! On leur répondit d'abord par un immense éclat de rire ; puis, voyant l'attitude menaçante de la population, nos bons helvétiens jugèrent à propos de regagner promptement leurs bateaux. Les journaux suisses et les correspondances savoisiennes parlèrent

---

(1) La position de Genève, entre les départements de l'Ain et de la Savoie, l'établissement des voies ferrées sur les frontières de son canton ont rendu, dit-on, sa situation précaire et son isolement complet. Mais à qui la faute ? Cette ville s'est séparée volontairement dès le XVIe siècle des contrées environnantes, dont elle était le centre orographique, religieux et administratif. La force des évènements l'avait replacée dans son état normal comme chef-lieu du département du Léman, de 1798 à 1814. Mais bientôt elle préféra redevenir étrangère au milieu de son pays, et se relier, par une étroite langue de terre le long du lac, à une Confédération qui la déteste. Quand la Suisse obtint, en 1815, les bords savoyards du Léman, depuis Genève jusqu'à l'embouchure de l'Hermance, elle planta, dit-on, des jalons d'acquisition future selon la méthode suivie par tous les petits Etats !

(2) *La Neutralité de la Savoie*, p. 144.

longuement de cette *échauffourée de Thonon.*

Les fruitiers d'Appenzell ne vendent ni ne portent de fruits ; ce sont les affiliés d'une société d'agitation. Elle se recrute parmi les radicaux les plus avancés, et, ses membres ne jouissent pas d'une grande considération.

Les conjurés suisses comptaient à peine à Thonon, sept à huit adhérents. Une question positive restait : Genève s'alimente en grande partie des produits de la Savoie du Nord ; et les bassins de la Dranse etc. trouvent, dans son commerce, l'écoulement de leurs produits et un bénéfice correspondant.

Pour satisfaire tous les intérêts et surtout ceux de ses administrés, le gouvernement français s'empressa donc d'élargir la ligne douanière autour du petit canton de Genève. Elle s'étendit à l'arrondissement de de l'Arve Gex, en 1815, puis, en 1860, à ceux de Saint-Julien, de Thonon et de Bonneville.

Le dimanche 22 avril 1860, les populations savoyardes allaient décider, pour la première fois, du choix de leurs destinées, par un vote universel, qui eut lieu par commune et au scrutin secret. Tous, ouvriers, laboureurs, nobles et prêtres marchèrent la main dans la main sous le même drapeau. Ce fut par un soleil éblouissant de printemps, au bruit des carillons joyeux des clochers et des musiques villageoises d'Abondance, de Sciez, de Douvaine que ce devoir civique s'accomplit. Plus de soldats piémontais, point de troupes françaises, la milice nationale est seule chargée de maintenir l'ordre. Jamais peuple ne fut donc plus libre pour exercer ses droits.

Le 29 avril, la Cour d'appel publia le résultat de la votation :

      Electeurs inscrits. 135,449
      Votes exprimés 130,839

Oui 130,533
Non 235
Bulletins nuls. . . . . 71 (1).

Le cabinet de Turin ne goûta pas cette unanimité du vote. Il retarda la présentation au Parlement du traité du 24 mars, afin de le motiver par de nombreuses annexions italiennes.

Enfin le roi de Sardaigne sanctionna, le 11 juin 1860, la loi qui rendait exécutive le traité de cession de la Savoie et de l'arrondissement de Nice à la France.

Le 12, fut porté au Sénat, le sénatus-consulte, déclarant que la Savoie et Nice étaient incorporés à la France.

Le 14 juin, prise de possession. L'histoire politique du Chablais s'arrête donc à cette date.

Ce fut au milieu d'une fête civique, des chants d'allégresse et des feux de joie, que je vis, à l'âge de sept ans, arborer le drapeau tricolore au clocher de la paroisse de mon aïeule-maternelle, à Nernier, chez les Dubouloz dont le toit hospitalier avait abrité Lamartine en 1815.

Quelques mois plus tard les Souverains de France voulurent visiter les pays annexés. L'Empereur et l'Impératrice partirent de Saint-Cloud, le 23 août, pour arriver à Chambéry le 27, à Annecy le 29, et à Thonon le 31 vers les trois heures de l'après-midi.

Sur leur passage au Plot, à La Roche, à Bons, les populations, groupées autour de leurs arcs de triomphe, les saluèrent par des acclamations enthousiastes.

Une foule immense accourue de toutes les communes

---

(1) Sur les 4,610 abstentions, on trouva 2,709 absents, 1,254 infirmes ou malades. Restèrent 647 abstentions volontaires dont 157 (pour la seule commune de Saint-Gingolph), qui furent la fiche de consolation des Suisses.

environnantes et des députations venues de fort loin, attendaient les augustes visiteurs aux abords de Thonon. L'accueil fut chaleureux. Leurs Majestés firent leur entrée sous un arc-de-triomphe de style gothique, et descendirent à l'Hôtel-de-Ville qui leur servit de résidence. La ville était une forêt étincelante de feuillages, de couronnes et de drapeaux.

Les autorités de l'arrondissement, les membres du bureau d'un comice agricole récemment fondé sous l'influence française, etc., furent aussitôt reçus.

L'Empereur remit la décoration de la Légion d'Honneur à MM. Beaurain, maire; Guillet, président du tribunal: Trincaz, curé; Jordan, Dessaix et Folliet maire d'Evian-les-Bains.

Une promenade eut ensuite lieu sur le lac jusqu'au delà d'Evian. Tout était prévu, l'Empereur pendant le trajet put examiner en détail, avec le préfet et l'ingénieur en chef, les projets de construction du port de Thonon et de réparation du port d'Evian. Il s'entretint ensuite, avec les représentants de la Compagnie des chemins de fer du Simplon, propriétaire du vapeur sur lequel il s'était embarqué.

Après le dîner, ce fut le tour de la place Château, d'où les augustes visiteurs purent jouir le soir du spectacle d'un feu d'artifice tiré sur le lac et de splendides illuminations.

Les magnifiques bords du Léman, l'amphithéâtre des Alpes chablaisiennes, la petite mer d'azur qui baigne notre rivage, les innombrables arcs-de-triomphe pavoisés de feuillage et de drapeaux, dans la plus petite comme dans la plus grande localité, les vivats répétés de la foule... tout avait contribué à enthousiasmer l'Empereur qui mit, dit-on, ce jour au nombre des plus beaux de son règne.

Enfin Thonon fit de son mieux pour recevoir ses

nouveaux souverains, et, proportion gardée, il ne le céda en rien aux villes déjà visitées.

La suite de l'Empereur trouva les habitants de notre ville essentiellement français. D'ailleurs le nouveau souverain venait de décréter, séance tenante, le port et le quai de Rives, et un tel cadeau valait bien une fête.

Le hameau de Rives composé de chaumières pittoresques de pêcheurs était alors battu par les vagues. Le génie français transforma bientôt son rivage. Malheureusement deux fois la jetée en construction fut emportée par la *ladière*, espèce de courant sous-marin qui entraîne les filets et, qui entrainerait les rochers, s'il y en avait sur son parcours. On modifia les plans en tenant compte des observations des pêcheurs d'abord méconnues, et l'on bâtit non plus sur un fond mouvant, mais sur un sol ferme plus rapproché de la rive. Mais cette déviation a eu pour effet de resserrer l'entrée du port, et c'est regrettable (1).

Néanmoins, Rives, avec son vieux château, sa tour et sa chapelle de Sonnaz, son atelier de pisciculture (2), ses villas nombreuses, ses eaux jaillissant en cascades, ses pelouses et ses grands ombrages, est un site

---

(1) Le port de Thonon se compose d'une digue du large maçonnée, de 429 mètres de longueur, établie sur enrochements, reposant eux-mêmes sur un pilotis qui pénètre de 6 à 7 mètres dans le sol pâteux et inconsistant du lac ; sur la rive, il a été établi des quais d'une longueur de 370 mètres, un débarcadère en charpente avec abri pour les voyageurs, un jardin public de 1 hectare 50 ares, non compris une surface de 1 hectare réservée pour chantiers et dépôts de marchandises. Deux fanaux sont placés sur les musoirs de la digue du large. La surface d'eau calme est de 3 hectares 60 ares. Un pavillon a été construit, en 1880, sur le quai du port, pour servir à l'installation d'un limnographe. Les travaux qui doivent y être exécutés en 1889-1890 s'élèvent à la somme de 30,000 francs, non comprises les dépenses de l'éclairage, d'après un système nouveau non encore établi.

(2) Il a été construit par l'Etat en 1886. »

ravissant à tenter le pinceau d'un paysagiste.

Le voyage de l'Empereur fut pour Evian-les-Bains, Thonon et les Allinges, le point de départ d'une ère de progrès matériel extraordinaire.

Dès 1861, la colonie française de baigneurs, était nombreuse sur notre rivage : Mgr Plantier, le général de Moutauban (1861), Mgr Clifford d'Angleterre (1862)... figurent à la tête de ce mouvement d'étrangers, de pèlerins et de touristes venus des cinq parties du monde (1).

Le Bey d'Egypte lui-même venait visiter la colline classique des Allinges en juillet 1877.....

Le pays était annexé politiquement à la France, il restait à l'annexer commercialement.

Le décret impérial, du 12 juin 1860, avait établi la liberté commerciale dans la Savoie du nord en correspectif du vote : *Oui et Zone*. Un nouveau décret du 29 décembre, véritable annexe du précédent, ordonnait la construction d'un chemin de fer de Thonon à Collonges, pour affranchir notre pays du monopole commercial de Genève et de la Suisse, et le relier à la France, par l'introduction de nos marchandises, sur le grand marché de Lyon. Toutes nos routes convergeant sur Genève, ce débouché nous devenait indispensable. La loi du 11 juin 1863, prescrivit donc, moyennant une subvention de 13 millions de francs, la construction de cette ligne qui devait être livrée à la circulation en 1871.

Genève voulut parer le coup dont elle était menacée, et maintenir, dans ses murs, la grande artère des voies ferrées qui lui était si avantageuse. En effet, un

---

(1) Plusieurs allèrent jusqu'à Morzine, pour expliquer des possessions diaboliques, qui mirent la science moderne à une terrible épreuve (1861).

habitant de la zone voulait-il tirer de la France, tissus, étoffes, draps, sucre, fer, houille, vin, etc., il fallait payer droits de transit, d'entrepôt... de timbre, de contrôle, frais de chargement, de déchargement, de camionnage, que la gente genevoise avait l'habileté de savoir multiplier à l'infini. Tout cela, sans compter les retards forcés et les tracasseries de tout genre. S'agissait-il d'exporter, c'était encore pire. On est resté bien au-dessous de la réalité en évaluant à 300,000 francs, la somme payée annuellement par le commerce chablaisien (1), pour traverser Genève et son canton dans ses relations avec la France.

Genève parvint donc, à force d'adresse, à obtenir du Conseil général de la Haute-Savoie, un vote tendant à faire ajourner indéfiniment le chemin projeté de Thonon à Collonges, pour le remplacer par une ligne d'Annecy à Thonon, avec embranchement sur Genève par Annemasse; cela moyennant certaines concessions illusoires qu'il est inutile de développer (1866-1868).

Les journaux de la région s'en émurent, et les émotions patriotiques recommencèrent. Deux comités se constituèrent à Thonon et à Saint-Julien; il y eut réunions publiques, discours nombreux et protestations au corps législatif et au ministère français. MM. d'Yvoire et Pissard députés, prirent vigoureusement cette cause en main, et écrivirent mémoires sur mémoires. Malheureusement, les désastres de 1870 arrêtèrent cet élan national en tarissant toutes les ressources; il fallut encore de longues années d'efforts et de luttes, pour obtenir l'ouverture de la ligne de Bellegarde-Thonon et de Bellegarde-Saint-Gingolph qui n'eut lieu qu'en 1880-1882.

Les travaux publics exécutés par le gouvernement

---

(1) *Mémoire du baron d'Yvoire* 1870, p. 22.

français dès 1860 ont transformés notre ancienne province.

A l'annexion, l'accès de de nos vallées et surtout de certaines localités de la montagne, était difficile. On ne pouvait arriver aux Voirons, à la Forclaz... qu'à pied, en chaise à porteur, ou à dos de mulet. Aujourd'hui des routes carrossables se sont ouvertes de toutes parts, pour desservir le plus grand, comme le plus petit village. La route nationale de Grenoble à Thonon, par le Biot, Taninges et Cluses, les chemins de grande communication de Thonon à Bonneville, de Thonon et d'Evian en Valais par Abondance, de Douvaine à Bons, de Sciez à Hermance, etc., ont facilité l'arrivée des étrangers, et activé le commerce local.

De magnifiques ports se sont échelonnés successivement le long du rivage chablaisien, à Evian, Amphion, Yvoire, Nernier, Tougues, Anthy-Séchex, Meillerie..... Et aujourd'hui, de quelque contrée que nous arrive le baigneur, il reconnaît bien vite que le Chablais n'a rien à envier aux cantons suisses les plus vantés, ni pour la beauté des sites, ni pour la fertilité du sol, ni pour les curiosités naturelles.

Notre ancienne province en voie de prospérité voulut avoir son bateau à vapeur. Elle l'a eu; il s'appelait le *Chablais*. Commandé par le fameux Mégemond, décédé récemment et inhumé avec tous les honneurs dus à ses trente actes de dévouement, ce bateau patriotique n'eut qu'une courte carrière.

Des vices de construction et une concurrence déloyale de la part de la Société de navigation du Léman occasionnèrent son aliénation à cette dernière compagnie.

Pendant les six mois de la désastreuse campagne de 1870-1871, la Savoie a mis sur pied un contingent de 33,000 hommes : 23,561 mobiles ou mobilisés ; le surplus se trouvait dans les rangs de l'armée régulière.

Le 24 septembre, le premier bataillon de Savoie partait de Chambéry pour Orléans, où Mgr Dupanloup, le patriotique et éloquent écrivain savoyard, lui offrit un petit fanion tricolore. La 5me compagnie fut celle du porte-drapeau jusque sur le champ de bataille d'Héricourt. Le contingent de Savoie se battit vaillamment à Frechwiller, à Neuville, à Beaume-la-Rollande, à Saulnoz, à Béthoncourt.

L'effectif des trois bataillons de mobiles de la Haute-Savoie s'élevait à 3,349 hommes. Beaucoup d'entre eux avaient déjà donné des preuves de leur valeur, dans les rangs des armées françaises ou italiennes. « D'autres, sans avoir vu le feu, placés à la tête des compagnies de voltigeurs armés de chassepots, eurent le bonheur de se signaler dans les escarmouches et les combats autour de Langres. De ce nombre furent les capitaines Cornilliat, Guignot, les lieutenants Détraz, Révilliod, Dion, Dagand, Signoux ; enfin au milieu de cette jeunesse encore ignorante des choses de la guerre, deux jeunes capitaines se faisaient remarquer autant par leur intelligence que par leur bravoure, c'étaient sans contredit les capitaines Folliet et Descostes » (1).

Le 3me bataillon recruté en Chablais ou au pied du Salève était composé des hommes vigoureux de la rive du lac Léman. Thonon, Evian, Abondance, le Biot, rivalisaient avec Douvaine par la vigueur de leurs vignerons, de leurs chasseurs et de leurs *armaillis* (2).

Avec de bonnes armes et des éléments aussi solides, on aurait bien vite obtenu des soldats dignes de lutter avec les meilleures troupes de l'Allemagne. Leurs chefs, MM. Henri et Bastian, brillants officiers de la

---

(1) *La Savoie armée,* 1870-1871, par Frédéric Sassone.
(2) Bergers.

brigade de Savoie ne demandaient que l'échange des misérables armes de leurs hommes, pour faire revivre les souvenirs des luttes glorieuses d'Italie. Nos trois bataillons formant le 97me de marche, ne quittèrent pas le rayon de la place de Langres. Bientôt armés de chassepots, ils eurent presque toujours l'honneur d'avoir affaire avec l'ennemi. Ils battaient la campagne à 20 ou 30 kilomètres et quelquefois plus loin. Nos voltigeurs ne tardèrent pas à se faire une réputation dans cette guerre de guérillas, de surprises et d'embuscades. Le capitaine Folliet eut plusieurs affaires honorables, entr'autres, le 6 décembre, à Chaumont et le 19 à Champigny. Il commandait le bataillon du Chablais avec MM. Guillot et Signoux.

Disons en terminant que le jeune Curtaz cadet d'Annecy, de la compagnie des chasseurs du Mont-Blanc (capitaine Tappaz), prit le drapeau du 61me poméranien, au combat de l'usine Bargy si fatal aux Prussiens.

Un souffle de recueillement et de prière sembla passer sur notre pays au lendemain de ses désastres. Le 2 juillet 1872, la bannière de Pie IX était arborée aux Allinges, et Mgr Mermillod fondait, au milieu de 1,500 personnes accourues à sa voix, l'association de Pie IX, autrement dit le *Pius-Verein* de Thonon. Le 28 mai 1873, vingt mille catholiques étaient réunis autour du Sanctuaire de Notre-Dame de l'Aumône à Rumilly ; d'autres se donnèrent rendez-vous à La Roche (1874), à Notre-Dame des Vignes à Ballaison (1872), aux Hermones (1877), à Notre-Dame de la Gorge, à Chavannex, à Saint-Maurice en Valais, à Notre-Dame des Voirons. Toutefois le pèlerinage des Allinges les éclipsa tous avec ses quatre évêques et ses 30,000 pèlerins.

Le Chablais croyant, protestait à sa manière contre

les scandales du schisme loysonnien et contre la profanation des églises catholiques. Ne vit-il pas à cette époque les congrégations religieuses chassées de Genève, les orphelinats catholiques transportés à Douvaine (1) et à Mornex, et le pensionnat de Carouge tranféré au château de Viry, puis à Veyrier-sous-Salève? (1875).

Aussi les noces d'or de Pie IX furent-elles, le 3 juin 1877, l'occasion d'une grande fête où feux de joie, illuminations et détonations de *boîtes* manifestèrent la joie des habitants du pays.

Puis vinrent les luttes politiques des élections législatives dont M. André Folliet sortit vainqueur le 14 octobre 1877. Mais n'abordons pas un terrain brûlant sur lequel nous avons promis de nous taire...

Il nous reste à parcourir sommairement la chronologie des derniers évènements.

Dès 1860, le R. P. Sylvain capucin, originaire de Vinzier (Chablais), renouait les traditions d'un glorieux passé, en fondant un couvent de son ordre au hameau de Concise, à un kilomètre de Thonon. La pose de la première pierre de l'église eut lieu solennellement le 14 juillet 1860, par le ministère du chanoine Trincaz, curé de Thonon.

La consécration n'en fut faite que bien plus tard, le 10 juillet 1874, par Mgr Claude-Marie Magnin, évêque d'Annecy.

Les religieux, ayant pour gardien le R. P. Frédéric de Sixt, furent expulsés de leur monastère le 5 no-

---

(1) Le R. P. Joseph, ancien ancien aumônier militaire, fonda d'abord l'orphelinat de Douvaine ; puis quelques années plus tard il éleva une seconde maison à quelques minutes du pont de Tougues (Chens). C'est Saint-Joseph-du-Lac. 140 enfants sont recueillis dans ces deux établissements. Quant aux autres orphelinats du Chablais, voyez *Pièc. justif.* n° 7.

vembre 1880, en vertu des décrets du 29 mars de la même année. Près de quinze cents personnes de tout âge de tout rang et de tout sexe vinrent protester énergiquement contre cet acte odieux.

L'année suivante (1881) s'opéraient les laïcisations des écoles de Thonon, d'Evian-les-Bains, d'Annemasse, de Chens-Cusy, de Saint-Cergues, etc.; expulsions et laïcisations qui ont déjà été condamnées par la conscience publique.

Mgr Isoard, évêque d'Annecy, condamna bientôt (1882), par une lettre pastorale, les manuels de Paul Bert, etc., enseignés dans quelques écoles du département.

Le 20 décembre 1882, Kropotkine, l'un des chefs du parti nihiliste russe, réfugié à Thonon depuis quelques mois, y était arrêté et dirigé sur Lyon.

Citons pour mémoire en terminant : le concours international de musique qui réunit, à Thonon, le 2 août 1884, 7 harmonies, 23 fanfares et 23 orphéons, et le Congrès des Sociétés savantes de la Savoie de 1886, qui compta plus de cent membres de la Savoie, de France, de la Suisse et de l'Italie (1).

Depuis quelques années, Thonon s'est embelli et développé à vue d'œil. Avec diverses sociétés de science, d'industrie et de bienfaisance, sa caisse d'épargne, son collège des Marianites, son pensionnat des Frères, ses trois cercles, son musée, son chemin de fer funiculaire et sa ligne de voies ferrées, son port de Rives, son bureau télégraphique et ses deux imprimeries où l'on publie deux journaux : le *Chablais* et le *Léman*, Thonon n'a rien à envier aux petites villes les plus favorisées de l'intérieur de la France (2). Mais c'est là le

(1) Voir : *Le Congrès des Sociétés savantes de la Savoie,* 1 vol. in-8° 628 pages. — Chez Jordan, libraire à Thonon.
(2) Le quartier de la rue Vallon a été transformé par la cons-

prélude d'autres entreprises plus grandioses encore. Thonon possède deux classes d'eaux minérales bien différentes par leurs principes chimiques et par leurs effets thérapeutiques ; ce sont les eaux alcalines de la Versoie et les eaux ferrugineuses de Marclaz.

Les premières prennent leur source, à deux kilomètres de la ville, au pied de la colline des Allinges, dans un bosquet charmant.

Ces eaux furent connues du temps des Romains, ainsi que l'a prouvé la découverte de monnaies, de poteries, de vases antiques, de débris de construction et surtout de tuyaux de conduite, évidemment d'origine romaine.

Ces objets étaient enfouis à un mètre au-dessous de la surface actuelle du sol ; ils ont été trouvés dans les travaux de captage opérés en 1882, et ils consacrent la réputation séculaire des eaux de la Versoie (1).

Les rapports de MM. Calloud, chimiste distingué, membre de l'Académie de Savoie et Ossian Henry père, membre de l'Académie impériale de médecine, s'accordent pour classer les eaux de la Versoie au nombre des eaux bicarbonatées calciques. M. Calloud signale, en outre, un résidu particulier, couleur brunterne, à odeur sensiblement benzoïnée et thérébentinée.....

La municipalité de Thonon a fait capter soigneusement et conduire les eaux de la Versoie dans un établissement modèle situé aux portes de la ville. Les malades y trouvent tout le confort désirable pour faire leur cure dans les meilleures conditions de sécurité et de bien-être. Cet édifice, récemment construit, contient de nombreuses cabines de bains parfaitement ins-

---

truction de la sous-préfecture et de la caserne de la gendarmerie, qui coûtèrent 213,530 fr. 32 cent. (1861-1862).
(1) *Hist. de Thonon et du Chablais*, p. 403.

tallées. Il comprend deux salles d'hydrothérapie complète (1).

La deuxième classe des eaux minérales de Thonon, comprend les eaux ferrugineuses de Marclaz, lieu où se trouve un château historique qui fut habité par Mme de Charmoisy, la *Philothée* de saint François de Sales, et qui appartient maintenant au comte Edouard de Ville.

Situé à trois kilomètres de Thonon, sur la route de Genève, Marclaz n'a pas eu jusqu'à cette heure la célébrité qu'il mérite, quoique depuis longtemps, les habitants de Thonon et des communes environnantes aient fait usage de ses eaux avec beaucoup de succès (2).

Quant à Evian, dont la réputation n'est plus à faire, il possède six sources d'eaux minérales et deux établissement de bains : l'établissement Cachat avec son splendide hôtel dominant la ville, et la demeure seigneuriale des de Blonay, devenue Casino d'Evian.

Nous parlerons ailleurs de son théâtre, de sa Société nautique et de ses institutions (3).

Evian offre aux étrangers tout ce qui peut embellir leur séjour : de magnifiques hôtels, aussi beaux, aussi bien aménagés, aussi confortables que ceux des plus célèbres stations balnéaires, un casino, des cercles, un théâtre.

Aucune promenade n'est plus gaie et plus animée que la place du Port, entre le Jardin anglais et la longue avenue ombragée de platanes qui suit le bord

---

(1) Il fut inauguré le 3 juillet 1887, en même temps que le groupe scolaire élevé à l'intersection de l'avenue de l'Hôpital et de la nouvelle rue de la Gare.
(2) *La Côte de Savoie*, par Charles Buet, p. 63.
(3) Voir chap. xvie du présent volume.

du lac (1). C'est le rendez-vous du *tout Evian* élégant. C'est au port que s'organisent les parties du jour ou du lendemain ; c'est de là que partent les calèches et poneys vers les promenades préférées : Amphion, Ripailles, Meillerie.

C'est en grande partie aux efforts du maire actuel d'Evian, M. Albert Duplan, que la ville doit sa prospérité croissante.

A trois kilomètres d'Evian se rencontre la charmante station d'Amphion. Déjà en 1697, R. Bernard, gardien des Capucins d'Evian, consignait dans son *Mercure aquatique* les cures merveilleuses opérées par les eaux bienfaisantes de cette localité. En 1710, la ville d'Evian répara le modeste pavillon rustique qui les abritait.

Les souverains de la Maison de Savoie vinrent souvent leur demander la santé. Le roi Victor-Amédée II en fut si satisfait, qu'il fit acheter le fonds de terre d'où elles sortaient, et chargea l'ingénieur Garella d'établir la fontaine et d'en rendre les abords plus agréables.

Le Chablais est vraiment le *microsmos* de la minéralogie ; c'est l'une des contrées les plus riches du globe en eaux minérales. Aux eaux déjà connues d'Evian, d'Amphion, de la Versoie, de Marclaz, de Maxilly ou de la Petite-Rive, de Châtel, de Saint-Jean-d'Aulph, de la Forclaz, de Féternes, de Larringes, au bord de la Dranse, viennent s'ajouter celles de Tougues, qui seront bientôt livrées au public, et qui se recommandent au même titre que celles d'Evian et d'Amphion.

---

(1) Cet immense quai qui enserre la ville tout entière n'a été terminé qu'en 1886.

Mais le Chablais moderne n'a pas que des richesses et de grands spectacles à présenter à l'admiration du poète et du touriste, il a aussi le souvenir de grands hommes à évoquer. Que le chapitre suivant soit donc la galerie chablaisienne du XVIIIe et du XIXe siècles.

CHAPITRE XV

Principaux personnages de Thonon, d'Evian et du Chablais pendant la période moderne (1789-1889)

> Felice terra a me parea d'eletti
> La terra di mio padre...
> E dell'illustri ingegni sucigiova
> E numerarli mi piacea
>
> *SILVIO PELLICO. Poesie varie*

SOMMAIRE : § 1. *Floraison militaire :* Les généraux Chastel, Costa de Beauregard, Dessaix, Dupas, de Foras, Jaillet de Saint-Cergues, Marulaz, de Maugny, de Saint-Séverin ; les six généraux de Sonnaz... MM. de Saint-Bon et autres Savoyards en Savoie et en Italie. Les frères Chastel et Dessaix... Les colonels de Blonay, Bochaton, Favre, Folliet, de Foras, Montmasson, Mudry... MM. Quisard, Royer, Souvéran, Chapuis, etc... Colonel de Ville et officiers vivants.
§ 2 *Sciences et arts :* Daviet de Foncenex, Duchesne de Voirons, Dessaix et Davet, médecins ; Frézier, Fontaine, Henri Costa de Beauregard, Joseph Dessaix, Hudry-Ménos, Charmot, Rollier, Lochon... Auteurs vivants : leurs publications.
§ 3 *Hommes d'église :* Mgr Rey de Bellevaux, son éloquence et ses œuvres. — Le chanoine Ruffin. — L'abbé Grobel. Les frères Picolet, à Evian. — L'abbé Duclos. Les abbés Boccard... et principales publications des ecclésiastiques vivants et natifs du Chablais.

LE GÉNÉRAL CHASTEL. — Le général Amé-Pierre Chastel, naquit à Veigy près Douvaine, le 29 avril 1774, de Nicolas Chastel et de Marie Favrat.

Il occupe une place distinguée dans la pléiade d'officiers supérieurs que la Savoie a fournis aux armées de la Révolution et de l'Empire. Sa haute capacité militaire et son audacieuse bravoure l'ont fait considérer comme l'un des meilleurs généraux de cavalerie des armées de Napoléon Ier. Bien rude serait la tâche de celui qui voudrait le suivre sur les champs de batailles échelonnés à travers le monde de 1792 à 1815, notamment dans cette campagne d'Egypte, où il découvrit le célèbre zodiaque du temple de Dendérah, qui fut ensuite transporté en France. Engagé dans la Légion des Allobroges en 1792, il fit les campagnes du Midi, de Toulon, des Pyrénées-Orientales et des Alpes. Appelé en Italie il y devint capitaine au passage du Tagliamento et chef d'escadron en Egypte. De retour en Europe, il assista à la bataille d'Austerlitz, fut nommé major des grenadiers à cheval de la garde, colonel, puis général de brigade en Espagne. Lieutenant-général en 1812, il reçut de Napoléon le commandement d'une division de cavalerie, et se distingua à la bataille de la Moskowa. En 1814, il se battit vaillamment et quitta le service après la Restauration. Il est mort à Genève, le 26 septembre 1826, laissant un traité de stratégie qu'estiment encore les hommes spéciaux.

Le général Henri Costa de Beauregard, les officiers et le régiment du Chablais. — Joseph-Henri Costa de Beauregard, né au château de Beauregard, commune de Chens, le 20 avril 1752, fut un savant et un brave. Il renonça d'abord à la peinture et aux beaux-arts, embrassa la carrière militaire, et devint officier de la Légion des campements le 17 juin 1771.

Il partit pour l'armée avec son fils Eugène, en 1792,

et se conduisit courageusement en diverses circonstances.

Pendant les campagnes de 1795 et 1796, il remplit les importantes fonctions de chef d'état-major général ; et fit preuve d'une habileté et d'une bravoure remarquables. Le père et le fils furent cités à l'ordre du jour pour leur valeur dans l'affaire d'Exilles ; Eugène blessé sous ses yeux à Saccarella, ne put survivre longtemps à sa blessure.

Les alliés furent défaits, parcequ'ils avaient un terrible ennemi : Bonaparte, qui se plut à rendre hommage à la bravoure des troupes de Savoie et de Piémont, en signant l'armistice de Cherasco avec le marquis Henri, commissaire du roi de Sardaigne. Nommé organisateur et quartier maître-général du corps d'état-major piémontais et du génie topographique, puis général (1), il employa ses loisirs à rédiger ses *Mémoires historiques* sur la Maison de Savoie, qui peuvent être classés au nombre des meilleures études sur l'histoire de la région savoisienne. Il mourut au château de la Motte (Savoie), le 29 novembre 1824, laissant : Sylvain-Louis-Joseph, né à Beauregard, le 30 septembre 1785, qui devint major-général et premier écuyer du roi Charles-Albert. Pierre-Antoine-Raoul-Marie de Beauregard, officier au régiment de Piémont-Royal, fut l'un de ses petits-fils, ainsi que Louis-Marie-Pantaléon de Beauregard, ancien capitaine au régiment de Piémont-Royal, député au Parlement sarde, etc., dont il a été maintes fois question dans le cours de cette histoire (2).

---

(1) *Armorial de Savoie*, par le comte Amédée de Foras, article Costa

(2) Le fils de ce dernier, Charles-Albert-Marie Costa, né en 1835, député à l'Assemblée nationale française, en 1871, commandant du premier bataillon des mobiles de la Savoie pen-

Les principaux officiers, appartenant au Chablais et à la Savoie qui se distinguèrent pendant la guerre de Piémont de 1792 à 1797 sont : MM. de Marclay, de la Palud, de Grésy, de Capré de Mégève, de Buttet, de Cordon, de la Tour, de Saint-Séverin, le capitaine chevalier d'Yenne, de Varax, de Dichat et d'Athenaz de la Boissière, du régiment de Chablais, tué à Mondovi, de Bellegarde, de Boringe...

M. Christin de la Chavanne commandant l'avant-garde des dragons du Chablais, fit une brillante charge au col de Tende (1).

Le régiment d'infanterie du Chablais, commandé en dernier lieu par M. de Fontainieu, avait été désigné pour recevoir les émigrés français ainsi que les savoyards qui repassaient les Alpes comme volontaires.

LE GÉNÉRAL DESSAIX. — Sans vouloir diminuer la gloire des officiers supérieurs que la Savoie a donnés à la France, nous dit M. A. de Foras, je crois pourtant que la place la plus éminente appartient au lieutenant-général Dessaix, auquel une rare bravoure, unie au sang-froid qui sait la contenir, et de véritables talents militaires ont mérité le glorieux surnom de Bayard du Mont-Blanc.

Laissons les folles équipées de son ardente jeunesse, surexcitée par les idées du moment ; et rendons un éclatant hommage aux talents et aux qualités morales du général. D'un caractère taillé à l'antique, d'une franchise et d'une indépendance rares, il ne s'enrichit

---

dant la campagne de 1870-1871, s'est illustré dans les lettres par son *Homme d'autrefois*, par la *Vie de Charles-Albert*, etc...

(1) Pinelli, *Storia militare del Piemonte*, passim.

point aux dépens des vaincus, et préféra l'honneur à toute chose.

Né à Thonon, le 24 septembre 1764, il s'engagea dans la garde nationale parisienne en 1789, et entra en 1792 dans la Légion de Allobroges, au milieu desquels il fit des prodiges de valeur, en Savoie, à Marseille, au siège de Toulon, dans les Pyrénées, en Italie en devenant chef de brigade. Prisonnier à Vérone en 1797, il rentra en France, après le traité de Léoben, et fut nommé par ses concitoyens, député du Léman au conseil des Cinq-Cents en 1798. Après le 18 brumaire, il commanda en Hollande, à Francfort, à la Haye, dans les duchés de Lunebourg et de Lawembourg. Général de brigade en 1803, puis général de division et comte de l'Empire, après Wagram, il fut blessé à la Moskowa, et nommé ensuite gouverneur de Berlin, où il acquit une grande popularité par sa justice et sa modération. En 1814, nous l'avons vu reprendre son épée, et, défendre pied à pied son pays natal, contre les envahisseurs de la France. En 1815, il reçut le commandement de la 19ᵉ division militaire, puis celui de l'armée des Alpes..... Enfin il mourut à Marclaz le 26 octobre 1834.

LE GÉNÉRAL PIERRE-LOUIS DUPAS. — Pierre-Louis Dupas, l'un des héros des guerres du premier Empire, naquit à Evian le 7 février 1761, du sieur Gaspard-Louis Du Pas et d'Antoinette Pélissier.

D'abord soldat en Piémont à Genève et en France, il se distingua à la prise de la Bastille, et devint lieutenant-colonel dans la gendarmerie à pied de Paris. Enrôlé dans la Légion des Allobroges, il conquit les grades de capitaine et de chef de bataillon, passa, l'un des premiers, le pont de Lodi et reçut, à cette occasion, un sabre d'honneur de Bonaparte. Passé en Egypte, il fut nommé colonel des mameluks et soutint dans la citadelle du Caire, pendant 34 jours, un siège célèbre. Il se distingua ensuite à Austerlitz, à Friedland et à Wagram, où il était encore en ligne le second jour de la bataille avec 23 hommes du 5me léger, restant de sa division. Son nom est inscrit sur l'arc-de-triomphe de l'Etoile. En 1813, il se retira à Ripailles, où il mourut, le 6 mars 1823, entouré de la réputation de cette éclatante bravoure qui l'avait fait nommer après les journées de Friedland, général de division et comte de l'Empire.

Le général Joseph-Marie de Foras. — Le général Joseph-Marie de Foras naquit, à Thonon, le 7 décembre 1792 de Joseph-Amé de Foras, lieutenant-colonel au régiment de Maurienne et de Jeanne-Josette de Menthon de Lornay. Il entra, l'un des premiers, avec le grade de sous-lieutenant, dans le régiment des Volontaires savoyards, avant le 19 janvier 1814, et devint successivement maréchal-des-logis des gentilshommes de la garde du corps de Sa Majesté... colonel du régiment de Savoie, puis major général aide-de-camp du le roi Charles-Albert. Il fit brillamment, en cette qualité, la campagne de 1848, et devint ensuite député du Chablais au Parlement sarde. Il mourut à Thuiset, le 24 août 1854, avec le titre de grand-croix de l'ordre des SS. Maurice et Lazare. Il avait épousé demoiselle Elisabeth, fille du chevalier Alexis Vichard de Saint-Réal, intendant général de la marine sarde. Il eut d'elle: le colonel Charles-Félix de Foras, le lieutenant Charles-Alphonse, et le comte Amédée de Foras, lesquels nous avons vus s'illustrer tour à tour sur les champs de batailles, dans les lettres et les arts.

LE GÉNÉRAL HUMBERT JAILLET DE SAINT-CERGUES. Humbert Jaillet naquit, le 25 juin 1803, de Louis-Joseph Jaillet, lieutenant-colonel du régiment de Genevois et de demoiselle Millioz.

Admis à l'école royale militaire de Turin, le 1er avril 1816, il en sortit le 12 décembre 1819 avec le brevet de sous-lieutenant et fut nommé, après deux ans d'école d'application, sous-lieutenant dans la brigade royale d'artillerie, puis lieutenant (11 février 1823), et capitaine (28 août 1831).

Major en 1843, à l'ouverture de la campagne de 1848 contre l'Autriche, il est appelé au commandement de l'artillerie de la 1re division du 1er corps de l'armée sarde, sous les ordres du lieutenant-général marquis d'Arvillar. Le 30 mai, il prit une part brillante à la victoire de Goïto, en réunissant, avec la plus grande promptitude, sous le feu de l'ennemi, plusieurs batteries d'artillerie sur un point essentiel, d'où il put foudroyer les colonnes autrichiennes qui cherchaient à envelopper l'aile droite sarde. Il empêcha ainsi l'armée d'être acculée sur les bas terrains du Mincio et fut décoré, le soir même, de la médaille d'argent. Les 24 et 25 juillet, il se distingua dans les gorges de Sttafalo, sur les hauteurs de Somma-Campagna, dans les combats de Berretaria, Custozza et Vallegio, et le 4 août, devant les portes de Milan.

Aussi fut-il mis deux fois à l'ordre du jour et nommé chevalier des SS. Maurice et Lazare. Charles-Albert le fit bientôt colonel du 1er régiment national de Savoie (26 août). Il prit part, l'année suivante, à la campagne de 1849 contre l'Autriche, se distingua au combat de la Sforzesco, le 21 mars, et essuya le 23, à la tête de son régiment, la terrible défaite de Novare.

Il prit, pendant quelques heures, le commandement de la brigade de Savoie qu'il venait de rallier pour servir d'escorte à la lente rentrée de Charles-Albert dans la ville.

Major-général en 1852, puis député au Parlement sarde, le général Jaillet de Saint-Cergues y donna des preuves de son esprit d'ordre, en se montrant dévoué aux idées sagement progressives qui l'ont guidé toute sa vie. En 1855, il fut mis en disponibilité pour cause politique, puis bientôt rappelé et nommé au commandement de la brigade de Savoie.

Chargé, en avril 1859, de la division militaire de Savoie, il devint lieutenant-général le 11 décembre de la même année. En 1860, il opta pour la France et fut admis avec le grade de général de division dans l'armée française, où il reçut la croix de commandeur de la Légion d'honneur. Nommé au commandement de la 3me division du 4me corps à Lyon, sous les ordres du maréchal de Castellane, et plus tard du maréchal Canrobert, il passa dans les cadres de réserve en juillet 1868.

Le général avait épousé en premières noces Mlle Olympe de Roget de Cholex, fille du comte de Cholex, ministre de l'intérieur du roi Charles-Félix et veuve du comte Gibellini, et, en deuxième noces, Mme Elisabeth Fernex, veuve du comte de Saint-Bon. Admis à la retraite en 1879, il mourut à Veigy, près de Douvaine, en juillet 1880.

Le général Marulaz. — Le général Marulaz, nous écrit-on, appartient au Chablais par son père, né à Morzine. Il défendit brillamment la place de Besançon en 1814 et 1816. Ses services ne sont pas oubliés dans cette ville, où l'on peut remarquer encore la *place* et la *rue Marulaz*.

Son nom est inscrit sur l'arc-de-triomphe de l'Etoile.

Du reste, il n'a pas disparu définitivement des cadres de l'armée française.

Le général Marulaz a laissé après lui toute une lignée de brillants officiers. Sans citer les vivants, qui figurent encore nombreux dans l'annuaire de l'armée française, signalons du moins parmi les morts :

1° MARULAZ LOUIS-YVES, général de division, grand officier de la Légion d'honneur, fils du défenseur de Besançon.

2° Son frère, le baron MARULAZ LOUIS-FRANÇOIS-AUGUSTE, intendant militaire de 1re classe, commandeur de la Légion d'honneur.

Signalons encore dans l'armée italienne :

3° RÉNÉ MARULAZ, chablaisien d'origine, major d'artillerie, mort à Milan en 1888 (1).

LE GÉNÉRAL DE MAUGNY JOSEPH-MARIE-CLÉMENT. — Le général de Maugny Joseph-Marie-Clément fut l'un des hommes les plus éminents et les plus justement estimés dont s'honore la Savoie.

Engagé volontaire à 16 ans dans le bataillon formé en 1814 par M. de Sonnaz, le comte de Maugny, après avoir fait les campagnes de 1814 et 1815, entra dans la brigade de Savoie, et, y montra des qualités militaires si brillantes, qu'à 32 ans, il fut nommé colonel des grenadiers-gardes, contrairement à toutes les traditions qui voulaient que ce commandement fut donné à un personnage influent de l'aristocratie turinoise.

En 1848, M. de Maugny, alors général de brigade, était en Lombardie au quartier général du roi,

---

(1) Nous devons ces renseignements à M. l'abbé Marullaz, professeur au collège de Mélan (Haute-Savoie). Nous lui en laissons le mérite et la responsabilité. Ce chapitre XVI a été composé, en majeure partie, d'après les documents originaux des archives de Foras, Jaillet, de Maugny, de Sonnaz, etc...

lorsque survint l'affaire des Voraces. Il fut envoyé en toute hâte à Chambéry, pour prendre les rênes du gouvernement et pacifier le pays. En très peu de temps, avec autant de modération que d'habileté et d'énergie, il rétablit l'ordre et le calme et mérita la reconnaissance de tous les citoyens. D'abord lieutenant des gardes du corps du roi Charles-Albert, dont il fut le conseiller et l'ami, puis successivement général de division, gouverneur général du duché de Savoie, général d'armée et sénateur, il mourut en 1859, quelques mois avant l'annexion de la Savoie à la France, laissant des regrets unanimes et mérités.

Son fils, Charles-Albert-Antoine-Marie, né en 1839, officier de cavalerie en 1847, fit en cette qualité la campagne d'Italie, en 1859. Décoré, pour sa brillante conduite à la bataille de San-Martino, Victor-Emmanuel l'attacha à sa personne en qualité d'officier d'ordonnance. En 1860, il opta pour la France, et fit, en 1864, partie de l'expédition d'Algérie. Résidant de France à Téhéran en 1869, il demanda sa retraite en 1873. Il a publié plusieurs brochures politiques et quatre volumes de physiologie.

Le général Passerat Roero de Saint-Séverin de Douvaine. — Le marquis Joseph-Joachim Passerat Roero de Saint-Séverin, successivement alfier agrégé surnuméraire, puis effectif, au régiment de Piémont (1757-1758) ; capitaine-lieutenant de la compagnie colonelle au dit régiment (1474), passa au régiment provincial de Tarentaise en 1775.

Lieutenant colonel effectif du régiment de Maurienne en 1788, il en devint le commandant le 12 février 1793. Ce fut en cette qualité qu'il dirigea, vers les

Alpes, la belle et intrépide retraite de ce corps (1).

Il fit les trois campagnes de 1793, 1794 et 1795, et termina sa carrière militaire comme général de brigade le 5 février 1796.

Il a laissé quatre enfants : l'ainé Charles-Joseph, soldat et littérateur ; Hector, né en 1788, sous-lieutenant au 15me régiment de chasseurs à cheval sous le premier Empire, qui fit les campagnes de 1807, 1808, 1809 et mourut à Douvaine des suites de ses blessures ; Gabrielle, morte non mariée, et Caroline qui épousa en 1825 le marquis Joseph Trédicini de Boffalora né en 1800, sous-lieutenant au régiment de Piémont en 1824. Il passa dans Savoie-Cavalerie en 1830 et fit avec distinction les campagnes de 1848, 1849, et fut nommé en 1850 colonel de Nice-Cavalerie. Retiré à Chambéry en 1852 il mourut en 1861.

Le fils aîné du général de Saint-Séverin, le marquis CHARLES-JOSEPH DE ROERO DE SAINT-SÉVERIN naquit à Douvaine, le 14 janvier 1784. Il est mort à Genève le 24 avril 1854. En 1792, sa mère, Emilie-Marie-Françoise d'Yenne de la Saulnière, le sauva à travers mille dangers en se réfugiant à Genève. Elle passa, au cœur de l'hiver, le Grand-Saint-Bernard, où les moines l'accueillirent comme la petite fille du dernier rejeton de la branche ainée de la famille de Menthon. Le marquis Charles-Joseph de Saint-Séverin, sous-lieutenant en 1814, puis capitaine aux dragons du roi, suivit en 1821, dans l'île de Sardaigne, son oncle le marquis d'Yenne, qui en avait été nommé vice-roi. Il écrivit ses *Souvenirs d'un séjour en Sardaigne en 1821-1822* (Lyon, 1827, in-8° de 292 p.)

---

(1) Voir, à ce sujet, le solide et consciencieux travail de M. le marquis Tredicini de Saint-Sévérin : *Un régiment provincial de Savoie.* Genève 1881.

Successivement attaché à l'état-major de la division de Gênes, de 1826 à 1830, et retiré du service à cette époque, membre de l'Académie de Savoie... il a légué à la commune de Douvaine 32,000 francs, dont la plus grande partie est destinée aux écoles primaires.

LES GÉNÉRAUX DE SONNAZ.

— Janus de Gerbaix, comte de Sonnaz, seigneur d'Habères, de Buffavent, fut d'abord page de Charles-Emmanuel III (1749), ensuite enseigne au régiment des Gardes (1755), où il servit jusqu'en 1788, colonel de la légion des campements, colonel du régiment de Savoie (1792) puis *major-général* (1794) (1). Il fut chargé avec son régiment de la défense des vallées de Maria et de Vraita, etc..., dans les années 1793, 1794, 1795, 1796, et appelé, à cette dernière date, au commandement d'une division de l'armée royale. Gouverneur d'Alexandrie en 1799, de Casal en 1800, il rentra dans ses foyers après l'occupation du Piémont par les Français. Nous l'avons vu, en 1814, faisant un appel à ses compatriotes et se mettant à la tête d'un corps de Volontaires savoyards pour se joindre aux troupes alliées et maintenir l'unité nationale.

Son grand âge et ses forces ne purent résister aux fatigues du moment et il mourut le 14 février 1814, laissant à son fils le soin de soutenir son entreprise sous la direction de son frère Joseph-Hippolyte.

---

(1) Le colonel Aimé de Gerbaix, baron d'Aiguebelle de Sonnaz, gouverneur de Rumilly en 1589, se battit vaillamment à la tête des troupes ducales contre les Français et les Genevois au XVIe siècle. Il fut nommé lieutenant-général de la cavalerie de Savoie, et fut tué à Monthoux. — Nous devons les documents qui suivent, à l'obligeance de M. le baron Hippolyte de Livet et de M. l'abbé Villoud, curé de la Chavanne près de Montmélian (Savoie).

Le roi Victor-Emmanuel ordonna que son nom fut inscrit sur le tableau des chevaliers de l'ordre de l'Annonciade.

Joseph-Hippolyte de Sonnaz, frère de Janus, né en 1746, entra comme cadet au régiment du roi. Dragon à l'âge de 14 ans, il passa successivement par tous les grades militaires, et devint colonel de cavalerie et cornette de la compagnie des gentilshommes gardes du corps (1795).

Retiré dans ses foyers à l'invasion française, il partagea bientôt les destinées de son frère et lui succéda dans le commandement du régiment des Volontaires savoyards. Chargé de la nouvelle formation de la compagnie des gentilshommes gardes du corps, il entraîna par son autorité, en 1821, ce corps qu'il commandait, et le rangea sous les ordres du général de la Tour, demandant à combattre là où il pourrait rendre les plus grands services. Charles-Félix récompensa ce dévouement en le nommant chevalier de l'ordre suprême de l'Annonciade et *lieutenant-général* de cavalerie. Il mourut en 1827 (17 avril).

Les fils de Janus de Sonnaz : Joseph, Hippolyte, Hector et Alphonse, sont tous arrivés au grade de général de l'armée piémontaise.

Joseph de Sonnaz naquit le 6 août 1780, devint sous-lieutenant du régiment de Savoie en 1796, fit successivement les campagnes de 1796, 1798, 1799, 1800 et prit part aux batailles de Saint-Michel et de Mondovi. Ce fut lui qui, après le 30 mai 1814, conduisit à Turin le corps des Volontaires savoyards, qui forma le noyau de la brigade de Savoie ; Major en 1816, lieutenant colonel, puis colonel en 1823 et chef d'état-major de la division de Savoie en 1827, il fut nommé par le roi Charles-Félix vice-gouverneur des princes Victor et Ferdinand de Savoie-Carignan, le 1er mai 1830. Major-général d'armée le 23 août 1831, puis lieutenant-général en 1838, une grave maladie l'obligea bientôt à quitter la cour et à rentrer en Chablais où nous l'avons vu se dévouant aux intérêts de Thonon et du pays. Il y mourut le 15 décembre 1861.

Son frère, HECTOR DE GERBAIX DE SONNAZ, né à Thonon le 3 janvier 1787, passa les Alpes, avec sa famille, après l'invasion française, et demeura en Piémont jusqu'au printemps de l'année 1813. A cette époque, il entra comme soldat dans les gardes d'honneur de l'empereur Napoléon Ier, et fut destiné au quatrième régiment qui se formait à Lyon.

Ce corps partit bientôt pour le théâtre de la guerre, en Allemagne. Il arriva à Dresde avec la deuxième compagnie de son régiment, le 27 août 1813, le jour même de la bataille, et, prit part à tous les combats qui suivirent, entr'autres, à celui de Kinzig où il fut décoré de la Légion d'honneur.

Promu lieutenant après le passage du Rhin, il fit toute la campagne de 1814. Au combat de St-Dizier, son régiment culbuta l'ennemi. Il assista aux engagements de Brienne et de la Rothière et aux combats de Champaubert et de Château-Thierry.

Enfin, à la bataille de Paris, son régiment, quoique réduit au tiers de son effectif, fit une brillante charge, et, reprit aux ennemis la batterie de Charonne que ces derniers avaient enlevée aux élèves de l'Ecole polytechnique.

A la Restauration, Hector de Sonnaz entra dans l'armée sarde. D'abord maréchal-des-logis, puis cornette des gardes du corps, il devint, en 1827, lieutenant-colonel d'un régiment d'infanterie, en 1831, colonel et enfin général et commandant de la brigade de Savoie, en 1833. Promu lieutenant-général en 1842, il fut transféré au commandement de la division militaire de Gênes, en 1844, et, au commencement de 1848, il obtint le poste de gouverneur général de la division de Novare.

Ministre de la guerre en 1848, nommé commandant général de la division militaire d'Alexandrie, en 1849, il fut bientôt envoyé comme commissaire extraordinaire en Savoie. Au début de la campagne de 1859, les Autrichiens menacèrent de marcher sur Turin. Le général Hector de Sonnaz fut chargé du commandement des troupes cantonnées sur la rive gauche du Pô, pour la défense de la capitale. Malgré son grand âge, il courut à San-Germano, où il concentra ses troupes. Il exécuta une reconnaissance offensive contre la ville de Verceil, qui était fortement occupée par l'ennemi.

Victor-Emmanuel lui adressa à cette occasion une lettre très flatteuse.

Chargé du commandement militaire de Turin, en 1861, puis transféré à celui de Florence, et nommé en même temps gouverneur de l'hôtel des Invalides, il se rendit en mission diplomatique à Saint-Pétersbourg, en 1862, pour établir des relations entre l'Italie et le gouvernement de l'empereur de Russie.

Sénateur du royaume depuis 1848, chevalier de l'ordre suprême de la Sainte-Annonciade (1858), il reçut en 1862 la médaille de Saint-Maurice avec une lettre autographe du roi.

Il mourut au mois de juin 1867.

Hector de Sonnaz avait épousé à Turin, en 1827, Mlle Thérèse Gallone, morte en 1866.

Il en eut trois fils : Joseph, aujourd'hui général commandant le 4me corps d'armée d'Italie à Plaisance ; Albert, ministre plénipotentiaire du roi d'Italie à Sophia (Bulgarie), et Janus lieutenant-colonel de cavalerie et vice-gouverneur de S. A. R. le comte de Turin.

ALPHONSE DE GERBAIX DE SONNAZ (fils du comte Janus) prit aussi part, sous les ordres de son père, au mouvement militaire de la Savoie contre les Français en 1814. Il fit la campagne de 1815 et arriva, la même année, au grade de capitaine des grenadiers dans la brigade de Savoie. Major en 1824, lieutenant-colonel en 1831, il fut nommé colonel et chef d'état-major de la division d'Alexandrie en 1832. Destiné au commandement de la ville et province de Nice, en 1839, gouverneur de la ville et commandant général des troupes et forces armées de la division de Sacsari (Sardaigne) en 1843, il devint encore gouverneur du fort de Fénestrelle en 1845.

Quelques années après, il abandonna le service actif et représenta la ville de Thonon à la Chambre des députés. Il épousa Mlle Marceline de Carignan de Cianoc.

HIPPOLYTE DE SONNAZ naquit au château d'Habères le 31 août 1783.

Par suite des malheureuses guerres de 1792, 1793, 1794, 1795, 1796 et de l'occupation de la Savoie par les troupes républicaines, beaucoup de Savoyards prirent du service chez les puissances alliées.

De ce nombre fut Hippolyte de Sonnaz, qui, à peine âgé de 15 ans, entra au service de l'Autriche. Cadet au régiment des dragons de l'archiduc Jean, en 1798, il était officier, dans ce même corps, à la fin de 1800.

Il fit dans l'armée autrichienne quatre campagnes, assista aux batailles de Novi, de Genola, de Marengo, où il eut un cheval tué sous lui, d'Austerlitz, de Ratisbonne, de Gross-Aspene, de Wagram, aux sièges d'Alexandrie et de Coni en 1799. En 1814, il figure dans les rangs des Volontaires savoyards.

Capitaine aux chevaux-légers de Piémont en 1815, major effectif dans ce corps en 1821, de sa propre initiative il conduisit, à cette dernière date, ses escadrons à Novare où se rassemblaient les troupes fidèles au roi. En février 1822, il devint lieutenant-colonel dans les chevaux-légers de Savoie, puis, colonel en second des dragons de Genevois.

Général-major à la fin de 1831, il eut le commandement de la brigade d'Aoste et ensuite de la brigade de la reine.

Lieutenant-général en 1834, général d'armée en 1839, gouverneur des provinces de Novarre et de Nice, et général commandant de la division militaire de Turin, il prit sa retraite en 1852, après plus de 50 ans de service, et, fut député au Parlement sarde.

Décoré de l'ordre de Malte, de Léopold d'Autriche, de la Légion d'honneur, de la médaille Mauricienne, il était en outre grand-cordon des SS. Maurice et Lazare.

Il mourut au château de Chamoux, le 2 août 1871, à l'âge de 88 ans.

Pour faciliter l'intelligence des divers degrés de parenté de ces nombreux officiers supérieurs produits par la branche chablaisienne de la maison de Sonnaz, nous esquissons ici une généalogie sommaire de cette famille, laissant à notre ancien maitre, le comte Amédée de Foras, la tâche d'en faire une étude plus étendue dans son savant *Armorial de Savoie*.

Christophe de Gerbaix de Sonnaz, baron d'Aiguebelle, 1595-1647...

Claude	François-Gaspard 1616-1672.	François-Michel, sénateur au Sénat de Savoie, juge-maje du Chablais, (1650), ép: F^{se}-Gab^{lle} Mudry, mort en 1697.
Ch.-Emmanuel		

| François-Victor, prêtre de la Ste-Maison, 1731. | Alexandre, 1662-1702. | Joseph, acquit la seigneurie d'Habères le 26 juin 1696, ép. D^{lle} Bouteiller de Dingy. |

| Claude-Charles, ép. F^{se} de Seyssel, qui lui apporta le château de Buffavent, teste en 1759. | Ch.-Emmanuel barnabite. | Claude-Jean-Baptiste, ép. D^{lle} de Conzié qui lui apporta Arenthon. |

| Charles-Louis-Victor, 1733-1758. | Joseph, 1734. | Joseph-Hippolyte, 1744. | Janus, 1736. | Joseph, 1743. |

| Hippolyte, 1783-1871. | Hector, 1787. | | Joseph, 1822 | Alphonse, |

| Joseph-Hector, ép. D^{lle} Rose de Ternengo, 188?. | | Joséphine, ép. le baron de Livet, |

Joseph,   Albert,   Janus,

Pacoret de Saint-Bon. — La famille Pacoret de Saint-Bon a donné à notre province un homme remarquable : Charles-Joseph, comte de Saint-Bon, sénateur au Sénat de Savoie et juge-maje du Chablais. Il épousa : 1° D^{lle} Louise-Thérèse de Villieu, qui mourut à Thonon en 1846 ; 2° D^{lle} Elisabeth de Fernex, et mourut à Veigy le 7 janvier 1863. C'est lui qui acheta la campagne de Crevy (Veigy) où demeurent ses descendants.

Il était fils de N^e Jean-François comte de Saint-Bon, capitaine au régiment de Maurienne (1791), et petit-fils de N^e Claude Pacoret. Un autre fils de ce dernier : Charles-François de Saint-Bon, président au Sénat de Savoie, eut plusieurs enfants, parmi lesquels Simon de Saint-Bon, aujourd'hui amiral de la marine italienne.

Le tableau des grands commandements de l'armée et de la marine italiennes nous montre que sur les douze corps d'armée du roi Humbert, deux ont actuellement à leur tête des savoyards : M. le général de Sonnaz, commandant le 4e corps, à Plaisance, et M. le général d'Oncieu, commandant le 12e corps, à Palerme.

Le major-général Peloux est également un Savoyard, natif de La Roche-sur-Foron, dont l'un des frères est aussi général de division ; mais l'armée italienne fourmille de divisionnaires et de généraux de brigade originaires de la Savoie.

Sur les trois départements de la marine, l'un, le 2e à Naples, est sous les ordres de l'amiral de Saint-Bon, ancien ministre de la marine, dont nous venons de parler.

Dans la diplomatie italienne, nous voyons figurer, au premier rang, trois savoyards :

M. le général Menabrea, ancien ministre de la guerre, ambassadeur à Paris ; M. le baron Blanc, ambassadeur à Constantinople ; M. de Launay, ambassadeur à Berlin.

La Suisse compte aussi plusieurs Savoyards parmi ses illustrations modernes, en laissant de côté le savoyard Bonivard, dont il a été parlé ailleurs (1).

D'une lettre adressée au *Léman*, en avril 1889, nous extrayons ce qui suit :

« Vous savez comme moi, que Genève se prépare à élever une statue à Louis Favre, l'éminent ingénieur du Saint-Gothard ; je lui en adresse ici toutes mes plus vives félicitations.

---

(1) *Hist. de Thonon et du Chablais*, p. 203.

« Mais que la bonne ville de Genève me permette de lui dire que Louis Favre est savoisien : il est né à Chênes, ses père et mère étaient savoisiens ; et si l'absurde traité de 1816 a donné Chênes au canton de Genève, ainsi que Carouge et tant d'autres communes, cela n'empêche pas que la Savoie a droit de réclamer Louis Favre comme l'un de ses enfants.

« La Savoie est fière, heureuse de lui voir élever une statue par sa nouvelle patrie et lui adresse par ma faible voix toutes ses félicitations et ses remerciements.

« Vous le voyez, je n'ai voulu, par ces lignes, que constater un fait, l'origine savoisienne de Louis Favre. Comme Sommeiller, le perceur du Mont-Cenis son voisin, né à Saint-Jeoire, l'initiateur de ces grands travaux, il est une gloire de la Savoie ; les traités de 1816 seuls l'ont fait Genevois. »

Les frères Chastel Michel et Joseph, nés à Veigy-Foncenex, le premier en 1768, le second en 1775, tous deux frères du général, se distinguèrent dans les armées françaises. Michel, capitaine des allobroges, devint chef de brigade, et Joseph fut nommé chef d'escadron au 1er dragons en 1800.

Le général Dessaix avait quatre frères : François-André-Lubin, Claude-François, Jean-François-Aimé et Jean-Marie-Adolphe.

Le premier, né le 10 mai 1767, fit brillamment les campagnes du Midi de la France et d'Italie, fut décoré à Wagram, devint chef de bataillon et mourut retraité à Thonon le 3 novembre 1837 (1).

Le second, né à Thonon, le 15 septembre 1770,

---

(1) C'est le père du célèbre avocat Edouard Dessaix, mort en 1870, et président du Conseil général de la Haute-Savoie depuis l'annexion jusqu'à sa mort.

devint capitaine des carabiniers de la Légion des Allobroges et fut tué à Oms (2 mai 1794).

Le troisième, né le 20 mars 1774, fut nommé capitaine dans la Cerdagne espagnole. En 1802, il se fit recevoir avocat, et mourut à Thonon le 18 juin 1853.

Le quatrième, né le 21 décembre 1781, suivit l'armée comme chirurgien militaire, fut fait prisonnier à Smolensk et ne revint de Russie qu'en 1814. Il mourut à Thonon le 18 mai 1844, après avoir exercé la médecine à Lyon, comme nous le verrons bientôt.

DE BLONAY. — Nous avons parlé ailleurs (1) du général de cavalerie Louis de Blonay, d'Evian, né en 1676 et mort en 1755. Son corps repose à Saint-Paul.

Pendant la période moderne et contemporaine, la famille de Blonay a continué ses glorieuses traditions militaires. Elle a produit :

1° CLAUDE-LOUIS DE BLONAY, qui devint commandeur de Ripailles, major-général, lieutenant des gardes du corps, etc., ambassadeur en Espagne et en Saxe. Son testament est daté de Turin le 9 juin 1762.

2° MATHIAS-FRANÇOIS DE BLONAY, né le 6 août 1769, et mort colonel-commandant de la province de Novare. Son frère Louis-Hyacinthe-François de Blonay fut aussi nommé colonel-commandant de la province de Domo-d'Ossola.

3° JOSEPH-EMMANUEL-RENÉ DE BLONAY, né le 29 avril 1777. Colonel de cavalerie, chevalier des SS. Maurice et Lazare, etc., il fut en outre député au Parlement sarde.

4° LOUIS-CÉCILE-ENNEMOND DE BLONAY, envoyé extraordinaire et ministre plénipotentiaire du roi de Sardaigne en Suisse.

Son fils, FRANÇOIS-DENIS-NICOLAS DE BLONAY, né

(1) *Hist. de Thonon et du Chablais*, p. 330.

en 1823, gentilhomme de la chambre du roi, lieutenant aux gardes, fut décoré de la médaille d'Italie en 1848. C'est le père de MM. de Blonay Stéphane et Marie-Henri de Blonay qui habitent aujourd'hui le château de Marin. M. de Blonay Stéphane, capitaine de cavalerie dans l'armée de réserve, est aujourd'hui le chef de l'antique famille de Blonay du Chablais.

COLONEL BOCHATON. — Bochaton Jean-Marie, né à Evian, en 1771, entra d'abord dans les Volontaires du Mont-Blanc et fit les campagnes d'Italie, des Pyrénées-Orientales et du Midi de la France. Mis en non-activité à cause d'une blessure reçue en 1796, il reprit du service et devint capitaine aide-de-camp du général Dupas. Chef de bataillon à Friedland, il se distingua à Wagram, et devint successivement major au 34me de ligne en 1811, et colonel en 1813. Décoré après Liepzig et nommé baron de l'Empire, il avait assisté aux fameuses batailles de Bautzen, Lutzen, Leipzig et Hanau. Blessé d'un coup de baïonnette le 26 mars 1814, il commanda le 3me d'infanterie de marine, fut nommé colonel du 53me de ligne, et, servit sous le général Dessaix pendant la campagne de 1815. Après la chute définitive de Napoléon il fut mis à la retraite et mourut dans sa ville natale.

COLONEL FAVRE. — Favre Jean-François naquit à Thonon, le 11 avril 1764, et entra, en 1782, dans le régiment des Suisses de Versailles. Chef de bataillon en 1793 et adjudant général chef de brigade en 1794 (1), mis à la réforme en 1796, pour blessures, il reprit du service et devint chef d'état-major du général Dessaix,

---

(1) Grade correspondant aujourd'hui à celui de colonel d'état-major.

en 1814 et 1815, au moment de l'invasion de la France par les alliés.

Colonel Folliet. — Folliet Jacques, né à Evian, le 23 janvier 1768, s'inscrivit dans les rangs des Volontaires du Mont-Blanc. Il fit les campagnes du Midi de la France et d'Italie, fut blessé, et démissionna en 1797, rentra dans le service en 1799, devint chef de bataillon en 1813, après avoir été blessé à Friedland, et se battit vaillamment pendant les campagnes d'Allemagne et de France. Lieutenant-colonel, pendant les Cent-Jours, il fut mis à la tête de la garde nationale mobilisée à Dunkerque. Le 7 mars 1817, il mourait à Gex (Ain).

LES COLONELS DE FORAS. — La famille de Foras a produit deux colonels : 1° Joseph-Amé de Foras, né le 29 juillet 1739, seigneur du Bourg-Neuf de Ballaison, de Thuiset, etc..., qui devint lieutenant-colonel du régiment de Maurienne, le 13 mars 1793. Il épousa successivement Louise-Charlotte de Damas, dont il n'eut pas d'enfants (1769), puis Jeanne-Amie de Menthon de Lornay, dont il eut : Joseph-Marie de Foras qui devint général, et dont il a déjà été parlé ailleurs. Le colonel Joseph-Amé, mourut en émigration à Borgomanero le 8 décembre 1795.

L'un de ses petits-fils (et fils du général), Charles-Félix comte de Foras, encore vivant, est aussi arrivé au grade de colonel. Nous l'avons vu se conduire courageusement ainsi que son frère Alphonse dans les campagnes d'Italie. Premier officier d'ordonnance du roi Victor-Emmanuel, il donna sa démission en 1860, au moment de l'annexion des Romagnes, pour ne pas envahir les États du Saint-Père, brisant ainsi sa carrière, quittant sa patrie et se séparant de son

Souverain qu'il aimait profondément. Réfugié en Savoie, dans le pays de ses pères, il reprit momentanément du service, en 1871, en qualité de colonel commandant supérieur des mobilisés de la Haute-Savoie. Il organisa et commanda plus tard le 107me territorial. Il fut décoré pour actions d'éclat dans les campagnes de 1848 et de 1849, pendant la guerre de Crimée et d'Italie en 1859. Il publia en 1871 : *Un projet de réorganisation de l'armée*, brochure très estimée des hommes spéciaux.

Son frère Alphonse, ancien page du roi Charles-Albert, et ensuite lieutenant dans la brigade de Savoie fut grièvement blessé à San-Martino (Solferino) pendant qu'il entrainait ses hommes au combat.

Le premier est né le 28 janvier 1824, le second, le 7 février 1833. Nous aurons à parler bientôt du comte Amédée leur frère.

COLONEL MONTMASSON. — Montmasson André naquit à Evian, le 27 août 1788, et sortit officier du génie de l'Ecole polytechnique où il était entré en 1805. Envoyé à Corfoue en 1810, capitaine en 1812, il commanda sous les ordres du général Dessaix en 1815. Chef du génie en Corse et à Besançon après la Restauration, il fit l'expédition de Grèce en 1828, devint chef de bataillon en 1829, lieutenant-colonel en 1837 et colonel en 1841. Retraité en 1848, il est mort le 1er janvier 1866 à Evian.

COLONEL MUDRY. — Mudry Louis, fils de l'avocat Louis-Sébastien et de Marie-Françoise Dessaix, né à Thonon, le 13 octobre 1800, entra dans les gardes du corps du roi de Sardaigne, le 24 août 1818. Après avoir été nommé sous-lieutenant dans ce corps d'élite, le 31 octobre 1821, il passa sous-lieutenant d'ordonnance (de fusilliers) dans la brigade de Pignerol, le 13 février 1822. Il parvint ensuite dans la même brigade aux grades de sous-lieutenant d'ordonnance (de grenadiers), le 1ᵉʳ février 1826, de lieutenant, 2ᵐᵉ classe d'ordonnance, le 28 janvier 1827 et de lieutenant effectif le 19 janvier 1829.

Le 28 août 1832, il fut nommé capitaine d'ordonnance dans le second régiment de la brigade de Savoie.

Major en 1846 il était colonel en 1848 (1).

Dans la campagne de 1849, Mudry fut décoré de l'ordre des SS. Maurice et Lazare, pour *son zèle et ses services rendus*, dit le brevet royal en date du 20 mars 1849, jour de la prise des hostilités. Il fut ensuite encore mentionné honorablement à l'affaire de Novare, par décret royal du 13 juillet suivant.

Nous arrivons à l'épisode le plus délicat de la carrière de Mudry. Après quelques années d'une situation critique pour le Piémont, l'expédition de Crimée se prépare, et le général de la Marmora, ministre de la guerre, mande à Turin le colonel Mudry.

— Colonel, lui dit-il, j'ai songé à vous envoyer en Crimée. Vous y commanderez une brigade. — Avec le grade de général ? — Non, répond le ministre, il n'y a pas de promotions nouvelles. Vous commanderez la brigade en qualité de colonel. — Alors vous me donnerez au moins le commandement de la brigade où se trouvent les deux bataillons fournis par la brigade de Savoie. — Impossible, dit le ministre, j'ai pris d'autres dispositions. — En ce cas, ajoute vivement Mudry, je préfère rester ce que je suis avec mon régiment. — C'est bien. — Quelques paroles sont encore échangées

---

(1) Voir la note 2, à la page 362 du présent volume.

et Mudry prend congé du ministre ; mais, réflexion faite, arrivé au bas de l'escalier, il remonte aussitôt et dit au ministre qu'il accepte le commandement qu'il veut bien lui confier. — C'est trop tard, répond séchement le général La Marmora, vous avez été remplacé immédiatement. — Que faire ? il n'y avait qu'à s'incliner.

Mis en disponibilité, sur sa demande, en 1855, il fut ensuite retraité quelques temps après en laissant le champ libre à ses ennemis. — Longue avait été sa carrière !

Mudry avait d'excellentes qualités de cœur, c'était un brave et vaillant soldat très aimé de tous ses camarades, malgré la vivacité de son caractère ; il possédait à un haut degré la probité militaire. Protecteur né de ses compatriotes que le hasard appelait sous les armes, il chérissait ses braves savoyards de l'immortelle brigade. Il est mort en mai 1868.

MM. Quisard. — Joseph-François Quisard, (de l'ancienne famille Quisard de Massongy) (1), né le 23 décembre 1810, passa par les divers grades militaires devint capitaine de la brigade de Savoie après avoir fait les campagnes d'Italie. Son frère Claudius, né en 1813, le suivit dans les armées sardes, fit en outre la campagne d'Algérie, et fut nommé capitaine d'état-major. Son neveu Claudius-Emile est aujourd'hui officier dans les armées françaises.

Le major Pélissier, d'Evian, et le major Louis Dufour, de Massongy, partis simples volontaires en 1840, firent aussi les campagnes d'Italie....

Royer. — Royer François-Michel, naquit à Thonon

---

(1) Dom Sigismond Quisard, barnabite à Thonon, publia divers ouvrages (1720-1726). Voir note sur cette famille, *Hist. de Thonon et du Chablais*, p. 331.

en 1770, s'engagea en 1792, parmi les Volontaires du Mont-Blanc ; lieutenant-colonel en 1813, il commanda, à la défense de Soissons, un bataillon de la Jeune Garde et fut retraité en 1834. Il eut deux frères valeureux : l'un capitaine des dragons, mourut au champ d'honneur ; l'autre, capitaine des Allobroges, en 1794, combattit encore en 1815, sous les ordres de Dessaix.

Souvéran. — Souvéran Placide, né à Thonon le 19 octobre 1759, entra dans les Allobroges en 1792, devint chef de bataillon en 1793, et fut tué à Oms le 2 mai 1794.

Bétemps François-Pierre-Nicolas, né aussi à Thonon en 1770, devint capitaine en 1794, puis adjudant de 1re classe en 1798. Il fut retraité en 1811.

Chappuis N., de Concise-Thonon, né en 1767, fut nommé capitaine au 15me dragon en 1799, se couvrit de gloire en Espagne et en Portugal en 1809 et arriva au grade de chef d'escadron.

Signalons en terminant cette galerie militaire : M. Gaétan de Ville, frère du vicomte Charles-Edouard de Ville, de Marclaz-Thonon, aujourd'hui colonel de cavalerie dans l'armée française ; M. Alban de Ville de Quincy, son parent, capitaine d'infanterie ; Pierre-Louis Dupas (fils du général de ce nom), né à Thonon en 1812, commandant de cuirassiers en retraite, chevalier de la Légion d'honneur, aujourd'hui propriétaire de Ripailles (1) ; le capitaine Guyon, de Thonon etc...

(1) Son frère, Jean-François Dupas, est mort sous-lieutenant de cuirassiers, le 28 mars 1871.

SCIENCES ET ARTS

Dessaix et Davet. — De toutes les sciences, celle qui a rencontré le plus d'adeptes en Chablais, c'est la Médecine. La contrée n'a jamais manqué de praticiens habiles et dévoués ; les régions plus reculées possèdent leurs médecins. On se souvient encore de l'habileté professionnelle de J.-F. Portay entr'autres, et l'on n'est pas près d'oublier la lignée médicale des Dessaix.

La ville d'Evian fut et a continué à être, sous ce rapport, plus privilégiée encore que Thonon. En effet, le succès de ses eaux est dû en grande partie à ceux qui les ont administrées. Notons parmi les premiers praticiens qui ont concouru à ce succès les docteurs Vulliez, Andrier, Pélissier et Dupraz.

Mais ce n'est pas au Chablais seulement que le Chablais a fourni des médecins distingués. Plus d'un savant disciple d'Hippocrate a cru à propos d'agrandir son horizon. Evian a envoyé Davet à Paris et Thonon, Dessaix à Lyon.

Celui-ci exerçait la médecine dans la seconde ville de France depuis 1825, quand arriva dans la cité de *Plancus* un apôtre en quête de disciples. Le docteur des Guidi appportait de Naples la doctrine de Hahnemann, et Dessaix fut un de ses premiers adhérents. C'est à Lyon, et non pas à Paris comme on pourrait le croire, que se livra la bataille la plus décisive entre les allophates et les homéopathes. Lyon n'est donc pas seulement le primat des Gaules en fait de christianisme, il l'est encore en fait d'homéopathie. Le plus actif des capitaines qui combattaient en faveur de la nouvelle doctrine, ce fut J.-M. Dessaix, frère cadet du général. Il acquit à Lyon une grande réputation. Par les ouvrages qu'il a publiés, et par les articles de journaux qu'il a semés un peu partout il n'a pas mal concouru à accréditer la doctrine des *similia similibus*.

Davet qui devint plus tard comte de Beaurepaire, embrassa presque dans le même temps la foi nouvelle. Il eut l'honneur d'obtenir la confiance de l'impératrice Eugénie.

Le docteur Vinay, né à Thonon le 15 novembre 1845, se fixa à Lyon, depuis la fin de ses études. Concurrent pour l'agrégation dès la fin de l'année 1879, il devenait, l'année suivante, médecin des hôpitaux de Lyon et rédacteur du *Lyon médical*. Il a publié en 1883, (août et septembre), une étude sur *les Causes qui ont préservé Lyon du choléra*, étude intéressante qui fit grand bruit à son époque.

Daviet de Foncenex François, dont nous avons déjà parlé dans l'*Histoire du Chablais*, naquit en 1734 à Thonon, fut nommé en 1778 membre de l'Académie des Sciences de Turin, devint l'élève et l'ami de l'illustre Lagrange, et, composa plusieurs mémoires savants sur des questions de mathématiques. L'un d'eux, ayant pour sujet la mécanique, lui fit une réputation européenne. Commandant de Villefranche il abandonna cette place sur des ordres supérieurs, quand elle fut assiégée en 1792, et mourut à Casal en 1799.

Duchesne de Voirons Louis-Henri, né à Boëge vers 1735, intendant de la comtesse de Provence à Paris, publia divers écrits politiques et mémoires scientifiques. Publiciste, membre de plusieurs académies, il fut guillotiné, le 12 novembre 1793, pour ses opinions royalistes qu'il proclama hautement jusqu'au dernier soupir.

Fontaine, né aussi à Boëge dans le milieu du xviiime siècle, devint professeur de philosophie et de mathématiques au collège d'Annecy; il a publié divers ouvrages estimés sur ces matières. Membre de l'Académie des Sciences de Turin en 1784, il émigra en Allemagne pendant la Révolution.

Henri Costa de Beauregard, né au château de Beauregard, commune de Chens en 1752, devint général, comme nous l'avons dit. Il a publié des *Mémoires historiques*, sur la Maison de Savoie, qui peuvent être classés au nombre des meilleures études sur l'histoire de la région savoisienne. Il n'en a paru que trois volumes, sur quatre que devait comporter l'ouvrage. C'est lui qui figure dans le volume : *Un Homme d'autrefois*, par Ch.-Albert Costa de Beauregard. Il mourut à Chambéry en 1824.

Joseph Dessaix, né aux Allinges le 7 mai 1817, fut l'un des historiens les plus remarquables de notre région. Publiciste distingué, il acquit une grande réputation de chercheur érudit par divers ouvrages qu'il publia sur le pays de Savoie, entr'autres : *La Savoie historique, pittoresque, statistique et biographique, illustrée de 130 dessins*; *L'Histoire de la réunion de la Savoie à la France (1857); Evian-les-Bains et Thonon*, guide... etc. Il fonda la société d'Histoire et d'Archéologie de Chambéry, l'imprimerie et le journal *Le Léman*, en Chablais, et fut l'auteur du chant patriotique savoisien des *Allobroges*. Le 30 octobre 1870 il rendait le dernier soupir, à Evian-les-Bains, dont il avait fait en grande partie la réputation.

Hudry-Ménos N., naquit à Villard-sur-Boëge, en septembre 1823. Buloz François, de Vulbens (Savoie), venait d'acheter la *Revue des Deux-Mondes* (1831) dans laquelle tous les grands écrivains français ont écrit. Hudry-Ménos y publia plusieurs travaux qui attirèrent l'attention des hommes politiques et des savants. La *Bibliothèque universelle* et d'autres recueils importants obtinrent aussi sa collaboration. Il est mort, en mars 1873, à Ischia.

Ch.-L.-Victor de Gerbaix de Sonnaz, né en 1733, mort sans être marié en 1758, avocat au Sénat de Savoie, fut avec le baron Vignet des Etoles, l'un des amis de Voltaire, dont nous avons parlé, en traçant la situation de Thonon et du Chablais avant 1792. Il était frère du général Janus de Sonnaz. Il mourut de la petite vérole avant la Révolution, laissant diverses pièces de poésie d'une certaine valeur.

Jean-Claude Hudry, né le 31 décembre 1774, à Rézier, commune de Fessy, nous a laissé les intéressants *Mémoires* d'un émigrant chablaisien (1774-1832), publiés récemment (1887) dans la *Revue savoisienne*.

Charmot César. — La famille Charmot, de Jussy-Sciez, a produit Charmot César qui publia en 1863 :

1° *Bouffées* (prose et vers, 1 vol. in-8°).

2° *Variations sentimentales sur les 24 lettres de l'alphabet !* 1 vol. in-8°.

3° *Boutades humoristiques*, prose et vers.

4° *Un petit livre très sérieux par un futur tabellion.*

Il fut le collaborateur des journaux *La Gazette de Savoie*, *La Commune*, *Le Nuage*, etc., qui se publiaient à Chambéry.

Joseph Rollier, né à Thonon au commencement de ce siècle, s'occupa de poésie et d'histoire. Son épitre : *Le vrai Progrès* obtint une mention honorable au concours de poésie de l'Académie de Savoie en 1850. Il a publié le *Tableau synoptique* des États qui formèrent le domaine de la Maison de Savoie.

L'avocat Claudius Lochon de Thonon, poète à ses heures, premier président de la Société Chablaisienne de Pie IX, nous a été ravi par une mort prématurée, en laissant un charmant poème : *Feuilles au vent*, et, la *Relation du grand pélerinage des Allinges*.

Parmi les auteurs vivants signalons M. le comte Amédée de Foras né le 5 août 1830, qui s'est fait une place distinguée dans l'archéologie par la publication de l'*Armorial et nobiliaire de Savoie* (la plus belle publication héraldique qui se soit faite en ce siècle), du *Dictionnaire du Blason*, et du *Droit du seigneur au moyen-âge*, etc.

Son chartrier au château de Thuyset est peut-être la plus riche collection particulière de documents originaux qui existe en France.

Commandeur des SS. Maurice et Lazare, président de l'Académie Chablaisienne, membre de diverses Académies, il vient d'être nommé grand maréchal de la cour du prince de Bulgarie; qu'il nous soit permis de déplorer cette nomination pour la science et l'histoire du pays de Savoie.

Un second auteur, à la plume fine et spirituelle, occupe en ce moment un rang distingué parmi les poètes de la région savoisienne. Nous voulons parler de M. Dessaix Antony, issu de cette famille qui donna au pays les grands soldats et les bardes du Mont-Blanc. Littérateur charmant, styliste délicat et exercé, il a publié : *Les Légendes populaires de la Savoie* ; *Mes Petits souvenirs d'Evian* (vol. in-18, 200 p.), etc...

L'avocat André Folliet, député à l'Assemblée pour le Chablais ou l'arrondissement de Thonon a donné au public : 1° l'*Etude historique du général Dessaix*, entreprise primitivement par Joseph Dessaix, aggrandie et remaniée, selon les intentions du premier par ce second auteur; 2° l'*Histoire des représentants savoyards aux Assemblées nationales françaises* ; 3° *Les Volontaires de la Savoie*, etc...

Le comte Albert Gerbaix de Sonnaz, ministre plénipotentiaire d'Italie à Sophia (Bulgarie), a publié: *Studi storici sul contado di Savoia e Marchesato in Italia*...

Le marquis Trédicini de Saint-Séverin, de Douvaine, a publié en 1881 : *Un régiment provincial de Savoie, ou Biographie du marquis Passerat Roëro de Saint-Séverin, colonel du régiment de Maurienne*; c'est un tableau complet de la vie militaire savoyarde au xviii° siècle.

Le baron François d'Yvoire, ancien député et collaborateur du journal *La Défense*, donnait en 1882 la *Vie du comte Charles Conestabile* et d'autres savants mémoires de différents genres.

MM. Augier, de Douvaine, habitant Annecy, Ruper d'Evian, ancien rédacteur du *Monde*, le comte François-Adhémar d'Antioche, de Nernier, ont publié plusieurs travaux qui ont provoqué l'attention des savants. Le père de ce dernier, Charles-François-Alphonse, comte de Brotty d'Antioche, né le 18 juillet 1813, fut un ministre plénipotentiaire distingué du roi de Sardaigne.

HOMMES D'ÉGLISE

Monseigneur Pierre-Joseph Rey, naquit à Mégevette, en Chablais, le 22 avril 1770. Son père, Etienne Rey et sa mère, Joséphine Meynet, le formèrent de bonne heure à la vertu. Il fut élevé au sacerdoce à Fribourg, le 23 avril 1793. Zélé missionnaire, durant la Révolution française, il devint après le Concordat de 1801, vicaire, puis chanoine de l'église cathédrale de Chambéry. Préconisé évêque de Pignerol le 24 mai 1824, il fut appelé à l'évêché d'Annecy le 2 juillet 1833. Sa mort, couronnant une vie pleine de bonnes œuvres, arriva le 31 janvier 1842. Mgr Rey est une des gloires les plus pures du Chablais; ses œuvres oratoires, en 5 tomes in-12, ont été publiées par Périsse frères, libraires à Lyon.

Le chanoine J. Ruffin, né à Meillerie près d'Evian, publia, en 1858, *La Vie de Pierre-Joseph Rey*, évêque d'Annecy, et, en 1872, *La Vie de saint Guérin*, abbé d'Aulph, évêque de Sion (Valais).

L'abbé Alphonse Meynet, né à Bellevaux, se distingua par son talent oratoire. Il est mort curé de Saint-Pierre-de-Belleville, à Paris.

Le chanoine Boccard, de la famille Boccard de la Chapelle d'Abondance, chanoine de Saint-Maurice en Valais, donna au public, en 1844, l'*Histoire du Valais, avant et sous l'ère chrétienne jusqu'à nos jours*.

L'abbé Grobel de Boëge, ancien professeur de philosophie au collège royal de Bonneville, professeur de rhétorique et directeur au collège d'Annecy, publia en 1860 :

Notre-Dame de Savoie et variétés historiques, dont les plus célèbres sanctuaires dédiés à la mère de Dieu et les principales dévotions, établies en son honneur dans les diocèses de la Savoie, rappellent le souvenir;

Contemplations des principales merveilles de l'univers ou philosophie religieuse de la nature; un vol. in-8°;

Jacques-Henri Callies et ses poésies; 2ᵐᵉ édition, suivie d'un coup d'œil historique sur les poètes savoisiens; 1 vol. in-32;

Idée d'une fête spéciale en faveur de la propagation de la foi; in-8°;

Panégyrique de saint François de Sales, suivi de notes sur quelques monuments d'Annecy, auxquels se rattache le souvenir de saint François; in-8°;

Les trois frères Piccolet étaient originaires de Saint-Julien où leur père exerçait la médecine.

L'aîné, Jacques-Gaspard, né le 17 septembre 1762, fit ses hautes études à l'Université de Turin où il fut muni des grades universitaires. Rentré en Savoie après la Révolution, comme professeur de théologie dogmatique à Chambéry, sa santé affaiblie l'obligea bientôt à venir à Evian où il put se rendre utile en donnant des leçons de philosophie au collège. Durant la disette de 1817, sa charité fut telle qu'il épuisa toutes ses ressources en faveur des pauvres, et mourut en 1819, en laissant à la ville l'exemple d'une vie toute apostolique.

Le second, Jacques-Marie, né le 17 juin 1766, portait le surnom de petit Picollet à cause de sa petite taille. Après de brillantes études à la Sorbonne, il devint missionnaire de la Michaille, sous la Révolution, professeur au petit séminaire de Saint-Louis du Mont, près de Chambéry, puis directeur spirituel du collège d'Evian. C'était l'ami des pauvres, il les visitait dans leurs galetas et se dépouillait de tout en leur faveur. Dans les mois de la belle saison, il allait quêter, auprès des étrangers, pour les malheureux qui l'appelaient leur père. Ce fut lui qui fonda, à Evian, la maison des Sœurs de Saint-Joseph et celle des Frères de la doctrine chrétienne. Il mourut à l'âge de 86 ans, laissant aux générations futures : le *Miroir des âmes* et la *Vie des Saints*, dont il fut l'éditeur, comme sera dit au chapitre XVI.

Le cadet, Jacques-François-Marie-Etienne Piccolet, né en 1767, occupa les fonctions de *Principal*, ou de directeur durant de longues années au collège d'Evian. Vif et ardent dans toutes ses fonctions, il forma, à une éducation solide, une foule de jeunes gens du Chablais et de la Savoie et mourut en 1837.

L'ABBÉ VICTOR BOCCARD, 1796-1855, naquit à Messery, le 25 juillet 1796. D'abord professeur de philosophie à Thonon, il devint ensuite supérieur du collège de Bonnevile (1846-1852) et curé de Sciez (le 29 octobre 1852). Il joignait à un jugement solide une imagination riche et variée ; témoin son poème en cinq chants intitulé : *Alliance de la charité catholique et de la liberté des peuples*, où, dans 320 pages, il réunit plus de 3,500 vers des plus harmonieux (1837). Il publia aussi (1850) un *Syllabus philosophicæ, rationalis* et *Un cours de philosophie simplifiée*. Il mourut le 15 décembre 1855, âgé de 59 ans.

L'ABBÉ DUCLOS, natif de Chens-Cusy, près de Douvaine, curé-archiprêtre de Collonges-Bellerive, publia divers ouvrages théologiques et scientifiques qui lui acquirent une grande célébrité, entr'autres : *La Sainte-Bible vengée des attaques de l'incrédulité,* (6 vol. in-8°) (1816), œuvre d'une science profonde et plusieurs fois réimprimée.

Parmi les auteurs vivants du clergé d'Annecy figurent : 1° le CHANOINE MERCIER JEAN, né à Saint-Paul en 1818, auteur des *Souvenirs historiques d'Annecy,* (1 vol. in-8°), de l'*Histoire de l'abbaye et de la vallée d'Abondance,* de la *Vie de M. Bouvet,* etc.

2° L'ABBÉ FRANÇOIS GONTHIER, né à Ballaison en 1847, auteur des *Châteaux et de la chapelle des Allinges (1881),* de l'*Histoire de l'instruction publique avant 1789,* dans le département de la Haute-Savoie (1887), etc.

3° Le R. P. PICUS FRANÇOIS, natif de Massongy près de Douvaine, qui publia en 1875 : *Esther, ou quelques mots sur le mystère de la B. V. Marie* (1 vol. in-8°), et divers opuscules de moindre importance.

L'ABBÉ PISSOT PHILIPPE-CL., né à Yvoire en 1836, qui imprima à Genève, en 1875, *La parole de Dieu* (1 brochure in-8), et de nombreux articles théologiques ou scientifiques.

CHAPITRE XVI

Institutions diverses de Thonon et du Chablais
(1789-1889)

> L'homme qui a vécu se retourne vers le passé dont il commence a faire partie, et il cherche, dans les générations disparues, le pressentiment des choses qui viennent et qu'il ne verra pas.
>
> *Le P. LACORDAIRE.*
> *Discours sur la loi de l'Histoire.*

Sommaire : La Peinture, la Musique et les Beaux-Arts. — Sociétés savantes. — Musées. — L'Imprimerie à Thonon, Evian et Douvaine. — Sociétés diverses : Sapeurs-Pompiers, Sociétés de Secours mutuels, etc., etc. — Sociétés nautiques et régates d'Evian, etc... — Commerce et Industrie.

Nous étonnerons peut-être un grand nombre de nos lecteurs, quand nous leur dirons que la Révolution française amena une décadence de l'art dans notre pays.

Evidemment, je ne sache pas que le Chablais puisse revendiquer l'honneur d'avoir produit, avant 1792, quelques artistes célèbres dans la peinture, la sculpture, l'architecture ou la musique. On aurait peine à trouver trace de quelque Michel-Ange.

Cependant, Thonon avait déjà au xviie siècle ses peintres, ses sculpteurs, ses orfèvres et ses maîtres de musique.

Les registres mortuaires de 1610 signalent le décès d'un musicien ou organiste de l'église de Notre-Dame de Compassion (1). En 1636, c'est messire Pierre Balthazard Vite qui est maître de chapelle du même sanctuaire (2).

Les Valaisans rapportèrent de leur expédition en Chablais de 1476, un orgue enlevé de l'abbaye d'Abondance ou de celle de Saint-Jean-d'Aulph (3).

Le concile de Trente avait recommandé l'enseignement du chant dans tous les séminaires. De là la précieuse institution des Maîtrises où se formèrent des artistes de premier ordre.

Il y avait en France, avant 1789, environ quatre cents Maîtrises, dirigées par autant de maîtres de chapelle, entretenues par les paroisses, les monastères, les chapitres des cathédrales et des collégiales. Dans la petite ville d'Annecy, on en trouve deux : celle du chapitre de Saint-Pierre (la cathédrale), et celle de Notre-Dame-de-Liesse (la collégiale). A Thonon la maîtrise de la Sainte-Maison faisait merveille. Elle figure dans toutes les grandes cérémonies, et ses maîtres formaient nombre de musiciens dans notre ville.

Les abbayes d'Abondance et d'Aulph avaient aussi leurs écoles de chant. « Trente à quarante chanteurs, composaient en moyenne le personnel de chaque

---

(1) Les prêtres de la Sainte-Maison achetèrent, en 1672, l'orgue actuel au prix de 700 écus : L'un d'eux, Révérend Tavernier, construisit le jubé à ses frais. *(Monographie de la Sainte-Maison,* p. 31).
(2) *Ibid.*, p. 39.
(3) Boccard, *Hist. du Valais,* p. 138.

maîtrise, et le nombre des musiciens répandus en France s'élevait au total de 12 à 15,000 ; parmi lesquels se trouvaient environ 5,000 enfants de chœur (1). Ces maîtrises étaient au xviiie siècle les seules écoles où se formaient les artistes destinés à la musique profane.

L'orfèvre François le Grand habite Thonon en 1578... (2).

Plusieurs peintres et sculpteurs y figurent, de 1620 à 1680, entr'autres le sculpteur Pierre Jay qui répara, en 1676, la chapelle des Allinges (3).

Le célèbre peintre Lange (F.-J. Dominique Josserme), d'Annecy, mit son talent au service des chanoines de la Sainte-Maison de Thonon, et leur laissa plusieurs tableaux qui ornaient encore naguère l'église de Notre-Dame de Compassion (4).

En 1786 et 1788, Dominique Olivieri et Pierre Ecuyer reproduisaient les sites pittoresques de Thonon. d'Evian, d'Amphion et de Meillerie.

Quant à l'architecture, les magnifiques églises des abbayes d'Abondance, d'Aulph et du Lieu, et les églises d'Evian et de Thonon (quoique défigurées par d'ignobles remaniements), prouvent que le moyen-âge

---

(1) Hippolyte Réty, *Etudes philosophiques sur le chant religieux*.
(2) *Hist. de Thonon et du Chablais*, p. 220.
(3) *Monogr. de la Sainte-Maison de Thonon*, p. 46.
(4) Nous devons cette note à l'obligeance d'un autre célèbre peintre savoyard, de M. Claude Hugard de Cluses, né en 1814 et mort en 1885. Quelques mois avant sa mort, ce grand paysagiste (dont la perte a été l'objet de regrets unanimes dans la presse artistique de la France et de l'étranger), me fut adressé à Thonon. Après lui avoir fait inspecter tout ce que la ville renfermait de tableaux, je le conduisis aux gorges de la Dranse dont il admira la nature grandiose et imposante. Il attaqua son paysage par deux études superbes qui figurèrent au Salon après sa mort. Malheureusement, il y prit un refroidissement et bientôt il n'était plus, hélas ! ce peintre charmant des glaciers, des torrents et des bois.

possédait dans nos contrées, des artistes au moins égaux à ceux des temps modernes (1).

Actuellement, les arts plastiques ont rencontré un certain nombre d'adeptes : les Baud de Morzine, qui, dans l'art du portrait et de la sculpture, se sont faits une réputation bien méritée ; les Thiébaut, les Cottet d'Evian, etc... MM. Baud ont ouvert, depuis quelques années, une école de peinture à Thonon même.

Parmi les collectionneurs de tableaux figurent : le général Chastel, le baron Breissand, et d'autres encore.

La musique est généralement cultivée, et cela dans toutes les classes de la société et à toutes les altitudes. Le Faucigny a donné l'élan en matière de fanfares ou d'harmonies.

Le Chablais marcha sur les traces de son voisin, et des sociétés de musique se sont formées sur tous les points, depuis Châtel jusqu'à Douvaine et depuis Boëge jusqu'à Saint-Gingolph.

Les municipalités encouragent ces institutions, et concourent à leur entretien en se chargeant d'une partie du traitement du maître. Plusieurs communes prennent un maître commun, et, de la sorte, celui-ci peut mener à bien un certain nombre de sociétés voisines qui, de leur côté, fournissent aux besoins de son existence.

Lorsqu'eut lieu le conseil de révision pour la levée extraordinaire motivée par la guerre de 1859, les contingents de chaque communes se transportaient au chef-lieu de la province, musique en tête. En a-t-on vu de ces uniformes fantaisistes, en a-t-on entendu de

---

(1) Voir : *Étude historique sur les anciennes églises de la Savoie*, Poncet.

ces symphonies plus fantaisistes encore ! Tout cela n'en prouve pas moins le goût de la musique dans la contrée et l'aptitude de ses habitants pour cet art.

De tout temps Thonon eut sa société d'instruments à vent. Ces sociétés sont sujettes à des défaillances, mais elles ne restent jamais longtemps paralysées, le moindre évènement suffit pour leur rendre l'ardeur qu'elles semblaient avoir perdue. Quelques musiciens de régiments français, après avoir pris leur retraite, s'étaient établis à Thonon, faisant chacun leur petit commerce, mais toujours prêts à reprendre leur arme de prédilection. Les Gauthier, les Renaud, les Mouloy, sont de ceux-là.

Plus tard les régiments piémontais dirigèrent également sur la province leurs meilleurs musiciens, et Thonon eut pour sa part : Léone, Cautella, Abbeati, etc. Ces deux derniers avaient élevé la musique de Thonon à un degré de perfection qu'elle n'a pas dépassé depuis. Comme fanfare, c'est sous la direction de M. Hermier qu'elle a atteint son apogée.

Evian qui possédait le privilège de constituer une garde urbaine devait nécessairement adjoindre à celle-ci un corps de musique. En effet, Evian eut sa musique militaire, dès longtemps avant 1848, et celle-ci devint la musique de la garde nationale quand la garde urbaine fit place à cette dernière. Mais depuis qu'Evian est devenu une station balnéaire de premier ordre, ses échos ont assez à faire de répéter les cavatines des chanteurs et les fantaisies des virtuoses qui fréquentent ses thermes. Toutefois Evian possède toujours sa fanfare municipale. Outre Thonon et Evian, voici les communes du Chablais qui possèdent actuellement des sociétés musicales : Boëge, Bons, Châtel, Douvaine, le Biot, Saint-Jean-d'Aulph, Thollon, Vacheresse, Vailly, Veigy-Foncenex.

Enregistrons en terminant les succès remportés par la *Savoisienne (Allobroges vaillants)*, chanson ou plutôt hymne national, qui est l'œuvre, pour les paroles, d'un chablaisien, M. Joseph Dessaix. Il est dit que ce nom se rencontrera constamment au bout de ma plume. Mais voici l'histoire de la musique de la *Savoisienne* qui ne me semble pas déplacée ici.

Sous Napoléon III, quand les armées françaises avaient accompli quelque haut fait, le gouvernement mettait au concours la composition d'une cantate de circonstance. L'œuvre couronnée était chantée sur quelqu'un des théâtres subventionnés et l'auteur se contentait le plus souvent d'une médaille pour toute récompense.

La prise de Sébastopol avait donné lieu à un concours de cette nature. La cantate couronnée fut exécutée sur le théâtre de l'Opéra-Comique, mais je n'ai pas pu me procurer le nom de l'auteur.

Les corps de musique des régiments piémontais furent bientôt pourvus de cette cantate, et chacun de leurs chefs y puisa quelque motif de marche ou de pas redoublé. Conterno qui était à la tête de la musique d'un régiment en garnison à Chambéry en tira un pas redoublé qui devint promptement populaire. On le sifflait, quand on ne le chantait pas, il n'y manquait que des paroles.

Des paroles furent adaptées à l'air par M. Joseph Dessaix, et ces paroles furent inaugurées à la première représentation, sur le théâtre de Chambéry, du *Prisonnier de Chillon*, œuvre dramatique du même auteur. Depuis, *la Savoisienne* n'a rien perdu de sa popularité.

SOCIÉTÉS SAVANTES

En 1886 eut lieu, à Thonon, le Congrès des Sociétés savantes de la Savoie.

La Société Florimontane, l'Académie Salésienne, la Société savoisienne d'Histoire et d'Archéologie et l'Académie de Savoie comptaient de nombreux associés dans le bassin du Léman.

Toutefois, le Chablais voulut avoir sa société particulière, comme un centre de réunion pour les hommes laborieux qui s'occupent volontiers d'histoire, de belles-lettres, de sciences et d'art.

Le 7 décembre 1886 un certain nombre de citoyens réunis dans l'un des salons de l'Hôtel-de-Ville nommaient le bureau de la jeune Académie chablaisienne. Il fut composé comme suit : Président : le comte Amédée de Foras; vices-présidents : MM. Charles Buet, L.-E. Piccard ; secrétaire perpétuel, M. Norbert Mudry ; secrétaire-adjoint, M. Lucien Bordeaux; bibliothécaire, M. Jules Guyon ; trésorier, M. Ernest Deroux. En 1888, le comte Amédée de Foras appelé au poste important de grand maréchal de la cour du prince de Bulgarie, fut remplacé, à la présidence, par M. Charles Buet, le romancier si populaire appelé, à juste titre, le Walter Scott de la Savoie.

L'Académie Chablaisienne vient d'affirmer sa vitalité par la publication, coup sur coup, de deux beaux volumes de *Mémoires*.

Elle compte actuellement cinq membres d'honneur, quarante membres effectifs résidants ou non résidants, trente-deux membres agrégés et membres correspondants. Nous relevons dans ces listes les noms de MM. le baron Bollati de Saint-Pierre, directeur des Archives Piémontaises ; le comte Amédée de Foras, maréchal de S. A. R. le prince de Bulgarie ; le Cher Frère Valfrid, directeur du Pensionnat Saint-Joseph ; le baron d'Yvoire, ancien député ; Mgr Pagis, évêque de Verdun ; François Descostes ; le chanoine Truchet ; le baron de Blonay ; le comte de Sonnaz, consul général à Sofia; Maître, ingénieur de la ville de Limoges ; S. E. le général Menabrea, ambassadeur d'Italie, à Paris ; le baron Manno, secrétaire de la R. Députation d'Histoire à Turin ; le R. P. Picus, missionnaire apostolique ; le R. P. Frédéric de Sixt, définiteur des Capucins ; le général Méredith Read, ancien ministre plénipotentiaire des Etats-Unis ; Théodore de la Rive ; Jules Vuy, vice-président de l'Institut national genevois, Antony Dessaix, et une foule de notabilités de la science, du droit et des lettres.

Le second volume de ses mémoires et documents (LXII-334 pages) renferme les procès-verbaux de dix séances mensuelles dans chacune desquelles ont été faites de nombreuses et intéressantes communications. Il contient, en outre, quinze mémoires dont les auteurs sont : MM. l'abbé Gonthier, Jules Guyon, Gustave Charmot, Norbert Mudry, le docteur Blanchard, Amédée de Foras, Jules Vuy, l'abbé Piccard et Jacques Dubouloz, et vingt-un documents inédits se rapportant à l'histoire municipale de Thonon, à l'abbaye d'Abondance, à l'abbaye d'Aulph, à l'histoire municipale d'Evian, etc.

Un plan, dressé par M. Bâtisse, architecte, des parties du château ducal de Thonon mises à découvert par des travaux récents ; une planche de signes de notaire, ajoutent à ce beau volume un nouvel intérêt.

Deux autres sociétés, quoique distinctes et indépendantes, mais dont les chefs sont, pour la plupart, membres de l'Académie chablaisienne, sont destinées à l'entr'aider, en travaillant au même but, en rendant au pays de grands services au point de vue scientifique.

Nous avons nommé la Commission du musée de Thonon et la section du Club-Alpin français, fondée récemment sous le nom de Section du Léman.

Le musée chablaisien fut créé, en 1863, par les soins de MM. Jean Genoud, Amédée de Foras et Dubouloz, docteur. Il renferme des débris lacustres trouvés dans le port de Thonon, des poteries galloromaines, un squelette d'auroch, une belle défense de mammouth, trouvée en Chablais, un assez beau médailler, plusieurs collections relatives à l'histoire naturelle, entr'autres un superbe bouquetin, et la série complète des oiseaux du lac Léman. La pièce la plus rare est un beau chapiteau d'ordre corinthien, du style latin du VIe siècle, divisé en deux étages, et représentant douze scènes de la vie de l'enfant prodigue (1).

La section du Club Alpin de Thonon a pour président, M. Norbert Mudry, secrétaire perpétuel de l'Académie Chablaisienne.

On voit que la vie littéraire, le mouvement intellectuel, malgré les préoccupations de l'heure présente, sont vivaces dans nos Alpes. De tous côtés, les Sociétés savantes travaillent à mettre en lumière notre patrie. Et parmi ces réunions d'érudits, la jeune Académie

---

(1) Outre le Musée chablaisien dont nous venons de parler, il existe encore à Thonon deux autres riches musées : l'un au pensionnat Saint-Joseph et l'autre au collège de Saint-François-de-Sales. Le collège d'Evian possède aussi le sien. Citons, parmi les collections particulières : Celles de M. Albert Duplan, maire d'Evian-les-Bains et vice-président actuel de l'Académie Chablaisienne, de M. César Deruaz, de Thonon (monnaies), de M. de Beauregard, à Chens-Cusy (objets lacustres), et du baron Stéphane de Blonay, au château de Marin (armes anciennes).

Chablaisienne, fondée depuis deux ans, prend une des places les plus honorables, grâce au concours dévoué de tous les hommes d'initiative et de talent qui la constituent.

Aussi l'imprimerie a-t-elle pris un nouvel essor en Chablais.

L'IMPRIMERIE CHABLAISIENNE (1602-1889)

L'imprimerie de la Sainte-Maison, fondée dès 1603, avait sombré au XVIIIe siècle (1). Une nouvelle fut fondée, en 1861, par une société de patriotes. Le brevet daté du 19 janvier, est accordé à MM. Plantaz Joseph et Cie. Joseph Dessaix, promoteur de cette entreprise en prit la direction et fonda *Le Léman*, journal politique, littéraire et agricole, qui commença à paraître le 12 août 1861. L'année suivante cet atelier fut pourvu d'une presse mécanique, et publia : *La Ferme des Alpes*, journal agricole et horticole pour les deux départements savoyards ; *Le Courrier du Chablais*, journal hebdomadaire, commencé le 1er mars 1868, et quelques autres travaux énumérés aux bulletins bibliographiques des années 1861-1867.

A la mort de Joseph Dessaix (1870), Plantaz ne s'entendit pas avec ses associés et fonda un autre établissement. La dissolution de la société fut décidée

---

(1) Voyez *Hist. de Thonon et du Chablais*, p. 358. Sylvain Basset, libraire à Thonon, à la fin du siècle dernier, vendait des chiffons à la papeterie de Saint-Gingolph (1776). En 1778, il obtint de les débiter à quelque autre papeterie que ce fut du duché de Savoie. Non content de cela, il demanda l'autorisation de les vendre à l'étranger. L'ancienne papeterie de Thonon dépendant de la Sainte-Maison n'était autre que les moulins Lombards actuels. Elle livrait de magnifiques papiers au Cœur, au Serpent, à la Vierge, etc. (*Mém. de l'Académie chablaisienne*, t. III).

dans la réunion des actionnaires, du 31 octobre 1872.

Dès lors, l'imprimerie chablaisienne passa d'abord à M. Guillaume Burdin, puis à M. Dubouloz qui continue à publier *Le Léman*.

Dès 1870, Plantaz fondait une seconde imprimerie avec un matériel neuf et très-complet, qui lui permit de se charger de toutes espèces de travaux, même des travaux de luxe (1).

A sa mort, Mme veuve Plantaz continua à publier *Le Chablais*, journal littéraire et industriel qui arriva successivement, avec l'imprimerie, à MM. Baud (1880), Cassagnes (1883), puis à la Société anonyme de l'Union Chablaisienne (1888) qui la possède aujourd'hui. Le journal *La Versoie* sortit aussi de ses presses pendant l'année 1887.

Signalons, en finissant, l'existence éphémère de l'imprimerie de l'orphelinat de Douvaine, qui publia, pendant quelque temps, *l'Ange et l'Orphelin* (Petite revue mensuelle in-8°).

L'imprimerie d'Evian dut sa naissance à une circonstance toute particulière rapportée par Joseph Dessaix dans la *Nymphe des Eaux* (2).

« En 1819, dit-il, deux ecclésiastique, les frères Picollet (3), dont l'un était préfet du collège, et l'autre directeur spirituel, fondèrent l'imprimerie d'Evian, dans le but de publier *La Vie des Saints*. Pierre Munier, marchand épicier, fut revêtu par les éditeurs des fonctions de directeur de l'imprimerie, qui consistaient dans les achats de papiers, la surveillance de l'atelier et le règlement des comptes des ouvriers. Le

---

(1) Joseph Plantaz, né à Bonneville en 1834, mourut à Nernier en 1873. Il imprimait alors l'*Annonce de Savoie*.
(2) 1860 N° 15, 20 novembre.
(3) Voyez chap. XIV, Les frères Picollet.

second des abbés Picollet s'était réservé la charge de corriger les épreuves et l'ainé n'était intervenu dans la société que comme bailleur de fonds.

« L'imprimerie commença à fonctionner dans le mois de novembre 1819 ; mais la copie du grand œuvre n'étant pas suffisamment avancée et l'établissement n'ayant encore qu'un ouvrier, pour occuper ce dernier et attendre la copie, elle édita un *Epitome historiæ sacræ*. L'année suivante Munier fit enfin venir trois compositeurs et six pressiers, qui travaillèrent pendant deux ans. Le papier se fabriquait à Saint-Gingolph, mais avec tant de difficulté et surtout en si petite quantité, que Munier, pour éviter des chômages forcés, jugea à propos de diminuer le nombre des ouvriers, qui fut réduit à trois, un compositeur et deux pressiers. Le second volume de *La Vie des Saints* a été presque en entier imprimé par ces trois ouvriers. »

Enfin l'ouvrage, tiré à 4,600 exemplaire, fut achevé en 1823 (1).

Il forme deux volumes grand in-f°, de 500 pages, justifiées en deux colonnes et renfermant chacun six gravures correspondant à chaque mois. Ce sont des gravures sur bois, dont M. Picollet s'était procuré les clichés ; ils avaient déjà servi à l'édition d'une *Vie des Saints* semblable, publiée par *Le Solitaire*; et les frères Picollet, en la prenant pour modèle, ne lui firent pas l'honneur de la citer...

Si l'on considère le peu de ressources matérielles

---

(1) Parmi les ouvrages sortis de cette imprimerie figure *Le Miroir des âmes* illustré, tiré à 6,000 exemplaires, qui furent vendus de suite. Encouragé par ce succès, M. Picollet fit imprimer la *Vie des Saints*. Comme on lui reprochait d'avoir illustré son *Miroir des âmes* avec d'affreux petits diables, il se contenta de répondre : « Avec mes diables, j'ai fait mes saints, » car le produit du premier ouvrage lui permit de payer en grande partie les frais du second.

dont la société disposait, les difficultés sans nombre qui ont dû se présenter pour mener à bien, dans une toute petite ville, une semblable publication, il y a quarante ans, on peut l'envisager comme un tour de force qui fait honneur à ceux qui l'ont entreprise et exécutée.

Le but pour lequel l'imprimerie avait été montée étant atteint, les frères Picollet, ne sachant à quoi l'utiliser, la vendirent à Pierre Munier...

Dès lors, les fils de Pierre Munier, Basile et Maurice, qui avaient travaillé à *La Vie des Saints*, l'un comme compositeur, l'autre comme pressier, devinrent les ouvriers de leur père auquel ils succédèrent ensuite.

On a de Pierre Munier, outre *La Vie des Saints* des frères Picollet, imprimée de 1819 à 1823 :

Relation du Voyage de LL. MM..., sans nom d'imprimeur (1824);

Mémoire en Droit, par Thomas Grivel (1830);

Défense de la Religion, in-8° (1831);

Instruction pour les clercs de paroisse, brochure in-12 (1832);

Nous connaissons en outre, des frères Munier :

Statuts de la boulangerie normale, établie à Thonon, in-4° (1846).

Anciennes mesures, par M. de Sonnaz;

Circulaire de la Visitation, (1847).

De Maurice seul, des pièces signalées aux bulletins bibliographiques des années 1860 et suivantes entr'autres :

L'Indicateur des 25,000 adresses de la Savoie, par J. Dessaix.

SOCIÉTÉS DIVERSES

Comme nous l'avons vu, les Lanciers du Chablais avaient succédé à l'abbaye de la Jeunesse de Thonon. En 1775, ils servirent d'escorte à Victor-Amédée III, lors de son voyage à Thonon et à Evian. Ils se réorganisèrent en 1824, et accompagnèrent Charles-Félix pendant son séjour sur les bords du Léman.

L'organisation à cheval eut quelque durée et la compagnie s'exerçait aux manœuvres de la cavalerie. Chaque année, elle donnait un carrousel, où les chevaliers se disputaient des oranges à la pointe de l'épée, pour les offrir ensuite aux dames. Le docteur Pierre-Marie Genoud, de Douvaine, en était roi en 1848.

Les gardes urbaines de Thonon et d'Evian firent pendant longtemps l'admiration du peuple des campagnes. Mais une société plus utile les éclipsa bientôt : la société des sapeurs-pompiers. Ce fut Valentin Guyon, architecte et successeur de M. Anthoinoz comme capitaine de la compagnie, en 1840, qui les organisa sur un pied militaire, c'est-à-dire avec armes et costume. Il fut commandant de ce corps jusqu'en 1862, et eut pour successeurs MM. François Dupas, Claude Lochon, Philippe Thorens (sous lequel la société arriva à son épogée), Alexandre Anthoinoz, et actuellement l'avocat Louis Pinget.

La compagnie a sa musique superbement costumée.

En 1847, les sapeurs-pompiers de Thonon avaient adopté pour uniforme le pantalon amarante avec une tunique bleue et les parements jaunes. L'ancienne musique portait également la tunique bleue et les parements jaunes. Et pourquoi ? Parce que ce sont lescouleurs héraldiques de la ville. L'écusson de Thonon est mi-partie or et azur. Ce qui veut dire, en style d'épicier, qu'il est partagé, dans le sens de sa hauteur, en deux parties égales dont l'une est jaune et l'autre bleue.

Les communes du Chablais possédant aujourd'hui des corps de sapeurs-pompiers organisés sont : Thonon, Allinges, Anthy, Armoy, Bernex, Bonnevaux, Boëge, Bogèves, Champanges, Chens, Douvaine, Evian-les-Bains, Excenevex, Féternes, La Chapelle, Larringes, Lugrin, Lullin, Lully, Lyaud, Marin, Massongy, Maxilly, Meillerie, Orcier, Perrignier, Publier, Reyvroz, Saint-Paul, Thollon, Vailly, Veigy-Foncenex, Yvoire.

Rapprochons de la compagnie des sapeurs-pompiers, jadis militairement équipée, une société relativement récente, puisqu'elle ne date que de 1872 : la société de tir du Chablais.

Elle semble avoir voulu continuer les annales chevaleresques des arquebusiers du Chablais (1). Comme ceux-ci, elle a établi son Stand sur la place de Crête qui a été et sera toujours le Champ-de-Mars de notre cité. Elle donne annuellement ses fêtes et son concours de tir. Ces exercices développent l'adresse et l'esprit militaire, et l'on aime ces réjouissances publiques, où l'agréable s'accorde si bien avec le besoin de former des citoyens plus aptes à défendre leurs foyers. Elle a pour président M. J. Jarre.

La Société de Saint-Hubert, ou Société des Chasseurs chablaisiens, loue annuellement la plus grande partie des propriétés communales des diverses localités chablaisiennes. Elle empêche ainsi l'envahissement du pays par les chasseurs étrangers, et prévient, par de

---

(1) *Hist. de Thonon et du Chablais,* p. 90-98.

sages précautions, la disparition du gibier. M. le comte colonel Charles de Foras en est, depuis de longues années, le président.

SOCIÉTÉS DE SECOURS MUTUELS ET ŒUVRES DE BIENFAISANCE

La contrée abonde en sociétés de secours mutuels.
Le première fut établie à Evian en 1852. M. Antony Dessaix avait vu fonctionner cette institution dans le canton de Vaud ; il conçut l'idée d'en faire bénéficier le Chablais, et c'est à Evian qu'il mit son projet à exécution. Les statuts qu'il rédigea contenaient des dispositions qui permettaient d'envelopper, dans une même société, tous les citoyens du mandement (canton), sauf à les détacher, par sections communales, au fur et à mesure que les circonstances s'y prêteraient. Toutes les sociétés existantes actuellement dans le canton d'Evian sont autant de branches détachées de la société du chef-lieu.

Thonon ne tarda pas à suivre l'exemple d'Evian, ainsi que les autres localités du Chablais.

La société de Thonon fut en grande partie l'œuvre de M. Mégroz père, auquel M. Edouard Dessaix prêta l'appui de sa popularité et de sa considération.

Les communes chablaisiennes possédant aujourd'hui des sociétés de secours mutuels sont : Thonon, Abondance, Allinges, Armoy, Boëge, Bons, (l'*Union de la Côte*), Douvaine, *(Société militaire chablaisienne)*, Draillant et Cervens *(Société des Enfants de la Côte)*, Evian, Grande-Rive (Neuvecelle, Grande-Rive, Maxilly) Féternes, Lugrin, Lyaud, Margencel, Meillerie, Messery, *(Les Enfants du Léman)*, (Chens, Excenevex, Messery, Nernier et Yvoire), Passeirier, Perrignier, Publier, Sciez.

L'un des articles réglementaires de ces sociétés porte que toute discussion politique y est interdite. Hélas, beaucoup oublient trop ce point essentiel, se divisent et disparaissaient.

Thonon possède encore l'ancienne *Société des Saints-Crépin, Crépinien et Saint-Eloi*, fondée avant 1536, et relevée dans notre siècle par Joseph Rollier, le fondateur des conférences de Saint-Vincent-de-Paul dans notre ville, conférences qui distribuent annuellement de nombreux secours aux indigents.

Les femmes ont aussi leur société de secours mutuels, ainsi que l'Ouvroir des dames de charité.

N'oublions pas la Société de Sauvetage du lac Léman qui se propose deux buts :

1° Porter secours aux embarcations et aux personnes en péril.

2° Réunir dans un esprit de prévoyance et de confraternité les navigateurs ; fonder une caisse de secours mutuels en cas de maladie entre les sociétaires souscripteurs, et une caisse d'assurance pour les sauveteurs des équipes qui resteraient estropiés ou périraient dans l'accomplissement d'un acte de dévouement.

Cette société embrasse toute la côte de Savoie, reliant Yvoire à Meillerie, Thonon à Evian.

Cette dernière ville possède quelques institutions spéciales, particulières aux étrangers. Son *Casino*, installé dans l'ancien logis féodal des barons de Blonay est un vaste manoir à deux étages, accolé d'une tour carrée. Ses pièces, nous dit M. Charles Buet, sont décorées avec goût, sobrement et somptueusement meublées, sans que rien y rappelle le luxe banal et criard des cercles de villes d'eaux. Une belle terrasse au bord du lac, ornée de corbeilles de fleurs, de massifs d'arbustes, plantés de beaux arbres, avec kiosque de musique, complète l'installation de cet établissement.

Du *Casino*, par une passerelle, on communique avec le *Théâtre*, vaste salle carrée qui peut contenir 500 spectateurs.

La scène est aussi belle, dit-on, que celle d'un grand théâtre parisien, et comporte tous les aménagements désirables (1).

La Société Nautique, fondée en 1884, par le prince de Brancovan, a pour but le développement de la navigation de plaisance sur le lac Léman.

Elle se compose de membres actifs et de membres honoraires. Tous les baigneurs peuvent faire partie de la société à l'un de ces titres. Le président actuel est M. Benoît-Champy.

La Société Nautique organise des régates, des courses.

Aucun spectacle n'est comparable à une fête de ce genre, par un de ces temps splendides, une de ces journées méditerranéennes, — avec des brises fraîches en plus, ces traînées d'air vif qui ont passé sur les montagnes et sur le lac, toutes pures de neige et toutes parfumées de pins, — comme l'été en réserve aux riverains du Léman.

Lorsque les flotilles du lac se rangent en vue des milliers de curieux entassés dans les tribunes, le coup

---

(1) Une question intéressante à étudier serait de déterminer dans quelle mesure les lettres et les études étaient florissantes en Chablais aux XVIe, XVIIe, XVIIIe siècles. Quant aux *petits rimailleurs*, auteurs des « gaillardises, histoires, » ou comédies représentées dans les rues de Thonon ou d'Evian, dans certaines circonstances, on peut en citer plusieurs. En 1578, Loys Alliaud, bachelier et recteur du collège communal de Thonon, propose à la municipalité d'élever un tréteau pour y jouer une pièce dramatique, tirée « des Saintes-Ecritures ou d'ailleurs, » à l'occasion de l'arrivée des écoliers d'Evian. *(Hist. de Thonon et du Chablais*, p. 219). Aux temps de saint François, furent jouées encore plusieurs « histoires. »

d'œil est féerique, d'une féerie, où la nature fait le plus beau théâtre qui se puisse imaginer, avec un fond de tableau brossé de montagnes vertes, de ciel immaculé, de frais et légers horizons.

Le lac fourmille de bateaux, de yachts, de yoles, d'esquifs de péniches, d'embarcations de toutes sortes, de toutes dimensions, de toutes couleurs, rangées en bel ordre, luisants sous le soleil, pavillons déployés. On dirait une escadre.

C'est une fête vraiment populaire. Toute la ville est pavoisée, enguirlandée, illuminée.

Les illuminations resplendissent, le feu d'artifice jette dans la nuit ses dernières gerbes d'étoiles, la fête vénitienne prolonge sur le lac ses harmonies qui s'éteignent, ses feux qui meurent... (1)

Outre ces diverses sociétés, Thonon renferme trois cercles. Evian, Douvaine, etc., en possèdent chacun un à leur tour...

COMMERCE ET INDUSTRIE

La section des arts et métiers, dépendant de la Sainte-Maison, porta l'industrie en Chablais à un point qu'elle est loin d'avoir atteint de nos jours.

Outre les imprimeries, papeteries, scieries, fabriques de faulx et de fer, dont nous avons déjà parlé, elle possédait en 1609-1611 un *passementier* qui fabriquait des draps d'or et de soie (2), et, en 1700, des maîtres qui « faisaient le droguet, le drap, la toile et des *venises* pour nappes et serviettes (3). Les pauvres, nous dit un rapport de l'époque, y filent, cardent et peignent

---

(1) *La Côte de Savoie.*
(2) *Monogr. de la Sainte-Maison*, p. 33.
(3) *Venise*, synonyme de *damassé*.

la laine ; quatre des plus grands travaillent sur des métiers à bas et les font très bien. Bientôt y paraissent d'autres métiers, utiles à la province, tels que ceux de tailleur, cordonnier, tanneur, chapelier, chamoiseur... (1). »

La ville de Thonon possède une force motrice intarissable : c'est l'*Oncion*, petit cours d'eau qui descend des Allinges, et se jette dans le lac, à Ripailles.

L'*Oncion* passe tout près des sources minérales de la Versoie ; sur son parcours, ce courant d'eau met en mouvement les moteurs de la fabrique de pâtes alimentaires de Thonon. Seule, l'eau minérale de la Versoie est employée pour la fabrication de ces pâtes chablaisiennes, qui rivalisent avec les produits similaires les plus renommés de l'Italie.

L'*Oncion* est la force motrice de plusieurs moulins, de tanneries, de l'imprimerie de l'Union chablaisienne, d'une scierie très importante, etc.

Il y existait, il y a quarante ans, une filature de coton, elle a été remplacée par une fabrique de poterie.

Il y avait aussi quelques tanneries ; mais l'Italie étant leur principal débouché, l'établissement de la zone n'a pas contribué à leur prospérité.

En dehors de cette industrie rudimentaire, il n'en existe guère d'autres que celles qu'exigent les besoins journaliers et les échanges de service réciproques en usage entre les habitants d'une même localité.

Cependant Thonon a sa production spéciale et fort renommée. Il y a près de cent ans que son biscuit est en grande réputation. La confection de ce produit est encore un monopole de quelques confiseurs ; tous ne sont pas initiés au mystère de sa fabrication.

---

(1) *Monogr. de la Sainte-Maison* p. 54.

Quant à Evian toute sa prospérité actuelle lui est venue des 7 ou 8,000 étrangers accourus annuellement sur son rivage. La grande réputation de ses eaux minérales l'ont rendue riche et opulente. Il s'en fait encore, en ce moment, un commerce considérable à l'étranger.

Son sol fertile et plantureux est devenu, de la Dranse à la Tourronde, un immense parc couvert de villas et de maisons de campagne.

Une autre force motrice, beaucoup plus considérable que l'Oncion, c'est la Dranse. Aussi rencontre-t-on, dans ses gorges, les fabriques de gypses d'Armoy, de Féterne-Lépine et la magnifique scierie de marbres de La Vernaz. Sa turbine puissante, avec ses engrenages multiples et ses machines énormes, constitue le plus bel établissement industriel de la région. Les marbres de La Vernaz, sont rouges et gris. Les rouges offrent de grandes variétés de tons. Les gris foncés ou clairs, à veines blanches, noires, vertes ou jaunâtres, ont une coloration des plus douces et des plus harmonieuses.

Espérons que les récents désastres, causés par les derniers débordements de la Dranse, seront bientôt réparés.

Les fertiles côteaux de Crépy, de Féternes, de Saint-Paul et les riches plaines du Bas-Chablais, expédient une certaine quantité de leurs produits à l'étranger, surtout les vins de Crépy et de Féternes.

Dans le Haut-Chablais, les produits les plus renommés sont les châtaignes et les cerises dont on extrait, par la distillation, du kirschwasser supérieur en qualité à celui de la Forêt-Noire. Il s'en exporte en grande quantité. Les fromages et les vacherins d'Abondance sont aussi l'objet d'un commerce assez étendu.

Mais déjà de nouvelles voies de communication ont rendu les moyens de transport plus faciles, et bientôt on pourra extraire l'anthracite des montagnes, et surtout utiliser les nombreuses sources d'eau minérale sulfureuse qui existent dans les hautes vallées.

Le pays, en général, et surtout le Bas-Chablais est essentiellement agricole. La culture de la vigne et du froment y tient le premier rang. La première ne laisse rien à désirer, et la contrée peut rivaliser, sur ce point, avec les cantons suisses de Vaud et de Genève.

Aussi le Chablais possède-t-il deux sociétés d'agriculture, ayant pour présidents : l'une M. Vernaz André-Joseph, auteur de plusieurs mémoires très intéressants sur le mildew, insérés dans les volumes publiés par l'Académie Chablaisienne ; l'autre, M. le vicomte Benoît de Boigne, qui a rendu à l'agriculture des services signalés, en décuplant, par de sages méthodes et par des défrichements successifs, les produits du célèbre vignoble de Crépy.

La famille de Boigne est représentée en Chablais par deux de ses branches établies aux châteaux de Boisy et de Ténières, achetés par le général comte de Boigne en 1818 (1). Elle possède, en grande partie, les biens territoriaux de l'ancienne famille de Ballaison.

Notre tâche est terminée ; nous n'avons qu'à poser la plume.

---

(1) Benoît Le Borgne, si connu sous le nom de général de Boigne, né à Chambéry en 1751, partit pour les Indes où il devint généralissime des troupes de Mahadji-Sindiah. En 1790, il défit une armée de 45,000 hommes avec un corps de 6,000 seulement. A Patan, il remporta une brillante victoire en s'emparant de 100 canons, de 200 drapeaux et en faisant 15,000 prisonniers. De retour dans sa patrie, il se fit le généreux bienfaiteur de la ville de Chambéry, qui lui doit la plus grande partie de son développement et de sa prospérité.

Un Tribunal révolutionnaire, d'après une gravure de l'époque.

France révolutionnaire, par Ch. d'Héricault.

Concluons : « Peu de contrée de la patrie savoyarde n'ont été, plus que le Chablais, dès les temps les plus reculés jusqu'à nos jours, le théâtre d'évènements remarquables. Sur cette terre plantureuse, les hommes distingués ont germé, ainsi que les fleurs et les arbres, empruntant, comme eux, de son sol, de son ciel et de ses eaux, la vigueur de l'esprit, la générosité du caractère et la fraicheur des sentiments. Ecrivains, artistes, hommes de guerre, hommes d'église, la liste en est aussi longue que glorieuse. » (1).

Tel a été mon pays, dès l'origine jusqu'à nos jours, malgré les révolutions religieuses et politiques qu'il a traversées ; tel il sera, je l'espère, dans les siècles à venir. Sa fidélité héréditaire aux principes du droit et de la justice qui lui ont conservé cette physionomie à part, cet air de dignité et d'indépendance, reflet de sa grandeur antique, sera encore sa gloire et sa force dans la mauvaise, comme dans la bonne fortune.

L'avenir n'est-il pas, en effet, tout entier en germe dans le passé ? Nous devons donc y prendre des leçons pour laisser un jour des exemples dignes de la postérité.

Etudions donc notre histoire, et nous serons forts pour affronter les éventualités que nous préparent les temps futurs. Que notre conduite soit tracée par ces fières paroles que Galgacus jetait aux Bretons avant la bataille : *Majores vestros et posteros cogitate!* (2).

---

(1) *Mém. de l'Académie de Savoie*, 3ᵉ série, t. XII, p. 188.
(2) C. Taciti, *Agricola*, XXXII.

NOTES

ET

DOCUMENTS

NOTES ET DOCUMENTS

DOCUMENT N° I

Prière à Dieu, dédiée à la Nation, par le citoyen et patriote Castelier, curé de la paroisse de Fourqueux, près Saint-Germain-en-Laye, département de Seine-et-Oise.

Gloire à Dieu seul ! Salut à tous ceux qui l'adorent sans hypocrisie, du fond de leur cœur ! Je suis leur frère et leur ami, quelles que soient leurs opinions.

Dieu de toute justice, Être éternel, suprême, souverain arbitre de la destinée de tous les hommes, toi qui n'excepte personne ; toi qui est l'auteur de tout bien et de toute justice, tu ne rejetteras point la prière des hommes vertueux qui ne veulent que justice, liberté et égalité.

Ah ! si notre cause est injuste, ne la défends pas ! La prière de l'impie est un second péché ; et c'est même t'outrager que de te demander ce qui n'est pas conforme à ta sainte volonté ; mais si nous ne sommes à tes genoux que pour obtenir ce que tu nous commandes toi-même ; si nous te demandons que la puissance dont tu nous as revêtus soit favorable à nos vœux, prends sous ta sainte protection une nation généreuse qui ne combat que pour l'égalité ; ôtes à nos ennemis déraisonnables la force criminelle de nous nuire ; brise les fers que ces despotes barbares et orgueilleux prétendent vouloir nous forger. Bénis le drapeau de l'union, sous lequel nous voulons tous nous réunir pour obtenir notre bonheur ainsi que notre indépendance !

Bénis les généreux Parisiens, qui, depuis quatre ans, exposent leur vie et leur fortune pour défendre leur patrie et la gloire !

Bénis les bataillons nombreux, les saintes phalanges de notre bouillante jeunesse, qui bravent la mort pour confondre les tyrans qui pullulent de toutes parts.

Bénis les familles respectables de ces vertueux enfants de la patrie, qui te prient avec instance de leur accorder la victoire.

Bénis nos armes, nos assemblées et surtout nos sociétés républicaines.

Bénis nos fonctionnaires publics.

Donne des lumières à nos législateurs et des forces à nos ministres !

Ouvre les yeux de nos frères égarés ; fais que rendus à la raison, ils rentrent paisiblement dans leurs foyers, pour jouir avec nous des précieux fruits de l'égalité, et pour chanter avec nous tes concerts, tes louanges dans les siècles des siècles.

(Délibérations de la Société populaire de Thonon).

DOCUMENT N° II

Tableau des membres composant la Société populaire de Thonon (Liste du 29 brumaire, an III).

Appy Jacques, natif d'Orange, âgé de 60 ans ; Donzé Joseph, natif de Dôle (Jura), âgé de 40 ans ;

Chamot Pierre-Aimé, de Saint-Jeoire, 35 ans ; Frézier Louis-François, d'Anthy, 43 ans, notaire ; Michaud Claude-François, de Thonon, 56 ans, agriculteur ; Grillon Joseph, d'Annecy, 35 ans, menuisier ; Michaud Louis-Abert, de Thonon, 34 ans, religieux ; Naz Aimé, 35 ans, homme de loi ; Manuel Jean-Baptiste, de Lonchaumière (Jura), 45 ans, cordonnier ; Portay Jean-François, de Féterne, 31 ans, chirurgien ; Goumand Joseph, de Tourjon (Isère), 25 ans, chirurgien ; Clément Nicolas, pharmacien, 38 ans, de Saint-Just (Marne) ; Deruaz Claude-Marie, de Thonon, 28 ans notaire ; Ruphar Jean-Baptiste, 38 ans, d'Annecy, chirurgien ; Dupuis Louis, de Capbon (Gers), âgé de 27 ans ; Guyon Jacques-François, de Thonon, 28 ans, substitut-procureur ; Chaumontet Joseph-Marie, de Compesière, (district de Carouge), 34 ans, notaire ; Pissot Gaspard ; 38 ans, perruquier ; Michaud J.-Pierre, de cette commune, 28 ans ; Bron Paul, 30 ans, de Thonon, notaire ; Berger François, de Ballaison, 48 ans, négociant ; Fornier Jacques-Antoine, 46 ans, de Thonon, négociant ; Bron François, 39 ans, perruquier ; Naz Jacques-François, 31 ans, homme de loi ; Charmot Pierre-Nicolas, de Sciez, notaire ; Favrat J. Pierre, 30 ans, de Bellevaux, notaire et procureur ; Naz Claude-François, 39 ans, de Thonon, homme de loi ; Bernard François, 32 ans ; Anthoinoz Eugène, de Thonon, 35 ans, négociant ; Anthoinoz Antoine ; Dubouloz François-Joseph, cultivateur ; Coriaz Amé, de Thonon, 35 ans, chapelier ; Deleschaux Jean-Baptiste, de cette commune, 30 ans, homme de loi ; Crépet François, de Belley (Ain), 35 ans, négociant ; Didier Joseph, de Gap (Hautes-Alpes), 28 ans ; Lugon Félix, horloger, de cette commune, 26 ans, Burnet André, d'Evian, 29 ans, négociant ; Emen François, de Grenoble (Isère), 28 ans ; Frossard J.-Marie, de Thonon, 30 ans ; Bérard Marcellin, 31 ans, de Bez (Briançon) ; Emen Louis, de Grenoble, 25 ans ; Chesquin Joseph-Alexis, de Commines-Nord ; Troquier, adjudant-major au 1er bataillon de l'Ain, 26 ans, de Bourg (Ain) ; Perrin Louis, tambour-major, de Bourg, (Ain) ; Evrard Benoit, de Mesinges, 34 ans, sergent ; Buget Pierre-Alexandre, officier de santé, de Bourg (Ain) ; Perrin Louis, 25 ans, de Bourg (Ain) ; Mainand J.-Jacques, 38 ans, de Lyon ; Michaud Victor, 20 ans de Thonon, soldat ; Vial J.-Pierre, 35 ans, perruquier, de Thonon ; Perregaux Frédéric, de Bourgoin (Isère), 39 ans ; Dupérier François-Marie, 47 ans, de Thonon, médecin ; Dessaix François, 27 ans, de Thonon ; Chenevier J.-Baptiste, de Thonon, 42 ans, orfèvre ; Thomasset Guérin, de Thonon, 28 ans, menuisier ; Lasalle François, d'Aix (Mont-Blanc), 39 ans, notaire ; Guyon Pierre-Joseph, de Thonon, 52 ans ; Vuelle Hugues, de Nante (Isère), négociant ; Bron André, d'Evian, 27 ans ;

Liste du 2 messidor au 10 fructidor, an III.

Chapuis J.-Marie, 36 ans, de Thonon, homme de loi ; Frezier Claude-J.-Marie, 30 ans, de Vailly ; Carron François, de Vailly, 30 ans, huissier ; Dunand Thollon, 63 ans, d'Evian ; Auger François ; Vaissière Benoît, de Villefranche-de-Rovergne, 43 ans, chaudronnier ; Dessaix Aimé de Thonon, 29 ans.

Autre liste. — Plagnat François, Lacroix Joseph-Marie, Vaudaux Joseph-Marie, Charles André, Bétemps Joseph-Marie, Longet Julien, Michaud Guérin, Coudurier Claude-François, Bonnefoy Michel, Deleschaux François-Marie, Bron Athanase, Cayen Christophe, Saignette, adjudant-général, Dubouloz Thomas, du Lyaud, Henry Charles, Guyot

Bernard père, Guyot Joseph fils, Violland, Carron fils, Roger, Bardon, capitaine, Dconna, commandant de Gex, Girard Jean-Marie, Cachat Pierre-Joseph, Dubouloz Jean-Marie, Deleschaux Claude, Margel Georges, Chastel Antoine, Vaissière Antoine, Bureau Louis-Joseph, Sylvestre Etienne, Dubost Etienne, Dumont Joseph, Amand Charles-Victor, Martin Etienne, Rondil, Boisset Bernardin, Margel Claude, Bron Paul-Philippe, Mouthon François-Marie, Dubouloz Louis-Sébastien, Fernex Joseph, Frézier Louis-Abraham, Billoud, Mudry Sébastien, Quinet Barthélemy, Le Moine Nicolas, Dufour Joseph, Bonnefoy Etienne, Chappuis André, Pansu Louis, Bravard Claude, Constantin Jean-Baptiste, Perrachon Léonard, Appy Jacques.

DOCUMENT N° 3

Procès-Verbal de la Municipalité de Thonon à l'occasion de la délivrance de l'Oncle Jacques

L'an huit de la République française une et indivisible et le 13 de frimaire, les citoyens Dessaix, président de l'administration du canton de Thonon, département du Léman; Fernex, agent municipal du dit canton, faisant les fonctions de commissaire du gouvernement; Dantand, adjoint municipal; Dubouloz, commandant de la garde nationale du canton ; Bourgeois, lieutenant-commandant des dragons, envoyés comme garnissaires dans cet arrondissement; Canobi, contrôleur de brigade des douanes nationales, et Dépinois, lieutenant, tous deux résidant à Thonon, se sont assemblés dans la salle des séances de l'administration municipale et ont dressé le présent procès-verbal.

Hier, entre les sept et huit heures de relevée, le citoyen Fernex ayant été instruit, par le gendarme Hermann, que le prêtre Bouvet, dit l'Oncle Jacques, avait été arrêté et traduit par la gendarmerie, dans la maison d'arrêt, comme prêtre réfractaire, et le citoyen Michaud, concierge de la dite maison, lui ayant témoigné sa crainte au sujet de la dite détention, il avisa de suite un moyen de les faire cesser en requérant le commandant de la garde nationale de renforcer le poste de vingt-cinq hommes, de faire placer une sentinelle devant la maison d'arrêt, dans laquelle étaient déjà trois gendarmes en faction ; il s'adressa successivement au commandant des dragons qui ayant répondu qu'il n'avait que trois hommes disponibles, les envoya de suite au corps de garde sur sa réquisition.

Entre neuf et dix heures, ayant été informé de quelques mouvements au sujet de la dite détention, il chercha à approfondir ces renseignements en parcourant lui-même la commune. Ayant aperçu plus de monde qu'à l'ordinaire, à ces heures indues, et pour prévenir toute rumeur, il se rendit chez le président avec l'adjoint municipal, et tous ensemble, décorés de leur insigne, se portèrent sur la place du corps de garde. Là, ayant rencontré des groupes d'individus hommes et femmes, en s'adressant à eux, ils les invitèrent à se retirer, au nom de la tranquillité publique. Le commandant des dragons, qui se joignit à eux réitéra la même invitation, auxquels il fut répondu que l'individu détenu était un brave homme et qu'on aurait dû préférablement arrêter un voleur ou un assassin, mais qu'ils n'avaient aucun dessein de troubler la tranquillité et qu'ils se retiraient. — Ce qu'ils parurent faire en se séparant ; ce que voyant, il continuèrent avec le commandant de parcourir la commune, en passant par la rue Vallon, celle de la Croix et successivement la Grand'Rue, où ils ne virent que fort peu de monde.

Arrivés sur la place du Château, ils trouvèrent un rassemblement très considérable composé d'hommes et de femmes, parmi lesquels ils aperçurent beaucoup d'agitation ; ils s'adressèrent à eux, les invitèrent, au nom de la tranquillité et au nom de la loi, de se retirer, et usèrent alternativement de toutes les voies de la persuasion pour les calmer, en leur peignant tous les dangers qu'ils se préparaient, s'ils prétendaient résister à l'autorité. — Insensible aux représentations à eux faites, il n'y répondirent que par des vociférations, criant : « Nous voulons notre pasteur ; nous aimons la République, mais il est temps de jouir de la liberté du culte, après sept années de privation. » Il leur fut observé que les bons citoyens se soumettaient aux lois, et ils furent de nouveau sommés de se retirer. Mais, voyant augmenter le nombre des attroupés, ils se rendirent dans la maison du président à l'effet de concerter les mesures à prendre dans cette critique circonstance, et là survinrent une foule d'individus qui réclamèrent l'élargissement de l'individu détenu, qui seul, disaient-ils, pouvait rétablir l'ordre. Les citoyens président, agent municipal, l'adjoint et le commandant des dragons étant enfin parvenus à les convaincre de l'impossibilité de cette mesure, les attroupés se retirèrent, et ce dernier, pendant ces entrefaites, sortit pour faire partir pour Genève l'estafette dont il avait été convenu, parce qu'on lui avait annoncé que les habitants des communes voisines descendaient. Il accompagna lui-même l'estafette dehors de ville pour plus de sûreté, et le commandant de la garde nationale, qui était au corps de garde, ayant été appelé à annoncer que la force n'était pas

assez nombreuse pour les fréquentes patrouilles que l'on était obligé de faire, ils se déterminèrent alors à requérir le contrôleur de brigade des douanes à fournir les préposés disponibles. Celui-ci déféra de suite à cette réquisition et se mit en mesure de l'exécuter. Le commandant de la garde nationale étant retourné au corps de garde sur l'avis du citoyen Deleschaux, chef de poste, entendit, ainsi que les hommes qui s'y trouvaient, un bruit tumultueux annonçant un rassemblement extraordinaire, accompagné de grands coups redoublés contre la porte de la maison d'arrêt et suivi des cris de la sentinelle placée au devant d'icelle; il s'y rendit aussitôt et chercha à apaiser, par les voies les plus persuasives, les attroupés ; — mais leur opiniâtreté était si grande que, quoique le détenu les conjurât lui-même à diverses reprises, depuis la fenêtre, de se retirer, ils s'y refusèrent constamment.
— Le commandant voyant ses démarches infructueuses, retourna au corps de garde, et, réfléchissant sur les dangers qui menaçaient les gendarmes et la garde qui était dans la maison d'arrêt, si les attroupés parvenaient à y entrer, il retourne sur le champ, accompagné de la troupe, vers le rassemblement, mais ils en furent empêchés par des cris confus et menaçants, ils eurent beau annoncer qu'ils étaient membres de l'administration, les attroupés n'y eurent point d'égard et le tumulte augmenta. — Ils prirent alors le parti de se retirer, connaissant l'impossibilité de réussir : l'on entendit même des coups de feu sur la place du corps de garde et sur celle de l'Ecole, attenante. — Pour lors, le commandant des dragons, sur l'invitation qui lui fut faite de commander la troupe renforcée par les préposés, ayant leurs chefs à leur tête, se dirigeant du côté de l'attroupement, après avoir fait quelques pas, firent faire halte et

s'avança seul, auprès des attroupés, dans le dessein de de faire cesser le désordre, qui, malgré ses péroraisons continua. Se trouvant enveloppé, il reçut un coup à la tête, qu'il croit être un coup de pioche, et vit partir un coup de l'intérieur de la porte de la maison d'arrêt. Etant parvenu à se débarrasser, il fit avancer sa troupe et commencer l'attaque. Des coups de feu se firent entendre, les attroupés se dissipèrent en emmenant avec eux le détenu ; la troupe s'avança auprès de la maison d'arrêt et reconnaît que les portes d'icelle sont fracturées ; elle reconnaît aussi au-devant d'icelle un cadavre, quelques bâtons avec deux chapeaux. Le gendarme Hermann, qui était sorti de la maison d'arrêt, avait deux blessures, et a dit que, sans un homme du Lyaud, commune d'Armoy, il courait risque d'être tué.

Le tout quoi est certifié par les soussignés, chacun en ce qui le concerne.

Signé : Dessaix, Fernex, Dantand, adjoint de Thonon, Dubouloz, commandant de la garde nationale, Bourgeois, commandant des dragons, Canobi, Dépinois, etc. (1).

DOCUMENT N° 4

Réglement
de l'Orient de la Bienfaisance séant à Thonon

Dignités

Vénérable. — Le Vénérable à l'Orient, assis sous le dais, aura la Bible, l'équerre, un compas de pur

---

(1) Copié dans les Archives municipales de Thonon, par le secrétaire de la Mairie, M. Dantand, le 15 janvier 1888. — Pour se disculper auprès de l'administration, ce procès-verbal fut inséré au registre des délibérations municipales, et expédié au juge de paix et au tribunaux du département *(Ibid.)* (17 frimaire ou 18 décembre 1799).

métal, son glaive, son maillet et deux chandeliers dont l'un à deux branches et l'autre à une seule.

Il convoquera la Loge quand il le jugera à propos, maintiendra l'ordre et la discipline parmi les frères, lui seul peut mettre en délibération les objets dont la Loge devra s'occuper et demandera à ce sujet l'avis des frères ; c'est lui qui ouvrira et dépouillera tous les scrutins, urnes, se prononcera à haute voix sur ce qui doit être communiqué à la Loge et sera consigné dans la planche du jour, ce qui devra l'être, d'après l'avis de la Loge. Il ouvrira, suspendra et fermera les travaux lorsqu'il le jugera convenable, la police intérieure de la Loge lui appartient entièrement.

Surveillants. — Le premier à la colonne du Midi.
Le second à la colonne du Nord.

Ils sont chargés d'aider le Vénérable dans ses travaux, de maintenir la police sur leurs colonnes respectives et de désigner toutes les pièces d'architecture.

Ancien-Maître. — Il est placé à l'Orient, à la droite du Vénérable. Il aide le Vénérable de ses lumières et le remplace dans le cas seulement où celui-ci serait obligé de s'absenter dès l'ouverture de la Loge, et dans tout autre cas où le Vénérable ne se trouverait pas à l'ouverture de la Loge, il est remplacé de droit par le premier surveillant.

L'Orateur. — Il est placé à la tête de la colonne du Midi, ayant une table devant lui éclairée par deux étoiles sur laquelle seront déposés les Statuts et Réglements particuliers de la Loge, les pièces et planches relatives aux délibérations. Il remplit les fonctions d'Accusateur public et de Défenseur officieux, il est la base fondamentale de la Maçonnerie et le soutien de ses lois. Il donne ses conclusions sur tous les objets traités en Loge, de quelle nature qu'ils soient ; ses conclusions, une fois données, on ne peut plus revenir sur la discussion de l'objet ; il est chargé de la confection des pièces d'architecture, pour les réceptions, les fêtes solennelles et l'édification de la Loge ; c'est lui qui poursuit et doit poursuivre à toute rigueur le recouvrement des amendes contre les frères qui se sont mis dans le cas de les encourir. Sa place ne doit jamais être vacante. L'exécution du réglement lui est confiée, il est tenu d'en prévenir les intéressés.

Adjoint de l'Orateur. — Il est placé à la colonne du Midi après le frère trésorier. Il supplée l'Orateur en cas d'absence et l'aide dans l'exercice de ses fonctions, toutefois qu'il en est requis.

Sécrétaire. — Il est placé à la tête de la colonne du Nord, en face de l'orateur, ayant une table devant lui éclairée par deux étoiles et conforme en tout à la sienne ; sur cette table seront les registres de la planche du jour, l'état de toutes les Loges régulières et le tableau de la Loge.

Il est chargé de la rédaction de la planche du jour dont la lecture sera faite à chaque séance suivante, de la correspondance, de la confection des planches de convocation pour tous les frères domiciliés et, en outre, d'exécuter les ordres du Vénérable. Sa place ne sera jamais vacante.

Adjoint du Secrétaire. — Colonne du Nord, au-dessous du frère garde des sceaux. Il supplée le Secrétaire en cas d'absence et l'aide dans ses fonctions toutefois qu'il en est requis.

Trésorier. — Colonne du Midi, après le frère Orateur ; il aura une table devant lui éclairée d'une étoile et garnie de ses registres.

Il est chargé de la caisse de la Loge ; il tiendra ses comptes parfaitement en règle et sera toujours prêt à les rendre à la première invitation, mais principalement à chaque Loge périodique ; ses comptes devront cadrer avec les planches du frère secrétaire qui inscrira tous les fonds qui lui seront remis ; il ne pourra payer que sur les mandats de la Loge qui lui seront transmis par le secrétaire, signés par le Vénérable, les deux Surveillants, le Secrétaire ou son adjoint.

Garde des sceaux. — Colonne du Nord, immédiatement après le Secrétaire, en face du Trésorier, avec une table conforme à la sienne, garnie des sceaux, timbres et dessins particuliers de la Loge.

Il ne scellera et ne timbrera que les morceaux d'architecture approuvés par la Loge et revêtus des signatures des trois lumières et du Secrétaire, après avoir pris connaissance de la planche du jour qui prouve la délibération de la Loge.

Aumônier. — Colonne du Midi à côté de l'adjoint de l'Orateur. Il est chargé de la caisse des pauvres et de rendre les comptes relatifs à cette caisse, de suivre les ordres de la Loge pour les aumônes à faire, de rechercher les nécessiteux vertueux et honnêtes pour les découvrir, d'en faire son rapport à la Loge et d'en recevoir ses ordres à ce sujet, et, comme la bienfaisance est la première vertu des maçons, il présentera, à la fin de chaque assemblée la boîte des pauvres à chacun des frères présents à la séance, pour leur rappeler ce qu'ils doivent au soulagement de l'humanité ; enfin il recueillera les noms de tous les frères qui, dès l'ouverture des travaux auraient subi l'application des amendes prononcées par le réglement et en transmettra la note au frère Orateur, avant la clôture de la séance, pour qu'il en poursuive le recouvrement.

Archiviste. — Colonne du Nord à côté de l'adjoint du secrétaire. Tous les titres, registres, pièces, planches tracées et généralement les archives de la

Loge seront confiées à sa garde ; il les tiendra dans un ordre exact et ne pourra sous aucun prétexte, de ce soit, en rien, distraire que par un ordre exprès de la Loge.

Premier expert. — Colonne du Midi, immédiatement après le frère aumônier, il sera armé d'une règle de bois de six pieds de longueur peinte en blanc.

Il est chargé d'expertiser tout frère, étranger qui se présentera pour avoir l'entrée du temple et en rendra compte au Vénérable, de recueillir les suffrages par voie de scrutin et bulletin, d'assister le Vénérable dans le dépouillement qu'il en fera, de remettre à chaque frère des boules noires et blanches pour le scrutin et de faire passer l'urne pour recueillir les bulletins à chaque séance.

Second expert. — Colonne du Nord à côté de l'archiviste. Même fonction, même costume, mêmes attributions.

Architecte. — Colonne du Midi, après le frère expert. Il est chargé de la décoration du temple, des ornements et entretien des meubles de la Loge, il veillera à la distribution des étoiles et du bois de chauffage.

Maître des Banquets. — Colonne du Nord après le frère second expert.

Il est chargé de tout ce qui concerne les banquets d'après les dessins qui lui seront donnés par le frère Maître des Cérémonies, qui les recevra de la Loge. Il règlera la distribution des matériaux, mortier et poudres ; il veillera à ce que les frères servants n'en abusent point ; il dressera une feuille de cotisations des dits banquets qu'il enverra chez tous les frères par un servant, soignera la rentrée des fonds et rendra compte à la Loge de l'acquit qui en aura été fait au fournisseur.

Maître des cérémonies. — Entre les deux colonnes,

sera armé d'un bâton bleu surmonté d'une étoile en métal.

Il est chargé de rendre les honneurs aux visiteurs et de les placer suivant leurs grades et dignités.

Thuilleur. — Entre la porte et les deux surveillants, il sera armé d'une règle noire.

Il est chargé de reconnaître tous ceux qui se présentent après l'ouverture des travaux, d'en rendre compte au second surveillant et de remplir exactement tout ce qui lui sera prescrit à cet égard.

Maîtres et compagnons suivant leur rang d'ancienneté, la moitié des Maîtres et tous les compagnons placés à la colonne du Midi, seront toujours costumés décemment, vêtus des habits de l'ordre et décorés de leur cordon. Ils se tiendront dans la plus exacte tranquillité, ne parleront qu'à leur tour et après en avoir obtenu la permission par le canal du surveillant de leur colonne ; ne troubleront jamais ni le travail ni les cérémonies ; se conformeront à tout ce qui leur sera prescrit par le réglement et statuts de l'ordre ainsi que par le Vénérable ; feront une étude particulière de se conduire tant en Loge que dehors d'après les principes de la maçonnerie et maintiendront entr'eux la plus intime et la plus harmonieuse fraternité.

Maîtres et apprentis. — Colonne du Nord suivant leur rang d'ancienneté, mêmes obligations qu'à la colonne du midi.

Dispositions relatives aux Réceptions.

ARTICLE PREMIER. — La réception au grade d'apprenti étant un des plus essentielles de la Maç... Il est indispensable qu'elle se fasse avec toutes précautions imaginables, soit pour donner au récipiendaire une idée convenable de la Maçonnerie, soit pour éprouver son caractère et son courage : Il est donc nécessaire, avant que de livrer un profane aux épreuves, de connaître parfaitement son cœur, son âme et sa façon de penser, sa conduite et ses facultés morales ; il doit donc être discret, de bonnes mœurs et d'une condition libre.

Du commencement de chaque séance et de suite après l'ouverture de la Loge, l'un des frères experts fera passer l'urne dans laquelle chaque frère devra mettre l'avant-bras ayant la main fermée ; il la retirera ouverte afin que ceux qui auraient quelque candidat à proposer puissent le faire secrètement ; il en sera de même pour toute autre proposition.

Art. 2. — L'urne sera ensuite déposée sur l'autel et le Vénérable procédera à son dépouillement, il lira à haute voix, les présentations et propositions qu'elle peut contenir.

Art. 3. — Lorsqu'il s'agira d'un candidat, il ne sera procédé au scrutin sur sa réception, qu'à la séance suivante, pour laquelle tous les frères devront être convoqués, afin que chacun ait le temps convenable de prendre des renseignements sur sa moralité.

Art. 4. — A la séance suivante, on procèdera au scrutin par le moyen de l'urne et de la manière désignée en l'article premier ; si le candidat réuni tous les suffrages, il sera admis et pourra être reçu dans la même séance.

Art. 5. — Si le scrutin présente trois boules noires, le candidat sera rejeté définitivement.

Art. 6. — S'il y a deux boules noires, il y aura ajournement à la première séance, pour être fait rapport sur la moralité du candidat, par une Commission composée : du Vénérable, des deux surveillants, de l'ancien Maître et de l'orateur.

Art. 7. — Si le rapport de la Commission est contraire au candidat, il sera rejeté.

Art. 8. — Si le rapport lui est favorable, il sera procédé à un nouveau scrutin.

Art. 9. — Si le scrutin ne présente qu'une boule noire, le candidat sera admis.

Art. 10. — Si le scrutin contient encore deux boules noires, il y aura nouvel ajournement et la Commission devra s'adjoindre deux membres, à son choix, pour procéder à de nouvelles informations sur le candidat et en faire son rapport dans la séance suivante.

Art. 11. — Si ce rapport est contraire, le candidat sera rejeté.

Art. 12. — Si ce rapport lui est favorable, il sera procédé à un troisième tour de scrutin.

Art. 13. — Si le scrutin ne présente qu'une boule noire il sera admis.

Art. 14. — Si le scrutin contient encore deux boules noires la Commission devra s'adjoindre deux nouveaux membres pour prendre de nouvelles informations et faire un troisième rapport à la séance qui suivra.

Art. 15. — Si à cette quatrième séance la Commission insiste dans un rapport favorable, le candidat sera proclamé admis, sans qu'il soit nécessaire d'un nouveau tour de scrutin.

Art. 16. — Si dans l'un ou l'autre de ces ballotages, le scrutin contient trois boules noires le candidat est rejeté définitivement.

Art. 17. — Tous les membres de la Loge sont invités de communiquer à la Commission, les connaissances qu'ils peuvent avoir sur la moralité du candidat.

Art. 18. — Dans tous les cas de dépouillement du scrutin, les deux experts s'approcheront de l'autel pour assister le Vénérable.

Art. 19. — Le récipiendiaire ayant obtenu un scrutin favorable, sera tenu avant que d'être reçu apprenti maçon, de déposer ou faire remettre par l'ami qui l'aura présenté, au frère trésorier, la somme de quarante-huit francs, et, lorsqu'il sera dans le cas de passer au grade de Maître, il consignera de même vingt-quatre francs avant sa réception.

Art. 20. — Tout apprenti qui désirera d'être admis à un grade supérieur ne pourra l'être qu'après avoir subi un examen de capacité par devant la Commission des cinq membres, composé des trois lumières, de l'ancien Maître et de l'orateur.

Art. 21. — Cette commission se réunira en comité particulier, dans le temple, et nul autre membre ne pourra y assister.

Art. 22. — Le frère orateur organe de cette Commission fera son rapport à la Loge sur le résutat de l'examen du récipiendaire.

Art. 23. — Si la Commission propose l'ajournement, il sera sans autre vote adopté et le candidat sera invité de mériter par son travail et l'instruction, l'admission à un nouveau grade.

Art. 24. — Cette formalité renferme le grade de compagnon et de Maître inclusivement.

Art. 25. — Quant aux grades supérieurs le Chapitre, convoqué à ce sujet, y pourvoira dans sa sagesse en consultant les statuts de l'ordre.

Art. 26. — Toutes les décisions seront définitives lorsque l'atelier sera garni de neuf Maîtres, mais quand l'assemblée ne sera pas composée de ce nombre, elle ne sera que provisoire.

Art. 27. — La contribution mensuelle est fixée à trente sols de France, chaque frère mettra cette somme en avance à dater du 30 du 3me mois de l'an 800 de la vraie lumière, au frère trésorier.

Art. 28. — Sont déclarés jour de contribution mensuelle et assemblée périodiques, chaque trentième jour du moins de l'Ère Maçonnique ; tous les frères sont tenus d'y assister. Nul autre frère hors la Loge ne peut y être admis.

Art. 29. — Sont aussi d'obligation le 24 du 4me mois et le 27 du 10me fête de Saint-Jean patron de l'ordre, il y aura banquet ces deux jours là ; tous les membres de la Loge sont obligés de s'y rencontrer et contribueront, soit absents, soit présents aux frais de ces banquets, à mois de raisons légitimement valables, qu'ils seront tenus de transmettre au Vénérable qui en fera son rapport à la Loge qui décidera de leur validité.

Art. 30. — Les frères domiciliés duement convoqués, qui ne se rendront pas aux assemblées tant ordinaires qu'extraordinaires et qui n'auraient prévenu l'une des trois lumières des motifs qui peuvent les dispenser de se présenter en Loge encourront une amende. Le frère aumônier est tenu d'en dresser le tableau et de le remettre au frère orateur.

Art. 31. — Si un frère domicilié s'absente des travaux de la Loge pendant l'intervalle de deux mois consécutifs, sans en donner les motif, il ne sera plus convoqué.

Art. 32. — Dans les assemblées ordinaires et dans celles duement convoquées extraordinairement, la Loge pourra prendre telle délibération convenable, pourvu qu'elle soit au moins composée de neuf Maîtres.

Art. 33. — Il ne sera jamais permis en Loge de s'occuper de matières de religion, ni d'affaires de politique.

Art. 34. — Si un frère se rend coupable de quelque délit maçonnique, la Loge en aucun cas ne pourra sévir contre lui sans l'avoir préalablement entendu, ou du moins sans lui avoir procuré les moyens de se défendre soit en personne soit par écrit.

Art. 35. — Dans le cas de quelque délit maçonnique grave, qui pourrait faire prononcer l'interdiction d'un frère, la loge ne pourra le faire qu'au scrutin et après que le frère orateur aura été entendu. S'il y a égalité dans le scrutin, le prévenu sera absous.

Art. 37. — Dans le cas d'une faute légère, il sera statué par le Vénérable, qui pourra consulter la Loge pour décider s'il n'y a pas lieu de quintupler ou décatupler l'amende, jusqu'à la concurrence de la somme de trois francs, qui est le *nec plus ultra*.

Art. 38. — S'il survient un différent maçonnique de frère à frère, les frères en contestations proposeront chacun leurs moyens, et après avoir éclairé suffisamment l'atelier et que le frère orateur aura été entendu, la Loge jugera le différent à la pluralité des voix.

Art. 39. — Toute affaire sera discutée de sang-froid et avec la plus grande tranquillité, sans aigreur ni pétulance, l'honnêteté ne devant jamais abandonner une maison.

Art. 40. — Il ne sera jamais permis d'interrompre un frère, mais il se réduira au silence dès que le Vénérable ou l'un des frères surveillants fera résonner son maillet et il attendra pour continuer l'agrément du Vénérable.

Art. 41. — On ne pourra obtenir plus de deux fois la parole sur le même objet à moins que le Vénérable n'engage le frère à s'expliquer plus amplement pour éclairer la discussion.

Art. 42. — Après les débats sur les propositions présentées, le frère orateur donnera les conclusions et la discussion sera fermée.

Art. 43. — Le Vénérable posera la question par oui et non sur les conclusions de l'Orateur, et la majorité décidera.

Art. 44. — S'il s'agit d'une affaire délicate, sérieuse ou importante, il sera nommé une Commission pour faire son rapport.

Art. 45. — Les amendes étant un objet de police, elles sont à la disposition du Vénérable, qui les appliquera soit dans les cas déterminés soit dans ceux non prévus ; elles ne pourront être moindres de quatre sols de France : les trois Lumières payeront quinze sols chaque fois que l'une d'elle ne se conformera pas aux Statuts de l'Ordre.

Art. 46. — Les amendes seront versées dans la Caisse des pauvres.

Art. 47. — La Loge pourra être extraordinairement convoquée, mais elle ne pourra jamais l'être que de l'agrément du Vénérable et en son absence de l'agrément des frères et surveillants, par ordre.

Art. 48. — Dans le cas d'assemblée extraordinaire le frère Secrétaire dressera des billets de convocation à tous les frères de la Loge ; ces billets seront portés par l'un des frères servants qui les remettra en main propre.

Art. 49. — Les frères qui arriveront une demi heure après celle fixée sur le billet de convocation, encourront l'amende.

Art. 50. — Les frères Experts tailleront exactement, tous les frères visiteurs qui désireraient entrer en Loge, par signes, marques, mots et marches.

Art. 51. — Les frères visiteurs auxquels il ne serait pas dû d'honneur, sont introduits les premiers, et ceux auxquels il en serait dû, les derniers.

Art. 52. — Tout frère visiteur lorsqu'il sera introduit, restera entre les deux frères Surveillants et attendra que le Vénérable lui dise de prendre place.

Art. 53. — Tout frère qui présidera la Loge en place du Vénérable et ceux qui remplaceront les frères Surveillants ou autres Officiers, seront décorés des meubles et bijoux affectés aux grades qu'ils remplissent et jouiront de leurs prééminences et privilèges.

Art. 54. — Lorsque le Vénérable se présentera à la Loge ouverte, il sera annoncé au Président qui nommera cinq frères pour aller le recevoir; chaque frère se tiendra debout à l'ordre et le glaive en main. Le Vénérable sera introduit sous la voûte d'acier et conduit à l'Orient, le Président lui remettra son bijou, son maillet, sa place, et lui rendra compte de ce qui s'est passé durant son absence.

Art. 55. — La Loge rendra les mêmes honneurs aux Vénérables Officiers du grand Orient de France et aux chers frères Vénérables des Loges régulières qui lui feront la faveur de visiter ses travaux.

Art. 56. — Lorsqu'un frère Surveillant sera annoncé à la Loge ouverte, le Vénérable lui députera trois frères et le fera introduire par le Maître de Cérémonies qui le conduira à sa place; tous les frères étant debout à l'ordre et le glaive en main.

Art. 57. — Les frères Officiers de la Loge qui arriveront après l'ouverture des travaux seront conduits à leur place par le Maître des Cérémonies, tous les frères étant debout et à l'ordre.

Art. 58. — Lorsque la Loge recevra un frère visiteur nanti de pouvoirs suffisants émanés d'une Loge correspondant avec celle de la Bienfaisance, et qu'il sera invité par le Vénérable à des banquets, le frère Trésorier payera la quote part de ce frère sur les fonds de la Loge.

Art. 59. — Ne sont considérés frères visiteurs, que

ceux désignés en l'article ci-dessus, mais il est facultatif, à tout frère de la Loge, d'en inviter d'autres en payant leur quote-part des banquets.

Art. 60. — Si un frère maçon demande l'agrégation de la Loge, il ne l'obtiendra qu'au scrutin et de la même manière qu'il est désigné dans les articles qui concernent les récipiendaires. (Art. 1 jusqu'à l'art. 16 inclusivement.)

Art. 61. — S'il est admis, il paiera au Trésorier vingt-quatre francs pour sa contribution.

Art. 62. — La Loge aura deux frères servants ; ils seront tenus de se trouver au local une heure avant l'ouverture de l'atelier pour disposer tout d'une manière convenable et recevoir les ordres de la Loge.

Art. 63. — Lorsqu'une élection, soit générale, soit particulière, aura été arrêtée, un frère Expert distribuera à tous les membres de la Loge autant de bulletins qu'il y aura d'élections à faire et chaque frère remettra son vœu.

Art. 64. — Le frère Expert recueillera les bulletins dans l'urne, qui sera déposée sur le bureau, et le Vénérable assisté des deux Experts, s'assurera si le nombre des bulletins égale celui des votants. Si le nombre n'est pas égal le scrutin sera déclaré nul et l'on y procédera de nouveau ; si le scrutin est juste, le Vénérable lira à haute voix les noms inscrits dans chaque bulletin, et celui qui aura réuni la majorité des suffrages sera proclamé avec applaudissement.

Art. 65. — Si les bulletins présentent un nombre égal de suffrages entre plusieurs frères, on fera de nouveaux bulletins, mais l'on ne votera qu'en faveur de ceux qui ont réuni égalité de suffrages ; et dans le cas qu'au second tour de scrutin, il y eut encore égalité de suffrages, l'ancienneté d'âge l'emportera.

Art. 66. — Les frères ne seront admis en Loge

qu'étant habillés décemment et maçonniquement.

Art. 67. — Avant la clôture des travaux, chaque frère donnera sa parole d'honneur de garder le secret sur tout ce qui sera passé en Loge envers tous étrangers à la dite Loge.

Art. 68. — Le frère Secrétaire à l'ouverture de la Loge fera lecture de la planche, le Vénérable demandera si l'on n'a point d'observation à faire sur la rédaction. Si les frères gardent le silence, elle sera, sans autre, adoptée et signée par les trois Lumières et le Secrétaire.

Art. 69. — La Loge pourra, suivant les circonstances, changer, modifier ou additionner les articles ci-dessus énoncés en tout ou partie, par la voie du scrutin à la majorité des deux tiers et d'après une convocation extraordinaire annoncée ad hoc.

Art. 70. — Le double des présents Statuts et Réglements demeurera toujours attaché à l'une des colonnes de l'atelier pendant la tenue des travaux ; il sera souscrit par tous les frères membres actuels de la Loge et tous ceux qui seront à l'avenir reçus ou agrégés, seront obligés d'y souscrire.

Art. 71. — Dans le cas inattendu que le gouvernement ne voulut pas favoriser nos assemblées, le chapitre avisera aux moyens de conserver les effets et décorations de la Loge.

Art. 72. — Le devoir de tous les maçons en général est d'observer strictement le serment de ne jamais parler de maçonnerie que lorsqu'ils sont sûrs de n'être entendus d'aucun profane, de ne jamais dire les jours qu'il y aura Loge, de ne jamais fréquenter les Loges irrégulières, de se rappeler sans cesse que le but de la maçonnerie est de les rendre heureux ; ils doivent pratiquer les vertus maçonniques non seulement en Loge, mais encore dans toutes les sociétés où leur état les appelle, qu'ils doivent aux profanes ce qu'ils doivent à leurs frères, que c'est par ce moyen qu'ils appelleront sur l'Ordre l'estime du public et qu'ils se feront distinguer du vulgaire.

Art. 73. — Le Vénérable en fermant les travaux, recommandera soigneusement à tous les frères de maintenir entr'eux l'union, l'harmonie et la bonne amitié qui sont les titres les plus précieux qui les réunissent en cette Loge.

Signés : Fernex, Vignet ancien maître, Dessaix, C. R. ✝ ✝, J. Salignon, Guers maître orateur, Favre V∴, Devaud, Girard, Duclaux maître, J.-B. Jordan maître, Naz maître, Anthoinoz, Dubouloz maître, Michaud maître, Appy maître, Compagnon, Dubouloz, Chappuis maître, Longet Favrat, Ferdinand Favre, Frossard, Deleschaux, C. R. ✝, Portay maître, Coudurier maître, Trombert maître (1).

DOCUMENT N° 5

État des villes, bourgs, terres, fesant corps de communauté, et hameaux principaux de la province de Chablais, avec l'indication des juridictions dont ils dépendent. (Extrait du Mss Pescatore).

Thonon. — Thonon, capitale du Chablais, chef-lieu.
Hameaux : Rive, Concise, Vongy, Tully, dépen-

---

(1) On trouve sur les listes de la franc-maçonnerie du commencement de ce siècle, les noms de plusieurs gentilshommes de la noblesse de Savoie, entr'autres celui de M. de Maistre... Cette société n'ayant pas encore divulgué son but antisocial et antireligieux, n'était alors qu'une simple société de secours

dants de la judicature-mage de Chablaix ; Corzens, Morcy, Marclaz, dépendant du marquisat de Marclaz.

Abondance. — Abondance, chef-lieu, paroisse.

Hameaux de l'abbaïe d'Abondance : Richebourg, Le Mont, La Fernière, Sous-le-Pas, Cercle, Plan-Drouzain, Drouzain, Frogy, Plan-de-Chermy, Les Didiens, La Combaz, La Fontannaz, La Revenaz, Follievaz, Les Fouges, Crebin.

Allinges. — Allinges, chef-lieu, paroisse.

Hameaux : Commellinges, Noïer, Macheron, Châteaux-Vieux, dépendants du comté d'Allinges.

Anthy. — Anthy, chef-lieu, paroisse.

Hameaux : Chessé, Marclaz, dépendants du marquisat de Marclaz.

Armoy. — Armoy, chef-lieu, paroisse.

Hameaux : Lyaud, Trossy : comté d'Allinges.

Ballayson. — Ballayson, chef-lieu, paroisse.

Hameaux : Vaigeret, Boysy : seigneurie de Ballayson ; Chésabois, Crapon : marquisat de Beauregard ; Marcoran : seigneurie de Loysin.

Bellevaux. — Bellevaux, chef-lieu, paroisse.

Hameaux : Le Bosson, Le Borgel, Gembaz, La Côte, Les Pontets, Taramont : baronnie de Bellevaux ; L'Armont, Les Fresne, La Douay, L'Epuis, La Clusaz, Malatray, La Meille, Vallon : seigneurie de Vallon.

Bernex. — Bernex, chef-lieu, paroisse.

---

mutuels, dont faisaient partie les hommes les plus honorables et les plus religieux. Comment expliquer en effet que le comte Joseph de Maistre, avec ses sentiments politiques et religieux, connus et appréciés du monde, eût donné son nom à la franc-maçonnerie, si cette société avait été, de son temps, ce qu'elle est aujourd'hui ? Soutenir une pareille thèse serait aussi faux que ridicule. On ne sera donc pas étonné de voir figurer parmi les membres des noms très honorables de Thonon et du Chablais.

Hameaux : Chemy, Trossy, Creusaz, Chés Buttay, L'Envers, Sur-le-Cret, Chés Masson, Chés les Racles, mandement de Saint-Paul, Benant : seigneurie de Montjoux et Millierée.

Bons. — Bons, chef-lieu, paroisse.

Hameaux : Les Clefs, Marcley, Charmottes, Chés les Papas, Chés les Blancs, Chez Burgniard, Langin-les-Granges, Langin-la-Ville, dépendants du comté de Langin.

Brens. — Brens, chef-lieu, paroisse.

Hameaux : Choulex, Langin : comté de Brens.

Brenthonne. — Brenthonne, chef-lieu, paroisse.

Hameaux : Puard, Morzier : partie du comté de Langin et de la seigneurie d'Avully ; Vigny, Chés les Bels, Grosperier : seigneurie d'Avully ; La Covaz, Dugny : comté de Langin.

Cervens. — Cervens, chef-lieu, paroisse.

Hameaux : Le Reyret, La Tailloud, Pessinges : marquisat de Cursinge.

Chatel. — La Moille, chef-lieu, paroisse.

Hameaux : Petit Chatel, L'Essert : de l'abbaie d'Abondance.

Chavanex. — Chavanex, chef-lieu : marquisat de Coudrée.

Hameaux : Vernaz : seigneurie de Vernaz.

Chevenoz. — Chevenoz, chef-lieu, paroisse.

Hameaux : Chés Galley, Le Crés, Chés Pollian, Le Mont, Arces : baronnie de Larringes ; Le Fion, Plannaz-Pervaz, Le Vernessé, Pontbourg : baronnie de Féterne.

Corzier. — Corzier, chef-lieu, paroisse.

Hameaux : Agnière, Bassy, Chevrens : seigneurie d'Hermance.

Cusy. — Cusy, paroisse. Lagray, Oytroz, Orny, Chens : marquisat de Bauregard.

Choux : marquisat de Bauregard et seigneurie de Servette.

Douvaine. — Douvaine, chef-lieu, paroisse : baronnie de Troche et seigneurie de Servette.

Hameaux : Bachellard : baronnie de Troche et marquisat de Bauregard ; Chilly, seigneurie de Servette et baronnie de Troche ; Le Bourgneuf : baronnie de Troche et seigneurie du Bourgneuf ; Aubonne : baronnie de Troche ; Conche : seigneurie d'Hermance.

Dralliant. — Draillant, chef-lieu, paroisse.

Hameaux : Maugny, Sur-le-Mont : comté d'Allinges ; Cursinge : de la judicature de Cursinge.

Evian. — Evian (ville), chef-lieu, paroisse.

Hameaux : Lagrande-Rive, Benevis, Les Tours : judicature-maje.

Excevenex. — Ecevenex, chef-lieux, paroisse.

Hameaux : Exceresier, Chevilly : baronnie d'Yvoire.

Fessy. — Fessy, chef-lieu, paroisse.

Hameaux : Avuguens, Les Rupes, Chés Vaudaux : comté de Langin ; Rezier : marquisat de Marclaz.

Féterne. — Féterne, chef-lieu, paroisse.

Hameaux : Thiaise, Lesvaux, Le Crot, Chés Truffat, Vougron, Véringe, Flond, La Plantaz, Chez Portay, Curninge : baronnie de Féterne.

Filly. — Filly, hameau de la paroisse de Sciez : marquisat de Coudrée.

Habères-Lullin. — Laville du Fourt, chef-lieu, paroisse.

Hameaux : Le Pessey, Le Jorat, Le Cry, Forchehise, Nanerue, Nanpilliard, Les Macheret : seigneurie d'Habères-Lullin.

Habères-Poches.

Hameaux : Chés Merlin, Chés Jordan, Lallinget, La Covasserie, Doucy, Ramble, Chés Paccot, Chés Prachex, Gosse, Reculafoux : de l'abbaye d'Aulph.

Hermance. — Hermance, paroisse : seigneurie d'Hermance.

Yvoire. — Yvoire, paroisse : baronnie d'Yvoire.

La Chappelle. — Laville, chef-lieu, paroisse.

Hameaux : Le Panthiaz, La Pesse : de l'abbaïe d'Abondance.

La Forclaz. — La Forclaz, chef-lieu, paroisse.

Hameaux : Pombourg, Bellemont, Rosset, Le Cruet : de l'abbaïe d'Aulph.

Larringe. — Larringe, chef-lieu, paroisse.

Hameaux : Verossier, Saint-Thomas, Forchaix, Chés Crosson : baronnie de Larringe : Saint-Martin, Champange : seigneurie de la Chapelle de Marin ; Darbon., Chés Bolmet : baronnie de Féterne.

La Vernaz. — La Vernaz, chef-lieu, paroisse.

Hameaux : Treslachaux, Joty : de l'abbaïe d'Aulph.

Le Biot. — Le Biot, chef-lieu, paroisse.

Hameaux : Gis, Nicodex, Des Esserts, Urine, Seytroux : de l'abbaïe d'Aulph.

Loysin, — Loysin, chef-lieu, paroisse.

Hameaux : Chés les Magnins, Chés Curteland. Chés Tholomas, Bellevaix : seigneurie de Loysin.

Lugrin. — Lugrin, chef-lieu, paroisse.

Hameaux : Le Tronc, Le Busset, Veron, Les Combes, La Vuisset : seigeurie d'Allemand ; La Tourronde, Le Troubois, Lapraux : seigneurie de Montjoux et Millierée.

Lullin. — Lullin, chef-lieu, paroisse.

Hameaux : Seytroux, Haute-Ciseraz, Montarboux, Les Arces, Vauverdannaz, Lagrangiaz, Lelouz : marquisat de Lullin.

Lully. — Lully, chef-lieu, parroisse.

Hameaux : Buffavent : comté de Langin ; Chés les Jacquiers, La Rochette : marquisat de Marclaz.

Machilly. — Machilly, chef-lieu, paroisse.

Hameaux : Les Gamenas, La Place, comté de Langin ; Les Etoles : baronnie des Etoles.

Margencel. — Margencel, chef-lieu, paroisse.

Hameaux : Bisselinge, Rovachaux, Jouvernex, Ronsuaz, Chessé : marquisat de Marclaz.

Marin. — Marin, chef-lieu, paroisse.

Hameaux : Ronchaux, Chés Ponget, Marinel, Moëruel, Sussinge : seigneurie de la Chapelle de Marin.

Massongy. — Massongy, chef-lieu, paroisse.

Hameaux : Vers la Croix, Sous-Etraz, Conche : marquisat de Bauregard et Servettes pour quelques maisons mêlées.

Maxilly. — Maxilly, chef-lieu, paroisse.

Hameaux : Lestrivaz, Montigny, Torrent, seigneurie de Blonay ; Chés les Frechets : judicature-maje de Chablaix.

Megevette. — La Cultaz, chef-lieu, paroisse.

Hameaux : La Tour, Dorjon, Le Mont, Champtrouvaz, Les Fomels : de l'abbaïe d'Aulph.

Mesinges. — Mesinges, chef-lieu, hameau de la paroisse d'Allinges : marquisat de Marclaz.

Messery. — Messery, paroisse, Verex, chefs-lieux.

Hameaux : Chés Répingon, Essert : seigneurie de Nernier.

Montriond. — Montriond, chef-lieu, paroisse.

Hameaux : L'Ellex, La Gire, La Bouveri, Les Granges, Le Jourdil, Le Cret, Les Lavanchy, Les Dravachay, Le Pas, Les Ranches : de l'abbaïe d'Aulph.

Morzine. — Morzine, chef-lieu, paroisse.

Hameaux : Le Droit, Lamanche, La Plagne, La Lanche : de l'abbaïe d'Aulph.

Nernier. — Nernier, chef-lieu, paroisse : seigneurie du Nernier.

Neuvecelle. — Neuvecelle, chef-lieu, paroisse.
Hameaux : Milly, Verlaguier : judicature-maje de Chablaix ; Marêche, Chés Granjux : de l'abbaïe d'Abondance.

Novel. — Novel, paroisse : seigneurie de Montjoux et Millierée.

Orcier. — Orcier, chef-lieu, paroisse.
Hameaux : Sorcy, Jouvernaisinaz, Chez les Favrat, Fillien : comté d'Allinges ; La Mollie, Charmoisy : seigneurie de Charmoisy.

Perrignier. — Perrignier, chef-lieu, paroisse.
Hameaux : Les Moulins, Villard : comté d'Allinges ; Fougoux : comté d'Allinges et marquisat de Cursinge ; Le Lieu, Brecorens : marquisat de Marclaz.

Publier. — Publier, chef-lieu, paroisse : baronnie de Larringe.
Hameaux : Bessinges, Avulliegoz, Maiserier : baronnie de Féterne ; Amphion : seigneurie da la chapelle de Marin.

Reyvroz. — Reyvroz, chef-lieu, paroisse.
Hameaux : L'Anversin, Le Bouloz, Charmet, Outrebrevon, Le Praz, Charrière, Le Jony, Chés la Bondaz, L'Epinaz : marquisat de Lullin.

Saint-Cergues. — Saint-Cergues, chef-lieu, paroisse.
Hameaux : Bouringe, Ferrex, Chés Monet, Chés Daubonne, La Charrière, Les Bois, Chés les Dombre, Le Bosson, Les Fioux : seigneurie de Saint-Cergues.

Saint-Didier. — Saint-Didier, chef-lieux, paroisse.
Hameaux : Vers la Tour, Le Loïer, Versonnex : comté de Langin.

Saint-Gingolph. — Saint-Gingolph, chef-lieu, paroisse.
Hameau : Brest : de l'abbaïe d'Abondance.

Saint-Jean-d'Aulph. — Saint-Jean-d'Aulph, chef-lieu, paroisse.

Hameaux : La Moussière, L'Essert-Roman, L'Essert de la Pierre, Clenant : de l'abbaïe d'Aulph,

Saint-Paul. — Saint-Paul, chef-lieu, paroisse.

Hameaux : Poise, Chés Burquier, Lionnet, Chés Thiollet, Les Jugets, Praubert, La Bonnaz, Les Faverges, Chés Bochet : mandement de Saint-Paul.

Saxel. — Saxel, chef-lieu, paroisse.

Hameaux : La Sale, Clavel, Chés Déclinant, Chés Mouchet, Chés Collomb, Chés Challande : seigneurie de Saxel.

Scyez. — Scyez, chef-lieu, paroisse.

Hameaux : La Combe, Marignans, Prailes, Bonnatrex, Songy, Jussy, Choisy, Chavane, Excuvilly, Le Champ : marquisat de Coudrée.

Thollon. — Thollon, chef-lieu, paroisse.

Hameaux : Chés Cachat, Chés les Vesins, Le Fayay, Chés les Vittoz, Sur le Crés, Au Noïer, Maravant, Chés les Rivoz : seigneurie d'Allemand et Thollon ; La Joux, Les Plantex, le Lomon, Millierée : seigneurie de Montjoux et Millierée.

Vacheresse. — Vacheresse, chef-lieu, paroisse.

Hameaux : Les Chaux, La Velliaz, Les Audevex, Le Villard, La Revenetaz, Les Outtoz, Le Fontanil, Taverole, Ecotex, Centfontaines, Bonnevaux, paroisse : de l'abbaïe d'Abondance.

Vailly. — Vailly, chef-lieu, paroisse.

Hameaux : Chés Marfod, Les Escoffons, La Grise : marquisat de Lullin ; Haute et Basse-Fontaines, Lavouet, Les Charges : seigneurie de Charmoisy.

Vinzier. — Vinzier, chef-lieu, paroisse.

Hameaux : Mairond, Chés les Girard, Chaux : baronnie de Féterne.

DOCUMENT N° 6

Hôpitaux, Orphelinats et Établissements charitables

Le Chablais du moyen-âge possédait, outre les hôpitaux de Thonon, d'Evian et d'Hermance, trois maladières : à Aubonne-Douvaine, à Marin et à Maxilly.

Le peuple chablaisien des temps modernes est trop l'élève de saint François de Sales pour ne pas posséder une large parcelle du grand cœur de son apôtre vénéré.

En effet les institutions de charité ne manquent pas à Thonon, ni à Evian, sans compter les bureaux de bienfaisance qui y fonctionnent municipalement et largement.

Mais Thonon renferme un hôpital construit dans les meilleures conditions de salubrité, administré avec un zèle digne des plus grands éloges et desservi par des médecins fort capables et fort dévoués. Une branche des Sœurs de Saint-Vincent-de-Paul, les Sœurs grises de La Roche y tiennent une pharmacie parfaitement pourvue et donnent leurs soins, — ces soins qu'on connaît, — aux malades qui leur sont confiés.

L'hospice de Thonon se compose de la réunion de six établissements de Charité qui sont d'ancienne origine, savoir : l'Ancien Hôpital, la Maison des Arts, la Passade, l'Hôtel-Dieu, les Pauvres et l'Hoirie-Droit. Ces six établissements furent réunis sous une même administration, en vertu de la loi du 16 vendémiaire, an v, et d'un arrêté du Directoire français du 23 brumaire de la dite année.

Dès cette époque, les recettes ont cependant toujours été distinctes et séparées pour chaque établissement, d'après un bilan formé chaque année par le secrétaire, pour être donné en charge au receveur au commencement de chaque exercice. Mais les dépenses annuelles furent constamment ordonnancées sans distinction sur le montant total des revenus, en vertu des lettres-patentes royales du 5 janvier 1819 (1).

L'hôpital de Thonon, que son administration vient de faire élever d'un étage (1885-1886), occupe le bâtiment élevé en faveur de l'Ordre des Minimes, par le marquis de Lullin. Les armoiries de ce bienfaiteur se rencontrent à tous les pas, et 1792 a passé chez nous en respectant ce genre d'insignes.

Un bienfaiteur, M. Michaud, a fait don à la ville de toute sa fortune, à charge d'entretenir un nombre de vieillards proportionnel aux ressources produites par sa donation. L'asile de vieillards a été fondé il y a trente ans et le nombre de ses pensionnaires s'accroît annuellement, ce qui prouve que leur patrimoine est sagement administré. Le règlement est calqué sur celui que le général comte de Boigne a pris le soin de rédiger lui-même pour l'asile Saint-Benoît de Cham-

---

(1) RÉSULTATS DES BILANS EN DENIERS POUR 1837

Etablissements	Capitaux	Arrérages	Cens et intérêts dus en 1837 en deniers
Ancien hôpital	39 960 88	2 958 09	2 342 59
Maison des Arts	116 704 70	4 477 61	5 834 10
Passade	12 549 33	219 95	6 032 26
Hôtel-Dieu	77 857 06	9 299 55	5 325 19
Pauvres	5 518 81	534 38	258 15
(Hoirie. Droit	(11 365 90	334 53	531 60
(Enfants abandonn'	» »	939 20	1 443 04
	263 958 68	18 761 31	16 366 93
			1 443 04
Totaux	263 958 68	18 761 31	14 923 89

Il faut distraire des revenus annuels la somme qui concerne les enfants abandonnés comme ne devant pas y figurer.
Outre les valeurs des denrées et des recettes variables.

béry. Or la seule lecture des dispositions réglementaires vous amène les larmes aux yeux. Et cependant ce n'est pas dans une série d'articles qu'on a l'habitude de déployer le pathétique de l'orateur. Mais il y a tant de cœur dans ces dispositions qu'elles vous émeuvent et vous touchent. Thonon a eu le bon esprit de ne pas chercher ailleurs une formule dont elle avait le meilleur des modèles sous la main.

Parmi les autres bienfaiteurs signalons :

N^e Philibert Favre, seigneur de Félicia, fils de l'illustre président Favre. Il légua à l'hôpital, par son testament du 9 novembre 1650, tous ses biens de Thonon et de Brécorens, et mille ducatons à prendre sur ses revenus de Lullin et Vailly, pour l'entretien des pauvres étrangers ou bourgeois de Thonon : David Pierre-François (1692), D^{lle} Pioton Péronne (1699), R. Marin Michel (1703), Buinoud Claude (1781), R. Droit, prêtre de la Sainte-Maison (1790), Novel Paul (1784), Cayen Jean-Baptiste (1790), R. Mauroz Claude (1819), D^{me} Arpin (1820), D^{me} Dubouloz, née Miramy (1826); Rd Jean-Michel Paget (1829), D^{me} Dupérier-Rivolat (1831), D^{me} Caron, née de Seyssel (1837), etc. (1).

Une institution toute spéciale; ce sont les Sœurs du Grabat. Deux Sœurs de l'hospice en sont spécialement détachées avec la mission de visiter les malades à domicile et de leur donner des soins. Plusieurs autres religieuses, d'une congrégation différente ayant sa Maison-Mère à Troyes, et vulgairement appelées Sœurs de Bon-Secours, remplissent des fonctions identiques depuis une douzaine d'années. Elles reçoivent de la ville, qui les a appelées, un petit traitement.

(1) Archives de l'hôpital de Thonon.

On ne saurait imaginer tous les services rendus par cet institution de secours portés à domicile. Il faut la voir fonctionner pour se rendre compte de son utilité. Grâces à elles, le malheureux n'est pas obligé de quitter sa famille pour se faire transporter à l'hôpital, ce séjour dont le nom seul inspire une sorte de terreur que le préjugé entretient, mais que rien ne justifie.

Ce n'est pas tout. Un orphelinat a été créé par les générosités de Mme de Lort et cet orphelinat est en pleine voix de prospérité. Cependant il n'était pas seul, à son début : deux orphelinats privés existaient à Thonon depuis bien des années. L'un d'eux a abouti à la ruine, et pourtant la directrice avait été gratifiée d'un prix Monthyon, et le *Figaro* avait essayé d'intéresser ses lecteurs à un établissement dont il prévoyait la disparition prochaine. Hélas ! il n'a pas pu la conjurer.

L'autre orphelinat, d'abord fondé par Mlle Dessaix Joséphine, passa il y a quelques années aux mains du R. P. Picus François de Massongy, qui se consacre, depuis de longues années, au salut de l'enfance abandonnée, dans le Midi de la France et spécialement à Nice. Cette maison a été agrandie et doublée en 1877-1878. Sa chapelle est remarquable par son architecture svelte, par ses sculptures et ses vitraux.

DOCUMENT N° 7

Statistique de 1886 sur l'arrondissement de Thonon comprenant la population de chaque commune, son étendue de terrain en hectares et journaux du pays

et ses impôts ou son revenu cadastral par cantons et communes.

ARRONDISSEMENT DE THONON

CANTON D'ABONDANCE

Superficie : 21,693 hectares | 68,486 journaux, 004 toise.

	Population	Revenus cadastr.	Hectares	Journaux, toises
Abondance...	1 449	2 801 24	4 342	13 709,013
Bernex.....	1 069	1 626 68	2 522	7 983,046
Bonnevaux...	380	733 32	1 138	3 593,006
Châtel......	499	2 050 »	3 279	10 036,023
Chevênoz....	777	649 61	1 008	3 182,255
Chap^{lle}-d'Abon.	575	2 910 03	4 511	14 247,026
Vacheresse...	1 046	2 546 61	3 949	12 468,193
Vinzier.....	878	673 11	1 044	3 287,108
Totaux...	6 672	13 990 40	21 693	68 486,004

CANTON DU BIOT

Superficie : 15,667 hectares. | 49,643 journaux, 119 toises.

	Population	Revenus cadastr.	Hectares	Journaux, toises
Biot (le)...	754	6 115 06	923	2 915,111
Essert-Bornand	350	5 032 59	760	2 399,320
La Baume...	685	6 773 66	1 022	3 227,054
La Forclaz...	358	2 574 64	389	1 229,273
La Vernaz...	472	4 029 58	608	1 920,056
Montriond...	719	8 951 56	1 351	4 266,307
Morzine....	1 595	27 882 82	4 208	13 287,056
S.-J.-d'Aulph	1 739	37 682 29	5 688	17 960,016
Seytroux...	641	4 753 93	718	2 269,126
Totaux..	7 310	103 800 23	15 667	49 463,119

CANTON DE BOËGE

Superficie : 6,280 hectares. — 19,827 journaux, 160 toises.

	Population	Revenus cadastr.	Hectares	Journaux, toises
Boëge......	1 605	2 603 99	1 399	4 420,243
Bogève....	756	1 701 39	914	2 887,298
Burdignin..	705	1 856 95	998	3 151,286
Habert-Poche.	808	1 311 65	705	2 228,085
Habert-Lullin.	513	713 68	385	1 202,045
Saint-André...	683	1 381 12	742	2 343,294
Saxel.....	278	359 17	192	607,344
Villard-s-Boëge	744	1 758 06	945	2 985,465
Totaux.	6 092	11 689 01	6 280	19 827,160

SECTION DE BONS

Superficie : 4,291 hectares. | 13,547 journaux, 287 toises.

	Population	Revenus cadastr.	Hectares	Journaux, toises
Ballaison	773	21 285 59	1 086	3 434,304
Bons	1 228	14 228 10	716	2 264,310
Brens	506	9 107 90	465	1 471,105
Brenthonne	781	15 690 43	803	2 516,271
Fessy	458	8 694 06	444	1 404,108
Lully	510	7 006 08	357	1 327,140
Saint-Didier	530	8 236 »	420	1 128,249
Totaux	4 846	84 248 16	4 291	13 547,287

CANTON DE DOUVAINE

Superficie : 8,365 hectares. | 26,410 journaux, 105 toises.

	Population	Revenus cadastr.	Hectares	Journaux, toises
Chens	584	20 171 66	1 211	3 820,327
Douvaine	1 289	21 078 84	1 265	3 975,105
Excenevex	326	9 292 60	557	1 760,149
Loisin	720	13 762 »	825	2 606,325
Massongy	741	22 342 28	1 341	4 234,137
Messery	616	17 128 15	1 027	3 242,239
Nernier	215	5 515 11	331	1 046,167
Veigy-Fonc	841	20 533 20	1 234	3 908,128
Yvoire	452	9 566 50	574	1 815,118
Totaux	5 781	139 390 14	8 365	26 410,105

CANTON D'ÉVIAN-LES-BAINS

Superficie : 10,793 hectares. | 34,075 journaux, 301 toises.

	Population	Revenus cadastr.	Hectares	Journaux, toises
Champagne	487	7 494 59	456	1 443,192
Evian-les-Bains	3 149	14 249 32	885	2 796,345
Féternes	1 547	29 567 97	1 835	5 772,095
Larringes	676	13 823 14	858	2 711,306
Lugrin	1 788	19 657 32	1 220	3 852,140
Maxilly	751	9 124 89	567	1 791,219
Meilleric	877	3 257 21	202	638,314
Neuvecelle	804	11 008 88	683	2 158,032
Novel	157	6 638 01	412	1 303,084
Publier	1 212	19 071 28	1 184	3 740,388
Saint-Gingolph	704	12 372 74	768	2 426,376
Saint-Paul	1 371	22 217 25	1 379	4 352,002
Thollon	929	5 565 65	344	1 087,208
Totaux	14 252	174 048 25	10 793	34 075,301

CANTON DE THONON

Superficie : 23,452 hectares. | 74,039 journaux, 164 toises.

	Population	Revenus cadastr.	Hectares	Journaux, toises
Anthy	564	15 816 09	1 456	4 600,192
Armoy	277	4 695 81	432	1 364,224
Cervens	580	17 049 86	1 014	3 204,398
Draillant	681	15 213 92	1 400	4 421, »
Les Allinges	1 085	33 726 81	3 112	9 828,384
Lyaud	654	7 254 »	668	2 110,076
Margencel	740	17 509 19	1 613	5 094,041
Marin	781	10 594 14	975	3 081,075
Orcier	853	19 440 28	1 790	5 652,230
Perrignier	720	12 454 05	1 146	3 620,312
Sciez	1 799	32 481 49	1 991	9 443,187
Thonon	5 447	74 470 56	6 855	21 617.045
Totaux	14 183	254 706 20	23 452	74 039,164

SECTION DE VAILLY

Superficie : 900 hectares. | 2,841 journaux; 300 toises.

	Population	Revenus cadastr.	Hectares	Journaux, toises
Bellevaux	1 750	34 580 »	298	916,130
Lullin	1 135	11 199 »	102	323,214
Mégevette	1 080	19 699 »	160	532,176
Reyvroz	719	13 456 »	114	362,298
Vailly	1 240	26 490 »	226	706,282
Totaux	5 724	105 424 »	900	2 841,300

Ainsi qu'il a été dit page 363, d'après un article du *Chablais* (26 mai 1883), la Haute-Savoie paierait, à elle seule, en 1889, 14 millions d'impôts, soit 254 francs par famille.

DOCUMENT N° 8

Géologie du Chablais (MASSIF DU CHABLAIS)

Sous le nom de massif du Chablais nous désignons une région dont l'ancienne province de ce nom occupe la majeure partie. Elle est limitée de la manière suivante : Boëge à l'Est des Voirons, le cours de la Menoge jusqu'à son entrée dans la plaine ; St-Jeoire, le cours du Giffre jusqu'à Samoëns, les cols de Golèze et de Coux, Mathey, le cours du Rhône jusqu'au lac Léman, les bords de ce lac jusqu'à la Dranse, et la base des montagnes entre cette rivière et le col de Saxel, près de Boëge.

Nous avons ajouté à la province du Chablais : 1° à l'Est toutes les montagnes du Valais entre le lac et la Viège ; 2° au S. O. une bonne partie du Faucigny. Le massif comprend donc l'ancienne province du Chablais, augmentée des versants extérieurs de montagnes qui séparent ses eaux de celles des vallées voisines.

On ne rencontre pas dans les montagnes peu élevées qui en font partie, les magnifiques aspects des autres portions de la Savoie. Les rochers qui en forment la charpente appartiennent en majorité aux terrains secondaires, sauf un lambeau de formation houillère, et leur division en étages est rendue très difficile par l'absence presque complète de fossiles. Les trois rivières principales qui arrosent ce massif sont : le Brevon qui vient du Roc-d'Enfer, la Dranse du Biot qui prend sa source entre les cols de Golèze et de Coux, et la Dranse d'Abondance qui sort du revers Nord des Alpes Noires ; elles se réunissent au Pont de Bioge et forment un courant qui sous le nom de Dranse se jette dans le lac Léman près de Thonon.

Ces cours d'eaux divisent le pays en quatre grandes arêtes convergeant vers un point placé près du Pont de Bioge. La direction des arrêtes n'est pas celles des couches ; elles ont presque la position de rayons partant d'un centre ; les couches au contraire traversent le distict à peu près du S. O. au N. E. en sorte qu'en suivant une couche, on franchit successivement plusieurs cols.

Il y a dans cette région des terrains très-variés dont voici le tableau :

Terrain glaciaire. — Le Chablais a été entouré à l'époque quaternaire par le glacier du Rhône sur deux de ses côtés, et par celui de l'Arve sur un troisième. Il a possédé aussi des glaciers qui lui étaient propres, et il a reçu ceux de la vallée de Sixt et de la chaîne de la Dent du Midi, qui ont apporté des blocs crétacés et nummulitiques : les roches granitiques viennent du Valais.

Schistes à fucoïdes ou à helmenthoïdes. — Ces couches les plus récentes des grandes montagnes calcaires du Chablais jouent un grand rôle dans la géologie de cette partie de la Savoie et doivent être classées avec le *macigno alpin*. Elles forment une zône qui s'étend des bords de l'Arve jusqu'à ceux du Rhône.

Etage kimméridien. — Au dessous des schistes à fucoïdes on trouve des couches très puissantes d'un calcaire gris, qui avait été placé dans *l'étage kimméridien* ou tout au moins dans le terrain jurassique supérieur. Il renferme des mines de charbon à un mètre de puissance près de Combres.

Etage oxfordien. — On voit quelques représentants de cet étage au-dessous de *l'étage kimméridien,* aux Voirons, aux Charmettes, à la Cornette de Bise, à Saint-Jeoire.

Etage callovien. — Ce terrain est peu caratérisé; il es représenté par un groupe de roches marneuses renfermant peu de fossiles ; l'un des plus répandus, est *l'Ammonites tripartitus* (Rasp.); on le trouve à La Joux, aux chalets de Bise, à Viuz, etc.

Formation liasique. — Vient ensuite la formation liasique où l'on reconnait nettement l'étage supérieur mais dans laquelle on ne saurait séparer les étages moyens et inférieurs. Ce terrain présente un grand développement dans le Chablais ; on le trouve à Meillerie, sur les bords de la Dranse, dans la chaîne d'Armone, au Môle, à la pointe d'Orchex, au Grammont, et surtout dans le quadrilatère de lias qui occupe un grand espace entre Taninges et la vallée du Rhône.

L'infras-lias forme probablement en beaucoup

d'endroits la partie inférieure de ce terrain ; car on en reconnaît la présence d'une manière indubitable dans plusieurs localités, à Meillerie, à la Dranse, à Matringe, au chalet de Marmoy, etc.

Cette formation présente en Savoie à peu près les mêmes caractères que l'étage du lias, c'est-à-dire qu'elle est fortement calcaire; il semblerait naturel de réunir ces deux terrains qui présentent si peu de différences.

Terrain triasique. — La présence du trias en Savoie est maintenant admise; il est très-répandu dans le Chablais, où par suite de bouleversements il repose quelquefois directement sur le macigno alpin; au Bouchet, au chalet Marmoy, etc.

Mais dans sa position normale, le trias est supérieur au *terrain carbonifère*; cet arrangement se voit à Taninges où ce dernier terrain est peu développé, mais bien caractérisé.

Serpentine. — Dans le massif du Chablais on ne voit aucune formation inférieure au terrain houiller. La seule roche éruptive qu'il y ait à signaler est la *serpentine* de la montagne de Loi de Taninge.

La constitution géologique du massif présente à peu de choses près la série normale des terrains, sauf la grande et importante lacune due à l'absence des terrains crétacés et du calcaire numulitique. Pourquoi ces terrains ne se rencontrent-ils pas dans cette région ?

Deux hypothèses peuvent expliquer cette absence :
1° Ces terrains ont pu être dénudés, enlevées après leur disposition; mais cette supposition est difficile à admettre.

2° Les terrains crétacés et le calcaire nummulitique peuvent n'avoir pas été déposés dans ce district; le Chablais aurait formé une île autour de laquelle se déposaient les formations crétacées et nummulitiques.

CORRECTIONS ET ERRATA

Pages 200 et 213, lignes 33 et 6, lire : *Soulavie* au lieu de : *Soulairé*.
Page 267, ligne 1, lire : *chevalier* au lieu de : *comte* ; ligne 23 : *d'Arcine* au lieu : *d'Araine* ; *Rogès* au lieu de : *Bogès*.
Page 304, ligne 6, lire : *livres* au lieu de : *francs*.
Page 363, ligne 5, ajoutez : *(30 mai)*.

TABLE DES MATIÈRES

Pages

Préface III

Chapitre Premier

Hier et Aujourd'hui. — Le Chablais moderne. Son rivage féerique. — Salut à Thonon ! Salut à Evian ! — Les Preux de la Patrie. — Thonon, Evian et le Chablais avant 1789. 1

Chapitre Deuxième

Émeute en Chablais et sa réunion a la France (1790-1793). — Causes de la Révolution en Chablais. — Voltaire et Rousseau à Thonon et Evian. — Les privilèges et les abus. — Dessaix à Paris. — Insurrection à Thonon. Le Tocsin. — La répression. Les émeutiers s'enfuient à Versoix. — Terreur et inutiles démarches à Turin de MM. Dessaix, de Foras, Dubouloz. — Nouvelles incartades des révoltés qui refusent de se soumettre. — Leur débarquement à Hermance et leur condamnation à mort. — Le tocsin de la Savoie. — Le Club et la Légion des Allobroges. — Réunion de la Savoie à la France. — Montesquiou à Thonon et les officiers chablaisiens. — Divers décrets. — Les inventaires et les maisons religieuses. — Les députés de 1793. — Etats des esprits. — Le Chablais soldat. — Organisation du district de Thonon. — Les Clubs 21

Chapitre Troisième

Luttes chablaisiennes contre la Révolution (1793). — La Constitution civile du clergé. — M. de Thiollaz. Le clergé du Chablais et le serment. — L'émigration et les apôtres. — Election de Panisset. Ses débuts. — Réaction thononaise. — Le terrorisme. — Les Volontaires du Mont-Blanc. — Insurrection des vallées d'Abondance et d'Aulps. — Le jacobin Maxit. — La garde de la Fiogère. — Espoir et déceptions. — Le Club de Thonon. La lutte de Reyvroz et le terroriste Blanche. — Contribution de guerre. — Enquête sur les contre-révolutionnaires de la vallée d'Abondance. 43

Chapitre Quatrième

La Misère et les Fêtes de 1793-1794. — Réquisitions et misères (1793). — L'ex-barnabite Michaud. — Changement du nom des rues de Thonon. — Suspects et guillotine. — La propagande révolutionnaire en Chablais. — Fête de la prise de la Bastille et tyrannie de Gucher. — Le Bataillon révolutionnaire de Thonon, les Allobroges et les Volontaires du Mont-Blanc. — Dessaix, colonel, au siège de Toulon, et de Foras. — Fête à Thonon. — Les boulangers et les assignats. — Mort aux chiens. — Misère et famine. Les postes frontières de Morzine et de Montriond. — La déesse Raison. Discours subversifs. — L'église des Barnabites. — Spoliations. — Saint-Paul, Vinzier et la montagne. Saint-Gingolph, Meillerie et leurs forêts. — Douvaine et le Bas-Chablais. — Les réverbères aux frais des riches. — Gucher et les conscrits d'Evian. 60

Chapitre Cinquième

Le Club de Thonon (Janvier, février, mars 1794). — Le Club demande du canon. — Accusations contre les députés savoisiens à la Convention nationale. — Séance orageuse. Simond, Dubouloz et Gentil. — Arrivée d'Albite. Nouvelle demande d'armes. — Fête de l'inauguration du Temple de la Raison. — Epuration de la Société. — Les indigents. — Une citoyenne à la tribune du Club. — Destruction des insignes de la féodalité et du fanatisme. — Les stalles de Ripailles et les dix-sept cloches de Thonon. Le serment d'Albite et les jureurs du Chablais. — Divisions du Club et discours du chef de bataillon de *l'Espérance de Thonon.* — Dimanche et décadi. — Les cachots et les détenus. — La statue de la Liberté et la déesse vivante de la Raison. — Elargissement des suspects. — Michaud et l'instruction publique. Fête de l'arbre de la Liberté (10 mars 1794).

Cortège et discours. — Destruction des objets du culte catholique (14 mars). — Discours de Jacques Duret l'Apostat. — Les dénonciateurs du Bas-Chablais et Rd Thorens d'Yvoire 81

Chapitre Sixième

La Terreur et le règne d'Albite à Thonon (Mars, avril, mai, juin 1794). — Les dix clochers de Thonon et les quatre clochers d'Evian : leur condamnation. — Le despotisme d'Albite et le comité des Sans-Culottes. — Les pauvres et les riches en présence d'Albite. — Les accusateurs publics. — Anciens titres brûlés. — La politique et les municipalités — Albite à Thonon — Epuration des autorités constituées : Municipalités, notables, direction de district, administration, comités, etc... — Complot de famille. — Sort des détenus. — Les décades, les mariages et l'autorité ecclésiastique. — Les Allobroges en Italie et réjouissances à l'occasion de la prise des redoutes du Petit-Saint-Bernard. — Fêtes de 1794 à Thonon et Evian. — Projets. — Pelletier à Thonon 114

Chapitre Septième

Les Martyrs du Chablais (1794). — Appel de l'autorité ecclésiastique. — Les Proscrits de Lausanne. — M. Bouvet, dit l'Oncle Jacques, sa naissance, ses études et son sang-froid. — Traits divers. — Le Pont de rochers sur la Dranse. — Fin du terroriste Blanche de Reyvroz. — Dévouement des montagnards. — L'abbé Vernaz et la municipalité de Chevenoz. Le patriote Chatillon le fait arrêter, etc. — Tavernier s'échappe (février 1794). — Interrogatoire de M. Vernaz, sa condamnation, sa mort. — Consternation de Thonon. — L'injustice de cette sentence. — Fin de Maxit et de Chatillon. — L'abbé Morand, sa jeunesse, son arrestation. — Les héros du Biot. — Sa mort. — Émigration. — Délivrance d'un curé 138

Chapitre Huitième

La Réaction (1794-1795). — Chute de Robespierre (27 juillet 1794), et rappel d'Albite. — Soulagement général. — Arrivée de Gauthier. — Mesures de répression contre les terroristes de Chambéry, d'Annecy et de Thonon :

Administration du district, notables, comités de surveillance, etc. — Mitigation de la persécution. — Fêtes dans le Haut-Chablais. — Rentrée de quelques prêtres. — Le chanoine Dubouloz de Thonon ; ses talents, son zèle. — Les municipalités du Chablais réclament leurs églises. — Conférence des vicaires-généraux. — Le Chablais est divisé en cinq missions (1795). — M. Bouvet à Armoy-Lyaud. — L'association du Saint-Zèle à Thonon. — L'abbé Rey, sa jeunesse à la Sainte-Maison de Thonon. — Trait d'attachement des habitants de Bellevaux. — Les maisons de Thonon fidèles à l'Oncle Jacques. — Traits curieux. — Sa rencontre avec l'ex-barnabite Michaud. — Poursuites au Lyaud. — Enlèvement des cloches déposées sur la place de la Liberté, à Thonon, par les habitants des campagnes 161

Chapitre Neuvième

Soldats du monde et Soldats de Dieu (1794-1798). — Résultats de la réaction du 9 thermidor. — Vente des biens nationaux. — Les acquéreurs. — Les de Blonay. — La disette. — La constitution de l'an III et les députés du Mont-Blanc. — Le député Dubouloz et ses travaux. — Mécontentements en Chablais. — Meurtre de Cayen. — Procès. — Les terroristes et les modérés. — Absolution du tribunal de Gap. — Valeur de nos phalanges montagnardes. — Les Allobroges et l'armée d'Italie. — Bonaparte, Dessaix et Dupas au pont de Lodi (1796). — Dessaix et Chastel, députés aux Cinq-Cents. — Formation du département du Léman. — La route du Simplon par le Chablais et Meillerie. — Panisset et Fernex de Thonon. — Le grand-vicaire Dubouloz, de Maistre et la rétractation de l'intrus. — Bouvet et l'abbé Rey à Bellevaux. — Les maires Jordan et Guyot. — Brochure du comte de Maistre en Chablais. — Recrudescence de la persécution (1797). — Surveillance du grand-vicaire Dubouloz. — Son arrestation, son interrogatoire, ses lettres. — La déportation ; les prisons de Chambéry et l'île de Rhé. — M. Neyre (1798). — Détresse et générosité. — M. Thorens, curé de la Thouvière et la reconnaissance. — Délivrance du pays de Vaud. — Genève chef-lieu du Léman. — Dessaix et la route du Simplon. — La coalition de 1798 et les conscrits chablaisiens. — Bonaparte, Chastel et Dupas en Egypte 182

Chapitre Dixième

Émeutes et Délivrance (1799-1801-1812). — Coup d'œil rétrospectif. — Les traqués et les déportés. — M. Bouvet dans la montagne des Moises — Mérandon de Luly. — Piège et déguisement. — La cuisinière de M. Fornier et la discrétion féminine. — Arrestation de M. Bouvet. — Tempête populaire et levée de boucliers des campagnes. — Entrée en ville : Canobi et ses douaniers. — Les colosses et le bélier à la tête de fer. — La lutte. — Le triomphe et les morts. — Noms immortels. — Les incarcérés — M. Bouvet et le concierge Michaud. — Chute du Directoire ; Bonaparte consul. — Retour de M. Dubouloz et des déportés (juin 1800). Le Concordat. — Bonaparte en Savoie. — Espoir et prospérité. — Les ponts de la Dranse et de Marclaz. — Fêtes de 1800 et les armées triomphantes en Chablais (1802). — Rappel des émigrés : Vignet, de Sonnaz, de Lort, de Foras. — Réorganisation du culte à Thonon (1803-1804). — Émeute des conscrits chablaisiens (1813) 217

Chapitre Onzième

La Révolution et les Religieuses du Chablais, et spécialement les Visitandines de Thonon. — Décrets de 1792 contre les Maisons religieuses. — L'inventaire et les citoyens Bétemps et Popon. — La clôture et la violence. — Opération interminable. — Le commissaire délégué. — Perspective douloureuse. — Ordre d'évacuer les monastères de Thonon ; les Visitandines, les Ursulines, les Annonciades et la Municipalité. — Le serment. — Plus de secours spirituels ! — *Marseillaise*, saturnales et vexations. — Fuite de la supérieure et de quatre religieuses (9 octobre 1793). — Désolation — Les commissaires et la soustraction des ornements. — Recrudescence de la persécution. — Un prêtre fidèle et la rénovation des vœux (31 novembre 1793). — Le gardiateur Lacroix. — Fausse alerte. — Albite et la Visitation. — Terreur et résolution. — Les Visitandines devant le Comité révolutionnaire (1794). — Départ pour Nyon et Lausanne. — Générosité de cette dernière ville pour les filles de Saint-François-de-Sales. — Arrivée en Piémont. — Les biens de la Visitation, sa restauration en 1737 par Mgr Rey, évêque d'Annecy. — Fêtes de 1846, 1878… Lachapelle 234

Chapitre Douzième

LES AUTRICHIENS EN CHABLAIS. — Napoléon, succès et revers. — Notre frontière de l'Est en 1813. — Invasion autrichienne (décembre 1813) — Dessaix à Genève — Thonon et sa Commission provisoire toute puissante. Organisation d'une garde urbaine. — Appel du Préfet du Léman et approvisionnements. — Consternation et terreur. — Bubna et Simbschen. Invasion du Chablais. Députation thononienne. — Réquisition — Dessaix et Marchand, leurs opérations. — Le commandant Favre et les capitaines Naz et Mouthon. — Levée en masse (1814). — Proclamation de Dessaix. — Nouvelles réquisitions. — Invasion du Mont-Blanc et occupation de Chambéry. — Combats divers. — Espérances et victoires. — Général de Sonnaz à Thonon. — Ses proclamations. — Le commandant Jaillet et ses nouveaux soldats. — Dénonciations et arrestations. — Bienveillance de Meindell et Bubna. — Octrois. — Magasins militaires à Thonon. — Casernement des troupes de Sonnaz (21 février 1814). — Ordre d'incendier Thonon. — Succès et revers. — Besse et Colly. — Campagne de France et héroïque fidélité du général Chastel. — Première Restauration (de mai 1814 à mars 1815). Incertitude sur les destinées du Chablais. — Traité de Paris et morcellement de la Savoie. — Les partis. Efforts de Dessaix et des dignitaires savoyards en faveur de la France. — Diète suisse. Paul Vella, intendant du Chablais. Nouveau Conseil de ville et nouvelle organisation administrative. — Cent-Jours (mars-juillet 1815). — Dessaix rejoint Napoléon à Lyon dont il est nommé gouverneur. — Partis divers. — Plans de Dessaix — De Sonnaz à Turin. — Hostilités. — Dessaix s'empare de Carouge (16 juin). — Combat du pont de la Dranse et de Meillerie (21 juin). — Opérations de Dessaix en Chablais. — La Municipalité de Thonon et le drapeau tricolore du clocher. — Menaces terribles. Dévouement de M. Neyre, curé de Thonon. — Réquisitions et épouvante. — Volontaires du Léman. — Waterloo (18 juin 1815). Rentrée des Autrichiens. — Les quatre hôpitaux de notre ville. Mortalité et misère. De Sonnaz délégué du Conseil de Thonon 256

Chapitre Treizième

L'INSTRUCTION PUBLIQUE A THONON, A ÉVIAN ET EN CHABLAIS

(1789-1889). — § i — L'Université de Thonon et les instituteurs du peuple. — Edits royaux et le réformateur des études de Thonon (1792). — Essai de réorganisation. — Le sous-préfet Plagnat (27 nivôse an XI). — Ancien Collège (6 février 1804). École secondaire de Napoléon Ier à Thonon (30 septembre 1805). — État de l'instruction de 1806 à 1812 et école de Charité. — Réorganisation (1814). —Pensionnats des Ursulines, de Mlle Duparquet, des Sœurs Collettes et des Sœurs de Saint-Joseph, d'Évian. — Chevroz et Lugon (1835). — École de commerce. L'ancien collège et les lettres patentes de 1822. — Subventions (1855). — Sa fermeture en 1860. — Réclamations et tentatives de réorganisation. (1868). — Collège d'Évian.—Sa fondation. Rivalités. Les professeurs et le nouveau collège.

§ II. Frères des Écoles chrétiennes. — Leurs classes de 1831. — L'abbé Baud, le curé Comte (1833) et la Maison des Ursulines (1839). — Le Frère Alman et son œuvre. Classes d'adultes. — École de commerce et les quatre classes de 1842. — Agrandissements. — Fondation du Pensionnat Saint-Joseph (1852). Acquisitions (1854-1859) Incendie du Pensionnat (1870). — Hospitalité affectueuse de Thonon. — Second incendie. — Reconstruction et les prix. — Encouragements de Nosseigneurs Magnin, Mermillod, de Louis Veuillot... (1872-1874). Le Pèlerinage des Allinges et les fanfares du Chablais. — Le Frère Valfrid et nouveaux succès (1875). — Mort du Frère Alman (1878). — Fêtes de 1880. Les Écoles libres. — Le Congrès de 1886. — *Le collège des Marianites et son établissement.* — Le chanoine Beluze et son orphelinat de Draillant. Mirage et déception. — M. Fontaine et les propositions de Thonon à la Société de Marie. Accord. La rentrée de 1875 au couvent des Annonciades. — Ce qu'était le collège de Thonon réuni au Pensionnat des Frères. — Le traité de six ans et la municipalité de Thonon. — Chapelle intérieure. — Nouveaux élèves. — Les prix et le comte de Grenaud. — L'enseignement à Thonon 292

Chapitre Quatorzième

Le Chablais piémontais et le Chablais français (1815-1860-1889). — MM. de Foras, de Maugny, Jaillet (1816). — Floraison militaire. Emotions politiques. Le général Dessaix (1816). — La famine de 1816-1817. — Mesures énergiques des Conseils de Thonon et d'Évian en face du monopole et des accaparements. — Genève et le Bas-Chablais. — Le curé Neyre. — Députation à Charles-Félix (octobre 1821). — Travaux publics, plan d'embellissement de la ville de Thonon, reconstruction de l'hôtel-de-ville (1824). — Mgr Rey... (1826). — Charles-Albert et la mission du P. Guyon (1831-1832). — Nouvelle administration de Thonon. — Les octrois (1833). — Tentative de Mazzini sur Annemasse. — Ramorino et son expédition (1834). Voyage de Charles-Albert en Chablais. — Évian et ses eaux. — Lamartine, de Montalembert... en Chablais Harmonie. — Les salons de Sonnaz. — Aqueduc des eaux de Thonon et les routes de la montagne (1841-1846). — Disette de 1847 et secours du Conseil de ville et du Conseil de charité (1848). — Expulsions et Voraces. — Les officiers chablaisiens pendant la campagne de 1848. — Les deux régiments de Savoie et la défaite de Novare (1849). — Victor-Emmanuel II à Thonon et en Chablais (1850). — Loi d'incamération (1855) et les communautés religieuses. — Hostilité. — Impôt des gabelles (1853). — Fêtes du 6 mai 1855. — Chemin de fer savoyard. Tendances françaises. — Impôts et récriminations. — Campagne de 1859 et la valeur savoyarde. — Les princes Humbert et Amédée de Savoie à Thonon et Évian (1859). — Polémiques des journaux. — Le parti suisse. — Angoisses patriotiques. — Députation à l'Empereur Napoléon III. — Rocher réclamé par la Suisse! — Echauffourée des Génevois à Thonon (1860). — La zone : le vote du 22 avril. — L'Empereur à Thonon et en Chablais (31 août. — Fêtes et illuminations. — Chemin de fer de Thonon-Collonges. — Décrets de 1860-1863 et obstacles de la Suisse. — Ports du rivage chablaisien et voies de communications. — Désastres de 1870 et les officiers chablaisiens. — Les pèlerinages et la Patrie. — Les eaux de la Versoie : Thonon et Evian, stations sœurs. Quais et embellissements. — Derniers évènements 338

Chapitre Quinzième

Principaux personnages de Thonon, d'Évian et du Chablais pendant la période moderne (1789-1889). — § 1 *Floraison militaire* : Les généraux Chastel, Costa de Beauregard, Dessaix, Dupas, de Foras, Jaillet de

Saint-Cergues, Marulaz, de Maugny, de Saint-Séverin ;
les six généraux de Sonnaz ; MM. de Saint-Bon et
autres Savoyards en Savoie et en Italie. Les frères
Chastel et Dessaix... Les colonels de Blonay, Bochaton,
Favre, Folliet, de Foras, Montmasson, Mudry...
MM. Quisard, Royer, Souvéran, Chapuis, etc... Colonel de Ville et officiers vivants.

§ 2. *Sciences et Arts*. — Daviet de Foncenex, Duchesne
de Voirons, Dessaix et Daviet, médecins ; Frézier,
Fontaine, Henri Costa de Beauregard, Joseph Dessaix,
Hudry-Ménos, Charmot, Rollier, Lochon... Auteurs
vivants : leurs publications.

§ 3. *Hommes d'église*. — Mgr Rey de Bellevaux, son éloquence et ses œuvres. — Le chanoine Ruffin. — L'abbé
Grobel. Les frères Picolet, à Evian. — L'abbé Duclos.
Les abbés Boccard... et principales publications des
ecclésiastiques vivants et natifs du Chablais . . . 390

Chapitre Seizième

Institutions diverses de Thonon et du Chablais (1789-
1889). — La Peinture, la Musique et les Beaux-Arts.
— Sociétés savantes. — Musées. — L'Imprimerie à
Thonon, Evian et Douvaine. — Sociétés diverses :
Sapeurs-Pompiers, Sociétés de Secours mutuels, etc.,
etc. — Sociétés nautiques et régates d'Evian, etc... —
Commerce et Industrie. 427

TABLE DES DOCUMENTS

N°s 1. Prière à Dieu, dédiée à la Nation, par le citoyen
et patriote Castelier, curé de la paroisse de Fourqueux, près de St-Germain-en-Laye 453
2. Tableau des Membres composant la Société populaire de Thonon 454
3. Procès-verbal de la municipalité de Thonon à l'occasion de la délivrance de l'Oncle Jacques . . 457
4. Réglement de l'Orient de la Bienfaisance séant à
Thonon 461
5. État des villes, bourgs, terres, fesant corps de

Nos		Pages
	communauté, et hameaux principaux de la province du Chablais, avec l'indication des juridictions dont ils dépendent.	476
6.	Hôpitaux, Orphelinats et Établissements charitables.	484
7.	Statistique de 1886 sur l'arrondissement de Thonon, comprenant la population de chaque commune, son étendue de terrain en hectares et journaux du pays et ses impôts ou son revenu cadastral par cantons et communes	488
8.	Géologie du Chablais.	490

Imprimerie-Librairie J. CHAMBET, Annemasse.

www.ingramcontent.com/pod-product-compliance
Lightning Source LLC
Chambersburg PA
CBHW071705230426
43670CB00008B/911